경제 용어사전 1030

KB027637

경제 용어사전 1030

경제용어사전 1030

개정 2판 1쇄 발행 2022년 10월 03일
개정 3판 1쇄 발행 2024년 01월 19일

편 저 자 | 상식연구소
발 행 처 | (주)서원각
등록번호 | 1999-1A-107호
주 소 | 경기도 고양시 일산서구 덕산로 88-45(가좌동)
대표번호 | 031-923-2051
교재문의 | 카카오톡 플러스 친구 [서원각]
홈페이지 | goseowon.com

▷ 이 책은 저작권법에 따라 보호받는 저작물로 무단 전재, 복제, 전송 행위를 금지합니다.
▷ 내용의 전부 또는 일부를 사용하려면 저작권자와 (주)서원각의 서면 동의를 반드시 받아야 합니다.

▷ ISBN과 가격은 표지 뒷면에 있습니다.
▷ 파본은 구입하신 곳에서 교환해드립니다.

"경제용어, 어떻게 공부하지?"

경제는 우리의 생활과 떼려야 뗄 수 없는 아주 긴밀한 사이라고 할 수 있습니다. 단순히 물건을 사고팔고, 빌려주는 행위부터 인간의 모든 행위가 곧 경제라고 할 수 있습니다. 사람들은 반복되는 경제흐름 속에서 경제 지식의 필요성을 분명하게 인지하고 있습니다. 그러나 낯설고 어렵게 느껴지는 경제용어가 이를 외면하게 만들기도 합니다.

다른 사람에게 물어보자니 "이걸 모른다고?" 할 것만 같고, 인터넷에 검색을 해봐도 홍보 목적의 어지러운 설명에 "그래서 뭐라는 거야?" 포기하게 됩니다. 그러다 결국엔 "몰라도 돼!"가 되기 일쑤입니다.

경제용어와 점점 멀어지는 사람들을 위해, 그리고 경제용어를 이해하고 싶지만 마음과는 다르게 집중을 못하는 사람들, 시험을 앞두고 다시 개념을 확립하고 싶은 사람들을 위해 핵심만 다룬 설명으로 이해를 돕고자 본서를 기획하였습니다.

고민 끝에 매순간, 그때그때 쉽게 찾아 볼 수 있도록 사전식으로 구성하였으며 뉴스나 신문, 일상생활 속 자주 접하는 용어부터 조금은 생소한 용어까지 수록하였습니다.

매일의 작은 습관이 큰 열매를 이룰 수 있도록 하고자 하는 본서의 의도에 따라,

1. 자가진단 테스트로 자신의 경제지식 수준이 어느 정도인지 파악하고 그에 맞는 공부 계획을 세워 학습하시길 바랍니다.
2. 최근 경제 이슈를 다룬 기사와 CHECK QUIZ를 통해 경제용어의 쓰임 및 정의를 확실하게 각인할 수 있도록 하였으며 마지막 파트에는 각종 시험에 대비하기 위한 기출 복원 문제를 수록하였습니다. 이를 활용하여 쉽고 확실하게 경제용어 지식을 쌓기 바랍니다. 경제용어를 하나씩 하나씩 마주하다보면 상식은 물론이거니와 더 나아가 각종 문제들에 대해 합리적인 기준과 방향을 스스로 정의할 수 있을 것입니다.

"경제용어, 어떻게 공부하지?" 본서가 이 질문에 대한 답을 내리는 데에 기여할 수 있기를 기대하겠습니다.

STRUCTURE
이 책의 특징

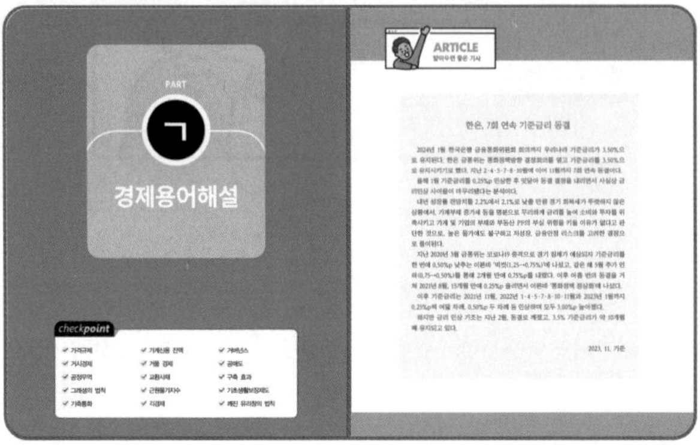

01 사전식 구성 & 최신 경제 기사

사전식 구성으로 궁금한 용어를 인덱스로 손쉽게 찾아 확인할 수 있습니다. 또한 최신 경제기사를 수록하여 해당 용어가 어떤 상황에서 많이 쓰이는지, 최근의 경제 이슈는 무엇인지 확인할 수 있습니다.

02 상식 QUIZ

본격적으로 책을 마주하기 전, 경제용어를 얼마나 알고 있는지 자신을 확인할 수 있으며, 이에 따른 공부 방법을 제시해 주고 있습니다. 넘어가지 말고 스스로 체크해보세요!

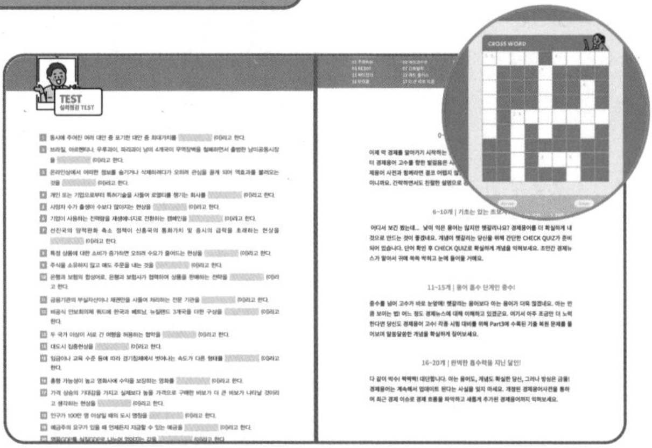

03 상식 기출복원문제

금융·은행권 기출문제를 복원하여 1회 수록하였습니다. 시험 경향에 따른 경제 이슈 확인과 각종 시험 대비를 할 수 있습니다. 또한 이 기출복원문제는 상식 공부의 마무리를 알리는 파트입니다.

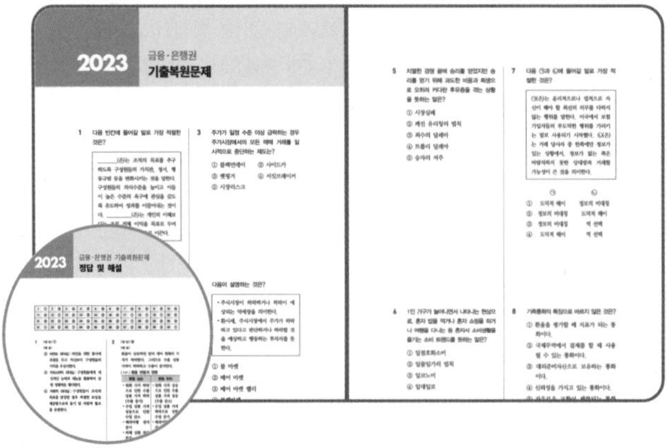

CONTENTS
이 책의 차례

TEST
실력점검 TEST

1 동시에 주어진 여러 대안 중 포기한 대안 중 최대가치를 ________ (이)라고 한다.

2 브라질, 아르헨티나, 우루과이, 파라과이 남미 4개국이 무역장벽을 철폐하면서 출범한 남미공동시장을 ________ (이)라고 한다.

3 온라인상에서 어떠한 정보를 숨기거나 삭제하려다가 오히려 관심을 끌게 되어 역효과를 불러오는 것을 ________ (이)라고 한다.

4 개인 또는 기업으로부터 특허기술을 사들여 로열티를 챙기는 회사를 ________ (이)라고 한다.

5 사망자 수가 출생아 수보다 많아지는 현상을 ________ (이)라고 한다.

6 기업이 사용하는 전력량을 재생에너지로 전환하는 캠페인을 ________ (이)라고 한다.

7 선진국의 양적완화 축소 정책이 신흥국의 통화가치 및 증시의 급락을 초래하는 현상을 ________ (이)라고 한다.

8 특정 상품에 대한 소비가 증가하면 오히려 수요가 줄어드는 현상을 ________ (이)라고 한다.

9 주식을 소유하지 않고 매도 주문을 내는 것을 ________ (이)라고 한다.

10 은행과 보험의 합성어로, 은행과 보험사가 협력하여 상품을 판매하는 전략을 ________ (이)라고 한다.

11 금융기관의 부실자산이나 채권만을 사들여 처리하는 전문 기관을 ________ (이)라고 한다.

12 비공식 안보회의체 쿼드에 한국과 베트남, 뉴질랜드 3개국을 더한 구상을 ________ (이)라고 한다.

13 두 국가 이상이 서로 간 여행을 허용하는 협약을 ________ (이)라고 한다.

14 대도시 집중현상을 ________ (이)라고 한다.

15 임금이나 교육 수준 등에 따라 경기침체에서 벗어나는 속도가 다른 형태를 ________ (이)라고 한다.

16 흥행 가능성이 높고 영화사에 수익을 보장하는 영화를 ________ (이)라고 한다.

17 가격 상승의 기대감을 가지고 실제보다 높을 가격으로 구매한 바보가 더 큰 바보가 나타날 것이라고 생각하는 현상을 ________ (이)라고 한다.

18 인구가 100만 명 이상일 때의 도시 명칭을 ________ (이)라고 한다.

19 예금주의 요구가 있을 때 언제든지 지급할 수 있는 예금을 ________ (이)라고 한다.

20 명목GDP를 실질GDP로 나누어 얻어지는 값을 ________ (이)라고 한다.

ANSWER

01 기회비용 02 메르코수르 03 스트라이샌드 효과 04 특허괴물 05 인구 데드크로스 현상
06 RE100 07 긴축발작 08 스놉효과 09 공매도 10 방카슈랑스
11 배드뱅크 12 쿼드 플러스 13 트래블 버블 14 빨대 효과 15 K자형 회복
16 텐트폴 17 더 큰 바보 이론 18 메트로폴리스 19 요구불예금 20 GDP디플레이터

0~5개 | 경제용어 입문자!

이제 막 경제를 알아가기 시작하는 단계군요. 이미 경제용어 사전을 손에 들고 있는 순간부터 경제용어 고수를 향한 발걸음은 시작되었습니다. 경제용어 고수가 멀게 느껴지나요? 경제용어 사전과 함께라면 결코 어렵지 않습니다. 가장 중요한 것은 중단하지 않고 즐기는 것이니까요. 간략하면서도 친절한 설명으로 경제용어에 흥미를 붙여보세요.

6~10개 | 기초는 있는 초보자!

어디서 보긴 봤는데… 낯이 익은 용어는 많지만 헷갈리나요? 경제용어를 더 확실하게 내 것으로 만드는 것이 좋겠네요. 개념이 헷갈리는 당신을 위해 간단한 CHECK QUIZ가 준비되어 있습니다. 단어 확인 후 CHECK QUIZ로 확실하게 개념을 익혀보세요. 조만간 경제뉴스가 알아서 귀에 쏙쏙 박히고 눈에 들어올 거예요.

11~15개 | 용어 흡수 단계인 중수!

중수를 넘어 고수가 바로 눈앞에! 헷갈리는 용어보다 아는 용어가 더욱 많겠네요. 아는 만큼 보이는 법! 어느 정도 경제뉴스에 대해 이해하고 있겠군요. 여기서 아주 조금만 더 노력한다면 당신도 경제용어 고수! 각종 시험 대비를 위해 Part3에 수록된 기출 복원 문제를 풀어보며 알쏭달쏭한 개념을 확실하게 짚어보세요.

16~20개 | 완벽한 흡수력을 지닌 달인!

다 같이 박수! 짝짝짝! 대단합니다. 아는 용어도, 개념도 확실한 당신, 그러나 방심은 금물! 경제용어는 계속해서 업데이트 된다는 사실을 잊지 마세요. 개정된 경제용어사전을 통하여 최근 경제 이슈로 경제 흐름을 파악하고 새롭게 추가된 경제용어까지 익혀보세요.

ARTICLE
알아두면 좋은 기사

익산 버튜버 서동, 익산형 일자리 정책 소개

일자리 플랫폼 ㈜사람인의 버추얼 유튜브 채널 404오피스의 주인공 '라히'가 익산시 버튜버 '서동' 과 함께 대한민국 일자리 정책 소개를 위해 나섰다. 해당 유튜브 합동 방송(이하 '합방')은 청년을 위한 다양한 일자리 정책을 알리겠다는 취지로 마련되었다.

'서동' 은 서울 강서구에 이어 전국 두 번째 공무원 버튜버로, 익산문화도시지원센터는 지역의 역사와 문화를 재치 있게 홍보하고 기존 방식을 탈피한 콘텐츠를 제작하기 위해 지역의 역사문화 캐릭터 서동을 유튜버로 재탄생시켰다. 음악에 맞춰 춤을 추거나 입담을 통해 젊은 세대를 중심으로 큰 인기를 끌고 있다.

'서동' 과 '라히' 는 이날 합방에서 ▲국내 최초 청년 시청 ▲익산형 근로 청년 수당 등 청년들의 취업과 창업을 지원하기 위한 익산시의 다양한 정책과 노력을 소개하는 시간을 가졌다.

시 관계자는 "젊은 세대를 겨냥해 탄생한 버튜버 서동이 사람인과 함께 익산의 일자리 정책을 홍보했다"며 '향후 서동을 통해 창의적이고 혁신적인 콘텐츠로 보답하며 홍보에 최선을 다하겠다"밝혔다.

한편 버튜버는 '버추얼 유튜버(Virtual Youtuber)'의 줄임말로 컴퓨터 그래픽, 모션캡처 등의 기술로 가상의 캐릭터를 설정하고 이를 통해 콘텐츠를 선보이는 사람을 의미한다. 최근 게임이나 광고뿐만 아니라 아이돌, 공공기관 등 다양하게 활용되고 있다.

2023. 11. 기준

지식 노동자들의 일상을 바꾸는 '챗GPT'

지난해 AI챗봇 서비스로 출시된 챗GPT는 직접 작문하기도 하고 그림을 그리고 코딩까지 하는 모습으로 전 세계에 충격을 안겼다. 출시 초기와 다르게 일상 곳곳에서 쓰이면서 AI 시장 경쟁 활성화로 인한 폐해를 막을 규제가 필요하다는 목소리가 커지고 있다.

최근 챗GPT에서 기능이 강화된 '챗GPT-터보'가 출시되었다. 기존에는 입력할 수 있는 문자가 3천 단어에 불과했다면, 강화된 챗GPT-터보는 300쪽이나 되는 문서를 입력할 수 있다. 즉, 책 한 권을 요약할 수 있는 것이다. 이 뿐만 아니라 이미지를 넘어서, 음성인식도 가능해졌다. 또한 개발자가 없어도 쉽게 맞춤형 챗봇을 만들 수 있고 이를 판매할 수도 있다.

기능이 강화된 챗GPT는 번역, 회의록·통화 요약, 이미지 생성, 광고 카피 제작, 헬스케어 영역 등에서 일상 전반으로 활용이 더 넓어질 것으로 전망된다. 그러나 저작권 문제와 가짜뉴스, 딥페이크 같은 큰 부작용으로 인해 이에 대한 전 세계적인 공동 대응이 필요하다는 목소리가 높다. 저작권 문제에 대해서는 챗GPT의 결과물이 타인의 저작권을 침해하는 경우, 오픈AI가 나서서 직접 대응하고 비용까지 지불하기로 했다. 다만 모든 이용자는 아니고, 기업 유료 회원 등에만 적용되는 점으로 보아, 보다 강력한 규제가 요구된다.

한편, 생성형 AI기술의 활용 범위도 넓어지며 다양하게 등장하고 있다. 구글로부터 3번의 투자를 받은 AI챗봇 클로드와 삼성은 휴대폰에 챗GPT를 별도로 다운받지 않아도 사용할 수 있는 AI 기능을 갤럭시S24시리즈에 탑재할 예정이며, 옷에 붙이는 AI기기 'AI핀' 도 출시될 예정이다.

2023. 11. 기준

ARTICLE
알아두면 좋은 기사

한은, 7회 연속 기준금리 동결

2024년 1월 한국은행 금융통화위원회 회의까지 우리나라 기준금리가 3.50%으로 유지된다. 한은 금통위는 통화정책방향 결정회의를 열고 기준금리를 3.50%으로 유지시키기로 했다. 지난 2·4·5·7·8·10월에 이어 11월까지 7회 연속 동결이다.

올해 1월 기준금리를 0.25%p 인상한 후 잇달아 동결 결정을 내리면서 사실상 금리인상 사이클이 마무리됐다는 분석이다.

내년 성장률 전망치를 2.2%에서 2.1%로 낮출 만큼 경기 회복세가 뚜렷하지 않은 상황에서, 가계부채 증가세 등을 명분으로 무리하게 금리를 높여 소비와 투자를 위축시키고 가계 및 기업의 부채와 부동산 PF의 부실 위험을 키울 이유가 없다고 판단한 것으로, 높은 물가에도 불구하고 저성장, 금융안정 리스크를 고려한 결정으로 풀이된다.

지난 2020년 3월 금통위는 코로나19 충격으로 경기 침체가 예상되자 기준금리를 한 번에 0.50%p 낮추는 이른바 '빅컷(1.25→0.75%)'에 나섰고, 같은 해 5월 추가 인하(0.75→0.50%)를 통해 2개월 만에 0.75%p를 내렸다. 이후 아홉 번의 동결을 거쳐 2021년 8월, 15개월 만에 0.25%p 올리면서 이른바 '통화정책 정상화'에 나섰다.

이후 기준금리는 2021년 11월, 2022년 1·4·5·7·8·10·11월과 2023년 1월까지 0.25%p씩 여덟 차례, 0.50%p 두 차례 등 인상하며 모두 3.00%p 높아졌다.

하지만 금리 인상 기조는 지난 2월, 동결로 깨졌고, 3.5% 기준금리가 약 10개월째 유지되고 있다.

2023. 11. 기준

KB, 하나銀 홍콩 ELS 판매 중단 동참

홍콩 H지수는 지난 2021년 2월에 1만 2000선을 넘어섰으나 지난해 하반기부터 하락세를 보이며, 현재 6000선 밑을 맴돌고 있다. 금융당국은 H지수 ELS를 판매한 은행·증권사를 대상으로 전수조사를 검토하고 있다.

이에 KB국민은행은 홍콩 H지수 기초 주가연계펀드(ELF)·주가연계신탁(ETL) 상품 판매를 잠정중단하기로 했다.

KB국민은행은 홍콩 H지수 ELS를 가장 많이 판매한 은행으로 전체 은행권이 판매한 H지수 연계 ELS 잔액(15조 6,676억 원)의 52.3%(8조 1,972억 원)를 차지하고 있다. 신한은행과 NH농협은행, 하나은행과 비교했을 때 판매 잔액이 3배 이상 많다.

하나은행도 다음달부터 홍콩 H지수 편입 주가연계증권(ELS) 판매를 무기한 중단하기로 했다. 관계자는 "홍콩 H지수가 예상치 못한 하락을 지속하는 현재 상황을 종합적으로 점검하고 향후 판매 방향을 정하기 위해 홍콩 H지수 편입 ELT·ELF 판매를 잠정 중단하기로 했다"고 밝혔다.

한편 우리은행, 신한은행은 지난해부터 홍콩 H지수 편입 ELS 판매를 중단했으며, NH농협은행은 지난달부터 원금비보장형 ELS를 판매하지 않고 있다.

2023. 11. 기준

CROSS WORD

Across

1. 기업이 생산하는 제품의 가격 또는 서비스 요금을 정부가 직접적으로 규제하는 제도
2. 경기주체들이 예상하는 미래 물가상승률
3. 국가 또는 지자체가 특정 목적을 위해 교부하는 금전
4. 금융자본과 산업자본 간 소유를 금지하는 원칙

Down

5. 은행권 가계대출에 제2금융권 가계대출, 판매신용의 합계
6. 법인 형태를 취하는 투자자
7. 한 국가의 신용도를 측정한 지표
8. 경쟁 상대의 반응을 고려한 의사결정에 관한 이론
9. 원금에 지급되는 기간당 이자 비율

Across | 1.가격규제 2.기대인플레이션 3.교부금 4.금산분리
Down | 5.가계신용잔액 6.기관투자자 7.국가신인도 8.게임이론 9.금리

PART

ㄱ

경제용어해설

*check***point**

- 가격규제
- 가계신용 잔액
- 거버넌스
- 거시경제
- 거품 경제
- 공매도
- 공정무역
- 교환사채
- 구축 효과
- 그레셤의 법칙
- 근원물가지수
- 기초생활보장제도
- 기축통화
- 긱경제
- 깨진 유리창의 법칙

PART ㄱ

경제용어사전

□□□

1 **가격규제** ●●●

Price Control

기업이 생산하는 제품의 가격이나 서비스의 요금을 정부가 직접적으로 규제하는 제도

기업이 생산하는 제품이나 상품의 가격뿐만 아니라 공공요금, 협정요금, 임대료, 사용료, 입장료, 임금, 이자 등 생산요소의 가격을 정부가 직접적으로 규제하는 것을 말한다. 특정 재화나 서비스의 가격이 일정 수준 이상으로 오르지 못하도록 통제하는 것을 가격상한제라고 하며 지나친 가격 상승으로 인한 피해로부터 소비자를 보호하기 위한 조치이다. 이때, 상한선은 시장 가격보다 낮아야 한다. 특정 재화나 서비스의 가격이 일정 수준 이하로 내려가지 못하도록 통제하는 것을 가격하한제라고 하는데, 가격 하락으로 인한 피해로 부터 생산자들을 보호하기 위한 조치이다. 이때, 하한선은 시장 가격보다 높아야 한다.

□□□

2 **가격차별** ●●○

Price Discrimination

동일한 상품을 서로 다른 구매자들에게 다른 가격으로 판매하는 제도

독점기업이 생산하는 상품에 대한 소비자 계층 간의 수요탄력성이 다를 경우, 시장을 2개 이상으로 분할하여 상이한 가격으로 판매하는 것을 말한다. 가격차별은 기업에게 더 많은 이윤을 가져다준다. 소득 · 인종 · 연령 등 개인적 특성이나 지리적 위치로 분할할 수 있으며 독점시장에서만 나타날 수 있다.

상식더보기 가격차별 구분

① 1급 가격차별 : 소비자의 유보가격에 해당하는 가격으로 책정한다.
② 2급 가격차별 : 소비자의 구입량에 따라 단위당 가격을 다르게 책정한다.
③ 3급 가격차별 : 소비자의 특징에 따라 시장을 2개 이상으로 분할하여 상이한 가격을 측정하는 것으로 일반적인 가격차별을 의미한다.

□□□

3 **가계신용 잔액** ●●●
家計信用殘額

은행권 가계대출에 제2금융권 가계대출, 판매신용(할부금융 및 신용카드 사용액) 합계

가계가 짊어진 포괄적인 빚을 의미하며, 은행과 보험사 등 금융회사에서 받은 가계대출(일반자금대출 및 주택자금대출)과 소비자가 대금을 결제하기 전 카드 이용액인 판매 신용을 산출한다. 단, 개인 간의 거래인 사채(私債)는 제외한다.

□□□

4 **가공무역** ●○○
加工貿易

반제품이나 부품을 수입하여 완제품으로 재수출하는 형태

다른 나라에서 원재료나 반제품을 수입하여 가공 · 제조 후 만든 완제품을 다시 다른 나라로 수출하는 것을 말한다. 우리나라도 공업용 또는 에너지 관련 원자재를 수입하여 가공한 후 수출함으로써 빠른 경제성장을 이룰 수가 있었으며, 고급 인력과 최첨단 기술이 바탕이 되는 TV, 자동차, 선박 등을 제조하여 수출하는 선진경제국으로 발돋움했다.

□□□

5 **가마우지 경제** ●●○
Cormorant Economy

일본에 의존적인 수출 구조로, 우리나라가 수출할수록 일본이 실익을 취하는 현상

중국과 일본의 일부 지방에서 낚시꾼이 가마우지의 목에 끈을 매어 두고 가마우지가 고기를 잡으면 그 끈을 당겨 고기를 가로채는 데서 나온 말이다. 일본에서 수출품의 원자재를 수입하기 때문에 수출로 얻는 이익의 대부분이 일본에게 돌아가는 우리나라 수출구조의 취약점을 빗댄 용어다. 1980년대 말 일본 경제 평론가 고무로 나오키가 저서 「한국의 붕괴」에서 처음 사용하였다.

□□□

6 **가상현실**

VR : Virtual Reality

특정 환경이나 상황을 모방하여 사용자가 실제로 상호작용을 하고 있는 것처럼 만드는 컴퓨터 기술

컴퓨터를 이용하여 만든 가상환경 내에서 사용자의 시각, 청각, 촉각 등 오감정보를 확장, 공유함으로써 현실세계에서 경험하지 못하는 상황을 실감나게 체험하도록 하는 기술이다. 현재 가상현실 기술은 시공간 제약을 벗어나 가상과 현실이 융합된 다양한 콘텐츠서비스를 제공하고 있다. 특히 관광 스포츠, 의료, 엔터테인먼트 등 산업의 부가가치를 높이는 핵심기술로 자리를 잡으면서 다양한 산업분야와 융복합을 통해 영향력을 확대해 나갈 것으로 기대되고 있다.

□□□

7 **가상화폐 (암호화폐)**

Crypto Currency

네트워크로 연결된 가상공간에서 사용되는 디지털 화폐 또는 전자화폐

실물의 지폐나 동전이 없어도 온라인에서 거래를 할 수 있는 화폐이다. 정부나 중앙은행이 화폐의 가치 · 지급을 보장하지 않는다. 블록체인 기술을 활용한 분산형 시스템 방식으로 처리된다. 분산형 시스템의 구조는 채굴자라 칭하는 참여자가 있고 블록체인 처리의 보상으로 코인 수수료를 받는다. 생산비용, 이체비용, 거래비용 등이 일체 들지 않고 하드디스크에 저장되어 보관비용, 도난 · 분실의 위험도 적다. 비밀성이 보장되어 범죄에 악용될 수 있다.

+상식더보기 가상화폐 거래소

㉠ 국내 : 코빗(Korbit), 업비트(UPbit), 빗썸(Bithumb), 코인원(Coinone)

㉡ 국외 : 바이낸스(Binance), 후오비(Huobi), 오케이엑스(OKEx), 비트파이넥스(Bitfinex), 비트플라이어(bitFlyer), 코인체크(Coincheck), 비트렉스(Bittrex), 크라켄(Kraken), 제미니(Gemini)

□□□

8 **가상화폐(암호화폐)공개**

ICO : Initial Coin Offering

신규 가상화폐(암호화폐)를 발행하고 판매하여 투자금을 확보하는 것

암호화폐를 판매하여 사업자금을 조달하는 것으로 기업공개(IPO)와 개념이 비슷하다. 암호화폐로 일반 대중이나 기업을 대상으로 판매할 수 있다. ICO를 진행하는 방법은 암호화폐를 만든 동기 · 목적 등의 정보를 담은 백서를 공개하여 투자자를 모집하는 것이다. 백서만 확인한 후 투자를 하여 위험성이 높으나 스타트업에서 자금확보가 원활하다는 장점이 있다. 하지만 2017년 9월 국내 금융당국은 전면 금지하였다.

□□□

9 **가젤형 기업** ❁❁❁

Gazelles Company

매출액이나 고용자 수가 3년 연속 평균 20% 이상 고성장하는 기업

상시 근로자가 10인 이상이며, 매출액 혹은 고용자 수가 3년 연속 평균 20% 이상 지속적으로 고성장하는 기업을 말한다. 1981년 미국 경제학자가 발표한 논문에서 특별히 성장이 빠른 기업을 지칭하는 말로 처음 사용하였다. 기업의 높은 성장률과 고용증가율을 높은 점프력과 빠른 속도를 가진 가젤에 빗대어 표현하였는데, 특히 이 중에서 매출 1,000억 원이 넘으면 수퍼 가젤형 기업으로 분류된다. 자생적 성장을 이룬 기업을 지칭하므로 인수합병은 제외되며 강소기업은 매출신장에 비중을 더 두는 데 비해 가젤형 기업은 안정적인 일자리 창출에 비중을 두고 있다.

□□□

10 **가중평균 자본비용** ●●◌

WACC : Weighted Average Cost of Capital

기업 자본을 형성하는 자본의 비용을 자본구성비율로 가중평균한 값

기업의 자본비용을 시장가치 기준에 따라 총자본 중에서 차지하는 가중치로 가중 평균한 것을 말한다. 기업의 자본비용이라고 하면 일반적으로 가중평균 자본비용을 의미한다. 주주와 채권자의 현재 청구권에 대한 요구수익률을 측정하기 위해서 가중치는 시장가치 기준의 구성 비율로 한다. 기업가치 극대화를 위한 투자결정과 자금조달결정의 기준으로 기업 의사 결정에 있어 가장 중요한 변수다.

□□□

11 **가치사슬** ●●●

Value Chain

기업 활동에서 부가가치가 생성되는 과정

1985년 하버드대 교수가 주장한 이론으로, 기업이 부가가치 창출에 직접 또는 간접적으로 수행하는 주요 활동들을 의미한다. 제품의 생산부터 운송 · 마케팅 · 판매 · 물류 · 서비스 등과 같은 현장업무를 주활동이라고 하며, 구매 · 기술개발 · 인사 · 재무 · 기획 등 현장업무를 지원하는 업무를 지원활동이라고 한다. 주활동은 부가가치를 직접 창출하는 역할을 하며, 지원활동은 부가가치가 창출되도록 간접적인 역할을 한다. 가치사슬을 통하여 활동 각 단계에 있는 부가가치 창출과 관련된 핵심 활동들의 강점이나 약점 및 차별화 요인을 분석하고, 경쟁우위 구축을 위한 도구로 활용할 수 있다.

+상식더보기 가치사슬의 해체

핵심 역량을 확보한 기업이 타 기업과의 업무를 분산하는 것

□□□

12 **가처분 소득**

可處分所得

개인 소득 중 소비 · 저축을 자유롭게 할 수 있는 소득

개인 소득 중 소비 혹은 저축을 자유롭게 할 수 있는 소득이다. 개인 가처분 소득이라고도 하며 일정 기간 동안 개인이 획득하는 소득과는 차이가 있다. 가처분 소득은 개인 소득에서 개인의 세금과 세외부담을 공제하고 이전소득을 보탠 것으로, '가처분 소득 = 개인 소비 + 개인 저축'으로 나타낼 수 있다. 또한 가처분 소득은 국민경제에서의 소득분배 평등 정도를 측정하는 자료로 사용된다.

□□□

13 **간접 금융**

間接金融

자금 수요자가 금융기관을 통하여 일반인의 예금을 차입하여 자금을 조달하는 방식

금융거래는 자금공급자로부터 자금수요자로 자금이 이동하는 형태에 따라 구분할 수 있는데, 간접 금융은 은행과 같은 금융기관을 통하여 자금이 공급자에게서 수요자에게로 이동되는 거래이다. 대표적인 수단으로 예금과 대출 등이 있다. 간접 금융은 금융기관과 고객 간에는 장기적 거래관계가 있으며, 고객기업 감시 활동을 통해 경영파산 상태에 놓인 기업을 중도에 청산시키거나 구제할 수도 있다.

□□□

14 **간접세**

Indirect Tax

납세자와 담세자가 구분되는 조세

간접세는 조세를 부담하는 사람과 납세하는 사람이 구분되는 조세를 말한다. 상품에 조세를 추가로 징수하는 경우가 많으며, 상품의 단위당 과세하기 때문에 비례세율이 적용된다. 소비자 입장에서 상품 가격이 증가하므로 물가 상승으로 이어진다. 또한 간접세는 조세 저항이 약하고 규모와 대상이 확실하다는 장점이 있지만, 소비 규모에 따른 제세이므로 저소득자일수록 소득 대비 세금 부담이 상대적으로 높아지고 조세의 목적 중 하나인 소득 재분배가 적절하게 이루어지지 않는다는 단점이 있다. 간접세의 종류에는 부가가치세, 개별소비세, 주세, 인지세, 증권거래세 등이 있다.

상식더보기 **직접세**

납세자와 담세자(擔稅者)가 동일한 것이다. 조세부담이 타인에게 전가되지 않는 주민세, 취득세, 재산세, 증여세 등이 해당된다.

□□□

15 **간주 상속재산** ●●●

본래의 상속재산은 아니지만 상속재산에 해당되는 재산

상속재산은 아니라 하더라도 상속이나 유증 또는 사인증여에 의하여 취득한 재산과 유사한 경제적 이익이 발생되는 경우에는 실질적으로는 상속재산으로 본다는 것으로 의제상속재산이라고도 한다. 간주상속재산에는 피상속인의 사망으로 인해 지급받는 보험금 중 피상속인이 계약자이거나 보험료를 지불한 보험금, 신탁자가 피상속인 자산 또는 타인 여부와는 상관없이 피상속인이 신탁한 재산의 수익자로서 받게 되는 재산, 피상속인에게 지급될 퇴직금이 포함된다.

□□□

16 **간주 임대료** ●●○

Deemed Rent

임대인이 받는 전세금이나 임대보증금 수익을 임대료로 계산한 금액

임대업자가 부동산을 빌려주고 전세금이나 보증금을 받았을 때 이 돈에 대한 이자소득도 수입으로 간주하고 이를 과세표준에 포함하는 것을 말한다. 시중은행의 정기예금 이자율을 기준으로 보증금에 일정한 이율을 곱해 계산한다.

□□□

17 **감가상각비** ●●○

減價償却費

노후화된 설비 원가에 대한 경제적 가치하락의 감소분

기업이 사용하는 기물 또는 설비 등은 생산하면서 소모되는데, 시간 경과 등에 의해 노후화된 기물 또는 설비 가치의 생산 원가에 포함시키는 비용을 말한다. 소비자가 구매하는 모든 재화와 서비스 가격에 기업의 기물 또는 기계의 가치감소분이 원가에 산정되며, 정확하고 합리적인 기간손익 계산을 위해 활용한다. 계산 방법은 직접법과 간접법 두 가지가 있는데, 직접법은 감가상각비를 해당 고정자산 계정에 기입하는 방식이며, 간접법은 감가상가충당금 비용 계정에 넣는 기입하는 방식이다.

□□□

18 **개발이익 환수제** ●○○
開發利益還收制

토지를 개발할 때 지가상승으로 획득한 이익 중의 일정액을 정부가 환수하는 제도

토지에서 발생하는 개발이익을 환수함으로써 토지에 대한 투기를 방지하고 불로소득을 환수함으로써 세수를 늘리고 조세의 형평성에 기여하며, 토지의 효율적 이용을 촉진하기 위해 도입되었다. 주택단지의 조성과 택지개발, 도심재개발, 관광단지 조성, 온천개발 등으로 토지를 개발할 때 지가상승으로 획득한 이익 중의 일정액을 정부가 환수하는 제도고, 이때 환수된 자금은 개발행위 때문에 손실을 입은 사람이나 지역에 대한 보상 재원 및 특정지역의 개발로 소외된 낙후지역의 인프라 구축 등 공공사업의 투자자금으로 활용할 수 있다.

+상식더보기 재건축 초과이익 환수제

재건축으로 조합원이 얻은 이익이 인근 집값 상승분과 비용 등을 빼고 1인당 평균 3,000만 원을 넘을 경우 초과 금액의 최고 50%를 부담금으로 환수하는 제도이다.

□□□

19 **개인연금** ●●○

노후 소득 보장제도

실질적인 노후생활을 보장할 수 있도록 국민연금, 공무원연금, 기업의 퇴직금 제도 등 공적 연금제도의 취약점을 보완하여 마련된 제도이다. 개인연금 취급 기관으로는 은행과 생명보험회사 또는 손해보험회사, 투자신탁회사 등이 있으며, 신탁형, 펀드형, 보험형으로 구분할 수 있다. 신탁형은 은행에서 판매하며 확정 기간형으로 원금 보장형이다. 펀드형은 은행 및 증권회사 등에서 판매하는 상품으로 실적 배당형이고, 보험형은 보험회사와 공제 등에서 판매되며 최대 5,000만 원까지 예금자 보호가 가능하다.

□□□

20 **개인 워크아웃** ✿✿✿

Individual Workout

과중 채무자에게 채무조정을 통하여 안정적인 채무상환을 지원하는 채무조정제도

실직, 사고, 기타 불가피한 사유 등으로 현재의 소득수준으로는 정상적 채무상환이 어려운 과중채무자를 대상으로 상환기간의 연장, 분할상환, 이자율 조정, 변제기 유예, 채무감면 등의 채무조정을 통하여 안정적인 채무상환이 가능하도록 지원해주는 채무조정제도이다. 금융회사의 채무를 3개월 이상 연체하고 있는 금융채무불이행자로서 금융기관에 대한 총 채무액이 15억 원(무담보 5억 원, 담보 10억 원) 이하이며, 최근 6개월 내에 신규발생 채무액이 총 채무액의 30% 미만이며, 최저생계비 이상의 수입이 있는 자 또는 채무상환이 가능하다고 심의위원회가 인정하는 자를 지원 대상으로 한다.

□□□

21 **개인회생** ✿✿

재정적 어려움으로 파탄에 직면하였지만 장래에 정기적 수입을 얻을 수 있는 개인채무자의 채무를 법원에서 조정·면책하는 제도

채무자가 조정을 받아서 법원이 허가한 변제계획에 따라 3년 이내(특별한 사유가 있다면 5년 이내)에 채권자에게 분할하여 변제하고 남은 채무는 면책 받는 것이다. 신청자격조건은 총 채무액이 무담보채무 10억 원, 담보채무 15억 원 이하인 개인채무자이어야 하며, 일정한 수입이 있는 '급여소득자'와 '영업소득자'로서 현재 과다한 채무로 인하여 지급불능의 상태에 빠져 있거나 지급불능 상태가 발생할 염려가 있는 개인이다.

□□□

22 **개인파산·면책** ●●○

채무를 변제할 수 없을 때 파산절차를 통해 변제되지 못한 채무에 면책을 구하는 법적 제도

자신의 모든 재산으로도 채무를 변제하기 어려운 재정 상태인 사람이 신청하는 것이다. 모든 채권자의 채권 변제를 보장하고, 채무자에게 채무에 대한 변제 책임을 면제하여 경제적으로 재기하는 기회를 주는 것이다. 낭비 또는 사기로 인한 파산의 경우는 면책 허가가 불가하다.

□□□

23 **갭 투자** ●●○

시세차익을 목적으로 주택 매매가격과 전세금 간의 차액이 적은 집을 전세를 끼고 매입하는 투자 방식

갭 투자에서 갭(Gap)이란 주택의 매매가와 전세보증금과의 차이를 말하는 것으로 매매가격과 전세가격의 차이가 작은 주택을 전세를 끼고 매입한 뒤 시세차익을 노리는 투자를 말한다. 매매가격에서 보증금을 뺀 만큼의 금액만 있으면 주택을 살 수 있는 것이다.

+상식더보기 갭 투자의 예

아파트 가격이 3억인데 전세보증금이 2억 5,000만 원이라면 5,000만 원을 투자하여 집을 사는 것이다. 아파트가격과 전세보증금이 상승하면 투자금액 대비 수익이 크지만 아파트 가격이 하락하면 크게 손실을 볼 수도 있기에 위험도 매우 큰 투자 방법이다.

□□□

24 **거래적 리더십** ●●●

Transactional Leadership

교환관계를 기반으로 구성원의 욕구를 충족시켜 기대하는 목표나 성과를 달성하는 리더십

거래적 리더십은 리더가 업무를 효과적으로 수행할 수 있도록 구성원들의 욕구를 파악하여 그들이 성과를 보일 시 적절한 보상을 하는 것으로, 리더와 구성원들의 교환거래 관계에 기반을 둔 리더십을 말한다. 리더가 구성원들에게 명확하고 구체적인 목표와 달성했을 때의 보상 내용을 제시하고, 부하는 보상의 가치를 인식하고 성과를 달성하기 위해 노력하는 과정으로 이루어진다. 따라서 구성원들은 업무 능력에 대한 보상을 받고, 리더들은 기대하는 목표나 성과를 달성하게 된다.

□□□

25 **거미집 이론** ●●○

Cobweb Theorem

가격변동에 대해 수요와 공급이 시간차를 두고 반응하는 과정을 구론한 이론

수요의 반응에 비해 공급의 반응이 지체되어 일어나는 현상이다. 재화의 가격 변동은 수요와 공급이 시차를 두고 반응하기 때문에 해당 재화 가격이 급등과 급락이 주기적으로 반복되어 일어난다. 1934년 미국의 계량학자 레온티예프 등에 의해 거의 완전한 이론으로 정착되었으며, 가격과 공급량을 나타내는 점을 이은 눈금이 거미집 같다고 하여 거미집 이론으로 명칭 되었다. 재화의 생산에 상대적으로 긴 시간이 소요되는 부동산 시장과 농산물 시장 등에서 특히 눈에 띄게 나타난다.

□□□

26 **거버넌스** ●●●

Governance

국가 해당분야의 여러 업무를 관리하기 위해 정치 · 경제 및 행정적 권한을 행사하는 국정관리 체계

국정관리 체계에서 국가의 해당분야인 여러 업무를 관리하기 위해 정치와 경제 및 행정적 권한을 행사하는 것이다. 근래에는 조직의 정보기술에 대한 조직구조를 나타내는 정보기술 거버넌스(IT 거버넌스)나 회사의 의사를 결정하는 기업 거버넌스 등과 같이 세세하게 분류되어 사용하고 있다.

□□□

27 **거북선 펀드** ❀❀❀

해양경찰청의 노후화된 경비함정을 선박펀드를 통해 건조하는 사업

2006년에 거북선 1호 선박투자회사를 시작으로 2009년에 5호와 6호, 2018년에 7호 선박투자회사를 인가하였다. 민간자금을 활용하여 성능이 우수한 함정을 확보할 수 있다는 장점이 있다. 국가가 원리금 상환을 보증하는 안정적인 상품이다.

□□□

28 **거시경제** ❀❀❀

Macroeconomics

개별경제주체들의 상호작용 결과로 나타나는 경제현상

개별경제주체들의 상호작용의 결과로 나타나는 한 국가의 경제전체 현상을 통해 국민소득, 물가, 실업, 환율, 국제수지 등 실물경제의 전반을 측정할 수 있다. 경제 전반에 영향을 미치는 변수들의 결정 요인과 상호 관련성, 국민소득의 변화를 설명하는 경제성장이론, 그리고 실업과 밀접한 연관을 가지고 있는 경기변동이론을 연구함으로써 총체적이면서도 거시적인 관점에서 경제를 바라볼 수 있다.

□□□

29 **거주자 외화예금** ❀

居住者 外貨預金

국내 거주자가 외화를 환전하지 않고 외화 형태로 자기 계좌에 예치하는 것

국내 거주자가 외화를 그대로 자기 예금계좌에 예치하는 것을 말한다. 여기서 거주자란 국내인과 국내에 6개월 이상 거주한 외국인 및 국내에 진출해 있는 외국기업 등을 말한다. 외화예금은 고객이 향후 해당 국가의 통화를 사용해야 할 경우를 대비해 미리 저축할 때 유용하다. 해당 국가 통화를 환율이 낮을 때 환전하여 저축하면 환율이 오를 때 이익을 얻을 수 있기 때문이다. 이처럼 외화예금이 재테크 수단으로 활용되기도 한다. 이 예금에 대한 금리는 국제금리에 1%를 가산한 범위 내에서 은행장이 자율적으로 결정한다. 이것은 외국환은행의 중요한 외화자금 조달원의 하나로 은행 간 환율에도 영향을 미친다.

□□□

30 **거품 경제 (버블 경제)** ✿✿✿

Bubble Economy

투기로 경제규모가 실제 이상으로 과대평가된 경기 상태

거품 경제는 자산의 내재가치가 변하지 않았는데도 시장가격이 급격하게 상승할 것이란 기대로 인해 투기를 조장해 만들어진다. 내재가치는 자산으로부터 얻을 수 있는 미래의 기대수익을 현재가치로 평가한 것을 말하는데, 시장가격이 이 내재가치를 지나치게 넘어섰을 때 거품이 생성된 것으로 볼 수 있다. 거품 경제는 재화나 서비스의 가격이 안정되어 있는 반면에 주가와 지가의 폭등과 같이 자산가격만 비정상적으로 급등하는 것이 특징이다. 사회 전반의 투기심리가 가세하여 주가와 지가가 큰 폭으로 상승되면 실물경제에는 큰 변동이 없음에도 경기가 팽창한 모습이 마치 거품이 부풀어 오른 모양과 같다고 하여 버블 경제라고도 한다. 최초의 거품 경제는 17세기 네덜란드의 튤립 파동(튤립 버블)이며 가장 파장이 컸던 사례는 1980년대 일본의 거품 경제이다. 당시 일본에서는 주가가 상승하면서 집값이 폭등하여 경제호황을 맞이했다고 생각했지만 주가와 지가가 하락하게 되면서 1990년 초부터 일본 경제는 큰 침체로 접어들었고, 잃어버린 10년이 도래하였다.

□□□

31 **건축순환** ✿✿

Building Cycles

주택이나 사무소 등의 건축 활동에서 볼 수 있는 순환적 파동

건축경기의 순환으로, 17 ~ 18년을 주기로 한다. 건축순환이 발생하는 원인은 주택이나 건축물의 수급관계에서 찾을 수 있다. 인구에 비해 주택이 부족하면 방세나 기타 건축 임대료가 상승하고, 주택, 사무소, 아파트 등의 건축이 활기를 찾게 된다. 이 건축경기가 일정 기간 지나면 건물의 공급과잉이 나타나 방세, 임대료가 하락한다. 그러나 약 17 ~ 18년이 경과하면 건물이 노후화되고 인구가 증가해 건물에 대한 수요도 증가하고, 방세, 임대료가 다시 상승하면 건축경기가 다시 활기를 찾게 된다.

□□□

32 **게이미피케이션** ✿✿✿

Gamification

게임이 아닌 분야에 대해 지식 전달, 행동 및 관심 유도 혹은 마케팅 등 게임 요소를 접목시키는 것

'Game'과 'Fiction'의 합성어로 '게임화'라는 의미이다. 게임이 아닌 분야에 대해 지식 전달, 행동 및 관심 유도 혹은 마케팅 등 게임의 매커니즘, 사고방식과 같은 게임의 요소를 접목시키는 것이다. 순위표 등을 제공해 경쟁심을 이끌어 내거나 행동에 대한 보상으로 가상의 화폐나 보상을 지급하는 등의 매커니즘을 통해 평소 재미없게 느끼거나 지루하게 느끼는 설문조사나 콘텐츠를 읽게 유도하는 것이 일반적이다. 전문가들은 복지, 재정 서비스, 정치 분야, 직원 교육 등 여러 분야에도 게이미피케이션을 적용할 수 있다고 전망하고 있다.

□□□

33 **게임 이론** ✿✿✿

Game Theory

경쟁 상대의 반응을 고려한 의사 결정에 관한 이론

기업 또는 개인이 어떠한 행위를 할 때 자신뿐만 아니라 다른 기업 또는 개인의 행동에 의해서도 결정되는 상황에서, 자신의 최대 이익에 부합하는 행동을 추구한다는 이론이다. 게임 이론의 중요한 특징 가운데 하나는 참여자들이 합리적으로 선택한다는 점이며 사람들이 상대방의 반응을 충분히 고려하고 의사 결정을 내리는데, 이것이 바로 전략적 상황을 고려한 의사 결정이다. 게임 이론은 참여자들이 상호작용하면서 변화해 가는 상황을 이해하는 데 도움을 주고, 그 상호작용이 어떻게 전개될 것인지, 매 순간 어떻게 행동하는 것이 더 이득이 되는지를 수학적으로 분석해 주며, 전략적 사고에 대한 평범한 대화를 폭넓고 세련되게 하는 데 큰 영향을 준다.

□□□

34 **걸리시 소비자** ●●○

Girlish Consumer

소녀처럼 보이는 것을 추구하는 성인 여성 소비자

성인이 되었으나 10대 소녀처럼 어려 보이고 싶은 욕구가 늘어남에 따라 등장한 소비층이다. 주로 패션이나 화장품, 문구류 등에 만화 캐릭터나 화려하고 원색의 디자인 등 소비문화가 반영되고 있다. 걸리시 소비자들은 서로의 관심사를 공유하며 유대관계를 형성하는 경향을 띤다.

□□□

35 **경기 동행지수** ●●○

CCL : Coincident Composite Index

현재 경기상태를 판단하거나 앞으로의 경기를 예측하기 위한 대표적인 지표

현재의 경기 상태, 동향을 파악하고 예측하는 경기종합지수의 하나다. 산업생산지수, 제조업가동률지수, 생산자출하지수, 도소매 판매액지수, 비내구 소비재 출하지수, 수입액, 시멘트 소비량, 노동투입량, 전력사용량, 수출액 등의 구성지표로 되어 있다. 동행지수는 경제성장에 따라 증가하는 움직임과 경기의 상승 및 하강 움직임을 동시에 나타내고 있다. 동행지수는 이러한 움직임을 포함한 변동치여서 경기의 국면이나 전환점을 명확하게 파악하기가 어렵다. 따라서 이런 움직임을 제거하여 편리하고 명확하게 파악하기 위한 순환변동치를 이용한다.

□□□

36 **경기 선행지수** ●●○

CLI : Composite Leading Indicator

경기지표에 선행하여 변동하는 지수

장래의 경기동향을 측정하는 지표로, 산업활동과 주택동향, 금융통화 현황 등 각종 경기 관련 지표의 흐름을 복합적으로 따져 6개월 후의 경기흐름을 가늠한다. 경기선행지수가 전월보다 올라가면 경기상승, 내려가면 경기하강을 의미한다. 한국은행이나 민간경제연구소들은 더 많은 요소들을 집어 넣어 자체 경제 전망 모형을 운용하기도 한다.

□□□

37 **경기순환** ●○○

Trade Cycle

경제가 끝없이 확장과 수축을 반복하며 변동하는 현상

경제변동 중에서 계절변동과 같이 주기는 일정하지 않지만, 자본주의 사회의 경제활동의 상승과 하강과정을 되풀이하는 변동을 경기변동이라고 한다. 불황(Depression), 회복(Recovery), 호황(Prosperity), 후퇴(Recession) 4개 국면이 순환된다. 경기순환의 요인에 관해서는 이제까지 많은 학자에 의하여 여러 가지 설이 나왔는데, 소비재산업의 발전에 대하여 자본재산업의 발전이 지나쳐 경기가 변동한다는 과잉투자, 소득 내지 소비의 부족으로 불황이 일어난다는 과소소비설, 기술혁신 등 그 밖의 신기술이 경기를 변동 시킨다는 이노베이션 이론, 래그이론, 안티노미 이론 등이 주요 이론이다.

□□□

38 **경기 안정화정책** ●○○

경기변동의 진폭을 줄여 경제의 안정적 성장을 도모하는 정책

경기변동의 진폭을 줄이고 경제가 안정적으로 성장할 수 있게 도모하는 정책으로 크게 재정정책과 통화정책(금융정책)으로 나눌 수 있다. 재정정책과 통화정책은 단기에 총공급에는 영향을 미치지 않고 총수요에만 영향을 미치기 때문에 총수요 관리정책이라고도 부른다. 재정정책은 세출이나 세입을 변경시켜 경기를 조절하는 정책을 말한다. 경기가 과열되어 있을 때 정부는 세출을 줄이거나 세입을 늘리는 긴축적 재정정책을 사용한다. 반대로 경기가 침체되어 있을 때 정부는 세출을 늘리거나 세입을 줄이는 확장적 재정정책을 사용한다. 통화정책은 중앙은행이 통화량이나 이자율을 변경시켜 경기를 조절하는 정책을 의미하며 대표적 수단으로 공개시장정책, 대출(여수신)정책, 지급준비정책 등이 있다. 중앙은행은 경기가 과열됐을 때 통화량을 감소(이자율의 상승)시키고, 경기가 침체됐을 때 통화량을 증가(이자율의 하락)시킴으로써 경기를 조절할 수 있다.

□□□

39 **경기 종합지수** ✿✿✿

CI : Composite Index

우리나라의 대표적인 종합경기지표

경기변동의 방향, 국면 및 전환점은 물론 변동속도와 진폭까지 측정할 수 있도록 고안된 경기지표로 1981년 3월 통계청에서 매월 작성하여 발표하고 있다.

㉠ **경기종합지수** : 경기전환점에 대한 시차정도에 따라 선행 · 동행 · 후행지수로 구분된다.

㉡ **선행종합지수** : 실제 경기순환에 앞서 변동하는 개별지표를 가공 · 종합하여 만든 지수로 향후 경기변동의 단기 예측에 이용된다.

㉢ **동행종합지수** : 실제 경기순환과 함께 변동하는 개별지표를 가공 · 종합하여 만든 지수로 현재 경기상황의 판단에 이용된다.

㉣ **후행종합지수** : 실제 경기순환에 후행하여 변동하는 개별지표를 가공 · 종합하여 만든 지표로 현재 경기의 사후 확인에 이용된다.

□□□

40 **경기침체** ✿❀❀

Depression

경기순환과정에서 일어나는 경기 하강상태

경기순환 과정 중 경기가 하강상태로 들어가는 것을 의미한다. 경기침체 단계에서는 가계의 소비가 줄고 기업의 투자와 고용 또한 줄어들며 재고가 늘어난다. 영업활동 저하, 가격 하락, 실업 증가, 재고 누적, 디플레이션, 공공불안 등이 특징이다. 초기의 시장 경제 체제에서는 보이지 않는 손에 의해 조절될 수 있다며 정부의 개입을 거부했지만, 1929년 대공황이 발생하면서 정부의 개입 필요성이 대두되었다. 이후 경기 안정화정책을 시행했는데 이것이 바로 뉴딜 정책이다. 경기 침체는 경기 순환 과정상으로 자연스럽게 나타나는 현상이지만 그 규모에 따라 정부의 개입이 필요할 수 있다.

□□□

41 **경기 확산지수** ●●○

Diffusion Index

경기판단 및 예측을 하기 위한 경기변동 측정 방법

경기변동의 변화 방향만을 파악하는 것으로 경기국면 및 전환점을 판단할 때 유용하게 사용된다. 과거의 경기동향과 실적을 토대로 산출된 주요 경제지표 추세를 분석해서 현재의 경기상태가 과열, 안정, 침체 중 어디에 해당하는지를 나타내는 종합경기지표로, 경기순환에 따르는 경기침체를 방지하고, 지속적인 성장정책을 추구하기 위해 개발되었으며, 이 지수가 50을 초과하면 경기확장을, 50 미만이면 경기수축을 나타내며, 50이면 경기가 전환점에 있는 것으로 간주된다. 현재 구성지표는 경기 종합지수(CI)와 동일하게 선행 · 동행 · 후행 3개군으로 구분하여 작성되고 있다.

□□□

42 **경상수지** ●●●

Balance on Current Account

국가 간 생산요소 이동에 따른 대가의 수입과 지급을 종합적으로 나타낸 수지

국가 간의 상품 및 서비스의 수출입, 자본 노동 등 생산요소의 대가의 수입과 지급을 종합적으로 나타낸 것으로 한 나라의 대외거래상태를 나타내는 지표이다. 재화나 서비스를 외국과 사고파는 거래인 상품수지와, 내국인이 외국에 나가서 일을 하거나 외국인이 국내에 들어와서 일을 해서 생기는 소득 등에 대한 수입과 지출의 차이인 소득수지, 해외여행, 유학, 연수 등의 서비스수지에 기부금, 정부의 무상원조 등 대가 없이 주고받은 거래의 차액으로 생기는 경상이전수지 등을 합친 것이다. 주식투자나 외화대출처럼 자본만 오가는 거래인 자본수지에 비해 상대적으로 안정적인 성격을 지닌 거래들로 이루어져 있기 때문에 경제발전 및 정책 변화의 효과를 측정하거나 전망하는 데 이용된다.

□□□

43 **경제 불쾌지수**

經濟 不快指數

국민들이 현재의 경제 상태에 대해 느끼는 불쾌함의 정도를 나타내는 지표

국가의 경제에 대해 국민들의 불만 정도를 나타내는 지수를 말한다. 고통지수라고도 하며, 소비자물가상승률과 실업률을 합한 다음 실질 경제성장률을 뺀 수치다. 경제 불쾌지수가 15를 넘으면 대부분의 국민이 경제적 불안을 느끼는 것으로 해석된다.

□□□

44 **경제사회 노동위원회**

일자리와 노동문제를 넘어 산업과 경제, 복지 등 사회정책을 협의하는 대통령 자문 기구

'노동존중사회 실현'이라는 시대적 과제를 해결하기 위해 출범한 노사정대표자회의의 3차 회의 합의 결과를 계기로 2018년 6월 12일 '경제사회노동위원회'를 출범하였다. 의제(노사가 중심이 되어 멀리 내다보며 노동 기본권 신장과 보편적 사회보장), 업종(글로벌 경쟁시대 산업 밀착형 대화를 통해 공정한 경제와 좋은 일자리를 제공), 계층(소외계층의 의견으로 균형적 경제), 지역(분권화 시대에 지역 맞춤형 대화)을 조합하여 사회적 대화 기구다.

+상식더보기 사회적 대화

정부, 사용자, 노동자 대표가 참여하는 모든 형태의 정보교환을 의미 노 · 사 · 정 간에 다양한 계층이 참여하는 사회적 대화를 의미한다. 사회 주체의 민주적 참여를 활성화하고, 주요 행위자 간에 합의를 장려한다. 또한 사회적 안정과 조화를 도모하고 경제 활성화에 기여하는 것이 목적이다.

□□□

45 **경제 심리지수**

Economic Sentiment Index

기업과 소비자 모두를 포함해 민간이 경제 상황에 대해 어떻게 생각하는지를 종합적으로 파악하는 지표

기업경기실사지수(BSI)와 소비자동향지수(CSI)를 합성한 종합심리지수로 100을 기준으로 하는 상대 지수이다. 100보다 높으면 소비자와 기업이 경제 상황을 이전보다 나아졌다고, 낮으면 그렇지 않다고 여긴다는 뜻이다.

□□□

46 **경제 자유구역** ❁❁❁

Free Economic Zone

해외 투자자본과 기술을 적극적으로 유치하기 위하여 세제 감면이나 규제 완화 등 혜택을 부여한 특별지역

외국인의 투자유치를 촉진하고, 국가경쟁력 강화 및 지역 간 균형발전을 위해 2003년에 도입한 제도이다. 국제경영 활동에 최적의 환경을 제공하기 위해 조성하는 특별경제구역으로 열악한 기업 환경, 기존제도의 한계, 동북아시아의 위상변화 등에 따라 우리나라의 지정학적 위치를 최대한 활용하여 동북아의 물류중심으로 육성하고, 첨단산업 및 지식기반의 고부가가치 산업을 신 성장 동력으로 활용하는데 의의가 있다. 경제자유구역의 지정 및 운영에 관한 특별법 및 조세특례제한법 등의 관련 법령에 근거하여 경제자유구역 입주 외국인 투자기업과 개발사업시행자에 대해 관세, 취득세 및 재산세를 감면한다. 2003년 인천을 시작으로 부산 · 진해, 광양만권, 경기, 대구 · 경북, 충북, 동해안권, 광주, 울산으로 9개가 조성 · 운영되고 있다.

□□□

47 **계좌이동 서비스** ❁✿✿

주거래 계좌를 변경할 때, 기존 계좌에 연결된 자동이체 항목을 변경하는 계좌로 간편하게 옮기는 서비스

여러 금융회사에 등록되어 있는 본인의 자동이체 등록 정보를 일괄 조회하고 해지 또는 변경하는 통합서비스로 계좌자동이체통합관리라고도 불린다. 기존 계좌에 연결된 통신비, 보험료, 신용카드 대금 등 자동이체 항목을 일일이 해지하고 신규 등록해야 했던 불편을 해소할 수 있다. 일괄 조회를 통해 요금청구기관이 부당 등록하거나 계약이 종료된 자동이체를 삭제하지 않았을 경우 이를 확인할 수 있어 금융사고 가능성을 예방할 수 있다.

□□□

48 **경제활동인구** ●●○

Economically Active Population

만 15세 이상의 인구 중 노동 능력과 의사가 있어 경제활동에 기여할 수 있는 인구

만 15세 이상의 인구 중에서 현재 일하고 있는 사람이나, 일할 의사가 있는 사람을 말하며, 현재 일하고 있는 사람을 취업자, 일할 의사가 있지만 일을 못하는 사람을 실업자라고 한다. 경제활동인구에는 취업자와 실업자가 포함되는데 취업자는 물론, 실업자의 경우는 일할 의지가 있는 사람만을 경제활동인구에 포함시키고 있다. 즉, 실업자 중 일할 의지가 없는 사람은 실업자로 보지 않으며, 당연히 정부에서 발표하는 실업률에 포함되지 않는다. 그러다 보니 정부에서 발표하는 실업률과 체감실업률은 다를 수 있으므로, 정부도 각종 유사실업자(일할 의사가 없거나, 취업을 포기한 사람)를 반영한 체감실업률지표를 개발하고 있다. 15세 이상의 인구 중 비경제활동인구는 취업자도, 실업자도 아닌 사람들로 가사를 돌보는 주부, 학생, 고령자, 심신장애인, 자선사업이나 종교단체에 관여하는 사람과 군인, 교도소 수감자도 포함된다.

□□□

49 **고령사회** ●●○

高齡社會

전체인구에서 고령인구(만 65세 이상)의 비율이 14%를 넘긴 사회

유엔(UN)이 정한 기준에 의하면 고령인구 비율이 7%를 넘으면 고령화사회, 14%를 넘으면 고령사회, 20% 이상이면 초고령사회로 분류한다. 통계청 발표에 따르면 우리나라는 2017년부터 고령인구 비율 14%를 넘기며 고령사회에 진입했다. 2000년 고령화사회에 들어선 지 17년 만이다. 이는 세계에서 가장 빠른 고령화 속도이다. 고령화 속도가 가장 빠른 것으로 알려진 일본도 1970년 고령화사회에서 1994년 고령사회로 들어서는 데 24년이 걸렸다. 프랑스는 115년, 미국은 73년, 독일은 40년 등이 걸렸는데 다른 선진국들과 비교하면 한국의 고령사회 진입 속도는 무척 빠른 편이다.

□□□

50 **고용률** ●○○
雇傭率

만 15세 이상 생산가능인구 중 취업자가 차지하는 비율

만 15세 이상 생산가능인구 중 취업자가 차지하는 비율로 실질적인 고용 창출 능력을 나타낸다. 취업인구 비율이라고도 하며 실질적인 고용창출능력을 나타낸다. 고용률이 60%라고 하면 100명 중 60명이 취업자라는 뜻이다. 경제활동인구를 기준으로 하는 실업률과는 달리 구직 단념자도 통계에 포함시키기 때문에 실제 경기를 반영하기 좋다.

+상식더보기 고용률 계산법

$$고용률(\%) = \frac{취업자수}{만\ 15세\ 이상\ 인구} \times 100$$

□□□

51 **골드만 삭스** ●●●

투자 및 증권 업무와 기타 종합금융 서비스를 제공하는 대표적 미국계 다국적 투자은행

1869년 독일계 유대인 마르쿠스 골드만이 뉴욕에 차린 약속어음 거래 회사를 모체로 시작한 투자은행 겸 증권회사로 뉴욕에 본부를 두고 있으며, 해외 지사를 통해 기업의 인수합병과 채권 발행 등의 사업을 펼치고 있는 국제 금융시장을 주도하는 대표적인 기업으로 2015년에 세계 최대 투자은행이 되었다.

□□□

52 **골드뱅킹**
Gold Banking

일반 시중은행에서 금에 관련된 상품을 사고파는 제도

고객들이 은행을 통하여 금에 투자하는 방식 중 하나로, 2003년에 도입된 제도이다. 금을 직접 사고파는 방식과 금을 직접 주고받지 않아도 거래한 후 투자의 이익과 원금을 현금으로 지급하는 방식이 있다.

□□□

53 **골든 칼라**

Gold Collar

전문기술직에 종사하는 지식노동자

정보사회를 이끌어가는 신흥 지식인 계층을 이르는 신조어로 '디지털(Digital)'과 '지식계급(Literati)'의 합성어인 '디제라티(Digerati)'라고도 한다. 1992년 「뉴욕 타임스」의 기사에서 처음 사용되었으며, 21세기 지식산업을 이끌어 갈 새로운 노동자 계급으로서 지식산업사회에서는 골든 칼라가 노동의 주역이라는 의미이다. 미국의 경영학자인 드러커는 생산노동자는 컴퓨터의 하드웨어 역할을 하고, 지식노동자는 컴퓨터 설계나 작동 원리 등 소프트웨어를 생산하는 노동자라고 표현한다.

□□□

54 **골디락스**

Goldilocks

뜨겁지도 차갑지도 않은 이상적인 경제 상황

영국의 전래동화에서 유래된 용어로 뜨겁지도 차갑지도 않은 적정한 수준의 경제 상황을 의미한다. 미국 경제학자 슐먼이 처음으로 이 용어를 사용하였다. 그는 인플레이션을 우려할 만큼 과열되지도 않고, 경기 침체를 우려할 만큼 냉각되지도 않은 아주 좋은 경제 호황 상태를 영국 전래동화 속 골디락스에 비유했다. 골디락스는 통상적으로 불황기와 호황기 사이에 나타나는데 경기는 계속해서 순환하므로 계속 유지될 것이라고 기대하긴 어렵다.

□□□

55 **곰의 포옹**

사전예고 없이 경영진에 매수를 제의하고 빠른 의사 결정을 요구하는 기법

적대적 M&A를 시도하는 측이 활용하는 수단 중 하나로, 사전 경고 없이 매수자가 목표 기업의 이사들에게 편지를 보내어 매수 제의를 하고 신속한 의사 결정을 요구하는 기법이다. 인수 대상 기업의 경영자에게 경영권을 넘기거나 협상에 응하지 않으면 회사를 통째로 인수하겠다는 일종의 협박으로, 마치 곰이 다가와 포옹하는 것 같다 하여 곰의 포옹이라고 한다. 시간적 여유가 없는 주말에 인수 의사를 대상 기업 경영자에게 전달하여 인수 대상 기업의 경영자가 수용 여부를 빨리 결정토록 요구하는 것이다.

□□□

56 **공개시장 조작**

Open Market Operation

중앙은행이 공개시장에 개입하여 금융 조절하는 것

한국은행이 공개된 시장에서 통화안정증권이나 RP(환매조건부채권)를 팔아서 통화량이나 금리를 조절하는 것을 말한다. 즉, 시중에 자금이 많이 풀려서 과열 기미가 보이면 한국은행은 통화안정증권이나 RP(환매조건부채권)을 시중은행에 팔면 은행들이 이 증권을 사기 때문에 시중에 풀려 있던 돈을 한국은행으로 끌어들이는 효과가 있어서 통화량은 줄어들게 된다. 반대로, 시중에 통화량이 모자라면 팔았던 통화안정증권이나 RP(환매조건부채권)을 다시 은행으로부터 사들여서 시중에 돈이 다시 풀려 나가게 되어 통화량이나 금리를 조절한다.

□□□

57 **공공재**

公共財

사회 구성원 모두가 누릴 수 있는 재화 또는 서비스

대가의 지불 없이 모든 사람들이 사용할 수 있는 재화나 서비스를 말한다. 시장가격이 적용될 수 없고 그 대가를 지불하지 않고도 재화나 서비스를 이용할 수 있는 비배제성의 속성을 가지고 있다. 또한 공공재는 사람들이 소비를 위해 서로 경합할 필요가 없는 비경쟁성의 속성도 가지고 있다.

□□□

58 **공매도**

空賣渡

소유하지 않았거나 차입한 증권을 매도하는 것

채권이나 주식을 소유하지 않은 상태에서 매도주문을 내는 것이다. 향후 주가가 하락할 것을 예상하고, 한국예탁결제원 등에서 주식을 빌려서 팔고, 주가가 하락하면 같은 종목을 싼값에 사서 갚는 대차거래를 말한다. 예상대로 주가가 떨어지면 시세차익을 얻을 수 있지만, 반대로 주가가 올라가면 손해를 볼 수도 있다. 공매도에는 금융위원회는 주가가 급락하는 것을 막기 위해 금지 시한은 정하지 않고 증시상황에 맞춰 탄력적으로 공매도 금지를 적용하기로 했다.

+상식더보기 공매도 방법

제3자로부터 주식을 빌려 매도하는 커버드숏셀링(Covered Short Selling)과 주식을 전혀 갖고 있지 않은 상태에서 매도 주문을 내는 네이키드숏셀링(Naked Short Selling)으로 구분되는데 우리나라에서는 커버드숏셀링만 허용된다. 이와 함께 빌린 주식을 되갚기 위해 해당 종목을 재매수하는 것을 숏커버링(Short Covering)이라고 부르는데, 숏커버링은 하락장이 일단락되고, 반등장이 예상될 때 차익실현이나 손절매 전략으로도 활용된다.

□□□

59 **공모펀드** ❁❁❁

Public Offering Fund

불특정 다수의 투자자를 대상으로 자금을 모으는 펀드

공모펀드는 사업 확장 혹은 투자 확대를 위해서 회사의 증권이나 여타 금융 상품을 공공 시장에서 판매된다. 우선주·보통주와 같은 일반 주식은 물론이고 다른 자산 또한 거래가 가능하다. 투자자(투자신탁업에서는 100인 이하, 증권투자업에서는 49인 이하)에게 증권이 판매되면 공모펀드로 취급된다. 증권을 발행하는 주체와 투자 은행이 시장에 대한 증권 공급 가격을 설정한다.

□□□

60 **공유가치 창출** ❁❁

CSV : Creating Shared Value

기업이 자신이 속한 공동체의 사회적 요구를 파악하고 해결하는 과정에서 경제적 이익과 사회적 가치를 동시에 창출하는 경영 전략

기업이 특정 사업을 함에 있어 기후변화, 경제 양극화 등 사회적 문제 해결을 위해 노력하면 기업의 수익 증진뿐 아니라 사회 전체의 이익도 증진시킬 수 있다는 개념이다. 공유가치를 창출하기 위해서는 소비자들이 가진 사회적 문제를 해결하는 제품이나 서비스를 제공함으로써 고객 가치와 새로운 시장을 창출하는 제품과 시장 재인식, 에너지 절감, 자원재활용 등과 같이 가치사슬의 생산성 재정의, 기업이 위치한 곳에서 기업 활동을 지원해 줄 지역 클러스터를 구축하는 노력이 필요하다. 이 개념은 마이클 포터 미 하버드대 교수가 「하버드 비즈니스 리뷰」를 통해 처음 제시했으며, 국내에서는 창조경제와 동반성장을 촉진할 수 있는 개념과 수단으로 학계와 재계에서 주목을 받았다.

□□□

61 **공실률**

空室率

상가나 건물 등이 얼마만큼 비어 있는지 나타내는 비율

공실(空室)은 비어있는 방이나 집을 뜻한다. 즉, 공실률은 업무용 빌딩에서 임대되지 않고 비어있는 채로 있는 사무실이 차지하는 비율을 말한다. 경기가 좋을 때는 임대의 수요가 높아지기 때문에 공실률이 낮아진다. 이와 반대로 경기가 나쁠 때는 공실률이 높아진다.

□□□

62 **공유경제**

共有經濟

재화나 서비스를 서로 대여해 주는 경제활동

재화나 공간, 재능, 서비스 등을 다수의 개인이 서로 빌려주고 나눠 쓰는 온라인 기반 개방형 비즈니스 모델을 말한다. '물건을 소유하는 개념이 아닌 서로 빌려 쓰는 경제활동'이는 의미로 2008년 하버드대 로렌스 레식 교수가 처음 사했다. 공유경제는 소유자들이 많이 이용하지 않는 물건으로부터 수익을 창출할 수 있으며, 대여하는 사람은 물건을 직접 구매하거나 기존의 서비스 업체를 이용할 때보다 적은 비용으로 서비스를 이용할 수 있다는 장점이 있다. 그러나 법적 책임에 대한 규정이 명확하지 않아 이를 규제할 수 있법안이나 제도가 마땅치 않다는 단점이 있다.

□□□

63 **공유지의 비극**

Tragedy of the Commons

공유자원을 개인의 이익을 극대화함에 따라 자원이 남용되고 고갈되는 현상

사회 구성원 모두가 자유롭게 사용할 수 있는 공공자원을 서로의 사리사욕으로 인해 극대화 하여 자원이 남용되고 고갈되는 현상을 말한다. 개인의 지나친 욕심으로 결국회 전체와 자연까지 파괴할 수 있음을 경고한다.

□□□

64 **공적부조** ❁❁❁

公的扶助

국가 또는 지자체가 사회빈곤층에게 최소한의 생활을 보장해 주기 위한 보호기준에 따라 제공하는 지원

국가나 지방공공단체가 생활능력이 없는 사람에게 최저 한도의 생활수준을 보장해 인간다운 생활을 영위할 수 있도록 재정적 보호 또는 원조를 말한다. 사회부조나 국가부조 등의 용어와 유사하게 사용된다. 이는 국민은 생존에 필요한 보호를 받을 법적 권리가 있고 국가는 국민 보호의 법적 의무를 갖기 때문이다. 현대 선진국가에서는 사회보험제도와 함께 사회보장의 하나로 공적부조를 활발히 진행하는 경향이 있다. 조세에 의해 재원이 조달된다. 우리나라에서 실시되는 공적부조에는 생활보호, 의료보호, 재해구호, 보훈사업 등이 있다. 공적부조는 급여에 대한 법적 권리가 보장돼 있지 않고 원인에 따라 급여를 신청한다는 점에서 사회보험과 차이가 있다.

□□□

65 **공정무역** ❁❁❁

公正貿易

상호존중에 기반 하여 국가 간 동등한 위치에서 하는 무역

윤리적 소비운동이란 뜻의 공정무역은 생산자와 소비자 간의 직거래, 공정한 가격, 건강한 노동, 환경유지, 생산자들의 경제적 독립 등을 포함한 개념으로 가난한 제3세계 생산자들이 만든 환경 친화적 상품을 직거래를 통해 공정한 가격에 구입하여 가난을 극복하는데 도움을 주는 윤리적 녹색소비자 운동이다. 공정무역은 자유무역을 통해서 발생하는 여러 가지 부작용을 극복하는 대안으로 주목받고 있으며, 무조건 싸게 사는 것보다, 정당한 가격을 주고 사는 것을 우선시하는데, 생계의 안정성과 경제적 자급자족을 이룰 수 있도록 그들을 돕기 위함이다. 또한 그들 자신의 조직에서 지분을 갖게 하고, 국제무역에서의 공정성을 더욱 획득하기 위하여 국제적인 무대에서 더 활동적으로 폭넓은 역할을 수행하도록 함으로써 그들에게 자립 능력을 부여하는 데 목적이 있다.

□□□

66 **공정성 이론** ●●○

Equity Theory

타인의 노력과 자신의 노력을 비교하여 개인의 동기를 자극한다는 이론

1963년에 경제학자 아담스가 발표한 동기 이론으로, 형평성 이론과 공평성 이론 등으로도 불린다. 아담스는 구성원 개인은 직무에 대하여 자신이 조직으로부터 받은 보상을 타인과 비교함으로써 공정성을 지각(知覺)하고, 자신의 보상을 동료와 비교하여 공정성을 판단한다고 하였다. 개인은 자신의 노력과 그 결과로 얻어지는 보상과의 관계를 다른 사람과 비교하여 자신이 느끼는 공정성에 따라서 영향을 받는다. 쉽게 말하여 어느 한쪽이 크거나 작은 경우에 불공정성을 지각하고 타인과의 관계에서 공정성을 유지하기 위해 동기부여를 한다는 이론이다.

□□□

67 **공짜경제** ●●○

Freeconomics

소비자에게 서비스를 무료로 제공하며 이를 통해 수익과 가치를 창출하는 경제

과거 유료였던 제품이나 서비스를 무료 또는 매우 저렴하게 제공하는 대신에 시장의 관심과 명성 등의 광범위한 사용자 기반을 확보해, 이를 바탕으로 관련 영역에서 새로운 수익을 창출하는 사업 방식을 말한다. 「롱테일 경제학」의 저자 크리스 앤더슨이 새로운 비즈니스 트렌드로 소개한 바 있으며 공짜경제는 최근 경기침체가 이어지면서, 다음 몇 가지 특성을 가진 산업에서 활성화될 것으로 보인다. 첫째, 음악, 서적, 신문 등의 강력한 대체재가 나타났거나, 제품 범용화가 빠르게 진전되는 산업이다. 둘째, 항공, 운송, 인프라 등 고정비가 크고 한계비용이 적은 산업이다. 셋째, 시장이 크고 성숙되었거나 특정기업이 거의 독점하는 산업이다. 넷째, 산업간 융합이 활발하게 일어나는 분야 등이다. 공짜 폰, 무가지, 무료 콘텐츠에 이르기까지 공짜 마케팅이 많은 부분을 차지하고 있으며, 대부분 다른 수익원을 통해 한 가지 서비스를 공짜로 제공하는 형태다. 공짜경제의 배경으로는 소비자들의 공짜심리와 경기불황속에 20 ~ 30대의 실질구매력 약화, 정보력 증대 및 기술진보에 따른 한계비용 감소, 제품 범용화 등을 꼽을 수 있다.

☐☐☐

68 **공헌이익** ●●○

貢獻利益

기업의 손익을 분석할 때 단위당 판매 금액에서 단위당 변동 금액을 뺀 금액

판매 금액에서 변동 금액을 제외한 금액을 말한다. 공헌이익의 총 금액에서 고정 지출비를 제외하게 되면 기업의 실이익을 파악할 수 있게 된다.

☐☐☐

69 **광의유동성 지표** ●●○

L : Liquidity Aggregates

국가 경제 전체의 유동성 정도를 보여주는 지표

한국은행이 국제통화기금(IMF)이 작성한 '통화금융통계매뉴얼(2000)' 권고에 따라 나라 경제 전체의 유동성 크기를 측정하기 위해 개발한 지표이다. 광의유동성지표인 L지표는 총유동성을 의미하는 M3을 좀 더 확대한 것으로, 기존의 M3과 정부, 기업 등의 M3 대상 금융기관 이외의 기관이 발행한 유동성 금융상품을 더해 구성된다. 즉 국고채나 지방채, 기업어음, 회사채 등 정부나 기업이 발행한 유동성 금융상품 등도 앞으로 L지표의 구성요소에 포함시켜 광범위한 유동성을 측정하는 것이다. 광의유동성 상품의 보유주체는 원칙적으로 국내 비금융부문이 보유한 유동성을 대상으로 하지만, 금융 중개기능이 약한 손해보험사나 연기금, 금융중개기관이 없는 금융보조기관들도 보유주체에 포함되며, 한편 기존에 널리 쓰이던 총유동성인 M3을 L지표의 구성지표로 부분 개편하고 명칭도 Lf로 새롭게 바꿨다.

☐☐☐

70 **관리(대상)종목** ●●○

증권거래에서 상장폐지 사유에 해당하는 종목

관리종목은 영업정지나 부도발생 등으로 인해 주권의 상장 또는 등록 폐지 기준에 해당되는 종목을 말하며, 관리(대상)종목으로 지정되면 신용거래는 금지되므로 시장운영주체인 증권거래소나 코스닥 증권시장이 일반투자자에게 주의를 환기시키고 투자에 참고하도록 하기 위해 지정한다.

□□□

71 **관세 탠트럼**

Tariff Tantrum

관세 인상 우려로 인한 금융시장의 요동

'관세(Tariff)'와 '울화통, 발작(Tantrum)'의 합성어로, 미국 정부의 공격적인 무역 정책으로 발생된 금융 시장의 흔들림, 즉 요동을 말한다. 2018년에 미국 대통령이 수입 철강과 알루미늄에 관세를 부과하겠다고 밝히자 무역전쟁에 대한 우려가 확산되면서 뉴욕 증시의 주요 지수가 일제히 급락한 것을 두고 관세 탠트럼이라고 한다.

□□□

72 **교부금**

交付金

국가 또는 지자체가 특정 목적을 위하여 교부하는 금전

국가 또는 지자체가 특정한 목적을 위하여 교부하는 금전을 총칭하는 말로, 교부세(交付稅)라고도 한다. 교부금은 국가가 지자체의 재정을 지원하기 위한 것, 국가 또는 지자체가 그 사무의 일부를 위임하고 이에 소요되는 비용을 충당해 주기 위한 것, 국가 등이 특정한 행정목적을 위해 지급하는 것 등으로 구분할 수 있다.

상식더보기 교부금의 종류

① 보통교부세는 매년 기준 재정수입이 기준 재정수요에 미달하는 지자체에 그 미달액을 기초로 하여 교부한다.

② 지방교육재정교부금은 초 · 중등 교육의 재정지원을 위해 지방교육재정교부금법의 규정에 의하여 지급하는 교부금을 말한다. 지자체가 교육기관 및 교육행정 기관을 설치하고 경영하는 데 필요한 재원을 국가가 지원하여 지역간 교육의 균형 발전을 도모하기 위한 것이다.

③ 지방교부세는 국가가 지방교부세법의 규정에 의하여 지자체의 행정운영에 필요한 재정지원을 위하여 지급하는 교부금으로서 지방교부금이라고도 한다.

□□□

73 **교토의정서**

Kyoto Protocol

온실가스 배출 규제와 기후 변화 협약에 따라 맺은 의정서

1997년 12월 일본 교토에서 개최된 기후변화협약 제3차 당사국총회에서 채택되어 2005년 2월에 발효되었으며 2020년에 만료되었다. 지구 온난화 규제와 방지의 국제 협약인 기후 변화 협약의 구체적 이행 방안이며, 온실가스 감축 수단으로 배출권 거래제, 청정개발체제, 공동이행제를 도입했다.

□□□

74 **교차판매** ●●○

Cross Selling

금융회사가 다른 금융회사의 개발 상품을 판매하는 방식

금융기관들이 타사에서 개발한 상품까지 판매하는 적극적인 판매방식으로 손해보험사 소속 설계사가 생명보험사 상품을, 생명보험사 소속 설계사가 손해보험 상품을 팔 수 있는 것으로 2008년 8월부터 시행되었다.

□□□

75 **교환사채** ●●●

EB : Exchangeable Bonds

사채권자의 의사에 따라 다른 유가증권으로 교환할 수 있는 사채

투자자가 보유한 채권이 일정시일 경과 후 발행회사가 보유 중인 다른 회사 주식으로 교환할 수 있는 권리가 붙은 사채로 주식전환이 가능한 채권이라는 점에서 전환사채와 유사하나 전환대상 주식이 발행사가 아닌 다른 회사의 주식이라는 점에서 차이가 있다. 주식 교환권을 부여해 장래에 주식 가격상승에 따른 투자수익을 기대할 수 있으나 통상적으로 이자율은 낮다. 교환사채를 발행할 수 있는 법인은 상장회사로 발행이율, 이자지급조건, 상환기한 및 전환기간 등은 자율화되어 있다. 교환가격은 교환대상 주식 기준 주가의 90% 이상이며, 교환비율은 100% 이내로 제한된다. 교환대상 상장주식을 신탁회사 등에 예탁한 후 교환사채를 발행해야 한다. 1995년 정부가 해외에서 주식을 쉽게 발행할 수 있게 허용한 해외증권발행 방법이다. 기업이 투자하고 싶은 곳은 많지만 국내이자율이 높아 국내에서 조달하기 힘들 때 유리한 자금동원 방법이라 할 수 있고, 발행회사는 자기회사 지분율이 변하는 위험을 없애면서 보유주식을 보다 비싼 값에 팔 수 있는 이점이 있으나 교환대상주식을 발행한 기업이 동의해야만 교환사채를 발행할 수 있다.

□□□

76 **구매력 평가지수** ❁❁❁

PPP : Purchasing Power Parity

환율 결정을 각국 화폐의 구매력 차이로 설명하는 이론

스웨덴 경제학자 구스파트 카셀에 의해 제기되었다. 국가별로 같은 상품이나 서비스를 구매하는 데 드는 비용을 각국의 통화로 나타낸 가격비율을 나타낸 것이다. 전 세계의 물가와 환율이 동등하다고 가정하고 상품을 구매할 수 있는 능력을 의미하며, 경제협력개발기구(OECD)가 매년 한 번씩 조사결과를 발표한다.

□□□

77 **구조적 실업** ❁❁❁

경제의 구조 변화에 기인하는 실업 유형

경제 구조가 바뀌고 기술혁신 등으로 기술격차가 발생할 때 적응하지 못하는 근로자에게 발생하는 실업 유형이다. 경제 전체적으로 노동에 대한 수요가 충분하더라도 어떤 산업에서는 실업이 발생할 수 있다. 구조적 실업은 장기·만성적 실업으로, 직업 재훈련이나 산업구조 재편 등으로 해결할 수 있다.

□□□

78 **구조화 채권** ❁❁❁

Structured Notes

채권과 파생 상품을 결합하여 만든 상품

채권과 파생상품이 결합되어 만들어진 상품으로 채권의 원금과 이자가 주식, 금리, 통화 등 기초자산에 연동되며, 구조화채권에 내재된 옵션, 스왑 등의 파생상품을 거래하는 것과 같은 경제적 효과가 있다. 또한 구조화채권은 옵션성격의 파생상품이 내재되어 있으며, 발행자는 매수포지션을 취하고, 투자자는 매도포지션을 취한다. 기초자산에 따라 상품연계채권, 주식연계채권, 금리연계채권, 신용연계채권, 통화연계채권 등이 있다.

□□□

79 **구축 효과** ●●●

驅逐效果

정부지출 확대가 오히려 기업의 투자 위축을 발생시키는 효과

경기부양을 위해 정부가 나서서 투자를 늘릴 경우 오히려 민간 소비와 투자가 위축되는 현상을 말한다. 불경기에 경기부양을 위해 재정지출을 증가시키면 재정지출 증대를 위한 자금 조달 과정에서 이자율이 상승될 수 있다. 이자율의 상승은 민간투자를 위축시키고, 정작 시행한 정책 효과를 낼 수 없다. 다만 재정지출의 증가가 이자율을 어느 정도로 상승시킬 것인가에 따라 효과는 달라질 수 있다.

□□□

80 **국가 신용등급** ●●●

國家信用等級

한 국가가 국제금융시장에서 자금을 조달할 때 적용되는 신용도

한 국가의 채무 이행 능력과 의사 수준을 등급으로 표시한 것으로 국채의 신용등급을 의미한다. 만약 투자 부적격 판정을 받으면 국제금융시장에서 채권발행이 어려울 뿐만 아니라 외채 지급이자도 더 많이 지불해야 한다. 또한 국가신용등급은 해당 국가의 개별 기업이나 금융기관의 신용등급에도 영향을 미친다. 국가신용등급이 나쁘면 해당 국가의 기업 재정이 건전하더라도 좋은 신용평가를 받기 어렵고, 반대로 국가신용등급이 상승하면 공공기관이나 시중은행, 대기업 신용등급 상승으로도 이어질 가능성이 커진다.

□□□

81 **국가채무** ●●●

Government Debt

한 국가가 갚아야 할 의무가 있는 빚

국제통화기금(IMF)의 기준에 따르면 정부가 민간 또는 해외 투자자에게 빌린 돈의 원금 또는 원리금을 직접적으로 상환할 의무를 지고 있는 확정채무를 말한다. 국가채무는 경기침체나 금융위기에 처했을 때, 그리고 수입보다 지출을 많이 하는 문제를 가지고 있을 때 증가한다.

□□□

82 **국가신인도**

國家信認度

한 국가의 신용도를 측정한 지표

국가의 국가위험도 · 국가신용도 · 국가경쟁력 · 국가부패지수 · 경제자유도 · 정치권리자유도 등을 평가한 지표를 말한다. 무디스, 스탠다드앤푸어스(S&P), 피치 등 국제신용 평가기관들은 특정 국가의 신인도를 주기적으로 측정 및 발표하고 있다. 국가 신용 등급은 해외 차입, 외국인 투자 등 국제금융 거래에 큰 영향을 미친다. 국가 신용 등급에 따라 국제 금융시장에서 외자 조달 금리가 영향을 받기 때문이다. 투자 부적격 평가를 받는 경우, 고금리로도 돈을 빌릴 수가 없게 된다. 따라서 국가신용등급은 투자자들에게 중요한 투자 기준인 동시에 투자대상국에게는 대외적 신인도를 나타낸다. 국가신용등급이 악화되면 기존 채무의 조기상환 요구, 만기 축소, 만기연장 거부 등의 압력을 받게 된다.

□□□

83 **국고채**

國庫債

정부가 공공목적에 필요한 자금 확보를 위해 공공자금관리기금이 상환 의무를 지는 채권

정부가 공공목적에 필요한 자금 확보 및 공급하는 공공자금관리기금의 부담으로 발행되는 채권을 말한다. 기획재정부장관이 각 부처로부터 발행 요청을 받아 발행계획을 작성한 뒤 국회의 심의 및 의결을 거쳐 채권시장에 등장한다. 한국은행이 정부를 대신해 발행업무를 취급하고 있으며 시장실세금리로 발행되는 것이 특징이다. 3년 · 5년 · 10년 · 20년 · 30년짜리 5종류 만기 고정금리부 채권과 물가연동 국고채권(만기 10년) 등의 형태로 유통시장에서 거래되고 있다. 그 중에서 3년짜리가 유통물량이 가장 많다. 3년 만기 국고채 유통수익률은 대표적인 시장금리 중의 하나로, 우리나라의 시중자금 사정을 나타내는 지표금리로 사용되고 있다.

□□□

84 **국공채** ●●●

國公債

국가와 지자체에서 발행한 채권

공적인 기관이나 넓은 의미의 정부가 발행하는 채권으로서 일반 기업이 발행하는 회사채와는 구별된다. 보통 국공채를 구별하지 않고 사용하기도 하나 엄밀히 말하면 국채와 공채는 구별된다. 국채는 국가가 차입의 주체가 되며 단기국채, 장기국채 등으로 나뉜다. 공채는 지자체(지방채)나 특별법에 의해 설치된 법인(특수채)이 발행하는 채권이다. 특히 공채 가운데 국가의 동의를 얻어 정부가 지급 보증해 주는 경우를 정부보증채라고 하는데 정부가 공채에 대해 지급 보증을 하면 보통 채권 가격은 높아지지만 이자율은 낮아져 자금조달의 비용이 감소되는 효과가 있다.

□□□

85 **국민고통지수** ●●○

일반 국민들이 느끼는 경제적 체감도

실업률과 물가상승률을 합산한 다음 소득증가율을 빼서 수치로 나타내며, 여기에 실질 국내총생산(GDP) 증가율을 빼기도 한다. 국민들의 삶의 고통을 계량화할 수 있는 유일한 지표로 국제적으로 자주 활용된다. 특히 피부로 느끼는 경제적인 삶의 질을 중시하게 되면서 최근 들어 그 사용이 늘어나는 추세에 있다. 이 용어는 미국의 브루킹스연구소의 경제학자 아서오쿤이 고안한 경제지표로 미국 기상대가 개발한 불쾌지수를 경제학에서 빌려 만들어졌다. 고통지수는 인플레이션률, 실업률, 국민소득증가율 등으로 일반 국민이 느끼는 경제적 체감도를 나타낸다. 한 나라의 1년간 경제성과를 가늠하는 척도로 활용된다.

□□□

86 **국민부담률** ❁❁❁

國民負擔率

세금과 사회보장성 기금의 총액이 GDP에서 차지하는 비중

국민이 한 해 동안 낸 국세, 지방세 등의 세금과 의료보험, 국민연금 등의 사회보장기여금을 합한 국민부담금이 국내총생산(GDP)에서 차지하는 비중을 말한다. 그러나 극장에 들어갈 때 내는 문예진흥기금과 같은 준조세와 정치에 음양으로 들어가는 비용과 로또복권 등에서 떼어 가는 각종 지원성 기금 등도 국민부담에 포함해야 한다. 국민부담률이 높다는 것은 국민들의 세부담이 무겁다는 것을 말한다.

□□□

87 **국내총생산** ❁❁❁

GDP : Gross Domestic Product

국내에서 일정 기간 동안 생산하는 재화와 서비스 가치의 총합

국가의 모든 경제주체가 생산한 재화와 서비스의 부가가치를 금액으로 환산하여 합계한 것이다. 각 부문의 생산 활동은 물론 소비, 투자, 수출 등 경제동향까지도 살펴볼 수 있는 종합적인 지표로 국민총생산(GNP)에서 해외로부터의 순소득을 뺀 것이다. 1980년대까지는 한 나라의 경제규모 등을 나타내는 국민소득의 지표로 국민총생산(GNP)이 주로 사용되었으나, 국내에 거주하는 국민의 실제적인 복지를 측정하는 데는 국내총생산(GDP)이 더 적합하다고 인식되어 현재는 국내총생산(GDP)이 널리 쓰이고 있다. 국내총생산(GDP)은 소득이 소비량이나 생산량과 같다는 국민소득 삼면등가의 법칙에 의해 구한다. 국내총생산(GDP)을 구하는 데에는 첫째, 모든 최종생산물의 가치를 합한 것으로 중간재의 가치는 고려하지 않는다. 둘째, 각 생산단계별로 얻을 수 있는 부가가치의 합을 구한다. 셋째, 총 생산물 가치의 합에서 중간재 가치의 합을 뺀 합은 거의 쓰이지 않는 등의 세 가지 방법이 존재한다. 국내총생산(GDP)에서 시장을 통하지 않고 거래되는 재화와 용역은 계산에서 제외되며, 생산과정에서 발생하는 환경파괴나 재해 등은 고려되지 못한다. 총량 개념이기 때문에 소득분배상황을 보여 주지 못하며, 또한 수요를 고려하지 않은 초과생산 등으로 수치가 부풀려질 수 있다는 점이 한계로 나타나고 있다.

□□□

88 **국민순생산** ●○○

NNP : Net National Product

1년 동안 각 기업이 순수하게 새로 생산한 재화와 용역의 부가가치

국민총생산물에서 자본의 감가상각분을 뺀 잔액을 말하며, 그것은 그 해의 생산활동의 결과로서 그 연도의 것만 볼 수 있는 최종생산물의 순가치를 시장가치로 평가한 것이다.

□□□

89 **국민연금** ●●○

국민의 생활 안정과 복지를 위해 실시하는 연금 급여

국가에서 시행하는 사회보장제도로, 특수직 종사자를 제외한 국민을 대상으로 실시하는 공적연금제도이다. 국민연금은 개개인이 소득 활동을 할 때 납부한 보험료를 기반으로 하여 나이가 들거나, 갑작스런 사고나 질병으로 사망 또는 장애를 입어 소득활동이 중단된 경우 본인이나 유족에게 연금을 지급함으로써 기본 생활을 유지할 수 있도록 지급한다.

+상식더보기 국민연금 종류

노령연금 · 장애연금 · 유족연금 · 반환일시금 등이다.

□□□

90 **국민 총매력지수** ●●○

GNC : Gross National Cool

한 국가의 매력가치를 제시한 지수

미국의 뉴아메리칸재단의 연구원인 맥그레이가 2002년 외교전문잡지인 「포린 폴리시」에서 처음 사용했으며, 한 국가의 총체적인 문화역량이나 문화산업화능력으로 국가 이미지의 부(富)를 측정하는 방식이다. 그는 국민총매력지수(GNC)를 한 국가가 가지고 있는 문화적 역량이나 영향력을 나타내는 개념 또는 지표로 이해했으며, 이를 계량화된 수치로 제시하지는 못하였다. 다만, 일본의 애니메이션, 게임, 패션 등 문화산업이 세계시장에서 차지하는 비중이 커지면서 이를 GNC로 정의하였으며, 우리나라에서도 2003년 3월, 현대경제연구원이 GNC 개념과 비슷한 국민문화생산력(NCP)을 만든 적이 있는데, 한 국가가 가지고 있는 총체적인 문화산업화능력을 국민문화생산력으로 정의하였다.

□□□

91 **국민총생산** ●●●

GNP :
Gross National Product

국민이 일정 동안 생산한 재화와 서비스 가치의 총합

한 국가의 국민이 1년 동안 생산한 재화와 서비스의 총량을 시장가격으로 나타낸 것이다. 중간 생산물의 생산가격은 제외하며, 그 나라의 국민이 해외에서 생산한 것까지 포함되고, 생산과정에서 마손된 고정자산의 소모분인 고정자본소모충당금을 포함한 개념으로, 시장가격으로 평가되었다는 점에서 '시장가격에 의한 국민총생산'이라고 한다. 일반적으로 국민총생산 또는 국민소득은 국민경제의 복지수준을 알아보는 데 유용하지만, 국내총생산 또는 국내소득은 국민경제의 경기변동이나 경제성장을 알아보는 데 유용하다. 최근 국제화의 진전과 더불어 경제활동수준의 측정에 대하여 종래의 국민총생산보다 국내총생산에 중점을 두고 있는 이유는 해외에서의 순소득을 무시할 수 없기 때문이다.

□□□

92 **국민총소득** ●●○

GNI :
Gross National Income

한 국가의 국민이 일정 기간 동안 생산활동에 참여한 대가로 벌어들인 소득의 합

국외에 거주하는 국민이 벌어들인 소득은 포함되나, 국내에 거주하는 외국인이 벌어들인 소득은 제외한다. 그러므로 국민총소득(GNI)은 국민을 기준으로 국내에서든 해외에서든 그 나라 국민이 발생시킨 소득을 알 수 있다. 명목국민총소득은 물가변동을 반영해 실질적인 경제규모를 나타내는 데 비해, 실질국민총소득은 생산활동을 통해 벌어들인 명목국민총소득으로 구매할 수 있는 실질구매력의 척도다. 국민총소득은 국민소득의 세 가지 측면 중 지출측면을 강조한 것으로, GNP가 GDP에다 해외로부터의 순수취요소득을 합산한 것이라면, GNI는 불변 가격기준 GDP에다 교역조건변동에 따른 무역손익을 더한 후, 실질 대외 순수취요소소득을 합한 것이다.

+상식더보기 교역조건 변동에 따른 무역 손익

물건을 국내에 팔지 않고, 국내와 똑같은 가격으로 해외에 내다 팔 때 얻어지는 실질손익과 해외상품을 해외 현지가격과 똑같은 가격으로 국내에 수입할 때 얻어지는 실질손익을 더한 것으로 교역조건효과를 말한다.

상식더보기 순수취요소소득

국내총지출, 총소비지출에 총자본형성을 더한 디플레이트로 지출측면에서 나타난 국민소득의 과대평가분이다.

□□□

93 **국민 행복기금**

개인 신용대출의 채무부담 경감을 위해 출범한 사업

제도권 금융에서 소외된 자의 경제적 회생을 위해 연체채권 채무조정, 바꿔드림론(고금리 대출의 저금리 전환대출), 자활프로그램 제공 및 복지지원을 위한 종합 신용회복 지원기관이다. 국민행복기금은 기존 신용회복기금을 국민행복기금으로 전환하여 설립한 것으로 2013년 3월 29일 출범하였다. 소득 양극화와 신용격차의 확대, 금융혜택의 편중에 따른 금융소외자 문제의 심화와 취업은 물론 정상적인 경제 주체로서의 사회활동이 어렵고, 경제 주체의 감소로 인해 우리 경제 전반에 큰 손실을 초래하였다. 이에 금융소외자의 과도한 채무 부담을 줄여 회생의 기회를 제공하고 새로운 자활지원프로그램을 통해 정상적인 경제활동의 주체로 복귀할 수 있도록 지원하는 통합 신용회복지원 프로그램이 요구됨에 따라 국민행복기금이 출범한 것이다.

□□□

94 **국부펀드**

SWF : Sovereign Wealth Fund

적정 수준 이상의 보유 외환을 투자용으로 모아놓은 자금

외환보유액 중 일부를 전 세계의 부동산이나 주식, 부실채권 등의 수익성 높은 자산에 투자한 자금으로, 정부에 의해 직접적으로 소유되는 기관이다. 대부분의 국부펀드는 외환보유고에서 기원했으며, 외환보유고는 금으로만 구성되어 있었으나, 브레튼우즈체제 아래에서 미국은 달러를 금에 고정시켰고, 태환을 허용했다. 나중에 미국은 이를 포기하면서 달러는 불환지폐로서 안정적이었고, 일반적인 준비통화로 남았다. 1990년대 초반과 2000년대 후반, 중앙은행은 여러 나라의 통화로 막대한 자산을 보유하게 되었고, 그 규모가 국채채권 및 주식시장의 규모보다 커지면서 각국의 정부는 특수한 목적의 비전통적인 자산에 투자하는 기관을 설립하기 시작했다. 우리나라도 2005년 7월 외환보유액의 효율적인 관리를 위해 한국투자공사가 설립되었다.

□□□

95 **국제수지**

Balance of Payments

다른 국가와의 경제적 거래를 체계적으로 분류한 것

일정 기간 동안 한 국가와 다른 국가 사이에 발생한 경제적 거래에 따른 수입과 지급의 차이를 말한다. 국제수지는 과거엔 무역수지, 무역외수지, 이전수지로 구분되었으나, 1997년부터 IMF의 신 기준에 맞춰 자본수지, 준비자산증감, 경상수지 등의 세 가지 항목으로 변경됐다. 국제수지의 주 목적은 정부에게 그 국가의 국제적 위상을 알려주고 통화정책 등을 수립할 때 도움을 주기 위함이다.

□□□

96 **국제신인도**

국가신용도

국가의 채무 이행 능력과 의사 수준을 표시한 등급이다. 한 나라의 채무 이행 능력과 의사가 얼마나 있는지를 표시한 것으로 국제금융시장에서 차입금리나 투자 여건을 판단하는 기준이 된다.

□□□

97 **국제유동성**

International Liquidity

각국의 경제에서 수입액 또는 외환지급액에 대한 대외지급준비율액

국가의 대외채무에 대한 결제능력을 말하는 것으로 수입액 또는 외환지급액에 대한 대외지급준비율을 의미하는 것이나 대외지급준비 자체 또는 세계 전체의 대외지급준비 총액을 뜻하기도 한다.

□□□

98 **국제 회계기준**

IFRS

국제 회계기준위원회에서 마련하여 공표하는 회계기준

유럽 국가들이 사용 중인 회계기준법으로, 기업의 회계 처리와 재무제표에 대한 국제적 통일성을 높이기 위해 국제 회계기준위원회가 공표하는 회계기준이다. 단일기준으로 작성된 신뢰성 있는 재무정보의 요구에 부응하기 위한 목표 아래 국제 회계기준이 제정되었다.

□□□

99 **규모의 경제** ●●○

생산량 증가에 따라 평균 비용이 감소하는 현상

기업이 재화와 서비스 생산량을 증가함에 따라 추가적으로 소요되는 생산비용도 증가한다. 즉 생산된 재화 및 서비스에 소요되는 평균비용이 상승하게 되는데 일부 재화 및 서비스 생산의 경우에 이와는 달리 생산량을 늘릴수록 평균비용이 하락하는 현상이 나타난다. 이와 같은 현상을 규모의 경제라고 한다.

□□□

100 **그레셤의 법칙** ●●○

Gresham's Law

그레셤이 발표한 화폐유통에 관한 법칙

영국의 재정가 그레셤이 "악화(惡貨)가 양화(良貨)를 구축(驅逐)한다."고 표현하여 그레셤의 법칙이라고 한다. 나쁜 돈이 좋은 돈을 몰아낸다는 뜻인데, 그레셤의 법칙은 소재의 가치가 서로 다른 화폐가 동일한 명목 가치를 가진 화폐로 통용되면 소재 가치가 높은 화폐(양화)는 유통시장에서 사라지고 소재 가치가 낮은 화폐(악화)만 유통되는 것을 뜻한다.

□□□

101 **그레이 컬러** ●○○

Gray Collar

화이트 컬러와 블루 컬러의 중간

기술의 발전으로 인한 사무의 기계화로 화이트 컬러와 블루 컬러를 구별하는 것이 무의미해지면서 생겨난 개념이다. 컴퓨터, 오토메이션장치의 감시 · 정비, 일반 전자장비와 관련된 것 등의 업무에 종사하는 근로자들이 이에 해당된다.

□□□

102 **그린 잡** ●○○

Green Job

사회나 환경 측면에서 윤리적인 직업군을 아우르는 말

하나는 환경이나 천연자원에 이득이 되는 제품과 서비스를 만드는 직업이고 또 하나는 자원을 덜 쓰고 생산과정이 친환경적인 직업을 의미한다. 특히 그린 잡과 관련된 산업은 고용 창출 효과가 높은 것으로 평가되며 민간부분에 상당수의 일자리를 만드는 것으로 분석됐다. 환경 법률전문가와 환경 변호사는 가장 많이 알려진 그린 잡이며, 개인의 만족과 함께 사회적으로 의미가 있는 일을 찾는 이들이 늘면서 그린 잡에 대한 관심도 높아지고 있다.

□□□

103 **그린라운드**

GR : Green Round

환경 보호를 위한 국제협상

국제적 환경기준을 마련해, 이를 무역거래와 연계하여 국제환경기준에 미달하거나 위반하는 제품의 수출금지 및 해당 국가와의 수출입제한, 상계관세부과, 환경부담금부과 등을 내용으로 하는 환경보호에 관한 다자간 국제환경협상이다. 1991년 미국의 상원의원 막스 바우커스가 워싱턴 국제경제연구소에서 사용한 용어로 환경문제를 범세계적 차원에서 논의하여, 범세계적 환경기준을 설정하고 국제협약을 체결한 후, 국제환경협약 미체결국, 국제환경규제 미달국 또는 위반국과는 국제무역거래금지 또는 제한하거나 상계관세부과 등의 불이익을 줌으로서 환경보호를 위한 강제력을 마련하여 환경에 대한 국제적 관심을 높이고, 국제공조를 통한 환경문제해결에 나서야 한다고 주장했다. 그린라운드는 환경을 주제로 한 무역규제수단으로 다른 다자간무역협상과 마찬가지로 선진국에 의해 주도될 것이므로 중진국, 개발도상국에는 불리한 측면으로 작용할 것이나, 장기적으로는 환경기술의 개발 및 제화를 통해 국제경쟁력을 확보한다면, 오히려 국제경쟁력이 강화되는 측면도 있을 수 있고, 무엇보다도 환경이 개선될 수 있다는 이점이 있다.

□□□

104 **그린메일**

Green Mail

경영권을 담보로 보유주식을 비싸게 파는 행위

M&A 용어로, 보유주식을 팔기 위한 목적으로 대주주에게 편지를 보낼 때 초록색인 달러화를 요구한다는 의미에서 그린메일이라는 이름이 붙여졌다. 그린메일은 경영권을 위협하는 수준까지 특정 회사의 주식을 대량으로 매집해놓고 기존 대주주에게 M&A를 포기하는 조건으로 일정한 프리미엄을 얻어 주식을 매입하도록 요구하는 행위를 말한다. 경영권 탈취를 목적으로 삼기보다는 주식의 시세차익을 노리는 것이 보통이며, 그린메일이 성사되고 나면, 일정 기간 동안 적대적 M&A를 시도하지 않겠다는 약정을 불가침협정라고 한다.

□□□

105 **그린본드**

Green Bond

발행자금을 녹색 산업에만 사용하도록 제한한 채권

친환경 및 신재생에너지 관련 프로젝트에 투자할 자금을 마련하기 위해 발행하는 채권을 말하며 신재생 에너지, 에너지 효율, 청정운송 등이 포함된다. 세계은행 등 국제금융기관의 주도로 발행이 되었지만 최근에는 민간기업 및 지방공공단체 등 발행주체가 다양해지고 있다.

□□□

106 **그린슈머**

Greensumer

환경보호에 도움이 되는 제품을 구매하는 소비자

친환경, 유기농제품을 선호하는 소비자들로, 이들은 자신들의 커뮤니티를 만들어 먹는 것, 입는 것, 마시는 것, 생활하는 것 등에 대한 의견교환 및 공동구매를 진행하기도 한다. 그린슈머는 로하스, 슬로푸드, 오가닉 등과 같은 맥락으로 이해되며, 식품을 비롯해서 가전기기, 의류 등으로 확산되어 지속될 전망이다. 그리고 무한경쟁시장에서 식품분야와 생명과학분야는 대표적인 블루오션으로 꼽히고 있어, 그린슈머의 중요성도 더욱 높아질 것으로 예상된다.

□□□

107 **그린오션**

Green Ocean

친환경 정책을 바탕으로 부가가치를 창출하려는 경영전략

환경과 연관된 새로운 시장을 의미한다. 전 지구적 상황변화에 따라 경제, 환경 등 사회적으로 지속가능한 발전을 통한 가치 창출은 물론, 친환경에 대한 새로운 시장에 대응하기 위한 개념이다. 그린오션은 친환경, 파리기후협약, 환경성규제강화, 주주와 금융기관의 투명성요구, NGO, 지역사회의 사회적 책임요구 증대 등으로 인해 지속가능경영을 실현할 수 있는 새로운 시장이라 할 수 있다.

□□□

108 **그린워시**

실제로는 환경에 악영향을 끼치는 제품을 생산하면서 광고 등을 통해 친환경적인 이미지를 내세우는 행위

환경에 대한 대중의 관심이 늘고, 친환경 제품에 대한 선호가 높아지면서 생겼다. 환경친화적인 이미지를 상품 제작에서부터 광고, 판매 등 전 과정에 걸쳐 적용·홍보하는 그린 마케팅이 기업의 필수 마케팅 전략 중 하나로 떠오르면서, 실제로는 친환경적이지 않은 제품을 생산하는 기업들이 기업 이미지를 좋게 포장하는 경우가 생겨나고 있는 것이다. 이러한 기업들의 이율배반적인 행태를 고발하기위해 미국의 다국적기업 감시단체 기업 감시는 매년 지구의 날, 대표적인 그린워시 기업을 선정하고 있다.

□□□

109 **그림자 금융**
Shadow Banking System

일반적인 은행 시스템 밖에서 이루어지는 금융기관 거래

구조화 채권과 같은 고수익, 고위험 채권을 매매하는 과정에서 새로운 유동성이 창출되는 시스템을 말하는 것으로, 손익이 투명하게 드러나지 않는다는 점에서 그림자라는 말이 붙었다. 그림자 금융의 개념은 서브프라임 모기지 위기가 수면 위로 드러나면서 영국 「이코노미스트지」가 처음 쓰면서 유행하기 시작했다.

□□□

110 **그림자 노동**
Shadow Work

대가 없이 해야 하는 노동

노동을 했음에도 보수를 받지 못하는 무급 노동으로 오스트리아 철학자 이반 일리치가 처음으로 언급하였다. 돌봄노동, 가사노동 등이 그림자 노동에 해당된다. 비용을 아낄 수 있지만 자신의 시간을 소비해야 한다는 단점이 있다. 최근 기술 발달로 무인화 시스템이 보급화 되면서 그림자 노동이 늘어가는 추세이다.

☐☐☐

111 **근원 물가지수** ●●●

Core Inflation

경제상황에 따라 물가변동이 심한 품목을 제외한 나머지 물가지수

계절의 영향이나 외부적 요인에 영향을 받아 물가변동이 심한 품목을 제외하고 산출한 물가지수를 말한다. 근원물가지수는 물가에 미치는 단기적 충격이나 불규칙 요인이 제외되어 기조적인 물가상승의 흐름을 읽을 수 있는 반면에, 국민들이 실제로 느끼는 체감물가와 괴리가 크다는 한계를 가지고 있다.

☐☐☐

112 **글래머주식** ●○○

성장성이 높은 우량주

미국 증권계의 용어로 매력적인 주식이라는 의미를 가진다. 자본금의 규모가 작고 성장성이 좋아 수익률이 높은 주식을 속되게 일컫는 말이다.

☐☐☐

113 **글래스 – 스티걸법** ●●○

Glass – Steagall Act

서로 다른 금융업종 간에 상호진출을 금지하는 법

1933년 미국에서 은행 개혁과 투기 규제를 목적으로 제정한 법으로 1999년 폐지되었다. 당시, 상업은행과 투자은행의 업무를 엄격하게 분리하자는 것으로 민주당 상원의원 카터 글래스와 민주당 하원의원으로 은행 · 통화위원장을 맡았던 헨리 스티걸이 공동으로 제안하여, '글래스 – 스티걸법'이라 불렀다. 1929년 발생한 주가폭락과 그에 이은 대공황의 원인 중 하나가 상업은행이 고객의 자산을 이용하여 일삼은 무분별한 투기 행위였다고 판단하여 상업은행은 여 · 수신 업무만 하고, 투자은행은 증권 업무만 하도록 업무를 분리하여 상업은행이 고객의 예금으로 주식 투자를 할 수 없도록 만든 것이다.

□□□

114 **글로벌 금융안전망** ✿✿✿

GFSN : Global Financial Safety Net

금융시장의 대외 충격에 대해 각 국가들이 공동으로 대응하기 위한 제도 및 협약

해외의존도가 높은 개발도상국과 신흥국 등 중소규모의 개방경제 국가가 금융위기 등으로 인하여 일시적인 유동성 부족으로 어려움을 겪는 것을 해결하기 위한 국제적 차원의 공조체제를 의미하며, 이들 국가들은 대내외적인 금융충격으로 급격한 자본 유출입으로 인해 일시적인 유동성 부족 문제를 겪게 되고, 이를 제때에 해결하지 못해 건전한 경제 상황임에도 불구하고 금융위기로 이어지는 것을 방지하자는 것이다. 2008년 글로벌금융위기를 겪으면서 각 국가들이 대내정책 수단만으로는 대외충격을 극복하기 어렵다는 공감대가 형성되면서 2009년 글로벌금융안전망 구축에 대한 논의가 본격적으로 이루어졌다. 경제적으로 안정적인 국가일지라도 국제금융시장에서 신용경색이 발생하면 외화 유동성에 문제가 발생할 수 있기 때문에 국제 공조를 통해 안정적으로 외화 유동성을 확보할 수 있도록 하자는 취지이다. 제도의 종류에는 IMF, 세계은행 등의 국제기구를 통한 자금 확보, 국가 간 통화스와프 등이 있다.

□□□

115 **글로벌 불균형** ✿✿

국제수지의 불균형

산유국 및 아시아 신흥국 간의 심각한 국제수지의 불균형을 의미한다. 중국, 일본, 중동 산유국 등의 국가들은 미국과의 무역에서 흑자를 기록하고, 미국 등 수입국은 경상수지 적자가 누적되는 현상을 말하며, 2008년 글로벌 금융위기의 원인으로 거론되기도 하였다. 이러한 불균형은 1990년대 초반까지는 심하지 않았으나, 아시아 외환위기 이후 아시아 신흥국들의 과잉저축과 미국의 과잉소비가 함께 작용하면서 더 악화되기 시작하였다.

□□□

116 **글로벌 존**

Global Zone

다양한 출신의 외국인이 공존하는 개방적인 도시가 되기 위해 서울시가 지정한 특정 지역

서울을 찾는 외국인이 가장 불편해하는 언어문제를 글로벌 문화교류 존에서만이라도 외국 언어를 사용하고, 공공서비스에서의 언어서비스 질을 높이기 위해 글로벌 문화교류 존, 글로벌 비즈니스 존, 글로벌 빌리지 등으로 구분하여 다양한 외국문화를 포용할 수 있도록 한다. 글로벌 비즈니스 존은 기존의 외국의 투자기업과 외국인이 밀집되어 활동하는 지역을 선정하여 투자 및 업무환경을 개선할 수 있도록 제도적 장치를 마련하고, 물리적 시설을 확충한다. 글로벌 빌리지는 외교관, 외국인 투자기업의 임직원, 외국인 근로자 등과 그 가족들이 밀집해 주거하는 지역으로 외국인들의 생활에 어려움이 없도록 공공행정 서비스를 지원하고, 문화권 및 출신국가의 특성을 고려하여 커뮤니티 공간을 조성한다. 또한 외국인이 자주 찾는 곳을 글로벌 문화 존으로 선정해 전통문화 보호를 위한 문화지구와 관광특구로 지정한다.

□□□

117 **글로보보스**

Globoboss

세계화 감각을 갖춘 CEO

'지구(Globe)'와 '우두머리(Boss)'의 합성어로 세계화 감각을 갖춘 최고경영자(CEO)를 말한다. 기업경영자는 조직구성원들의 국제화 마인드만을 요구할 것이 아니라 스스로 의식개혁에 나서 변화된 모습을 보여야 한다는 것으로, 21세기 경쟁력 있는 CEO는 창의적인 사고 아래 전 지구촌을 시장으로 생각하고 자신의 앞마당처럼 자유자재로 누비는 코스모폴리탄이 될 것으로 본다.

□□□

118 **금리** ●●○
Interest Rate

원금에 지급되는 기간당 이자 비율

이자의 원금에 대한 비율을 이자율 또는 금리라고 한다. 이자의 크기는 기간에 따라 달라지기 때문에 이자율을 표시할 때는 기간을 명시하는데, 보통 1년을 기준으로 삼는다. 금리도 수요와 공급에 의해서 결정된다. 자금의 수요가 증가하면 금리가 올라가고 자금의 공급이 늘어나면 금리가 내려간다.

□□□

119 **금리옵션** ●●○
Interest Rate Option

권리를 행사할 수 있는 특정한 가격으로 증권을 매도 · 매입하는 권리

이자율과 관련하여 금리상품을 기초자산으로 하는 옵션을 의미한다. 만기에 계약이행의 의무를 부담하지 않고 선택권을 가지고 있다. 옵션에는 증권을 매입할 권리인 콜 옵션과 풋 옵션이 있다. 옵션을 매입하는 경우에는 수수료를 매도자에게 지급해야 한다. 매입자는 보증금을 지불하지 않으나 매도자는 매입자가 옵션을 행사하는 경우 이를 보증하기 위하여 보증금을 적립한다.

+상식더보기 콜 옵션·풋 옵션

① 콜 옵션 : 증권을 매입할 권리이다.
② 풋 옵션 : 증권을 매도할 권리이다.

□□□

120 **금산분리** ●●○
金産分離

금융자본과 산업자본 간에 소유를 금지하는 원칙

은행과 기업 간의 결합을 제한하는 것으로 기업들이 은행을 소유할 수 없도록 법으로 규정한 것이다. 산업자본이 금융자본을 지배하게 될 경우, 은행 돈을 보다 쉽게 쓸 수 있으므로 무분별한 투자와 사업 확장을 하기 쉬워진다. 이러한 경우 다른 기업들과의 자본 조달에 있어서 차별이 생길 수 있고 투자자금이 부실화된다면 은행에 돈을 예금한 예금주들은 큰 피해를 입게 될 수 있다. 그러나 한편에서는 산업자본의 금융참여 제한은 외국계자본의 국내 금융산업 지배 현상을 심화시키므로 금산분리를 완화하여 국내자본으로 은행을 방어해야 한다는 의견이 일기도 한다.

□□□

121 **금융 소외자** ●●●

정상적인 신용활동을 하지 못하는 사람

담보가 없거나 대출금 연체 등으로 사실상의 신용 대출이 힘들어 1 ~ 2 금융권을 이용할 수 없는 저신용자를 말한다. 대부분 대부업체에서 고금리를 주고 대출을 받는 경우가 대부분이다.

□□□

122 **금융 실명제** ●●○

金融實名制

금융기관과 거래할 때 본인의 실명을 사용해야하는 제도

금융거래를 할 때 가명이 아닌 본인 실명을 사용해야 하는 제도이다. 국민경제의 건전한 발전 도모와 금융거래의 투명성을 목적으로 도입되었다.

□□□

123 **금융안정 위원회** ●○○

FSB : Financial Stability Board

국제금융시장의 안정성을 강화하기 위해 글로벌 금융 시스템을 관리 · 감독하는 국제기구

국제금융안정을 위해 강력한 규제 · 감독 및 국제 표준을 설정 기관을 조정한다. 설립목적은 글로벌 금융시스템의 취약성을 해결하기 위해 검토하고, 재정 안정을 위해 정보를 교환한다. 시장 발전과 규제 정책에 모니터링하며 국제통화기금과 협력하여 조기경보훈련을 진행한다.

□□□

124 **금융 안정포럼** ●●○

FSF : Financial Stability Forum

세계 금융시장을 안정시키기 위해 설립한 기구

1998년 세계 금융위기를 예방하고 위기가 발생할 시 효율적으로 대처하고 국제금융시스템의 안정성 증대와 국제적 수준의 금융 감독을 위해 설립되었다. 이후 1999년 금융안정위원회로 확대 개편되었다.

ㄱ

□□□

125 **금융의 증권화** ✿✿✿

Securitization

금융시장에서 주식이나 채권 등의 증권을 이용한 자금조달 및 운용 확대

통상적으로 대출채권 등 고정화된 자산을 매매 가능한 증권형태로 전환하는 자산유동화를 말한다. 금융회사들은 부동산, 유가증권, 대출채권, 외상매출금 등의 유동성이 낮은 자산을 담보로 새로운 증권을 만들어 매각한다. 즉, 금융시장에서의 자금조달방식이 간접 금융방식으로부터 주식, 채권, 기업어음 등의 직접금융방식으로 전환되거나, 금융기관의 자금조달 방식이 예금 등에서 CD, 금융채, 수익증권, CMA 등 유가증권연계 금융상품으로 전환되고, 금융기관의 대출채권 또는 기업의 매출채권을 담보로 하는 증권을 발행하는 것을 말하며, 기초자산의 종류에 따라 MBS는 주택담보대출을 CDO는 일반대출이나 기초자산으로 발행된 증권이다.

□□□

126 **금융채** ✿

金融債

특정 금융기관이 특별법에 의해 장기자금을 흡수할 목적으로 발행하는 채권

은행, 종합금융회사, 여신금융전문회사 등 금융기관이 자체적으로 자금조달을 위하여 발행하는 채권을 말한다. 통상 발행 주체에 따라 은행채, 카드채, 리스채, 할부금융채, 종합금융채 등으로 구분되며, 채권의 성격에 따라 일반채권, 후순위채권, 하이브리드채권(신종자본증권), 기타 주식관련 사채, 옵션부채권 등으로 구분된다. 금융기관이 금융채를 발행하여 조달한 자금을 장기 산업자금으로 대출한다.

□□□

127 **금융통화위원회** ✿✿✿

Monetary Policy Board

한국은행에 설치된 정책결정 기구

한국은행 기준금리를 결정하는 곳으로서, 통화신용정책을 수립하고 한국은행의 운영에 관한 주요사항을 결정하는 정책결정기구이다. 한국은행법과 은행법에 따른 권한을 부여받은 독립적인 기구이다. 한국은행 총재가 금융통화위원회 의장을 겸하며 한국은행 부총리를 포함한 총 7명의 위원으로 구성된다. 6주에 한 번씩 연 8회 정기회의를 개최한다.

□□□

128 **금융 허브**

Financial Hub

금융활동 및 투자 인센티브 등을 제공하는 지역

세계유수의 다국적 기업과 금융기관들이 기업의 금융 활동을 자유롭고 편하게 할 수 있는 환경이나 투자 인센티브 등을 제공하는 지역을 말한다. 일반적으로 금융허브는 글로벌 금융허브, 역외 금융허브, 특화 금융허브, 역외 기장센터 등 네 가지로 구분된다.

□□□

129 **기관투자자**

법인형태(法人形態)를 취하고 있는 투자자

투자자를 형태상으로 분류할 경우에는 개인투자자와 기관투자자로 구분할 수 있다. 기관투자자는 법인형태를 취하고 있는 기관으로서의 투자자를 말한다. 기관투자자에는 은행, 보험회사, 증권회사, 투자신탁회사, 기금을 관리·운용하는 법인, 공제사업을 영위하는 법인 등이 포함된다. 투자지식이나 자본력(資本力)은 개인투자자보다 우세하며, 사회적 자본의 원천으로서의 경제적 기능이나 증권시장에 대한 영향력도 크다.

□□□

130 **기대 인플레이션**

Expected Inflation

경기주체들이 예상하는 미래 물가상승률

물가가 장기간 상승하는 인플레이션이 지속되면 경제주체들은 앞으로도 물가가 계속 상승할 것이라는 예상을 하게 된다. 이와 같이 경제주체들이 예상하고 있는 미래의 인플레이션을 기대 인플레이션이라 한다. 기대 인플레이션이 높다는 것은 사람들이 앞으로도 물가가 오를 것으로 내다보고 있다는 것이다. 기대 인플레이션은 경제주체들의 의사 결정에 상당한 영향을 주고 있다.

□□□

131 **기술라운드**

TR : Technology Round

나라마다 다른 기술개발정책을 표준화시키려는 협상

각 국가의 기술개발정책을 무역규제에 연계시키려는 다자간 협상으로, 기술 및 연구개발 활동과 관련된 국제기술규범을 제정하기 위해 1991년 OECD 각료회의에서 기술경제프로그램(TEP)의 연구결과에 따라 제시된 7개항의 과학기술규범 설정의 필요성에 대한 선언으로 시작되었으며, 이는 나라마다 다른 기술개발지원정책을 국제적으로 표준화시키려는 것이다. 기술라운드는 근본적으로는 기술에 관한 개발도상국의 무임승차를 막고, 개발도상국의 신기술개발을 억제할 목적으로, 기술개발정책에 대한 세계적인 신국제기술규범을 정하기 위한 다자간 협상을 갖자는 것이다. 형식적으로는 각국의 연구개발활동 등 기술적인 요소가 공정무역차원에서 장애가 되어서는 안 된다는 것을 다자간협상에서 다룬다는 것으로 개별국가의 기술개발정책이 여타국에 큰 영향을 미치고 있다.

□□□

132 **기업경기 실사지수**

BSI : Business Survey Index

경기동향에 대한 판단 및 예측의 변화 추이를 지수화한 지표

기업의 실적과 계획, 경기동향 등에 대한 기업가들의 의견을 직접조사하거 지수화하여 전반적인 경기동향을 파악하는 지표로 기업가들이 경기를 판단 · 중점 · 예측, 계획 등이 단기적인 경기변동에 영향을 미친다는 사실에 바탕을 두고 있으며, 기업가의 주관적이고, 심리적인 요소까지 조사가 가능하다. 지수계산은 전체 응답업체 중 전기에 비해 호전됐다고 답한 업체수와 악화됐다고 답한 업체수의 비율로 작성되며, 0 ~ 200 사이의 수치로 나타낸다. 100보다 크면 경기호조를, 100보다 작으면 경기악화로 판단한다. 현재 우리나라에서는 한국은행, 한국산업은행, 상공회의소 등에서 분기마다 조사하고 있다.

□□□

133 **기업공시** ●●○

企業公示

기업의 법률 및 사실관계를 알리는 것

기업에 관한 중요한 정보를 기업의 이해관계자에게 공개하는 것을 말한다. 증권시장에서 주가 및 거래량에 영향을 미칠 만한 중요한 사실이 발생하면 공정하고 완전하게 계속적으로 공시함으로써 투자자에게 손실을 입지 않게 하는 투자자보호를 전제로 공개하는 것이다. 증권거래법 등에 의해 상장회사가 공시해야 할 사항이 규정되어 있으며 상장회사는 이를 지켜야 할 의무가 있다.

□□□

134 **기업 구조조정 촉진법** ●●○

기업 구조조정을 신속하게 추진하기 위한 법

기업구조조정이 신속하고 원활하게 추진될 수 있도록 법적 장치를 마련한 것으로 2001년에 제정되었다. 기업회계의 투명성을 높이기 위한 제도 보완과 부실위험을 조기에 인식할 수 있는 시스템 법제화(부실위험평가제도화), 기업 구조조정의 중심 주체로서 채권단협의회의 구성 및 역할 규정, 채권 금융기관 간의 이해조정제도를 마련하였으며, 채권금융기관의 책임성을 강화하고 상시평가시스템을 구축하여 기업이 구조조정 과정에서 겪고 있는 법률상 제약요인을 해소시켜주는 지원사항도 규정하였다.

□□□

135 **기업도시** ●○○

企業都市

민간기업 주도로 개발되는 도시

대기업과 협력업체가 특정산업을 중심으로 주택, 교육, 의료시설 및 생활편의시설 등의 자족적 복합기능을 갖춘 도시이다. 기업이 투자계획을 갖고, 도시를 개발한 후 인력과 자본을 기업도시로 이전해 가는 방식으로, 지역 간의 균형 있는 발전을 촉진하기 위해 모든 지역의 발전 잠재력을 최대한 활용하고, 지방화전략, 세계화전략 등 21세기 국가발전전략을 통해 지역경제를 활성화하고, 국가균형발전의 필요성에 의해 추진되고 있다. 또한 지역의 투자여건 개선으로 민간기업의 투자활성화, 도시개발과 산업 활동으로 인한 지역의 일자리 창출, 상대적인 낙후지역에 기업도시를 개발하여 국가균형발전에 기여 등의 효과를 도모하고 있다.

□□□

136 **기업어음** ❁❁❁

CP : Commercial Paper

기업이 자금조달을 위해 발행하는 융통어음

자금조달을 위해 기업이 발행하는 융통어음으로, 기업어음을 발행하면 은행, 종금사, 증권사 등이 선이자를 뗀 후 매입하거나, 중개수수료를 받고, 개인 또는 기관 투자자에게 매출한다. 보통 무보증 거래이나 중개금융기관이 지급보증하기도 한다. CP를 발행하려면 신용평가기관으로부터 B급 이상의 신용등급을 얻어야 한다. 그러나 시장에서는 A급 이상의 우량기업어음만 거래되며 발행기일은 1일부터 365일까지 있지만 보통 30일, 90일, 180일인 경우가 많다.

□□□

137 **기업 지배구조** ❁❁❁

Corporate Governance

통상 기업 내부의 의사 결정시스템, 이사회와 감사의 역할과 기능, 경영자와 주주와의 관계 등을 총칭

넓은 의미로는 기업경영과 관련된 의사 결정에 영향을 미치는 요소로 이해할 수 있다. 기업경영 환경에는 기업 내부의 의사 결정시스템은 물론 시장에 대한 규제, 금융 감독체계, 관행 및 의식 등이다. 좁게는 기업경영자가 이해관계자, 특히 주주의 이익을 위해 제역할을 다할 수 있도록 감시 · 통제하는 체계를 말한다. 기업지배구조 개선방법으로는 사외이사제도 도입, 소액주주권한 강화, 회계감사제도 강화, 금융감독체계 강화 등이 있다. 세계경제의 글로벌화에 대응한 안정적 국제투자관행의 확립과 기술혁신 · 자본자유화 등 기업환경의 급속한 변화에 따라 기업지배구조 확립의 필요성이 확산되고 있다. 그 동안 미국을 중심으로 하는 선진국에서 우수한 기업지배구조가 기업경쟁력의 원천이며, 각국 경제의 장기적 안정성장의 기본요건이라는 인식이 확산되어 왔다. 이러한 인식은 경제와 자본시장의 국제화가 가속화되면서 기업지배구조에 대한 국제규범을 만들어야 한다는 견해로 발전되기도 했다.

□□□

138 **기저 효과** ●●●

Base Effect

지표를 비교할 때 상대적인 수치에 따라 지표가 부풀려지거나 위축되는 현상

경제지표를 비교하는 과정에서 기준시점과 비교시점이 상대적인 수치에 따라 부풀려지거나 위축되는 현상이다. 호황기의 경제상황을 기준시점으로 현재의 경제상황을 비교할 경우, 경제지표는 실제 상황보다 위축된 모습을 보이지만, 불황기의 경제상황을 기준시점으로 비교하면, 경제지표가 실제보다 부풀려져 나타날 수 있다.

□□□

139 **기준금리** ●●●

Base Rate

금리체계의 기준이 되는 금리

한국은행의 최고 결정기구인 금융통화위원회에서 매달 회의를 통해서 결정하는 금리를 말한다. 2008년 2월까지 한국은행은 금융통화위원회에서 콜금리 운용 목표치(정책금리)를 결정하였다. 콜금리 목표치를 낮춘다는 것은 콜시장에 자금을 공급한다는 것이고 이것은 통화량이 증가하는 것으로 해석할 수 있다. 그러나 2008년 3월부터 정책금리를 기준금리로 바꾸었다. 기준금리는 한국은행의 환매조건부 채권 매매, 대기성 여수신 등 금융기관 간 거래의 기준이 되는 금리를 말한다. 한은이 기준금리를 올리면 시중금리도 상승하게 되고 기준금리를 낮추면 시중 금리도 떨어지게 된다.

□□□

140 **기회비용** ●●○

Opportunity Cost

포기한 기회 중 가장 큰 가치를 가진 기회

어떤 한 가지를 선택할 때, 선택으로 인해 포기한 가장 큰 차선을 말한다. 어떤 행위를 하기 위해 포기해야 하는 다른 기회의 최대가치이다.

□□□

141 **기축통화** ✿✿✿

Key Currency

국제간 금융거래의 기본이 되는 통화

미국 예일대학의 로버트 트리핀 교수가 처음 쓴 용어이다. 국제간의 결제나 금융거래의 기축이 되는 특정국의 통화로서 현재 미국 달러화를 말하며, 미국을 기축통화국이라고 한다. 영국의 파운드가 기축통화로서의 자격을 확보해 왔으나, 제2차 세계대전 후에는 미국이 각국의 중앙은행에 달러의 금태환을 약속함에 따라 달러가 기축통화로서 지위를 차지하게 되었다. 기축통화가 되려면 통화가치가 안정되고, 수요와 공급이 안정되어야 하며, 교환성과 이체성 등 국제무역이나 금융을 매개로 하는 기능을 갖추어야 한다. 또한 기축통화국은 국제시장으로서의 기능과 조직을 갖고 있어야 한다.

□□□

142 **기펜재** ✿✿

Giffen Goods

소득 효과에 의해 가격과 수요가 증가 · 감소하는 재화

소득 효과가 대체 효과보다 커서 가격의 하락 또는 상승이 수요의 하락 또는 증가를 가져오는 재화를 말한다. 가격과 수요량이 같은 바양으로 이동하기 때문에 역의 관계를 나타내는 수요 법칙은 적용되지 않는다.

□□□

143 **긱 경제** ✿✿✿

Gig Economy

계약직 혹은 임시직으로 사람을 고용하는 형태

필요할 때마다 임시직을 섭외하여 일을 맡기는 경제형태를 의미하며 노동자 입장에서는 어딘가에 고용돼 있지 않고 필요할 때 일시적으로 일을 하는 임시직을 의미한다. 1920년대 미국 재즈 공연장에서 필요에 따라 연주자를 단기 섭외하던 방식을 의미하는 'Gig'에서 유래하였다.

□□□

144 **김치본드** ✿✿

Kimchi Bond

국내에서 발행되는 외화표시 채권

우리나라에서 달러 등 외화를 조달할 목적으로 국내외 기업이 발행하는 채권을 말한다. 반면에 아리랑본드는 우리나라에서 원화를 조달할 목적으로 외국기업이 발행하는 채권을 말한다.

□□□

145 **기초생활 보장제도** ●●●

생활이 어려운 사람에게 필요한 급여를 실시해 이들의 최저생활을 보장하고 자활을 돕고자 실시하는 제도

수급자가 자신의 생활의 유지 · 향상을 위하여 그의 소득, 재산, 근로능력 등을 활용하여 최대한 노력하는 것을 전제로 건강하고 문화적인 최저생활을 유지할 수 있도록 지원한다. 기초생활보장제도 급여는 생계급여, 주거급여, 의료급여, 교육급여, 해산급여 및 자활급여가 있으며, 소득이 일부 증가하더라도 필요한 도움을 지원해준다. 제3차 기초생활보장 종합계획(2024 ~ 2026년)에 따르면 생계급여는 기존 중위소득 30%에서 32%(35%까지 단계적 상향), 주거급여는 기존 47%에서 48%(50%까지 단계적 상향), 부양 의무자에게는 의료급여 대상 중증 장애인 부양의무자 기준을 완화하고 재산 기준을 조정한다. 자동차 재산도 2000cc 미만 생업용 자동차는 재산 산정에서 제외하며 비개량 2500cc 미만, 자동차에 대해 현재 가치 500만 원 미만으로 완화하며 기초생활보장제도 급여 보장 수준을 강화한다.

□□□

146 **깨진 유리창의 법칙** ●●●

Broken Windows Theory

프랑스 경제학자 바스티아의 기회비용 우화

어느 가게 주인의 아들이 유리창을 깨자, 가게 주인이 아들을 혼을 냈는데, 주변 사람들은 유리 장수에게는 이득이지 않냐며 가게 주인을 위로했다는 내용이다. 1850년 프랑스 경제학자 프레데릭 바스티아는 자신의 에세이 「보이는 것과 보이지 않는」에서 '깨진 유리창' 이야기를 통해 기회비용을 우회적으로 다뤘다. 만일 유리창이 깨지지 않았다면 유리를 교체할 돈으로 자신이 필요한 것을 구매할 수 있었으나 유리를 교체함으로써 다른 소비의 기회를 잃어버린 셈이다.

□□□

147 **꼬리와 개 효과** ●●○

Tail Wagging the Dog Effect

선물가격이 주식시장에 미치는 효과

'왝더독 효과'라고도 한다. 주가지수 선물에 있어서 선물가격이 주식시장에 미치는 효과를 말한다. 선물시장에서는 개의 꼬리와 같이 현물시장에 의해 영향을 받지만 반대로 선물시장이 현물시장에 영향을 미치는 경우가 있는데, 이때 개가 꼬리를 흔드는 것이 아니라 꼬리가 개를 흔드는 것과 같다고 하여 꼬리와 개 효과라고 한다.

01. ㄱ QUIZ

다음 문제를 보고 옳고 그른 것에 따라 O,X를 고르세요.

01. 취약한 수출 구조로 정작 실익은 일본에 뺏기는 현상은 가마우지 경제이다. O X

02. 재산으로도 채무를 변제할 수 없는 지급불능의 상태를 구제하는 제도는 개인회생이다. O X

03. 가격 변동에 대해 수요와 공급이 시간차를 두고 반응하는 과정은 공정성 이론이다. O X

04. 기업이 공동체의 사회적 요구를 해결할 때 이익과 가치를 창출하는 전략은 CSV이다. O X

05. 발행자금을 녹색산업과 관련해서만 사용하도록 제한한 채권은 그린메일이다. O X

문장에 맞는 단어를 고르세요.

㉠ 공유경제 ㉡ 기축통화 ㉢ 국공채 ㉣ 기준금리 ㉤ 긱 경제

06. 재화나 공간, 재능, 서비스 등을 다수의 개인이 서로 빌려주고 나눠 쓰는 온라인 기반 개방형 비즈니스 모델은 [　　　] (이)다.

07. 국가와 지자체에서 발행하는 채권은 [　　　] (이)다.

08. [　　　] (은)는 금리체계의 기준이 되는 금리이다.

09. 국제 간 금융거래의 기본이 되는 통화인 [　　　] (은)는 통화가치가 안정되고, 수요와 공급이 안정되어야 하며 국제 무역이나 금융을 매개로 하는 기능을 갖추어야 한다.

10. [　　　] (은)는 기업들이 계약직 혹은 임시직으로 사람을 고용하는 경제형태를 말한다.

답 1.O 2.X(개인파산) 3.X(거미집 이론) 4.O(CSV : 공유가치 창출) 5.X(그린본드) 6.㉠ 7.㉢ 8.㉣ 9.㉡ 10.㉤

CROSS WORD

Across

1. 부유층의 소득이 증가하면 저소득층까지 혜택이 내려가는 현상
2. 근로기준법, 노동조합법 등을 통칭하는 노동관계를 규제하기 위한 법
3. 저금리 정책에도 불구하고 경제가 실질적으로 성장하지 못하는 상태
4. 우리나라가 선진국과 개발도상국 사이에서 힘을 발휘하지 못하는 현상
5. 국내에 있는 과세 물건에 대해 부과하는 조세

Down

6. 경기가 하강하지 않을 것이라는 낙관론
7. 주가연계증권 투자 시 원금 손실이 발생할 수 있는 수준
8. 시대 변화에 따라 새롭게 떠오르는 기준 또는 표준
9. 해외에서 발급된 신용장을 담보로 국내에서 개설해주는 제2의 신용장

Across | 1.낙수효과 2.노동3법 3.뉴뉴트럴 4.넛크래커 5.내국세
Down | 6.노랜딩 7.녹인 8.뉴노멀 9.내국신용장

PART

ㄴ

경제용어해설

*check***point**

✔ 뉴뉴트럴	✔ 낙수 효과	✔ 내부금융
✔ 내시균형	✔ 넛 크래커	✔ 네가와트 시장
✔ 노동 기본권	✔ 내국세	✔ 노드
✔ 녹색가격제도	✔ 뉴 노멀	✔ 뉴딜정책
✔ 뉴로 마케팅	✔ 니치 마케팅	✔ 닉슨 쇼크

□□□

148 **나노경제** ❁❁❁
Nano Economy

소비자 개개인에 부응하는 상품 및 서비스를 제공하여 시장규모를 확대한다는 이론

소비자 개개인의 구미에 맞춰 설계된 상품, 서비스, 정보를 제공하면서 시장 규모를 키운다는 이론으로 인터넷의 발달과 보급으로 고객지향, 투명성 확보, 고객의 선택권 강화, 원가절감 등으로 인해 발달하고 있으며, 중소기업, 자영업자 등이 나노경제의 주역으로 부상하고 있다. 이들은 인터넷이용자가 실제로 검색한 만큼 광고료를 지급하는 검색연동형 광고를 이용해 자사 제품을 광고하여 적은 금액으로 광고하여 수입을 얻고 있다.

□□□

149 **나스닥** ❁❁

NASDAQ

미국의 장외주식시장

우리나라의 코스닥(KOSDAQ)과 같이 벤처기업들이 상장되어 있는 미국의 장외시장을 말하며, 미국은 물론 전세계 첨단기술 산업체들의 활동기반이 되고 있고 자본력이 부족한 비상장벤처기업들이 저리로 자금을 조달하는 창구로 활용하고 있다. 물론 비상장 회사이기 때문에 상장기업들에 비해 자본금이나 경영기법 및 그 동안의 실적 등이 미흡하지만 투자가 성공했을 때에는 높은 수익을 얻을 수 있다는 이점도 있다.

□□□

150 **낙수 효과**

Trickle Down Effect

부유층의 소득이 증가하면 저소득층까지 혜택이 내려가는 현상

정부가 경제정책으로 대기업, 고소득층 또는 부유층의 소득과 부를 먼저 증가시키면 소비와 투자 증가로 이어져 중소기업과 저소득층도 혜택을 볼 수 있다는 주장이다. 이는 분배와 형평성보다는 성장과 효율성을 중시하는 논리에 근거한다. 작가 윌 로저스가 미국 31대 후버트 후버 대통령의 대공황 극복을 위한 경제정책을 비꼬던 데서 시작되었다.

□□□

151 **남북 협력기금**

南北協力基金

남북 간의 상호교류와 협력사업에 필요한 자금을 확보, 공급함으로써 남북교류협력을 촉진하고 민족공동체 회복에 기여함을 목적으로 통일부에 설립된 기금

1988년 7월 7일 7·7선언에서 민족자존과 통일·번영을 위한 특별선언을 발표하였다. 7·7선언에서 남한과 북한 주민의 상호 교류·방문을 허용하고, 남북한 교역의 문호를 개방하며, 국제사회에서 상호 협조하는 등의 정책방향이 제시하였다. 이후 1988년 7월 13일 남북적십자실무회담 제의, 7월 15일 남북교육당국자회담 제의, 7월 16일 전향적인 대북관련 외교정책 시행방침 발표, 9월 3일 북한 및 공산권 자료개방 등의 후속조치를 시행하였다. 정부의 대북관련 정책방향과 내용을 법적으로 규정하고 지원하기 위하여 1990년 8월 1일 「남북교류협력에 관한 법률」이 제정·공포되었고, 또한 남북 간의 상호 교류와 협력사업을 위해 필요한 자금을 확보하여 적절히 공급함으로써 남북교류협력의 증진과 민족공동체 회복에 기여함을 목적으로 1990년 8월 1일자로 「남북협력기금법」이 제정·공포되었으며, 이 법에 의거하여 남북협력기금이 설치되었다.

□□□

152 **내구재**

Durable Goods

내구성이 있어서 장기간 사용할 수 있는 재화

1년 이상 사용할 수 있는 재화로 용도에 따라 산업용과 소비생활용으로 구분할 수 있다. 산업용으로는 건물이나 기계 설비, 공장 건물 등이 해당되며 소비생활용으로는 내구소비재와 주택 등이 있다. 내구재 주문은 제조업 경기를 판단할 수 있는 지표로도 사용된다.

□□□

153 **내국세**

Internal Tax

국내에 있는 물건에 대해 부과하는 세금

국내에 있는 과세물건에 대하여 부과하는 조세이며, 국세 중에서 관세(關稅)를 제외한 것을 총칭한다.

상식더보기 내국세의 종류

소득세, 법인세, 상속세와 증여세, 부가가치세, 개별소비세, 주세, 인지세, 증권거래세, 교육세, 교통세, 농어촌특별세 등이 있다. 지방세에는 취득세, 등록 · 면허세, 주민세, 재산세, 자동차세, 레저세, 담배소비세 등이 있다.

□□□

154 **내국신용장**

Local Credit

해외에서 발급된 신용장을 담보로 국내에서 개설해주는 제2의 신용장

국내 외국환은행이 수출업자의 의뢰에 따라 수출업자 앞 국제 신용장을 담보로 하는 등의 방식으로 국내 제조업자 또는 공급업자 앞으로 발행하는 신용장을 말한다. 즉, 수출신용장을 확보한 수출업자가 수출을 목적으로 국내에서 자재를 구매할 때 은행이 대금 지급을 보증하는 것이다.

□□□

155 **내부금융**

內部金融

기업 내부에 축적된 자본

기업 외부로부터 조달되는 자본에 의존하지 않기 때문에 자기금융이라고도 한다. 기업의 이윤 일부를 경영을 위해 사내에 준비금으로 유보해 두었다가 자본으로 전환하는 방식이다. 건전한 자본조달 방법이지만 유보액의 제한으로 대량 자본조달이 어렵다. 이익잉여금, 자본잉여금, 감가상각 등이 내부금융에 해당한다.

ㄴ

□□□
156 **내부자 거래** ✿✿✿
Insider Trading

기업에서 공개하지 않은 정보를 내부자가 지위를 이용하여 거래하는 행위

기업과 특수 관계에 있는 사람이 그의 직무 또는 지위에 의해 얻은 정보를 이용, 불공정한 주식매매를 하는 행위를 말한다. 기업체의 임원 등 내부 사정을 잘 아는 사람이 일반 투자자들에게는 공개되지 않은 기업합병, 증자, 자산재평가, 신규투자계획 등 기업비밀 정보를 갖고 주식을 매매하게 되면 부당이익을 취할 수 있는 가능성이 커진다. 이 같은 내부자 거래를 막기 위해 증권거래법에서 금지시키고 있다. 좁은 의미의 내부자는 당해 회사의 임직원, 대리인, 주요 주주를 말한다.

□□□
157 **내생적 성장 모형** ✿✿✿
Endogenous Growth Theory

미국 경제학자 로머가 주장한 성장 이론

눈에 보이지 않은 기술이나 정보가 내생적 변수로 경제성장의 동력이 된다는 주장이다. 다수의 기업과 개인들이 시장 장악력을 가지고 있으며 독점적 지대를 얻고 있는 현실에서는 완전경쟁이 더 이상 유지될 수 없다는 인식하에 불완전경쟁의 가정을 내생적 성장이론에 도입하게 되었다. 또한 경제적 유인성이 존재하는 곳에서 보다 많은 기술이 발달됨에 따라 기술진보의 내생성을 내생적 경제성장이론이 도입하였다.

□□□
158 **내쉬균형** ✿✿✿
Nash Equilibrium

게임 이론에서 균형을 설명하는 개념

게임 이론에서 상대방 대응에 따라 최선의 선택을 하면 서로가 자신의 선택을 바꾸지 않는 균형상태를 말한다. 즉, 상대방이 현재 전략을 유지한다는 전제하에 나 자신도 현재 전략을 바꿀 유인이 없는 상태를 말하는 것으로 이때 게임에 참가하는 선수들은 주어진 상황에서 최선의 대응전략을 택하며 상대방의 전략을 예측할 수 있다.

□□□

159 **넛 크래커**

Nut Cracker

우리나라가 선진국과 개발도상국 사이에서 힘을 발휘하지 못하는 현상

우리나라가 선진국에서는 기술과 품질 경쟁에서 밀리고 개발도상국에서는 가격경쟁에서 밀리는 현상을 호두를 양쪽에서 눌러 까는 호두까기 기계에 비유한 용어이다. 그러나 이러한 위기에서도 우리나라는 IT 분야에서 급속한 발전을 이루어 역(逆) 넛 크래커 현상을 만들었다.

□□□

160 **넛지 마케팅**

Nudge Marketing

흥미를 유발하여 소비자의 관심을 끌되, 선택은 소비자 스스로가 할 수 있게 하는 마케팅 전략

넛지는 '팔꿈치로 슬쩍 찌른다'의 뜻으로 넛지 마케팅은 사람들을 원하는 방향으로 유도하되 선택의 자유는 개인에게 있다는 것이다. 즉, 특정 행동을 유도하지만 직접적인 명령이나 지시를 동반하진 않는 것이다.

□□□

161 **네가와트 시장**

Negawatt Market

소비자가 아낀 전력을 되팔 수 있는 전력 거래시장

공장이나 대형마트 등 전력을 아낄 수 있는 기관 및 일반 소비자가 전기 기존 사용량보다 적게 사용하고, 줄인 전력을 한국 전력에 판매하고 수익을 나누는 방식이다. 수요반응자원 전력거래시스템을 통해 거래되며 이로 인해 한국전력이 손해 보지 않도록 거래기준 가격이 발전소 발전 단가보다 낮아야 거래가 성립된다는 조건을 가지고 있다. 대형 시설에서 전기를 절약하고 다시 판매한다는 취지에서 시작되었으며 영국과 독일, 미국 등 선진국에서는 이미 보편화가 되어 있다.

□□□

162 **네덜란드 병**

Dutch Disease

경기호황을 누리던 국가가 자원수출로 인해 장기적으로는 경제가 침체되는 현상

천연자원에 의해 급성장을 이룩한 국가가 자원의 수출로 인해 일시적으로는 경제 호황을 누리지만 물가와 통화의 가치상승, 산업 경쟁력 둔화시로 국내 제조업이 쇠퇴하여 결국 국민 경제 또한 하락하는 현상을 뜻하는 말로 '자원의 저주'라고 불리기도 한다. 1950년대 북해에서 대규모의 천연가스 유전을 발견한 네덜란드가 당시에는 에너지 가격 상승에 따라 막대한 수입을 올렸으나, 시간이 지나면서 통화가치와 물가가 상승하고, 임금상승이 유발되어 석유제품을 제외한 제조업의 경쟁력을 하락시켜 심각한 경제적 침체를 초래하였던 역사적 경험에서 유래한 용어이다.

□□□

163 **네트워크 마케팅**

Network Marketing

소비자가 판매자가 되어 상품을 판매하는 마케팅

기존의 중간유통단계를 줄이고 관리비, 광고비, 샘플비 등 제비용을 없애 회사는 싼 값으로 소비자에게 직접 제품을 공급하고 회사수익의 일부분을 소비자에게 환원하는 시스템을 말한다. 마케팅 종사자는 끊임없이 소비자를 발굴해 판매를 해야 하고, 매월 새로운 실적을 쌓아야 한다. 일정 금액 이상을 판매해야 회사는 종사자에게 보너스를 지불한다. 일단 소비자 그룹이 형성되면 제품의 우수성으로 재구매가 계속 일어나게 되고, 기존의 소비자를 통해 자연스럽게 홍보가 이뤄지면서 새로운 고객이 늘어나 매출 또한 신장된다. 처음에는 제품을 판매하는 입장이나 나중에는 소비자 관리 차원으로 바뀐다. 마케팅 종사자가 회사로부터 인센티브를 받기 위해서는 회원들이 판매한 제품을 애용해야 한다. 회원 수만 늘어나는 것은 소용이 없다. 우리나라에서는 네트워크 마케팅이 다단계 판매 또는 방문 판매와 혼용되어 사용되고 있다. 네트워크 마케팅은 처음에는 수입이 적으나 일정 시간이 지나 자기의 그룹이 형성되어 매출이 늘면 그때부터 만족할 수준에 이르게 된다.

□□□

164 **네트워크 조직**

Network Organization

독립된 부서들이 제품 생산 등을 위한 상호 협력적인 네트워크를 지닌 조직 구조

재화의 생산과 판매 등 프로젝트 수행 과정을 네트워크를 이용하여 운영하는 조직을 일컫는다. 경영자가 조직 구조의 장벽을 최소화하고 부서 간 활발한 교류를 촉진하기 위해 선택하는 조직 구조 중 하나이다.

□□□

165 **넥스트 빌리언**

Next Billion

신흥국의 중산층과 빈곤층 사이에 있는 저소득층

브라질, 중국, 인도를 중심으로 한 아시아, 남아메리카, 아프리카 등 신흥시장의 저소득층이다. 소득수준을 기준으로 극빈층보다는 소득이 높지만, 중산층보다는 소득이 낮은 저소득층 소비자 집단에 해당되며, 이들 신흥시장은 경제성장이 매우 빠른데다, 개인소득이 국가경제발전 속도보다 빠른 속도로 늘어나고 있어서 넥스트 빌리언 그룹 역시 현재는 저소득층이지만, 소득에 비해 구매력이 높아 향후 소비 주역으로 주목받는 집단이다.

□□□

166 **노동 3법**

勞動三法

노동관계를 규제하기 위한 법

'근로기준법', '노동조합법', '노동쟁의 조정법'을 이르는 말로 건전한 노동관계를 유지하기 위한 법이다. 「근로기준법」은 노동자의 임금 및 노동시간, 휴가 및 안전 등에 관한 최저기준을 규정한 것이며, 「노동조합법」은 노동자가 단체교섭이나 쟁의, 기타 단체행동을 할 수 있는 권리를 인정하고 그것을 보장하는 방법 등을 규정하였다. 「노동쟁의조정법」은 노동쟁의를 예방 · 해결함으로써 산업의 안정을 유지하고 발전에 기여하도록 할 것을 목적으로 제정되었다.

☐☐☐

167 **노동 기본권**

勞動基本權

근로자의 인권을 보장하기 위한 법

근로자의 인간다운 생활을 보장하기 위해 「헌법」에서 정한 노동권(32조1항)과, 단결권 · 단체교섭권 · 단체행동권(33조 1항)을 통칭한다. 노동권이란 근로능력과 의욕을 지닌 사람이 사회적으로 근로할 기회의 보장을 요구할 수 있는 권리를 말한다. 단결권이란 근로자가 근로조건을 유지, 개선하기 위해 단결할 수 있는 권리를, 단체교섭권이란 근로자 단체(노동조합)가 사용자와 근로조건의 유지 · 개선에 관해 교섭할 수 있는 권리를, 단체행동권이란 근로자가 근로조건의 유지 · 개선을 위해 사용자에 대해 단체행동을 할 수 있는 권리를 말한다. 단, 공무원은 법률로 인정된 자를 제외하고는 노동조합의 설립과 가입, 쟁의행위가 금지되어 있다.

☐☐☐

168 **노동 생산성**

Labor Productivity

일정한 노동력으로 얻은 생산량의 비율

단위시간 동안의 재화 및 서비스 생산량을 생산에 투입된 노동량으로 나눈 비율을 말한다. 일반적으로 노동량은 근로자 수와 근로자 1인당 평균 근로시간을 곱하여 측정하고, 생산량은 생산된 재화나 서비스의 양 혹은 부가가치로 측정한다. 생산량이 양으로 측정될 경우를 물적 노동 생산성, 부가가치로 측정될 경우를 부가가치 노동생산성이라고 한다. 일정한 노동 투입량에 대해 생산량이 증가하는 경우나 노동 투입량을 감소시켜도 생산량이 감소하지 않을 경우 생산성이 향상되었다고 본다.

□□□

169 **노동 생산성지수**

Labor Productivity Index

노동 생산성을 수치화 한 지표

노동 생산성을 측정하는 지표를 말한다. 우리나라에서는 한국생산성본부가 분기마다 월별 · 분기별 평균노동 생산성 지수를 발표하고 있다. 노동 투입량에 대한 산출량의 비율로 나타내는 물적노동 생산성지수와 노동 투입량에 대한 부가가치비율로 나타내는 부가가치 노동 생산성지수가 있다. 물적노동 생산성지수는 노동 투입에 대한 산출량(산업생산)의 상대적 비율로 정의되며, 생산의 효율성을 파악하는 데 유용한 지표로 활용된다. 한편 부가가치 노동 생산성지수는 임금결정 시 필요한 기준으로 적합하며, 노동 생산성의 국제경쟁력 비교에 유용한 지표로 활용된다.

□□□

170 **노동소득 분배율**

Labor's Relative Share

국민소득에서 노동소득(피용자 보수)이 차지하는 비율

노동의 대가의 피용자 보수를 영업잉여의 합계로 나누어 얻어지는 값을 백분율로 나타낸 것이다. 즉, 노동소득분배율=(피용자 보수+국외 순수취 피용자 보수)/국민소득×100이다. 노동소득분배율은 노동 가격이 자본 가격보다 높을수록, 한 국가의 산업이 노동집약적일수록 그 값이 커진다.

□□□

171 **노동쟁의**

勞動爭議

노동조합과의 분쟁

노동조합과 사용자 또는 사용자단체 간에 임금 · 근로시간 · 복지 · 해고 기타 대우 등 근로조건의 결정에 관한 주장의 불일치로 인하여 발생한 분쟁상태를 말한다. 주장의 불일치라 함은 당사자 간에 합의를 위한 노력을 계속하여도 더 이상 자주적 교섭에 의한 합의의 여지가 없는 경우를 말한다.

□□□

172 **노 랜딩**

No Landing

네트워크에서의 연결 지점

2023년 미국의 1월 실업률은 3.4%로 1969년 5월 이후 54년 만의 최저치를 기록했다. 기술기업을 중심으로 한 해고가 이어지는 와중에도 미국의 일자리는 충분했다. 이처럼 미국의 노동시장과 미국 GDP의 70%를 차지하는 소비가 견고하다는 부분에서 경제학자들 사이에서는 노 랜딩의 기대가 퍼졌다.

□□□

173 **노르딕 모델**

Nordic Model

북유럽 5개국의 경제 · 사회 정책 모델

북유럽의 덴마크, 핀란드, 스웨덴, 노르웨이, 아이슬란드 등 5개국의 경제 · 사회 정책 모델을 일반화한 표현이다. 이들 국가의 공공지출은 국내총생산(GDP)의 50 ~ 60%에 이를 정도로 전체 경제에서 국가가 차지하는 비중이 높다. 또 사회적 대타협 등을 통해 실업률을 낮추고 노동생산성은 높였다. 1930년대 대공황 이후 최악의 경제난을 겪고 있는 세계 경제해법으로 부상한 노르딕 모델은 분배 및 조정자로서 국가 역할의 확대를 가장 큰 특징으로 한다. 또 높은 과세를 통한 재분배 강화, 의료 · 실업 혜택을 축으로 한 사회안전망 확충, 교육 평등, 노조의 경영 참여 확대 등 사회주의적 요소가 가미된 시장경제 모델이다.

□□□

174 **노브랜드**

No Brand

브랜드가 없는 상품

상표를 전혀 붙이지 않는 상품으로 광고비와 포장을 간소화함으로 원가절감을 하여 소비자가 보다 저렴하게 상품을 구매할 수 있다. 대부분 소매점에서 상품기획을 하며 생산은 중소기업이 하는 것이 특징이다. 노브랜드 혹은 제네릭 브랜드(Generic Brand) 상품이라고도 한다.

□□□

175 **노이즈 마케팅**

Noise Marketing

고의적으로 구설수에 올라 인지도를 높이는 마케팅

고의적으로 각종 구설수에 휘말리면서 인지도를 높이는 마케팅 기법이다. 상품의 특성을 강조하기 보다는 이슈를 만들어 소비자들의 이목을 끌고 호기심을 부추겨 판매를 늘리는 것이 목적이다. 상품에만 해당하지 않고 영화나 인물을 홍보할 때도 사용하는 마케팅이다.

□□□

176 **녹색가격제도**

Green Pricing

신재생 에너지를 이용하여 생산된 전력을 높은 가격에 구매하는 제도

태양광, 풍력, 지력 등의 신재생에너지를 사용해 생산된 전력을 소비자에게 일반전력보다 높은 가격인 녹색가격으로 판매하는 제도이다. 모든 소비자가 녹색가격을 지불하는 것은 아니고, 지불할 의사가 있는 소비자만이 신재생에너지의 환경친화성에 주목해서 이러한 높은 가격을 자발적으로 부담하고, 여기서 얻은 재원으로 신재생에너지 및 관련 설비개발에 투자한다. 우리나라 경제는 에너지 해외의존도가 높아 유가상승과 같은 외부충격에 취약하고, 화석에너지 위주의 에너지원으로 온실가스 배출 및 대기오염이 심각한 상황이다. 이에 따라 정부는 녹색전력의 보급확대를 위해 다양한 정책들을 추진 중이다. 대표적인 보급정책으로 녹색전력의 추가생산비를 보조해주는 발전차액제도를 활용하고 있다.

□□□
177 **녹인** ❁❁❁
Knock In

주가연계증권(ELS) 투자 시 원금 손실이 발생할 수 있는 수준

평가기간 중 기초자산 가격이 기준점 미만으로 하락한 뒤 만기까지 상환 조건을 충족시키지 못하면 지수 하락률만큼 원금을 잃는다. 대부분 녹인 기준점이 높을수록 수익률이 긍정적이다.

+상식더보기 녹인의 종류

① **녹인배리어**(Knock In Barrier) : 옵션 수익구조가 발생하게 되는 기초자산의 기준점
② **녹아웃배리어**(Knock Out Barrier) : 옵션 수익구조가 적용되지 않는 기초자산의 기준점

□□□
178 **누드 마케팅** ❁❁❁
Nude Marketing

속을 볼 수 있는 제품을 만들어 판매하는 마케팅

제품의 속을 볼 수 있도록 디자인을 투명하게 함으로써 소비자들의 신뢰와 호기심을 높이는 판매 전략을 말한다. 누드 제품은 포화상태인 가전제품 시장에서 기존의 틀을 깨는 파격적인 디자인이다. 대중의 눈길을 끌기 위해서라면 무엇이든지 하려는 홍보술과 노출을 꺼리지 않는다는 부정적 의미도 함께 가지고 있다. 따라서, 몸매나 성을 상품화한다는 비판과 아울러 선정성 논란을 일으키기도 한다.

□□□

179 **뉴 노멀**

New Normal

시대 변화에 따라 새롭게 보편화된 기준

낮은 잠재성장률과 높은 실업률, 과도한 정부 부채 등의 문제가 장기간 지속되는 새로운 경제질서를 뜻하는 개념이다. 2008년 핌코의 최고경영자 엘 에리언이 자신의 저서 「새로운 부의 탄생」에서 글로벌 금융위기 이후 경제를 뉴 노멀에 빗대어 사용하면서 널리 퍼지기 시작했다. 엘 에리언은 금융위기 발생 이전에는 신자유적인 경제정책을 기반으로 한 자유무역과 규제완화가 표준이었다면 경제위기를 겪으면서 금융위기 이후 정부 · 가계 · 기업의 광범위한 디레버리징(부채 축소)에 따라 나타나는 저성장 · 저소득 · 저수익률 등 3저 현상이 새로운 표준이 되고 있다며 뉴 노멀 시대가 지속될 것을 전망했다.

□□□

180 **뉴 뉴트럴**

New Neutral

저금리 정책에도 불구하고 경제가 실질적으로 성장하지 못하는 상태

2008년 글로벌 금융위기 이후 저성장, 저수익 시대보다 더 실질적 성장이 이뤄지지 않는 상황을 말한다.

□□□

181 **뉴딜정책**

New Deal

대공황 극복을 위하여 추진하였던 정책

뉴딜은 카드 게임에서 카드를 바꾼다는 의미로, 미국이 대공황을 겪으며 그동안의 자유방임주의 원칙을 깨고 국가가 적극적으로 개입하여 경제를 해결한다는 정책이다. 1932년 미국 루즈벨트 정부가 내세운 경제 정책으로 정부가 경제에 직접 개입하여 대공황으로 침체된 미국 경제 회복과 실업자 생활 구제를 목적으로 하였다. 뉴딜정책은 경제뿐 아니라 사회 및 정치 분야 등에서도 영향을 미쳤다.

□□□

182 **뉴로 마케팅** ❀❀❀

Neuro Marketing

뇌신경과학기술을 통해 소비자의 무의식에서 나오는 상품에 대한 감정, 구매 행위를 분석해 마케팅에 적용하는 기법

기존의 소비자 조사 한계를 극복하기 위해 과학적인 조사 방법을 도입한 것이다. 뉴로 마케팅은 소비자가 특정 상품을 선호하는 근본 원인을 신경과학적으로 규명해 기업 마케팅에 활용할 수 있겠다는 일부 과학자들의 호기심에서 출발했으며, 뉴로 마케팅의 출발점은 소비자 선택이 '이성적 판단'보다는 '잠재의식'으로 이뤄진다는 전제하에 잠재의식을 관장하는 뇌를 공략하는 마케팅 기법이다.

□□□

183 **니치 마케팅** ❀❀❀

Niche Marketing

빈틈을 공략하는 마케팅

틈새시장이라는 의미로 보편화된 다수의 소비자가 아니라 특정한 성향을 가진 소규모 소비자들을 대상으로 한 마케팅이다. 기존 시장의 빈틈을 공략하여 시장 점유율을 확보하고자 하는 것이다. 소비자들의 취향이 다양해지면서 니치보다 더 세분화 하여 소비자를 성별과 연령으로 나누고 각자의 취향을 공략하는 마케팅도 등장하였다.

□□□

184 **닉슨 쇼크** ●●●

Nixon Shock

닉슨 대통령이 1971년 8월 발표한 달러 방어 정책으로 인해 발생한 충격

1960년대 말부터 미국은 베트남 전쟁을 포함해 많은 대외 원조 및 군사비 지출로 인해 경제력이 크게 낮아졌다. 이 과정에서 미국의 국제수지가 크게 악화되어 달러의 가치가 크게 떨어졌다. 게다가 미국 달러화의 금 교환 요구가 외국에서 크게 늘어나면서 미국의 금 보유고가 급격히 감소하였다. 이에 닉슨 대통령은 금과 달러의 교환 정지, 10%의 수입 과징금의 실시 등을 포함하는 달러 방어 정책을 내놓게 되었다. 닉슨 쇼크는 대미 수출 의존도가 높은 한국, 일본, 중남미 등에 큰 충격을 주었고 고정환율제에서 변동환율제로 바뀌는 전환점이 되었다. 닉슨 쇼크란 용어가 다시 나타난 것은 2009년 초 당시 세계 금융위기에 따른 안전 자산에 대한 선호로 인해 달러 가치가 크게 오르면서다. 미국이 대규모 재정적자임에도 불구하고 달러 가치가 계속 강세를 보이자 장기적으로 글로벌 달러의 가치가 약세로 돌아설 가능성을 갖는 의미에서 '제2의 닉슨 쇼크'가 발생할 수도 있다는 우려가 표면화되었기 때문이다.

02. ㄴ QUIZ

다음 문제를 보고 옳고 그른 것에 따라 O,X를 고르세요.

01. 나노경제는 소비자에게 부응하는 서비스를 제공하여 시장규모를 확대한다는 이론이다. O X

02. 부유층의 소득이 증가하면 저소득층까지 혜택이 내려가는 현상을 낙수 효과라고 한다. O X

03. 경기호황을 누리던 국가가 수출로 경제가 침체되는 현상은 네가와트 시장이다. O X

04. 가계신용 잔액은 가계대출과 판매신용을 산출한 것이다. O X

05. 뉴딜정책은 달러 방어 정책으로 인한 쇼크를 말한다. O X

문장에 맞는 단어를 고르세요.

㉠ 넛지 마케팅 ㉡ 네트워크 마케팅 ㉢ 누드 마케팅 ㉣ 뉴로 마케팅 ㉤ 노이즈 마케팅

06. ____(은)는 소비자가 판매자가 되어 상품을 판매하는 마케팅이다.

07. 소비자가 자유롭게 상품에 접근하도록 하는 마케팅은 ____(이)다.

08. ____(은)는 고의적으로 구설수에 올라 인지도를 높이는 마케팅이다.

09. 속을 볼 수 있도록 제품을 만들어 판매하는 마케팅은 ____(이)다.

10. 소비자 선택이 잠재의식으로 이루어진다는 전제하에 뇌를 공략하는 마케팅은 ____(이)다.

답 1.O 2.O 3.X(네덜란드병) 4.O 5.X(닉슨 쇼크) 6.㉡ 7.㉠ 8.㉤ 9.㉢ 10.㉣

Across

1. 주가의 단기 이동 평균선이 장기 이동 평균선 아래로 하향하는 현상
2. 원금에 대해서만 붙이는 이자
3. 이해당사자들이 상대를 배려하지 않는 태도
4. 연속적인 경기 침체 현상

Down

5. 기업의 가치가 100억 달러 이상인 신생 벤처기업
6. 출처를 설명하기 어려운 자금을 실명 전환할 때 부과하는 과징금
7. 주식이나 채권, 부동산 등 특정 상품의 가격이 높은 상태라 하더라도 더 높은 가격에 팔 수 있을 것이라는 기대
8. 미국 달러가 국제 무역과 금융에서 지배적인 통화로 사용되는 현상

Across | 1.데드크로스현상 2.단리 3.도덕적해이 4.더블딥
Down | 5.데카콘기업 6.도강세 7.더큰바보이론 8.달러패권

PART

ㄷ

경제용어해설

checkpoint

- 다각화 전략
- 달러화 통용제도
- 덤핑 관세
- 도덕적 해이
- 디드로 효과
- 닥터 둠
- 대안무역
- 데카콘 기업
- 돈맥경화
- 디 마케팅
- 단기금리
- 더블 딥
- 델파이법
- 듀퐁 분석
- 디프레션

□□□

185 **다각화 전략**

多角化戰略

기존 사업과는 다른 새로운 영역에 진출하는 전략

기존의 사업과 관련하여 사업을 확장하는 경우와 기존의 사업영역과는 전혀 다른 영역에 진출하는 경우로 구분할 수 있다. 관련분야로 사업을 확장하는 경우 기존의 기업 자원을 효율적으로 활용하고 기존 사업과 시너지 효과 노려 보다 우수한 성과를 창출할 수 있으며, 전혀 다른 새로운 영역에 진출하는 경우에는 산업의 시장 위험을 분산시켜 준다. 다각화 전략은 경기순환과 기업의 성장에 좋은 도구가 되지만, 지나친 다각화는 기업의 경쟁력을 약화 시키고 경영의 파탄을 초래할 수 있다.

□□□

186 **다보스 포럼**

Davos Forum

매년 스위스 다보스에서 개최되는 세계경제 포럼

세계의 저명한 기업인, 경제학자, 저널리스트, 정치인 등이 모여 세계경제에 대해 토론하고, 연구하는 국제 민간회의로 1971년 하버드대 클라우스 슈바브에 의해 창립되었으며, 정식 명칭은 세계경제 포럼이지만 매년 스위스 다보스에서 총회가 열려 '다보스 포럼'으로 더 잘 알려져 있다. 초기에는 '유럽인 경영 심포지엄'으로 출발하였으나, 1973년에 전 세계로 넓혀져 정치인으로까지 확대되었다. 세계의 정재계, 언론계, 학계 지도자들이 참석해 '세계 경제 올림픽'으로 불릴 만큼 권위와 영향력 있는 유엔 비정부 자문기구로 성장했으며, 세계경제포럼 산하 국제경영개발원(IMD)이 발표하는 '국가 경쟁력 보고서' 등을 통해 세계의 경제정책 및 투자환경에 큰 영향을 미치기도 하지만, 세계화와 시장개방을 주도하는 대표적 단체로 최근에는 반(反)세계화 주의자들의 주요 표적이 되고 있다. 세계 1,000대 대기업의 기부금으로 운영되는데, 이 모임에 참석하려면 연간 매출액이 7억 달러 이상이 되어야 하고 매년 1만 3,000달러의 회비와 2만 달러의 참가비를 내야 한다.

□□□

187 **다우존스 평균주가지수** ●●●

다우존스사가 시장가격을 평균하여 산출하는 주가지수

1884년 7월 3일에 미국의 다우존스사가 처음 발표한 주가지수다. 공업주 30종, 철도주 20종, 공공주 15종 등 65종목의 뉴욕증권거래소 주요 상장 주식의 주가 평균을 산출하여 매일 발표며 수로, 이중 공업주 30종목 평균이 가장 널리 이용되고 있다. 지수 산출은 상장 종목 중 일부를 채택하여 단순 주가 평균을 낸 후, 주식분할, 권리락 등의 변동 요인을 제거하는 방법이 사용되는데, 긴 역사와 대기업들이 편입되어 있으므로 전 세계에서 폭넓게 활용되고 있지만, 상장주 전체의 움직임을 반영하지 않는 단점이 있다.

□□□

188 **다이렉트 마케팅** ●●●
Direct Marketing

중간 개입 없이 소비자에게 직접 판매하는 마케팅

기업과 고객 사이에 중간 유통 과정 없이 직접적으로 소비자에게 판매하는 마케팅을 말한다. 고객과 지속적으로 접촉하여 기업의 경쟁력을 강화하는 것이 목적이다. 직접적인 형태로 소비자 정보를 수집하고 소비자의 니즈를 충족시켜 소비자가 구매에 이르게 한다.

□□□

189 **닥터 둠** ●●○
Dr. Doom

경제를 비관적으로 전망하는 사람들

'둠(Doom)'은 죽음이나 파멸을 뜻하는 단어로, 미국의 투자전략가 마크 파버가 1987년 뉴욕증시 대폭락을 예고하면서 사용되었다. 이후 '닥터 둠'은 국제금융계에서 경제 전망을 부정적으로 예견하는 사람을 이르는 용어로 사용되고 있다.

□□□

190 **닥터 코퍼** ●●○
Dr. Copper

구리 가격으로 경제 상황을 예측하는 것

구리 가격이 경기를 예측하는 특성이 있음을 지칭하는 표현이다. 구리는 원유나 금보다 지정학적 · 정치적인 영향을 덜 받으며 자동차, 건설, 해운 등 제조업 전반에 재료로 사용되므로 경기 선행지표로 활용된다.

□□□

191 **단기금리**

短期金利

통상 기간이 1년 미만인 금리

우리나라에서 단기금리란 통상 기간이 1년 미만인 금리를 말한다. 금융시장은 거래되는 자금의 성질, 원천, 용도 등에 따라 분할되어 있으며, 각 시장에서 형성되는 금리수준 및 변동양상도 상이하다. 일반적으로 금융시장은 자금의 성질과 수급조건에 따라 일시적 자금 조달 및 운용을 위한 단기금융시장(화폐시장)과 장기자금조달을 위한 장기금융시장(자본시장)으로 나눠지고, 이에 따라 금리도 보통 장기금리와 단기금리로 구분된다. 콜시장의 1일물 금리, 91일물 CD금리 및 CP금리 등은 단기금리의 대표적인 예이며, 이 밖에 단기예금 금리나 단기대부 금리도 단기금리에 포함된다.

□□□

192 **단리**

單利

원금에 대해서만 붙는 이자

이자를 계산할 때 원금에 대해서만 이율을 적용하여 계산하는 금리로, 발생되는 이자는 원금에 포함되지 않으므로 이자의 이자는 발생하지 않는다. 상환기간까지 원금과 이율에 변동이 없으면 이자율은 같다.

□□□

193 **달러화 통용제도**

Dollarization

미국 달러화를 자국 통화로 공식 채택하는 것

미국에 대한 경제의존도가 높고 경제규모가 작아 대외충격에 취약한 경제구조를 지닌 중남미, 동남아 등의 국가에서 논의되기도 하였다. 중남미의 파나마, 에콰도르, 엘살바도르가 미 달러화를 공용통화로 채택하여 사용하고 있다. 달러화를 공식통화로 채택하면 환율 변동에 따른 경제적 충격을 줄이고, 국제 금융자본의 자국 통화에 대한 투기적 공격을 원천적으로 방지하는 효과가 있다. 그러나 달러화 통용은 경제적 자주권이라 할 수 있는 자국의 통화주권을 잃게 된다.

□□□
194 **달러 패권** ❁❁❁
Dollar Hegemony

미국 달러가 국제 무역과 금융에서 지배적인 통화로 사용되어 국제 금융 시스템에서 중요한 역할을 하는 현상

미국은 제2차 세계대전으로 큰 경제적 타격을 입었지만 다른 국가들에 비해 피해가 적었다. 이로 인해 미국은 세계 경제 중심지로 부상하고, 이에 미국 달러는 기축통화 지위를 획득했다. 미국은 달러를 발행하여 무역 적자를 메우는 등 경제적 이익을 얻을 수 있고, 다른 국가에 경제적 압력을 가할 수 있으나 미국의 경제 위기 시 달러 가치가 하락하고 다른 국가들은 달러를 사용하지 않을 수 있게 된다. 러시아－우크라이나 전쟁 이후 러시아는 미국 주도의 국제은행 간 통신협회(SWIFT) 결제망에서 퇴출당하며, 중국과 함께 달러 의존도를 줄이기 위해협력하여 패권 체제에 균열을 내고 있다. 러시아는 중국과 액화천연가스 거래 시 위안화와 루블화를 반반 결제하기로 합의하면서 탈달러화 및 SWIFT 배제에 대한 대안으로 위안화 국제 결제 시스템(CIPS) 사용 비율을 높이고 있다.

□□□
195 **당좌예금** ❁❁

當座預金

수표나 어음을 발행하여 자유롭게 찾을 수 있는 예금

예금주가 예금 잔액 범위 내 혹은 당좌대출 한도 내에서 수표나 어음을 발행하여 언제든 자유롭게 찾을 수 있는 예금이다. 은행의 요구불예금의 하나로 발행된 수표는 현금과 같은 기능을 가진다. 당좌예금은 은행의 자금조달로서의 기여도가 미미하여 이에 대한 이자를 지급하지 않는다.

□□□
196 **대공황** ❁❁❁

大恐慌

1929년에 발생한 사상최대의 세계 경제대공황

1929년에 발생하여 1939년까지 세계적으로 지속된 경제의 하강국면으로 발단은 미국이었으나 모든 국가들이 생산 위축과 심각한 디플레이션을 겪었다. 대공황은 농업부문에도 큰 영향을 미쳤고 당시 미국의 루즈벨트 대통령은 이를 극복하기 위해 뉴딜정책을 시행하였다.

□□□

197 **대외경제 협력기금**

EDCF : Economic Development Cooperation Fund

개발도상국과의 경제교류 증진 및 경제발전 지원을 위하여 우리나라가 1987년에 설치한 정책기금

유상원조의 형태로 제공되며, 개발도상국의 경제사회 개발과 복지 증진 그리고 한국과의 경제교류 확대에 기여해오고 있다. 상하수도설비, 병원, 교통 등 경제발전의 기초가 되는 사회간접자본시설의 건설에 소요되는 개발자금차관 이외에도 기자재차관, 민자사업차관 등 개발도상국 정부 또는 법인에 대한 다양한 차관을 지원한다.

□□□

198 **대주단협약**

貸主團協約

우량 건설업체들을 일시적인 자금경색으로 인한 흑자도산 위기에서 구하기 위해 출범한 건설업회생프로그램

건설사에 돈을 빌려준 채권금융회사들이 일종의 채권단을 꾸려 자금을 지원하거나 회수를 유예해주는 방식이다. 약 186개 금융기관이 대주로서 협약에 참여하고 있다. 대주단 협약에 가입한 건설회사다 주채권금융기관에 요청하면, 회생가능 여부를 판단해 1년 범위 내에서 1회에 한하여 채권 행사를 유예시켜준다. 대신 건설사는 채권 은행들과 공동으로 인력 구조조정 및 자산 매각 등 기업 정상화 방안을 마련하고 이행해야 한다. 건설사들이 대주단 가입을 꺼리는 이유는 가입 후 대주단이 회생 불가능으로 판단하여 지원을 중단하면 실제 도산으로 이어질 수 있으며, 대주단에 가입하면 부실 기업으로 낙인이 찍힐 수 있기 때문이다.

□□□

199 **대체재**

Substitute Goods

동일한 효용을 얻을 수 있는 재화

하나의 재화 가격이 상승 또는 하락 할 때 다른 재화의 수요가 감소 또는 증가하는 것을 대체재라고 한다. 대체재 관계의 두 재화는 서로 같은 효용을 얻을 수 있는 재화로 경쟁재라고도 한다.

□□□

200 **대차대조표**
貸借對照表

일정 시점에서 기업의 재정상태가 어떠한 가를 알기 위해 작성하는 표(현 '재무상태표')

기업의 재정상태란 자산은 얼마만큼이고 부채의 규모나 자본 규모는 또한 어떠한가를 말하는 것이다. 이러한 항목을 정리한 것이 대차대조표로서 차변(왼편)에는 모든 자산을 기재하고 대변(오른편)에는 모든 부채와 자본을 기재한다. 대차대조표는 복식부기로서 모든 거래행위는 대차 양변에 기록되므로 언제나 양변의 합계는 일치한다. 즉, 자산 = 부채 + (자기)자본이다. 흔히 신문 등에서 볼 수 있었던 주총결산공고가 바로 대차조표이다. 2011년 본격적으로 시행된 한국채택 국제회계기준(K - IFRS)의 도입으로 기존의 '대차대조표'는 '재무상태표'로 명칭이 변경되었다.

□□□

201 **대체투자**
代替投資

주식과 채권의 전통적인 투자 상품에 대한 상대적 개념으로 주식과 채권을 제외한 다른 대상에 투자하는 방식

헤지펀드, 사모펀드, 부동산, 원자재, 벤처기업, 선박 등 다양한 대상에 투자하며 대체 뮤츄얼펀드와 상장지수펀드(ETF)는 이러한 대체투자 상품만을 편입하거나 관련 지수를 추종하는 펀드이다.

□□□

202 **대출 태도**
貸出態度

가계나 기업의 대출에 대한 금융기관의 태도를 나타낸 지수

대출 태도 지수는 대출 태도의 동향 및 전망을 나타내며 -100에서 100 사이의 값을 갖는다. 대출 태도 지수가 플러스면 대출 조건을 완화하려는 은행이 많다는 의미이고 마이너스면 대출조건을 강화하려는 곳이 많다는 의미이다.

□□□

203 **더블 딥** ❁❁❁

Double Dip

연속적인 경기 침체 현상

경기가 두 번 떨어진다는 뜻으로 경기침체가 발생한 후 잠시 경기가 호전되다가 다시 경기침체로 접어드는 연속적인 침체 현상을 의미한다. 이는 미국 모건스탠리사의 이코노미스트였던 로치(S. Roach)가 미국 경제를 진단하면서 2011년에 처음 사용했다. 경기순환 모습이 'W'를 닮았다고 해서 W자형 경기변동이라고도 한다.

□□□

204 **더 큰 바보 이론** ❁❁❁

The greater fool theory

주식이나 채권, 부동산 등 특정 상품의 가격이 높은 상태라 하더라도 더 높은 가격에 팔 수 있을 것이라는 기대

어떤 상품의 가격이 시장 참여자들의 비이성적인 믿음 때문에, 자신이 높은 가격에 구매했더라도 자신보다 더 높은 가격에 팔 수 있을 거라고 기대하여 투자에 나서는 것을 말한다. 실제 가치보다 높은 가격에 구매한 '바보'가 '더 큰 바보'가 나타나서 구매할 거라는 이론은 경제학자 존 메이너드 케인스가 제시하며, 시장에 이상기류가 형성될 때 언급된다. 대표적으로 네덜란드의 튤립버블, 닷컴 버블이 있다.

□□□

205 **덤핑 관세** ❁❁❁

Anti Dumping Tariff

덤핑 방지를 목적으로 하는 관세

어느 나라가 어떤 상품의 값을 크게 내려 수출함으로써 이것을 수입한 나라의 산업이 큰 타격을 받을 경우, 수입국 정부는 국내산업보호책으로 그 품목의 관세율을 인상하게 되는데 덤핑상품에 대해 정상 가격과 수출 가격의 차액만큼 부과한다.

□□□
206 **데드 크로스 현상** ●○○
Dead Cross

주가의 단기 이동 평균선이 장기 이동 평균선 아래로 하향하는 현상

일반적으로 데드 크로스는 주식시장의 약세를 시사한다. 주식시장이 상승추세를 보일 경우 이동 평균선(일정 기간 동안의 주가를 산술 평균한 값인 주가 이동평균을 차례로 연결한 선)들은 장기 이동 평균선 위에 위치하는(골든 크로스) 반면에, 데드 크로스는 장기 이동 평균선을 하향 돌파하게 된다. 하지만 데드 크로스가 발생하는 시점을 전후하여 일시적인 상승세가 나타나는 경우도 있다.

□□□
207 **데이 마케팅** ●○○
Day Marketing

기념일을 이용하여 수요를 창출하는 마케팅

1990년대부터 유행하기 시작했다. 발렌타인 데이, 화이트 데이, 빼빼로 데이, 삼겹살 데이 등 주로 10대 사이에서 유행하는 이런 기념일을 '포틴 데이'라고도 하는데, 이런 기념일에 뜻을 담은 선물이나 행사로 수요를 창출한다.

□□□
208 **데저텍** ●○○
Desertec

북아프리카의 사하라 사막과 중동에 태양광발전소를 설치하고, 해저케이블을 이용해 생산된 전기를 유럽으로 보내는 사업

'사막(Desert)'와 '테크놀로지(Technology)'의 합성어이다. 풍부한 일조량을 갖춘 아프리카와 중동의 사막지대를 이용해 태양에너지를 생산하는 '데저텍 프로젝트'이다. 데저텍 프로젝트는 모로코, 알제리, 리비아 등의 북아프리카와 요르단, 시리아 등 중동의 지중해 연안국에 태양광 및 태양열 발전소를 세워 생산한 전기를 해저 송전망으로 유럽에 공급하기 위한 것으로 EU는 2050년까지 4,000억 유로를 투자할 것을 검토하고 있다. 태양광 및 태양열 발전기술은 태양에서 나오는 복사에너지를 흡수해 열에너지로 변환하거나 고밀도로 집광해 전기로 변환하는 비교적 간단한 기술이다. 이미 미국 캘리포니아의 모하비 사막은 물론 스페인, 호주 등에서 활용되고 있다.

□□□

209 **데카콘 기업** ●●●

Decacorn

기업의 가치가 100억 달러 이상인 신생 벤처기업

기업가치 10억 달러 이상인 기업을 의미하는 유니콘(Unicorn)이란 단어의 '유니(Uni)'가 1을 뜻하는 데서 착안하여 10을 뜻하는 접두사인 '데카(Deca)'와 유니콘의 '콘(Corn)'을 결합하여 만든 용어다. 창업회사가 성장하여 유니콘 기업을 넘어 데카콘 기업이 되면 크게 성공한 것으로 인정한다.

□□□

210 **델파이법** ●●●

Delphi Technique

다수의 전문가 판단으로 예측하는 방법

전문가 집단의 의견과 판단을 동일한 전문가 집단에게 설문 조사하고 의견을 종합하여 정리하는 연구방법이다. 편견에 영향 받지 않도록 조정자를 두어 의견을 조율한다.

□□□

211 **도강세** ●●○

渡江稅

출처를 설명하기 어려운 자금을 실명 전환 할 때 부과하는 과징금

금융 실명제가 실시되면서 지하 경제에서 형성된 자금에 대해 과징금(10 ~ 20% 부담금)을 납부하면 더 이상 잘못을 묻지 않고 실명 전환을 해주던 것을 마치 배삯을 내면 강을 건네주는 것과 같아 도강세라고 한다.

□□□

212 **도덕적 해이** ●●●

Moral Hazard

이해당사자들이 상대를 배려하지 않는 태도

보험시장에서 처음 사용되었던 용어이며 모럴 해저드라고도 불린다. 정보를 가진 쪽과 정보를 가지지 못한 쪽의 정보의 불균형 상황에서, 정보를 가진 쪽이 불투명하여 행동을 예측할 수 없을 때 도덕적 해이가 발생한다.

□□□

213 **도드 – 프랭크법** ●●●

2010년 7월 오바마 정부가 발표한 금융개혁법안

글로벌 금융위기 재발 방지를 목적으로 2010년 7월에 오바마 정부가 발표한 금융개혁법안이다. 법안의 입안자였던 미상원 은행위원회 위원장 크리스 도드와 미하우너 금융서비스위원회 위원장 바니 프랭크의 이름을 따 '도드 – 프랭크법'이라고 한다. 1930년대 '글래스 – 스티걸법'과 같은 상업은행과 투자은행의 업무영역 분리를 담고 있으며 파생금융상품 거래 투명성 강화, 금융지주회사 감독 강화 등 강력한 규제를 담고 있다.

□□□

214 **도쿄라운드** ●○○

Tokyo Round

1973 ~ 1979년까지 개최되었던 GATT의 7번째 다자간 무역 교섭

1973년에 일본의 도쿄에서 열린 가트(GATT) 각료 회의의 합의에 따라 1979년까지 이루어진 다자간 무역 교섭이다. 관세의 인하, 비관세 장벽의 축소와 철폐 등 자유 무역의 확대를 목적으로 한다.

□□□

215 **독점시장** ●●○

Monopoly Market

특정 기업이 생산과 시장을 지배하고 있는 상태

상품의 공급이 하나의 기업에 의해서만 이루어지는 시장 형태를 말한다. 이러한 기업을 독점기업이라고 하며 독점기업이 공급하는 재화와 서비스를 독점상품이라고 한다. 기업의 진입장벽이 높아 장기적으로 초과이윤 확보가 가능하며 독점기업은 가격설정자로 행동할 수 있다.

□□□

216 **돈맥경화** ●○○

돈이 시중에 돌지 않는 상태

자금이 시중에서 순환하지 못하는 상태를 동맥경화에 빗대어 표현한 것으로, 경제불황이나 여러 가지 요인으로 투자와 소비가 감소하고 자금 순환 속도가 떨어지는 경우에 사용한다.

□□□

217 **동의의결제**

사업자가 소비자 피해에 대한 재발 방지 대책과 피해 보상을 제안하면 법적 제재 없이 종결시켜주는 제도

공정거래법 위반혐의로 조사를 받는 기업이 스스로 피해구제, 원상회복 등 합당한 시정방안을 제시하는 경우 공정거래위원회가 위법 여부를 확정하지 않고 심의 절차를 신속하게 종결해주는 제도다. 이때, 부당한 공동행위(카르텔) 사건이나 고발요건에 해당하는 사건은 동의의결 대상에서 제외한다. 기존에는 동의의결 절차 개시 후 마련된 잠정 동의의결안에만 의견수렴 절차를 규정했으나, 공정거래법 개정에 따라 동의의결 개시 여부를 결정하는 단계에서도 신고인 등 이해관계인의 의견을 청취할 수 있는 의견수렴 절차를 신설했다. 이에 동의의결 절차 전반에서 이해관계인의 의견을 더욱 충실히 반영할 수 있을 것으로 기대된다.

□□□

218 **동일노동 동일임금**

동일한 직무에서 동일한 일을 하는 사람에게 동일한 임금을 줘야 한다는 원칙

비정규직, 여성근로자 등 능력과 관계 없는 부분으로 인해 임금 차별을 받지 않도록 하기 위한 것이다. 다만, 남녀근로자의 노동이 외형상 비슷하더라도 당해 근로자 사이에 학력, 경력, 근속연수, 직급 등에 차이가 있고, 그것이 객관적 합리적인 기준으로 정립되어 있는 경우는 임금 차별로 볼 수 없다.

□□□

219 **듀퐁 분석**
Dupont Analysis

화학업체인 듀퐁에서 근무하던 브라운이 1920년대 고안한 재무 분석 기법

자기자본순이익률(ROE)을 구성하는 원천을 영업효율성(매출이익률), 자산 활용의 효율성(총자산회전율) 및 재무레버리지(자기자본승수)의 요소별로 나눠 현재의 수익성을 분석하는 방법이다.

☐☐☐

220 **디드로 효과** ✿✿✿

Diderot Effect

어떤 상품을 구입한 후 구입한 상품과 어울리는 다른 제품을 구매하는 현상

프랑스 사상가 드디 디드로의 일화에서 유래된 용어이다. 구입한 상품과 어울리는 다른 제품을 계속해서 구매하는 현상을 말한다. 상품 간 조화를 추구하는 욕구가 소비심리를 자극하여 충동구매를 하게 만드는 것으로 최근에는 이를 이용한 마케팅 전략도 나타나고 있다.

☐☐☐

221 **디리스킹** ✿✿

Derisking

중국 리스크를 관리하며 나아가자는 서방국가들의 새로운 중국 접근 프레임

경제적 관계 등을 감안한 접근 프레임으로 볼 수 있다. 2023년 3월 에마뉘엘 마크롱 프랑스 대통령과 방중했던 EU 집행위원장이 사용한 용어로, 중국으로부터 디커플링하는 것은 가능하지도, 유럽의 이익에 들어맞지도 않는다며 디커플링이 아닌 디리스킹에 초점을 맞추자고 언급했다. 적대적이지 않은 관계를 유지하면서 위험 요소를 점차 줄여가, 차후 발생가능한 위험 요인을 제거한다는 점에서 독자적인 경제현상을 뜻하는 디커플링과 다르다.

☐☐☐

222 **디 마케팅** ✿✿✿

Demarketing

기업에서 상품과 서비스에 대한 구매를 의도적으로 줄이는 마케팅

부정적인 이미지가 강한 상품의 마케팅 전략이다. 수익성보다는 공익성을 앞세우면서 부정적인 사회여론을 피하고, 장기적인 미래를 준비하는 마케팅 방법이다. 그러나 부정적인 상품에만 사용되지 않고 명품업체들도 이 마케팅을 이용하여 일정 수준 이상의 고객이 늘어나지 않게 하면서 상품가치를 높인다.

□□□

223 **디맨드풀 인플레이션** ●●○

Demand Pull Inflation

초과수요 인플레이션

경기의 호황상태가 과열 단계에 이르면, 총수요가 총공급을 웃돌아 수요에 대한 공급 부족이 발생하여 생기는 물가 상승으로 인한 인플레이션이다.

□□□

224 **디스 인플레이션** ●●●

Disinflation

인플레이션을 통제하기 위해 통화 증발을 억제하고 긴축을 주축으로 하는 경제 조정 정책

인플레이션에 의해 통화가 팽창하여 물가가 상승할 때 이를 통제하기 위해 시행하는 경제조정정책을 말한다. 디스인플레이션은 상승한 물가를 원래 수준으로 인하시키는 것이 아니라 현재 수준으로 유지하는 것을 목표로 한다. 물가를 인하하게 될 경우 생산수준이 저하되면서 실업이 증가하기 때문이다. 최근에는 '저물가가 장시간 지속되는 상태'를 의미하기도 한다.

□□□

225 **디지털 전환** ●○○

DT : Digital Transformation

디지털 기술을 전통적인 사회 구조에 적용하여 사회 전반의 구조를 전환시키는 것

사물인터넷, 클라우드 컴퓨팅, 인공지능, 빅데이터 등의 디지털 기술을 활용하여 운영방식을 혁신하는 것이다. 디지털 기술을 통해 성과를 만들고 새로운 비즈니스 모델을 만드는 것을 목표로 한다. 디지털 전환을 위해서 아날로그의 형태를 전산화를 통해 디지털화를 이뤄야 한다.

□□□

226 **디지털 지갑**

Digital Wallet

전자상거래를 할 때 지갑의 기능을 하는 소프트웨어

모바일 기기에서 사용되는 전자지불 시스템의 일종이다. E－Wallet이나 Digital Wallet으로 부르기도 한다. 신용결제를 포함하여 포인트 적립 등 다양한 결제 방식을 사용할 수 있다. 2011년 구글 월렛을 시작으로 전자지갑 개발에 적극적으로 나서고 있다. 현금을 대체하는 전자화폐와 비슷하며 온라인 금융 및 증권거래 등 다양한 기능으로 사용할 수 있다.

□□□

227 **디커플링** ●●●

Decoupling

국가와 국가, 또는 한 국가와 세계의 경제흐름이 탈동조화(脫同調化)되는 현상

한 나라 또는 일정 국가의 경제가 인접한 다른 국가나 보편적인 세계 경제의 흐름과는 달리 독자적인 경제흐름을 보이는 현상을 말한다. 크게는 국가경제 전체, 작게는 주가나 금리 등 국가경제를 구성하는 일부 요소에서 나타나기도 한다. 수출과 소비, 주가 하락과 환율 상승 등과 같이 서로 관련있는 경제요소들이 탈동조화 현상을 포괄하는 개념이다.

□□□

228 **디파이** ●●○

DeFi : Decentralized Finance

탈중앙화가 된 금융 시스템을 의미

정부나 기업이 중앙기관의 통제를 받지 않고 블록체인 금융기술로 다양한 금융 서비스를 제공할 수 있는 것이다. 오픈소스 소프트웨어와 네트워크로 통제 없이 투자자에게 투명성을 제공하여 건전한 서비스 환경을 제공하는 것이다. 스테이블 코인과 탈중앙화 거래소가 있다.

□□□

229 **디폴트** ●●●

default

계약에서 정해진 원리금 변제나 지불 시기를 이행하지 못하고 원리금 상환이 불가능한 상태

국가가 전쟁, 혁명, 내란 등을 겪거나 민간기업이 경영부진과 도산 등으로 지불불능 상태가 되는 경우가 원인이다. 정해진 상환기간 안에 채무원리금을 상환하지 못해서 부도를 이르는 상황으로 채무불이행이라고도 한다.

□□□

230 **디프레션** ❀❀❀

Depression

리세션보다 침체 정도가 더 심한 상태

경기후퇴를 일컫는 리세션보다 경제 활동이 일반적으로 침체되는 상태다. 물가와 임금이 하락하고 생산이 위축되며 실업이 늘어난다. 즉, 리세션은 경기가 정점을 찍은 뒤 둔화되는 과정이라면 디프레션은 경기가 침체된 상태 자체를 의미한다. 또한 디프레션은 경기가 침체된 불황이라는 점에서 지속적으로 물가가 하락하는 디플레이션과 다르다.

□□□

231 **디플레이션** ❀❀❀

deflation

물가가 지속적으로 하락하는 현상

일반적으로 상품과 서비스 가격이 지속적으로 하락하는 현상을 의미한다. 디플레이션은 장기 불황으로 이어질 수 있다.

03. ㄷ QUIZ

다음 문제를 보고 옳고 그른 것에 따라 O,X를 고르세요.

01. 기존 사업과 다른 새로운 영역에 진출하는 전략은 다이렉트 마케팅이다. O X

02. 닥터 둠은 경제를 비관적으로 전망하는 사람들을 말한다. O X

03. 돈이 시중에 돌지 않는 상태를 돈맥경화라고 한다. O X

04. 도덕적 해이는 이해당사자들이 상대를 배려하지 않는 행동을 말한다. O X

05. 구리의 가격으로 경제 상황을 예측하는 것은 닥터 코퍼이다. O X

문장에 맞는 단어를 고르세요.

㉠ 단기금리	㉡ 단리	㉢ 디리스킹	㉣ 대공황	㉤ 디폴트

06. 중국과의 경제적 관계를 감안하여 나아가자는 서방국가들의 새로운 중국 접근 프레임은 ____(이)다.

07. 사상최대의 세계경제공황은 _____(이)다.

08. _____(은)는 원금에 대해서만 붙는 이자로 상환기간까지 원금과 이율에 변동이 없으면 이자율은 같다.

09. 국가에서 채무 지불불능 상태가 되는 것은 ______(이)다.

10. 통상 기간이 1년 미만인 금리는 ______(이)다.

답 1.X(다각화 전략) 2.O 3.O 4.O 5. O 6.㉢ 7.㉣ 8.㉡ 9.㉤ 10.㉠

CROSS WORD

Across

1. 소비자들의 호감을 중요시하는 경영전략
2. 질적인 측면에서 문제가 있는 저급한 상품이 거래되는 시장
3. 집단 속 개인의 수가 증가할수록 성과에 대한 각 개인의 공헌도가 저하되는 현상
4. 홍콩에 설립한 우량 중국 기업들의 주식

Down

5. 주문한 물품이 고객에게 배송되는 마지막 단계
6. 해외에 나가 있는 자국 기업들을 다시 불러들이는 정책
7. 물가 상승률이 지나치게 낮은 현상

Across | 1.라이코노믹스 2.레몬마켓 3.링겔만효과 4.레드칩
Down | 5.라스트마일 6.리쇼어링 7.로플레이션

PART

ㄹ

경제용어해설

checkpoint

- 란런경제
- 라스트 마일
- 레몬 마켓
- 레몬법
- 레버리지 효과
- 로렌츠 곡선
- 로보 어드바이저
- 로빈 후드 효과
- 롱테일 법칙
- 리디노미네이션
- 리스크 매니지먼트
- 리카도 효과
- 리플레이션
- 리퍼 상품
- 링겔만 효과

□□□
232 **라스트 마일** ●●○
Last Mile

주문한 물품이 고객에게 배송되는 마지막 단계

고객과의 마지막 접점으로, 상품 수령 시 만족도가 결정되는 단계다.

□□□
233 **라이코노믹스** ●●○
Likeonomics

호감경제학

우리가 행하는 거의 모든 결정에 영향을 미치는 것은 논리가 아니라 관계이며 확실한 믿음을 주고 신뢰를 얻기 위해서는 호감도를 높일 필요가 있다는 것이 라이코노믹스의 개념이다. 세계적 마케팅 권위자 바르가바 교수는 신뢰를 얻고 경쟁력 우위를 차지할 수 있는 수단으로 진실성, 관련성. 이타성, 단순성, 타이밍의 5가지 원칙을 꼽았다.

□□□
234 **라이프 사이클 펀드** ●●●
LCF : Life Cycle Fund

연령, 은퇴 시기에 따라 투자 대상을 바꿔나가는 평생 펀드

가입자의 연령, 은퇴 시기에 따라 정해진 룰에 따라 투자 대상을 바꿔나가는 평생 펀드를 일컫는다. 양육, 노후자금 등의 특정 시점을 만기로 설정하는데, 사회초년생의 경우 주식에 공격적인 투자를 하고, 연령이 높아지면서 안정성 있는 채권으로 옮겨간다.

□□□

235 **라임사태** ●◎◎

2019년 라임자산운용의 불법행위 사태

국내 최대 헤지펀드인 라임자산운용이 모펀드 4개와 자펀드 173개에 대해 환매중단을 선언한 데에 이어 신규 투자자의 돈으로 기존 투자자에게 원금과 이자를 갚아 나가는 폰지사기와 수익률 조작, 상품의 운용방법 및 위험도, 손실가능성 등 필수사항을 충분히 고지하지 않고 불완전 판매를 하는 등 불법행위에 연루되었다는 의혹이 나오면서 확산된 사태를 말한다.

□□□

란런경제 ●●◎

懶人經濟

바쁜 일상에서의 수요를 충족시키기 위한 산업

란런은 중국어로 게으른 사람을 뜻하며 란런경제는 바쁜 일상을 사는 사람들의 수요를 충족시키기 위한 상품이나 서비스 산업이 활성화 되는 현상을 의미한다. 란런은 가사노동시간을 단축하고 배달음식으로 끼니를 해결하는 중국의 현대인을 가르킨다. 로봇청소기나 즉석식품을 비롯하여 O2O서비스가 대표적인 란런경제의 상품이다.

□□□

236 **래디컬 마케팅** ●●◎

Radical Marketing

파격적이고 튀는 마케팅

일반적인 시장조사 방법에 의하지 않고 소수 정예의 조직을 구성하여 직접 발로 시장을 뛰면서 움직이는 방법이다. 물량공세를 쏟아 붓는 대신 상식을 뛰어넘는 기발한 아이디어로 현재 가진 마케팅 자원을 극대화하여 고객과 속마음을 터놓을 수 있는 연대감을 구축하여 기업목표에 대한 장기적인 전략을 추구하는 마케팅 방법이다.

□□□

237 **래퍼 곡선** ●●●

Laffer Curve

세율을 인하하면 총생산이 세율 인하율보다 더 높은 비율로 증가하여 조세수입이 오히려 증가한다는 이론

미국의 경제학자 래퍼에 따르면 세율이 0%일 때, 조세수입은 0, 세율이 100%일 때 조세수입은 0, 세율이 최적세율일 경우 조세수입이 극대화 된다는 것이다. 당시 미국의 세율은 최적세율보다 높았는데, 래퍼교수는 세율의 인하가 오히려 조세수입을 증가시킨다고 주장했으며, 1980년대 레이건 정부의 조세인하정책의 이론적 근거가 되었다. 레이건 정부는 래퍼교수의 주장에 따라 대대적인 감세정책을 실시하였으나, 감세의 결과 조세수입은 더욱 감소하였고 결론적으로 미국은 막대한 재정적자를 기록하게 되었다.

□□□

238 **랜덤워크 이론** ●●●

Random Walk Hypothesis

주가 변동은 독립적으로 움직인다는 가설

주가의 변동은 독립적이며 과거의 주가와 현재의 주가, 그리고 미래의 주가와 아무런 상관이 없다는 가설이다. 따라서 과거의 주가로 미래를 예측한다는 것은 의미가 없으며 무작위로 변동한다고 하여 주가의 변동을 만취한 사람의 걸음걸이로 비유한다.

□□□

239 **랩어카운트** ●●●

Wrap Account

고객으로부터 투자를 위임받아 고객의 성향에 맞게 대신 투자해주는 서비스

고객이 지시하는 범위 내에서 자산분배와 투자전략을 수립해 다양한 상품에 직접 투자하는 1대1 맞춤형 종합자산관리 서비스이다. 랩어카운트는 미국이 1975년에 일본은 1998년부터 각각 시행하였고, 우리나라에서는 2001년에 금융자산관리사가 투자에 대한 조언과 자문 역할만 할 뿐 실제 주문은 고객이 직접 내야 하는 방식인 자문형 랩어카운트를 2003년에 직접 운용까지 해주는 일임형 랩어카운트 서비스가 시행되고 있다. 고객의 돈을 맡아서 투자해주는 펀드와 비슷하지만 펀드는 여러 사람의 돈을 모아서 하나의 계좌처럼 움직이는데 비하여, 랩어카운트는 고객명의의 계좌를 별도로 관리한다.

□□□

240 **런치 플레이션** ●●○

물가 상승으로 직장인의 점심 식대의 지출이 증가한 현상

'점심(Lunch)'과 '인플레이션(Inflation)'의 합성어이다. 물가가 상승하면서 증가한 점심 값으로 인한 부담감이 늘어난 상황을 의미한다. 점심식대를 포함하여 유류값, 출·퇴근 비용 등의 인상으로 생겨났다.

ㄹ

□□□

241 **레드라이닝** ●●●
Redlining

금융기관 및 보험회사가 특정 지역에 붉은 선을 긋고 그 지역에 금융서비스를 거부하는 행위

금융기관 및 보험회사가 특정 지역에 대한 대출이나 보험 등 금융서비스를 거부하는 행위이다. 지역 주민들의 신용도를 바탕으로 A(초록색), B(파란색), C(노란색), D(빨간색)로 나누어 지도에 표시했으며, 낙후된 도심이나 유색인종이 살고 있는 지역이 빨간색으로 표시했다. 해당 지역의 거주민들은 대출을 받지 못하거나 대출을 받더라도 높은 이자율을 부담해야 했다.

□□□

242 **레드칩** ●●●
Red Chip

중국 정부와 국영기업이 최대주주로 참여하여 홍콩에 설립한 우량 기업의 주식

원래는 홍콩 증시에 상장된 모든 중국 기업의 주식을 뜻하였으나 현재는 중국 정부와 국영기업이 최대주주로 참여하여 홍콩에 설립한 기업들 중 우량기업 주식만을 가리킨다. 한편 우리나라에서는 남북경협주, 러시아 주식 등 북방 관련 주식을 의미한다.

□□□

243 **레몬 마켓** ●●○
Lemon Market

질적인 측면에서 문제가 있는 저급한 재화나 서비스가 거래되는 시장

정보가 부족한 구매자는 어느 수준 이상의 금액을 지불하지 않으려 하는데, 이로 인해 시장에는 저급한 상품만이 존재하게 된다.

□□□

244 **레몬법** ●●○

Lemon Law

제품에 하자가 있을 경우 제조사가 소비자에게 보상하도록 하는 미국의 소비자 보호법

레몬은 결함이 있는 불량품을 지칭한다. 레몬법의 정식 명칭은 「매그너슨 – 모슨 보증법」으로 차량이나 전자제품에 결함이 있을 경우 제조사가 소비자에게 교환이나 환불 또는 보상을 하도록 규정한 미국의 소비자 보호법이다.

□□□

245 **레버리지 매수** ●●○

Leveraged Buyout

기업 인수에 필요한 자금을 모두 보유하지 않고도 바이아웃(인수 후 매각)을 시도할 수 있는 M&A 방법

매수자금의 대부분을 매수할 기업의 자산을 담보로 하여 조달하는 것으로 적은 자기자본으로 큰 기업을 인수할 수 있어 지렛대라는 표현을 쓴다. 먼저 투자자가 인수대금의 10% 정도를 출자해 일종의 페이퍼컴퍼니인 특수목적법인(SPC)을 설립한다. 이 법인은 인수대상 기업의 부동산 등 자산을 담보로 금융회사로부터 인수대금의 50% 정도를 대출받는다. 이어 나머지 40% 자금은 후순위채권 등 정크본드를 발행해 전체 인수대금을 조달하는 것이 통상적 방법이다.

□□□

246 **레버리지 효과** ●●●

Leverage Effect

타인으로부터 빌린 자본을 지렛대 삼아 자기자본이익률을 높이는 방식

10억 원의 자기자본으로 1억 원의 순익을 올렸다고 할 때, 투자자본 전부를 자기자본으로 충당했다면 자기자본이익률은 10%가 되고, 자기자본 5억 원에 타인자본 5억 원을 끌어들여 1억 원의 순익을 올렸다면 자기자본이익률은 20%가 된다. 따라서 차입금 등의 금리 비용보다 높은 수익률이 예상될 때는 타인자본을 적극적으로 끌어들여 투자하는 것이 유리하다. 그러나 과도한 차입금을 사용하는 경우, 금리상승은 부담을 증가시켜 도산위험 및 도산의 기대비용이 높아질 수 있다.

□□□

247 **레인지 포워드**

유리한 방향의 옵션 매도로 기회이익을 포기하는 전략

불리한 방향의 리스크를 헤지하기 위해 옵션을 매입하고 그에 따른 지급 프리미엄을 얻기 위해 유리한 방향의 옵션을 매도하여 환율변동에 따른 기회이익을 포기하는 전략이다. 환율 변동으로 인해 발생할 수 있는 이익과 손실을 모두 일정 수준으로 제한함으로써 환 리스크는 일정 범위 내로 제한된다.

□□□

248 **로렌츠 곡선** ❁❁❁

Lorenz Curve

미국의 통계학자 로렌츠가 창안한 소득분포의 불평등도를 나타내는 곡선

가로축에는 소득액 순으로 소득인원 수의 누적 백분비를 나타내고, 세로축에는 소득금액의 누적 백분비를 나타내어 얻어지는 곡선인데 소득의 분포가 완전히 균등하면 곡선은 대각선(45도 직선)과 일치한다(균등분포선). 이때 곡선과 대각선 사이의 면적의 크기가 불평등도의 지표가 된다.

□□□

249 **로보 어드바이저** ❁❁❁

Robo Advisor

투자자의 성향 정보를 토대로 알고리즘을 활용해 개인의 자산 운용을 자문하고 관리해주는 자동화된 서비스

로보 어드바이저 서비스는 사람의 개입 여부에 따라 총 4단계로 구분할 수 있다. 1단계 자문 · 운용인력이 로보 어드바이저의 자산배분 결과를 활용해 투자자에게 자문하거나, 2단계 투자자 자산을 운용하는 간접 서비스, 3단계 사람의 개입 없이 로보 어드바이저가 직접 자문하거나, 4단계 투자자 자산을 운용하는 직접 서비스로 나뉜다.

□□□

250 **로빈 후드 효과** ❁❁❁

Robin Hood Effect

소득 불평등을 해소하기 위해 부를 재분배하지만 오히려 사회 전체의 부가 축소되는 현상

영국 민담 속 등장하는 의적의 이름에서 비롯되었으며 사회적 분배나 부유세, 복지정책 등에 반박하기 위해 주로 인용된다. 한편 고소득층에게 부과하는 세금을 '로빈 후드세' 라고 한다.

□□□

251 **로플레이션** ●●○

Lowflation

물가상승률이 지나치게 낮은 현상

로플레이션은 미국과 유로존 등 세계 주요 경제국을 중심으로 저물가가 새로운 경제적 문제로 대두하자 등장하였다. 저물가가 지속되면 결국 디플레이션에 빠질 수 있다는 우려가 로플레이션이라는 말을 탄생시켰다. 로플레이션이 발생하면 가격 경쟁력이 생겨 수출에 도움이 되며 저축한 사람의 수익이 증가하지만, 실질 금리가 상승해 부채 부담이 증가하고 소비와 투자가 위축된다. 중앙은행이 외환시장에 개입하더라도 통화 가치가 하락하지 않는 현상이 발생해 수출 경쟁력 회복이 어려워 결과적으로 로플레이션은 경제에 부정적인 영향을 미치게 된다.

□□□

252 **로하스 마크** ●●○

한국표준협회가 생산과정에서 건강과 환경을 고려한 제품에 부여하는 인증 마크

한국표준협회에서 주관하는 로하스 인증을 받기 위해서는 제품의 경제성, 환경성, 건강성, 디자인, 사회공헌 등의 10가지 기준에 대한 평가를 통과해야 하며, 로하스 인증마크의 사용기간은 1년이다. 제품이 로하스 인증마크를 받았다면, 완성된 제품뿐만 아니라 생산과정에서도 건강과 환경을 고려한 착한제품이라는 의미이지만, 그 제품이 반드시 유기농산물을 사용했다는 의미는 아니며, 유기농일 수도 아닐 수도 있다.

□□□

253 **롱 스퀴즈** ●○○

Long Squeeze

롱 포지션 보유 투자자들이 매도하는 상황

롱 포지션을 보유하고 있던 투자자들이 하락장에서 손실을 줄이기 위해 매도하는 상황을 일컫는다. 이때 투자자들이 매도하면서 시장가격을 더 하락한다.

□□□

254 **롱테일 법칙** ❁❁❁

Long Tail

주목받지 못하는 다수가 핵심적인 소수보다 더 큰 가치를 창출하는 현상

즉, 소비자의 선택의 기회가 넓어지면서 20%의 머리 부분이 아닌 80%의 꼬리 부분의 중요성이 부각되는 현상이다. 인터넷서점인 아마존에서는 1년에 한두 권씩 팔리는 인기 없는 80%의 책이 20%의 베스트셀러 매출액보다 많은 것으로 나타났다. 이는 오프라인서점이 한정된 매장에 책을 진열해야하기 때문에 상위 20% 위주로 책을 전시하지만, 온라인에서는 진열과 관리비용이 적기 때문에 오프라인에서 빛을 못 보던 책들이 오히려 유통될 수 있는 기회를 갖게 되기 때문이다. 이러한 현상을 롱테일 법칙 또는 역파레토 법칙이라고 한다. 롱테일이라는 용어는 미국의 넷플릭스, 아마존 등의 특정 비즈니스 모델을 설명하기 위해 IT 잡지의 편집장인 크리스 앤더슨에 의해 명명되었다.

□□□

255 **리디노미네이션** ❁❁❁

Redenomination

화폐 단위 하향 조정

화폐의 가치 변동 없이 모든 은행권 및 지폐의 액면을 동일한 비율의 낮은 숫자로 조정하거나, 이와 함께 새로운 통화단위로 화폐의 호칭을 변경하는 것이다. 예를 들면 1,000원을 1원으로 하는 것으로 6,000원짜리 커피가 6원이 되고 1억 원짜리 자동차가 10만 원이 되는 것으로, 물가나 임금, 채권채무 등 경제수량 간의 관계에는 변화가 없다. 우리나라에서는 1953년의 제1차 통화조치에 따라 100원(圓)이 1환(圜)으로, 1962년의 제2차 통화조치에 따라 10환(圜)이 1원으로 변경된 사례가 있다.

□□□

256 **리보** ●●○

LIBOR :
London Inter Bank
Offered Rate

런던의 금융시장에 있는 우량 은행들이 하루에서 일 년까지의 단기자금을 거래할 때 적용하는 금리

매일 영국은행협회가 16개 은행이 제시하는 금리를 모아 평균을 내어 발표하며, 국제금융거래 기준금리로 활용되고 있다. 신용도가 낮을 경우, 리보금리에 몇 퍼센트의 가산금리인 스프레드가 붙는다. 이러한 스프레드는 금융기관의 수수료가 된다. 리보금리를 통해 세계금융시장의 상태를 판단할 수 있으며 보통 3개월짜리를 기준으로 한다. 우리나라가 1998년 '뉴욕 외채협상'에서 외채를 상환할 때 적용됐던 금리는 6개월짜리였다.

□□□

257 **리볼빙 서비스** ●●●

Revolving Service

이용대금을 미리 약정한 청구율이나 청구액만 결제하고 미결제 잔액은 다음 달로 이월하는 제도

신용이 양호한 회원을 대상으로 카드이용대금의 일정 비율만을 결제하고, 나머지 카드이용대금은 다음 결제대상으로 연장되며, 카드사용은 이용한도 내에서 계속 사용할 수 있는 결제제도다. 리볼빙 서비스를 활용하여 카드연체를 일정 부분 예방할 수 있으나, 신용등급에 따라 20%에 달하는 높은 수수료를 부담해야하기 때문에, 과도한 리볼빙 서비스 이용은 우리 경제의 잠재적 부실요인이 될 수 있다. 특히 최근 경기침체에 따른 가계소득 감소와 가계부채 증가세가 이어지면, 리볼빙 서비스가 우리 경제의 숨겨진 부실로 작용할 수도 있다. 또한 신용카드사용이 최고치에 도달하고 있지만, 연체율이 낮은 것은 리볼빙 서비스로 결제를 돌렸기 때문이다. 경기침체가 장기화되면 리볼빙 서비스로 돌린 고금리의 카드결제액을 상환하지 못해 문제가 될 수 있다.

□□□

258 **리뷰슈머** ❁❁❁

Reviewsumer

블로그나 게시판에 전문적으로 글을 올리는 소비자

상품구매에 있어 인터넷 블로그나 게시판에 올라온 평가나 사용 후기를 참조하는 소비자층이 등장하며, 신제품을 사용한 후 올린 꼼꼼한 평가의 글이 다른 사람들의 소비결정에 큰 영향을 미치고 기업의 마케팅에도 영향력을 발휘하고 있다. 이는 고객전도사 · 열광 · 경험 · 교환 · 공유로 대변되는 리뷰슈머의 특성을 가장 잘 표현하고 있다고 할 수 있다. 결국 리뷰슈머 마케팅의 핵심은 리뷰슈머들 자체도 소비자임을 인지하고 소비자의, 소비자에 의한, 소비자를 위한 기업의 마케팅 과정임을 명확하게 이해해야 한다.

□□□

259 **리서슈머** ❁❁❁

Researsumer

자신이 관심 있는 소비 분야에 대해서 지속적으로 연구하고 탐색하는 전문가적 소비자

전문가 수준의 지식을 가지고 자신이 소비하고자 하는 제품의 특성과 시장현황, 장 · 단점 등을 정확히 파악하고 합리적으로 구매하는 소비활동을 지향한다. 또 전문적 지식을 일반 사람들에게 알려 제품 정보 공유를 통해 합리적 소비를 유도하는 역할도 한다. 주로 커피, 와인, 카메라 등의 제품군에서 왕성하게 활동하고 있다. SNS가 발전으로 하면서 사이버 공간을 통한 정보 공유가 확대되면서 리서슈머의 활동이 크게 늘어나고 있는 추세다.

☐☐☐

260 **리세션** ●◌◌

Recession

경기순환에서 호황이 중단되고 생산활동 저하, 실업률 상승 등이 생기는 현상

비즈니스 사이클이 정점에 달했다가 꺾이는 시점부터 바닥을 치고 다시 오르기 전까지를 리세션이라고 정의하며, 기간은 평균 1년 정도이다. 리세션은 생산, 소비, 투자 등 전반적인 경제활동이 평상시 수준보다 크게 부진한 경우로 경기순환, 즉 국민경제에서는 경제활동의 확장과 수축이 주기적으로 반복되는 현상이 나타나는데, 경제활동이 수축되는 기간 중에서도 수축 정도가 심한 경우를 가리킨다. 대개 GDP가 2분기 이상 연속으로 마이너스를 보이면 경기침체라고 한다. 미국은 리세션이 회를 거듭할 때마다 GNP와 개인소득의 감소가 소폭이 되고, 경기침체가 둔화되는 경향을 보인다. 이것은 실업보험제도와 노동조합의 발전 또는 불황지역 지정제도 등으로 경기가 악화되어도 민간소득이 그다지 줄지 않는 구조로 돼 있기 때문이다.

☐☐☐

261 **리쇼어링** ●●●

Reshoring

해외에 있는 자국 기업들을 각종 세제 혜택과 규제 완화 등으로 다시 불러들이는 정책

생산비와 인건비 절감 등을 이유로 생산시설을 해외로 옮긴 기업들이 보호무역주의의 확산과 기술적인 측면에서 스마트 팩토리(Smart Factory)의 확산으로 다시 자국으로 돌아오는 현상이다. 인쇼어링, 온쇼어링, 백쇼어링도 비슷하며 오프쇼어링과는 반대되는 개념이다.

☐☐☐

262 **리스크 매니지먼트** ●●◌

Risk Management

기업경영이나 조직운영에 따르는 위험을 최소비용으로 보호하는 수법

최소한의 위험으로 최대 수익을 올리는 것을 목적으로 하며 여러 가지 위험에 대해 비용과 효과를 감안하여 대처한다.

□□□

263 **리스트럭처링** ●●●

Restructuring

기업이 경영 상태를 개선하기 위해 사업의 종류와 내용을 의도적이고 계획적으로 선택하는 급격한 변화

발전 가능성이 있는 방향으로 사업구조를 바꾸거나 비교우위가 있는 사업에 투자재원을 집중적으로 투입하는 경영전략으로 사업재구축이라고도 한다. 사양사업에서 고부가가치의 유망사업으로 조직구조를 전환하므로 불경기 극복에 효과적이다. 또한 채산성이 낮은 사업은 과감히 철수 · 매각하여 광범위해진 사업영역을 축소시키므로, 재무상태도 호전시킬 수 있다.

□□□

264 **리엔지니어링** ●●○

Reengineering

인원 축소, 조직개편과 같은 업무의 재구축

비용 · 품질 · 서비스와 같은 핵심적인 경영요소를 획기적으로 향상시킬 수 있도록 경영과정과 지원시스템을 재설계하는 기법이다. 한마디로 기업의 근본적인 체질개선을 위해 기업공정을 획기적으로 다시 디자인하는 것을 말한다. 마이클 해머 박사가 1990년 「하버드 비즈니스 리뷰지」에 이 개념을 소개해 전 세계 기업의 경영혁신운동에 새 장을 열었고, 용어자체가 특허로 등록되어 있어 사용권이 제한되어 있다. 초창기의 리엔지니어링은 주로 기능위주로 분담되어 있는 기존의 업무방식을 프로세스별로 재편하는 것을 골자로 한다. 예컨대 연구개발이나 생산, 판매 등 기능별로 나눠진 업무를 고객을 만족시키는 구조로 재설계하는 것이다. 반면 최근의 리엔지니어링은 조직, 정보기술, 조직문화, 측정시스템 등을 포함하는 제2단계 리엔지니어링의 단계를 넘어섰다.

□□□

265 **리츠펀드** ❁❁❁
REITs Fund : Real Estate Investment Trusts

투자자의 자금을 모아 부동산이나 부동산 관련 대출에 투자하는 상품

수익은 부동산 임대수입에서 나오는 배당과 부동산 가격 상승분에 따른 차익에서 나오는 수익으로 이루어진다. 리츠펀드에 투자를 하는 방법에는 펀드공모에 직접 참여하거나, 펀드가 증시에 상장된 후 거래중인 주식을 매입하는 방법이 있다. 공모에 참여할 경우 저렴하게 주식을 사기 때문에 증시상장 후에 주가가 오르면 상당한 시세차익을 기대할 수 있으나, 펀드이기 때문에 잘못사면 투자원금을 손해 볼 수도 있다.

□□□

266 **리카도 효과** ❁❁❁
Ricardo Effect

기업이 기계를 대신하여 노동력을 사용하려는 경향

일반적으로 호경기일 때에는 소비재 수요 증가와 더불어 상품의 가격 상승이 노동자의 화폐임금보다 급격히 상승하게 되므로 노동자의 임금이 상대적으로 저렴해진다.

□□□

267 **리퍼 상품** ❁❁❁
Refurbished

생산라인에서 탈락하거나 환불되었으나 성능에 이상이 없는 중고 제품

반품이나 전시상품, 이월상품, 단종 상품 등 생산라인에서 탈락하거나 환불된 제품임에도 성능에 이상이 없는 중고 제품을 일컫는다. 하자가 없는 제품이지만 소비자의 손을 거쳤기 때문에 할인된 가격으로 판매한다는 것이 특징이다.

□□□

268 **리플레이션**

Reflation

통화 재팽창기

통화 재팽창기라고 한다. 불황의 기간에 재정이나 금융을 완화해 경기가 회복되도록 함에 있어서 통화 재팽창의 정도가 정상 수준을 넘어 인플레이션을 야기하지 않을 정도이다. 이러한 통화 재팽창에 해당하는 정책은 적절한 금리 인하와 재정지출 확대 등을 들 수 있다. 리플레이션은 한편으로는 인플레이션을 회피하면서 다른 한편으로는 경기 회복을 도모하는 것이므로 재정 · 금융의 확대정책은 적절한 것이어야 한다. 그런데 현실적으로는 경기자극정책의 제동이 잘 이루어지지 않게 되고 따라서 인플레이션으로 진행되기 쉽다.

□□□

269 **립스틱 효과**

Lipstick Effect

경기 불황기에 최저 비용으로 품위를 유지하고 소비자의 심리적 만족을 충족시켜줄 수 있는 상품이 잘 판매되는 현상

저렴한 립스틱만으로도 만족을 느끼며 쇼핑을 알뜰하게 하는 데에서 유래된 말이다. '경기가 나쁘면 여자들이 빨간 립스틱을 선호한다'는 속설도 있는데, 이는 화장품 지출을 줄이려는 여성이 빨간색 계통의 립스틱 하나만으로도 화사한 얼굴을 연출할 수 있어서 빨간색 립스틱을 선택한다는 해석이다. 미국 화장품 회사인 에스티로더는 아예 립스틱 판매량으로 경기를 가늠하는 립스틱 지수까지 만들기도 했다. 립스틱 효과와 비슷한 용어로 넥타이 효과, 미니스커트 효과, 매니큐어 효과 등이 있다.

□□□

270 **링겔만 효과** ●●●

Ringelmann Effect

집단 속 개인의 수가 증가할수록 성과에 대한 각 개인의 공헌도가 저하되는 현상

독일 심리학자 링겔만이 집단 내 개인 공헌도를 측정하기 위해 줄다리기 실험에서 참가자가 늘수록 한 사람이 내는 힘의 크기가 줄어드는 것으로 나타났다. 즉, 1대1 게임에서 1명이 내는 힘을 100으로 가정할 때, 2명이 참가하면 93, 3명일 때는 85, 8명일 때는 49로 떨어진 것이다. 조직 속에서 개인의 가치를 발견하지 못할 때, 여러 명 중 단지 한 명에 지나지 않는다는 생각이 링겔만 효과로 나타난다고 추측된다.

□□□

271 **링크드인** ●●○

Linkedin

기업인들이 비즈니스 파트너를 찾기 위해 이용하는 세계 최대 네트워크 사이트

2002년에 시작하여, 처음에는 구인·구직 관련 SNS로 출발하였으나, 현재는 기업인들이 신규 시장 개척과 비즈니스 파트너를 찾기 위해 사용하는 세계 최대 비즈니스 네트워크 사이트로, 2016년에는 마이크로소프트(MS)가 626억 달러에 인수하였다. 링크드인은 매년 최고의 기업 목록을 발표하는데, 직원들에게 가장 좋은 경력 기회를 제공하는 회사를 분석하고, 직업적 발전 외에도 워라밸, 다양성 존중, 우수 인재 영입 및 유지 능력 등을 기준으로 선정한다.

04. ㄹ QUIZ

다음 문제를 보고 옳고 그른 것에 따라 O,X를 고르세요.

01. 주가 변동은 독립적으로 움직인다는 가설을 랜덤워크 이론이라고 한다. O X

02. 기업 경영이나 조직 운영에 따르는 위험을 최소비용으로 보호하는 수법은 리스크 매니지먼트 이다. O X

03. 투자자의 성향 정보를 토대로 알고리즘을 활용하여 관리해주는 서비스는 리스트럭처링이다. O X

04. 로빈 후드 효과는 불평등을 해소하기 위한 부의 재분배가 오히려 사회적인 부를 축소하는 현상이다. O X

05. 링겔만 효과는 물가상승률이 지나치게 낮은 현상을 말한다. O X

문장에 맞는 단어를 고르세요.

㉠ 리쇼어링	㉡ 레몬법	㉢ 리디노미네이션	㉣ 레드라이닝	㉤ 리뷰슈머

06. 인터넷 블로그나 게시판에 전문적으로 글을 올리는 소비자들은 ______(이)다.

07. ______(은)는 전자제품에 이상이 있을 경우 소비자에게 보상하도록 하는 미국의 소비자 보호법이다.

08. 해외에 나간 기업을 다시 국내로 불어오는 것은 ______(이)다.

09. 화폐 단위를 하향조정하는 것은 ______(이)다.

10. ______(은)는 금융기관 및 보험회사가 특정 지역에 붉은 선을 긋고 그 지역에 금융서비스를 거부하는 행위를 말한다.

답 1.O 2.O 3.X(로보 어드바이저) 4.O 5.X(로플레이션) 6.㉤ 7.㉡ 8.㉠ 9.㉢ 10.㉣

CROSS WORD

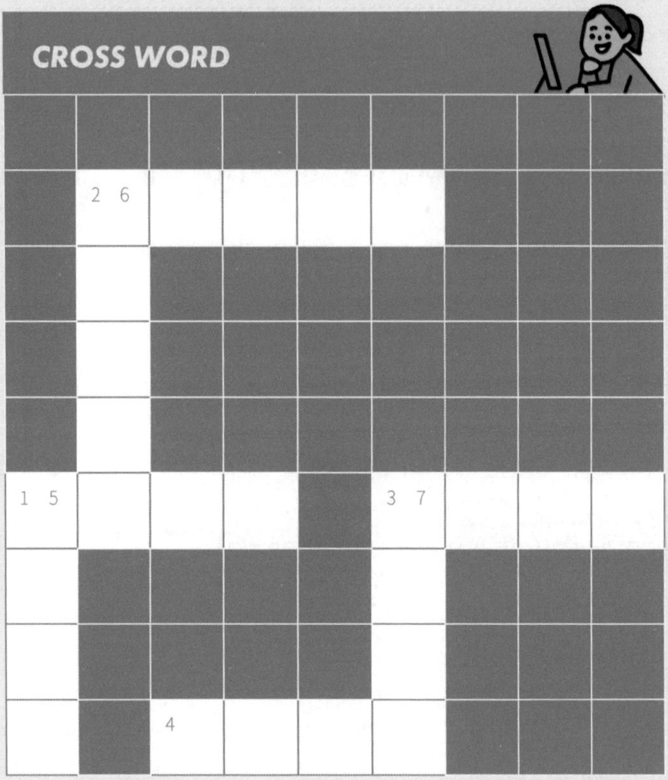

Across

1. 명품의 대중화 현상
2. 기업이나 은행에서 사용한 개인정보 등을 개인이 직접 관리하고 활용할 수 있는 서비스
3. 강력한 경쟁자의 등장으로 전체 분위기가 활성화되는 현상
4. 주부 소비자 마케터

Down

5. 의사결정 후 회수할 수 없는 비용
6. 대형마트에서 보험 상품을 판매하는 것
7. 평범한 제품을 소비자가 변화를 더해 새로운 제품으로 만드는 소비자

Across | 1.매스티지 2.마이데이터 3.메기효과 4.마담슈머
Down | 5.매몰비용 6.마트슈랑스 7.메타슈머

PART

ㅁ

경제용어해설

checkpoint

- ✔ 마천루의 저주
- ✔ 마트슈랑스
- ✔ 매슬로우의 욕구 이론
- ✔ 메자닌펀드
- ✔ 물적분할
- ✔ 마케팅 4P
- ✔ 매스클루시버티
- ✔ 매파
- ✔ 무상감자
- ✔ 뮤추얼펀드
- ✔ 마태 효과
- ✔ 매스티지
- ✔ 메기 효과
- ✔ 무차별 곡선
- ✔ 미소금융

□□□

272 **마담슈머** ●●○
Madamsumer

프로슈머의 진화된 형태의 주부 소비자 마케터

제품을 무료로 체험하면서 소비자입장에서 의견과 아이디어를 제시하는 주부 소비자 마케터를 말한다. '마담슈머'들은 기업제품과 서비스를 직접 체험하고, 그에 대한 평가와 의견을 기업에 제공한다.

□□□

273 **마이너스 금리** ●●●
Negative Interest Rates

일부 국가의 중앙은행이 금융 기관이 예치한 지급준비금에 제로 금리보다 낮은 음(−)의 정책 금리를 적용한 것

중앙은행이 금융 기관으로 하여금 적극적으로 자금을 운용하도록 하는 조치로서 2008년 글로벌 금융 위기 이후 비전통적인 통화 정책인 양적 완화와 함께 등장했다. 정책 금리를 마이너스로 유지할 경우 은행의 대출 금리가 하락하고 기업의 투자가 증가할 뿐만 아니라 자국의 통화 가치가 하락하여 순수출이 증가하여 실물 경제가 활성화되는 효과를 기대할 수 있다.

□□□

274 **마이너스 옵션제** ●○○
Minus Option System

아파트를 건설할 때 내부 마감재나 인테리어 등을 소비자들의 취향에 맞게 직접 선택해 시공하는 방식

이미 완성해 놓은 집의 내부를 다시 고치는 데에 따른 중복비용을 고려해 소비자의 부담을 크게 줄일 수 있을 것으로 보고, 1995년 말부터 분양되는 아파트에 대해 도입되었다.

☐☐☐

275 **마이크로 크레디트**

Micro Credit

사회적 취약계층에게 자립할 수 있도록 담보나 보증 없이 소액자금을 대출해 주는 제도

단순히 돈을 빌려주는 것만이 아닌 금융거래는 물론 주거 및 의료서비스 등의 부가서비스를 포함하여 심리적 · 정서적 지원도 포함되며, 대출에 따른 수익보다는 금융기관의 이익을 사회에 환원하는 성격이 강하기 때문에 금리 등 각종 대출조건이 대출자에게 유리하게 설정된다. 마이크로 크레디트의 좋은 예는 방글라데시의 치카공대학의 경제학 교수 유누스가 1976년 고리대금에 시달리던 여성들에게 낮은 금리로 돈을 빌릴 수 있도록 도와주어 자활에 성공했고, 그후 유누스는 1983년 그라민은행을 설립해 가난한 사람들의 소액대출을 시작하였으며, 그들의 대출 상환율은 99%에 달할 정도로 높게 나타났다.

☐☐☐

276 **마이데이터**

Mydata

기업이나 은행에서 사용한 개인정보 등을 개인이 직접 관리 및 활용할 수 있는 서비스

'나의 데이터의 주인은 나'라는 것으로, 개인정보의 주인이 금융회사가 아닌 개인 임을 정의하는 것을 의미한다. 개인정보를 적극적으로 관리가 가능하여 자산관리에 활용하는 과정이다. 데이터 3법 개정으로 금융정보를 통합관리하는 마이데이터산업이 가능해졌다. 은행, 여신전문금융회사, 상호금융 등에서 마이데이터 산업을 허가받았다. 마이데이터 산업으로 은행 간의 경쟁이 플랫폼 간의 경쟁으로 확장되었다. 마이데이터 서비스의 핵심으로는 분할되던 금융정보, 보험정보, 보유한 실물자산 등의 정보를 한눈에 확인이 가능하도록 통합적으로 관리하는 것이다.

상식더보기 마이데이터 허가로 추진 중인 주요 서비스 예시

① 맞춤형 자산관리

㉠ 거래금액, 이자율 등 신용정보를 마이데이터 사업자를 통해 관리하여 금융상품의 수익률 등을 개선

㉡ 머신러닝을 통해 사용패턴이 유사한 고객별 맞춤형 상품 추천

㉢ 소비 줄이기, 내 집 마련, 미래준비, 내 돈 불리기 등 목표별 시뮬레이션 기능을 제공하고 금융전략 제시
㉣ 카드 소비 시 자투리 자금으로 가능한 소액 투자를 추천하고, 로보어드바이저 방식 자산 포트폴리오를 제공

② 생활금융 관리
㉠ 정보 주체의 현금흐름 등을 분석하여 연체예측 및 미납방어, 소득 · 소비내역 분석을 통한 연말정산 지원 등
㉡ 여러 금융사에 흩어져 있는 금융 스케쥴을 통합관리하고 일주일 뒤의 입출금 계좌 잔액 예측 및 필요시 맞춤형 대출 추천

③ 생애주기별 관리
㉠ 사회초년생, 은퇴자 등 생애주기별 특화서비스
㉡ 사회초년생의 신용점수 향상을 위한 소비 및 금융습관 조언, 긍정적 신용정보 관리를 통한 신용향상 지원, 대안신용평가 마련
㉢ 정보 주체의 연금자산 현황, 예상 수령금액 등을 파악하여 정보 주체의 은퇴준비 수준 안내 및 은퇴설계 지원

④ 온라인 대환대출
㉠ 대출잔액, 월 상환액 등 신용정보를 제3자(금융회사 등)에게 전송 요구 및 공유 → One Stop 온라인 대환대출
㉡ 이용자의 정보를 바탕으로 금융사로부터 확정 대출한도와 금리를 전달받는 대출협상 기능도 제공

⑤ 기타
㉠ 금융사기 방지 및 정책금융상품 등 다양한 부가서비스 제공
㉡ 과거 거래 내역, 패턴 등을 분석하여 의심거래 발생시 사전안내
㉢ 소비자가 활용 가능한 복지서비스, 정책자금지원 등 조회 · 안내

□□□

277 **마이크로 파이낸스** ✽✽✽
Micro Finance

저소득 · 소외계층을 위한 소액금융서비스

마이크로 파이낸스는 신용자격미달로 일반은행에서는 대출을 받을 수 없는 가난한 나라의 빈곤층에 1,000달러 이하의 적은 돈을 빌려주어 자립을 지원하는 소액금융업이다. 저소득층을 대상으로 예금, 송금, 보험 등 금융서비스를 제공하는 것 또한 마이크로 파이낸스의 영역이다. 금융기관뿐만 아니라 그 곳에서 서비스를 받는 고객들의 경제생활 자체가 지속될 수 있는 시스템을 가지고 있어야 한다.

□□□

278 **마천루의 저주** ●●●

Skyscraper Curse

초고층 빌딩이 지어지는 시기에 맞추어서 경기의 침체가 찾아온다는 가설

국내의 경우 제2롯데월드가 착공을 시작한 후부터 많은 문제가 발생함을 이러한 가설에 비유하기도 한다.

□□□

279 **마케팅 4P** ●●●

Marketing 4P

효과적인 마케팅 프로세스를 진행하기 위한 네 가지 핵심 요소

기업이 마케팅 목표를 달성하기 위해 사용하는 실질적인 요소로 마케팅 믹스라고도 한다. 4P에는 제품(Product)과 유통(Place), 판매가격(Price), 촉진(Promotion)으로 구성되어 있다. 이는 기업 마케팅 시스템의 핵심이라고 할 수 있으며 기업들은 이 네 가지 요소를 효과적으로 운용하는 것을 중요한 과제로 삼고 있다.

□□□

280 **마켓메이븐** ●●○

Market Mavens

제품, 상점, 서비스 등에 대한 다양한 정보를 수집하고 자신의 경험이나 지식을 다른 사람에게 전해주는 발신자

기존의 컨슈머 리더를 특정 제품이나 시장에 대한 정보가 풍부한 사람에 비유하였다면, 마켓메이븐은 거의 모든 시장과 제품에 대해 알고 있는 사람으로 그 범위를 확장시킨 것이다. 현재의 파워블로거들의 영향력이 높아지면서 이들을 마켓메이븐이라고 부른다.

□□□

281 **마태 효과** ●●●

Matthew Effect

빈익빈 부익부 현상을 이르는 말

성경 마태복음에서 유래된 말로 1969년 미국 사회학자 로버트 머튼이 동일한 연구 성과를 내놓았음에도 명성이 높은 과학자들이 무명의 과학자에 비해 많은 보상을 받는 현실을 꼬집으며 처음 사용하였다. 마태 효과는 사회와 경제 전반에 퍼져있으며 이러한 격차는 교육과 정보, 디지털 등에 의해 더욱 확대되고 있다.

□□□

282 **마트슈랑스** ●●●
Martsurance

대형마트나 편의점에서 보험 상품을 판매하는 것

우리나라에선 2004년 동부화재가 홈플러스에서 보험 상품을 판매한 것이 효시이며, 그 밖에 편의점, 대형 슈퍼마켓 등에서도 상품을 판매하고 있다.

□□□

283 **매몰비용** ●●○
Sunk Cost

의사 결정 후 회수할 수 없는 비용

의사 결정을 하고 난 이후 발생하는 비용 중 회수할 수 없는 비용을 가르킨다. '콩코드 오류'라고도 한다. 1962년 영국과 프랑스 양국은 공동으로 막대한 자금을 투입하여 초음속 여객기 콩코드를 개발에 착수하였으나 기술적 한계와 수지타산이 맞지 않았고, 국가의 자존심 문제로 콩코드 운항을 개시했다가 결국 막대한 손실만 입고 운항을 중단한 사례이다.

□□□

284 **매스클루시버티** ●●●
Massclusivity

대량 생산을 통해 만들어지는 상품이지만 특권층을 위한 한정 판매하는 맞춤 명품

자기만의 독특한 제품을 가지고 싶어 하는 소수의 소비자를 대상으로 생산되는 최고급품으로 이러한 매스클루시버티 제품들이 생겨나는 첫 번째 이유로는 소비가 고급화되어 매스티지제품의 유행으로 대중화된 명품에 식상해진 일부 계층들이 자신만을 위해 더욱 고급화되고, 차별화된 재화나 용역을 찾고 있다는 것이다. 예를 들어 100만 원대의 운전 전용 운동화 등이 있다. 둘째로는 다양해진 취향과 구매패턴의 변화로 다양한 니즈와 개성을 가진 소비자들이 대중을 위한 획일화된 제품보다는 자신의 욕구에 딱 맞는 주문 제작된 제품을 찾고 있다는 것이다. 이들은 자신의 욕구에 맞는 제품을 적극적으로 찾아다니며, 제품을 구입하는 구매 패턴을 보여주고 있다.

□□□
285 **매스티지** ●●○
Masstige

명품의 대중화 현상

대량으로 판매되지만 품질이 고급인 상품을 말한다. 매스티지는 중산층 소비자들의 소비심리로 자리 잡았다. 소비자에게 자긍심과 동질감을 느끼게 해주고, 가격에 적합한 가치를 지니고 있다는 특징이 있다.

□□□
286 **매슬로우의 욕구 이론** ●●●

미국 심리학자 매슬로우의 인간 욕구단계 이론

인간의 욕구는 위계적으로 조직되어 있으며 하위 단계의 욕구 충족이 상위 단계의 욕구 발현을 위한 조건이 된다는 이론이다. 욕구 피라미드의 하단에 위치한 4개 층은 가장 본능적이고 핵심적인 욕구로 생리적 욕구, 안전의 욕구, 애정과 소속의 욕구, 그리고 존중의 욕구로 이루어져 있다. 이 네 가지 욕구가 충분히 충족되지 않을 경우 문제를 일으킬 수 있기 때문에 매슬로우는 이 네 가지를 '결핍 욕구'라고 하였다. 기본적인 욕구가 충족되고 나서야 상위 단계의 욕구를 가지게 되는데 이러한 현상을 상위 동기라는 용어로 설명할 수 있다.

□□□
287 **매칭펀드** ●●●
Matching Fund

경영에서는 컨소시엄의 형태로 여러 기업들이 공동으로 출자하는 공동자금출자

금융에서는 투자신탁회사가 국내외 투자자들을 대상으로 수익증권을 발행하여 모은 자금으로 국내외 증권시장에 분산 투자하는 혼합기금의 의미를 갖는다. 즉, 투자신탁회사를 통하여 외국투자자에게는 국내증권투자를, 국내투자자에게는 해외증권에 투자할 수 있도록 함으로써 국내외 투자 비중을 여건에 따라 탄력적으로 조정할 수 있다. 이 펀드는 증권시장의 육성과 자본시장 국제화의 단계적 추진계획의 일환으로 정부는 1990년 3월부터 국내투자신탁회사에 매칭펀드의 설정 및 운용을 허용했으며, 펀드의 형태는 수익증권을 발행하되 일정 기간 환매를 제한할 수 있는 단위형으로 국내증권투자뿐만 아니라 해외증권투자를 병행함으로써 국내 통화 증발을 완화시킬 수 있는 장점이 있다.

□□□
288 **매파** ❁❁❁
Hawks

물가 안정을 위해 긴축정책과 금리 인상을 주장하는 세력

경기 과열을 막고, 인플레이션을 억제하자는 입장이다. 인플레이션은 통화량 확대와 꾸준한 물가 상승 그리고 화폐 가치의 하락을 의미하기 때문에 긴축정책을 통해 금리를 올려 시중의 통화량을 줄이고 지출보다 저축의 비중이 높여 화폐의 가치를 올리자는 것이다.

□□□
289 **멀티클래스 펀드** ❁❀❀
Multiclass Fund

하나의 펀드 안에서 투자자 그룹별로 서로 다른 판매보수와 수수료 체계를 적용하는 상품

보수와 수수료의 차이로 클래스별 기준가격은 다르게 산출되지만 각 클래스는 하나의 펀드로 간주되어 통합 운용되므로 자산운용 및 평가방법은 같다. 장기투자의 활성화와 투자자 보호를 위해 멀티클래스 펀드를 활성화시키기 위해 채권형과 혼합형 펀드의 표준 신탁약관에 멀티클래스 펀드를 추가하고 주식형 펀드는 멀티클래스 펀드 형태만으로 신설했다. 투자자 그룹별로 운용보수 수준을 각각 다르게 적용하기 때문에 투자자는 자신의 투자기간이나 금액 등을 고려해 자신에게 맞는 운용보수율을 선택할 수 있는 장점이 있고, 상품에 따라 수수료 체계가 제각각이기 때문에 가입 전에 투자자가 스스로 충분한 정보를 찾아 비교해 볼 필요가 있다.

□□□
290 **메기 효과** ❁❁❁
Catfish Effect

강력한 경쟁자의 등장으로 전체 분위기가 활성화되는 현상

미꾸라지를 장거리 운송할 때 메기 한 마리를 넣으면 미꾸라지들이 메기를 피해 다니느라 생기를 얻고 죽지 않는 현상을 기업경영에 접목한 것이다. 기업 간 견제로 기업의 경쟁력을 높이고 사원들 간의 경쟁 분위기를 조성함으로써 회사 발전을 꾀하기도 한다.

□□□

291 **메디컬 푸어** ●●○

Medical Poor

과도한 의료비로 경제적 어려움을 겪는 사람들

과도한 의료비 때문에 빈곤층으로 전락하거나 계속 빈곤층에 머물게 된 사람들을 가리키는 용어이다. 아파도 의료비가 없어 이를 마련하기 위해 집을 팔거나 빚을 지게 된다. 보통은 의료비 부담이 큰 암이나 중증질병을 가진 환자에게 자주 나타난다.

□□□

292 **메이드 위드 차이나** ●●○

Made with China

중국 기업들과 단순히 협력하는 수준을 넘어 공동으로 중국 내수시장으로의 진출을 꾀하는 전략

중국은 대내적으로는 수출 위주에서 내수 위주로 경제성장 방식을 전환하고 있으며, 대외적으로는 중국 기업의 해외 진출을 적극 모색하고 있다. 따라서 과거에 중국을 'Made in China(중국에서 제조)'로 활용했다면 이제는 내수시장 진출을 위한 'Made for China(중국 내수시장 공략)'로 바꿔야 하며, 이를 위해서는 자본력을 갖춘 중국 기업과 손잡고 내수시장에 진출하는 'Made with China(중국과 함께)'가 가장 효과적이란 설명이다.

□□□

293 **메자닌 펀드** ●●●

Mezzanine Fund

안전자산인 선순위대출과 위험자산인 보통주 사이의 중간단계에 있는 금융상품

후순위채권, 전환사채(CB), 신주인수권부사채(BW), 교환사채, 상환전환우선주식 등을 말한다. 메자닌 펀드는 투자기업의 전환사채(CB)와 신주인수권부사채(BW)를 인수해 자본구조를 개선하는 등의 방법으로 이익을 창출한다. 투자 초기부터 연 10% 내외의 안정적인 고배당이 가능하고, 채권 및 우선주의 보통주 전환 시에는 추가적인 자본이익 실현이 가능하다는 점에서 안정성과 수익성을 모두 갖춘 투자모델로 인식되고 있다. 만기는 5년이며 환매가 불가능한 상품이다.

ㅁ

□□□

294 **메타슈머** ●●○

Metasumer

평범한 제품을 소비자 스스로가 변화를 더해 새로운 제품으로 만드는 소비자

'튜닝족'이라고도 한다. '변화'를 의미하는 '메타(Meta)'와 '소비자(Consumer)'의 합성어이다. 메타슈머는 생산자의 생각을 뛰어 넘어 새로운 제품으로 활용 또는 창조적으로 변형시키기도 한다. 크리슈머가 단순히 개성을 표현하기 위해 제품을 변화시키는데 반해, 메타슈머는 제품을 새롭게 진화시키는 데 목적이 있는 소비자들이다.

□□□

295 **명의신탁** ●●○

名義信託

부동산, 유가증권 등과 같은 재산을 제3자의 명의를 빌려 등기부에 등재한 후 실질적인 소유권을 행사하는 것

종중(宗中)의 재산을 위탁관리하는 것을 인정하기 위해 시작된 것으로 민법상 명의신탁에 관한 규정이 없어 합법적으로 재산을 도피할 수 있는 수단이 되었다. 1990년 부동산투기를 막기 위해 「부동산등기특별조치법」이 제정었으며, 1993년부터는 금융실명제를 시행하여 명의신탁인 차명계좌를 실명으로 전환할 경우에는 매년 10%씩 과징금을 올려 1999년에는 최고 60%의 과징금을 부과하기도 하였다.

□□□

296 **모기지론** ●●●

Mortgage Loan

주택마련자금을 대출해준 은행이 해당 주택을 담보로 주택저당증권을 발행하여, 이를 중개기관에 팔아 대출자금을 회수하는 제도

중개기관은 주택저당증권을 다시 투자자에게 판매하고, 그 대금을 금융기관에 지급하게 된다. 주택구입자금대출과 주택담보대출의 두 종류가 있으며, 대출한도에는 제한이 없고 기간이 최장 30년에 이른다는 점이 기존의 주택담보대출과 다르다. 은행은 대출자금을 곧바로 회수할 수 있어 장기대출에 따르는 자금운용부담을 덜 수 있고, 주택저당증권은 국제결제은행 기준 자기자본비율을 산정할 때 위험가중치가 20%로 낮게 분류돼 자산건전성을 확보하는 데도 도움이 되나 금리가 높아 고객의 이자부담이 크다는 단점이 있다.

□□□

297 **모노라인** ●●○
Monoline

채권을 발행한 기업이나 금융회사가 부실해져서 갚지 못하는 채무를 대신 지급해 주는 채권보증전문회사

일종의 보험업무를 담당하고 있으며, 높은 신용도를 바탕으로 채권발행자의 낮은 등급을 보완해 주는 역할을 하고 있다. 채권 등 금융시장 관련 분야만 보증하면 모노라인, 부동산과 재해 관련 위험까지도 보증하면 멀티라인이라고 한다.

□□□

298 **모라토리엄** ●●●
Moratorium

한 국가가 경제 · 정치적인 이유로 외국에서 빌려온 차관에 대해 일시적으로 상환을 연기하는 것

상환할 의사가 있다는 점에서 지급거절과는 다르며, 외채를 유예 받지만 국제적으로 신용이 하락하여 대외거래에 갖가지 장애가 뒤따른다. 또한 환율이 급등하고 신용경색으로 물가가 급등하여 전반적으로 심각한 경제적 혼란을 겪게 된다. 모라토리엄을 선언하면 채권국은 채무국과 채무조정 작업을 하게 된다. 만기를 연장하거나, 여러 형태의 구조조정 작업을 통해 신뢰도를 높이고, 모라토리엄 선언 이전에 상환연기나 금리 재협상, 원리금을 추가 대출금으로 돌리는 재융자, 원금삭감 등의 방법을 협상하기도 한다.

□□□

299 **모집주선 (위탁모집)** ●●●

발행회사가 인수위험을 부담하고 유가증권 발행 및 모집에 관한 모든 업무를 제3자인 발행기관에 위탁하는 방법

발행예정증권의 전량에 대해 투자자를 모집할 수 없는 경우에 발생하는 위험에 대해 발행회사가 책임지게 된다. 전문지식을 지닌 발행기관이 시장상황에 맞추어 신속하게 발행 업무를 처리할 수 있다는 장점이 있다.

□□□

300 **모바일 신분증** ❁❁❁

개인 스마트폰에 신분증을 저장하고 사용하는 것

블록체인 기반의 분산 식별자 DID 기술을 사용하여 이용할 수 있다. 블록체인 기반 신용증명 기술로 서비스 제공자가 개인정보를 통제 · 관리하는 것이 아니라 내가 스스로 개인정보를 선택하여 직접 신용증명에 필요한 정보만을 골라서 제공할 수 있다. 온라인과 오프라인 구분 없이 사용하고 실물 신분증과 동일한 효력을 지닌다. 현재는 모바일 운전면허증만을 제공하고 추후에 국가유공자증, 장애인등록증, 청소년증, 외국인등록증을 추진할 계획이다. 모바일 운전면허증은 사용자가 자기정보주권(Self – Sovereign Identity)을 확보할 수 있어 국민 생활에 일대 혁신을 기대하고 있다.

+상식더보기 분산 식별자 DID(Decentralized Identifiers)

블록체인의 기술을 기반으로 한 전자신분증 시스템이다. 개인이 원할 때에만 블록체인 전자지갑 안에 분산 식별자(DID)를 사용한 신원을 증명으로 탈중앙화 신원 확인시스템이다.

□□□

301 **무상감자** ❁❁❁
無償減資

결정된 감자 비율만큼 주식수를 잃는 것

자본감소의 방법으로 자본금 규모를 줄여 손실을 털어내는 방법으로 이용된다. 기업에서 감자를 할 때 주주들이 아무런 보상도 받지 못하고 정해진 감자 비율만큼 주식수를 잃게 된다.

□□□

302 **무상증자** ❁❁❁
Bonus Issue

대금을 받지 않고 주주에게 주식을 지급하는 것

새로 발행한 주식을 주주들에게 무상으로 지급하는 방식으로 자본의 구성과 발행주식수만 변경하는 형식적인 증자이다. 발행주식수가 늘어나고 그만큼 자본금이 늘어나지만 자산이 증가하는 것은 아니다.

□□□

303 **무차별 곡선** ✿✿✿

Indifference Curve

소비자에게 동일한 만족을 주는 재화를 연결한 곡선

총효용을 일정하게 했을 때 재화의 조합을 나타내는 것으로 무차별 곡선상의 어떤 조합을 선택하더라도 총효용은 일정하다. 무차별 곡선상의 한 점에서 기울기는 그 점에서 소비자가 만족수준을 일정하게 유지하면서 한 재화를 다른 재화로 대체할 경우 교환되는 두 재화의 비율을 나타낸다.

+상식더보기 무차별 곡선 가정

① **완전성** : 선호는 완전하며 소비자는 선택 가능한 재화 바스켓을 서로 비교하며 순위를 매길 수 있다.

② **전이성** : 선호는 전이성을 가진다. 즉, 만약 A재화를 B재화보다 선호하고 B재화를 C재화보다 선호한다면 이는 소비자가 A보다 C를 더 좋아한다는 것을 말한다.

③ **불포화성** : 아무리 소비를 증가시켜도 한계효용은 마이너스 값을 갖지 않는다.

□□□

304 **문화 접대비** ✿✿

기업의 경비 항목 중 접대비의 건전화와 투명화를 위해서 추가한 항목

회사가 거래처를 위해 공연, 영화, 스포츠관람, 전시회 초청 등 문화비로 지출한 접대비에 대해서 추가적으로 세법상 비용으로 인정해주는 것을 말한다.

□□□

305 **물가 안정 목표제** ✿✿✿

Inflation Targeting

중앙은행이 달성해야 할 물가목표치를 제시하고 이에 맞춰 통화정책을 수행하려는 제도

중앙은행이 일정 기간 혹은 장기적으로 통화량, 금리, 환율 등 다양한 정보변수를 활용하여 장래의 인플레이션을 예측하고 물가상승률을 목표치에 수렴할 수 있도록 하는 통화정책이다. 예상치 못한 국내외의 경제이슈나 여건 변화 등으로 물가 안정목표의 변동이 필요할 경우에는 정부와 협의하여 물가목표를 재설정할 수 있다. 우리나라는 1998년부터 물가 안정목표제를 도입하여 운영하고 있다.

□□□
306 **물가지수** ❁❁❁
物價指數

물가변동의 파악을 위해 작성되는 지수

물가의 움직임과 각종 정책의 지표로서 이용되는 지수로 조사 당시의 물가수준을 측정할 수 있다. 물가지수에는 생산자물가지수, 소비자물가지수, 수출입물가지수 등이 있으며 디플레이터로서의 기능을 가진다.

□□□
307 **물적분할** ❁❁
Physical Division

분리된 회사의 주식을 모회사가 소유하는 방식

기업의 전문성을 높이고 인수 및 합병을 수월하게 하기위한 기업분할 중 하나로 모회사가 신설되고, 분리된 회사의 주식을 전부 소유하여 자회사에 대한 지배권을 유지하는 기업분할 방식이다.

□□□
308 **뮤추얼 펀드** ❁❁❁
Mutual Fund

1999년 우리나라에 도입된 회사형 투자 신탁

주식을 발행하여 투자자의 투자금을 전문자산운용회사에 맡겨 자산운용회사가 낸 수익을 투자자에게 배분하는 투자회사이다. 투자자는 운용회사의 투자자를 알 수 있고, 의견을 제시할 수도 있다. 하나의 독립된 회사로 운영되어 법률상 독립된 회사이기 때문에 기존 수익증권에 비해 주주의 운영 및 참여가 자유롭고 개방적인 특징이 있어 투명성도 높은 것으로 평가되고 있다. 뮤추얼펀드는 언제든지 입출금이 가능한 개방형과 입출금이 불가능한 폐쇄형 두 가지가 있으며, 국내에는 폐쇄형만 허용되고 있다. 폐쇄형 뮤추얼펀드는 주주이기 때문에 만기 이전에 돈을 회수할 수 없는 대신에 거래소나 코스닥시장에 단일종목으로 거래되고 있어 여기서 회수하면 된다. 또한 투자 방법의 내용에 따라 보통주펀드, 균형펀드, 수익펀드, 채권 및 우선주펀드 등이 있으며, 보통주펀드의 규모가 가장 크다.

□□□

309 **미닝아웃**

Meaning Out

자신의 신념을 소비행위를 통해 적극적으로 표현하는 소비자 운동

자신의 정치적 · 사회적 신념이나 가치관을 소비행위로 표출하는 것을 말한다. SNS 해시태그 기능을 통해 자신의 관심사를 공유하고 사회적 관심을 이끌어 내는 등 소비와 더불어 적극적으로 드러낸다.

□□□

310 **미들 마켓**

Middle Market

중산층 소비자를 대상으로 하는 시장

최상위 소비자나 최하위 소비자가 아닌 중상층을 대상으로 하는 시장을 말하며, 동시에 공공자금과 개인자금의 중간에 있는 자금시장(장학재단, 문화재단 등 복지 기금 운용 시장)을 일컫는다.

□□□

311 **미소금융**

美少金融

제도권 금융기관과 거래가 불가능한 저신용자를 대상으로 실시하는 소액대출사업

금융소외계층을 대상으로 창업이나 운영자금 등의 자활자금을 지원하는 소액대출사업으로 무담보 소액대출제도인 '마이크로 크레디트'의 일종이다. 지원대상은 개인신용등급 7등급 이하의 저소득 혹은 저신용자로 2인 이상이 공동으로 창업하거나 사업자를 등록하여 운영 중인 경우에도 지원대상에 포함된다. 실제 운영자와 사업자 등록상의 명의자가 다른 경우나 사치나 투기를 조장하는 업종은 제외된다.

□□□

312 **미스터리 쇼퍼**

Mystery Shopper

고객을 가장하여 매장을 평가하는 사람

고객으로 가장하여 매장에 방문하고 매장의 컨디션이나 직원의 친절도, 판매기술 등을 평가하는 사람을 미스터리 쇼퍼라고 한다. 직접적으로 소비자의 평가를 파악하기 어려운 기업을 대신하는 내부 모니터요원은 상품 및 서비스 질 향상을 목적으로 도입되었다.

□□□

313 **미스트** ●○○

MIST

짐 오닐 회장이 선정한 브릭스를 대체할 떠오르는 신흥국

골드만삭스 자산운용 회장이 2012년 브릭스를 대체할 수 있는 유망한 투자국으로 멕시코(Mexico) · 인도네시아(Indonesia) · 대한민국(South Korea) · 터키(Turkey) 등 네 나라를 언급하여 지칭한 데서 유래되었다.

□□□

314 **미시경제학** ●●●

Microeconomics

작은 범위의 경제학

사회를 구성하는 하나의 시장을 분석적으로 연구한다. 즉, 개별시장의 선택과 가격 결정 분석 등을 기초로 구체적인 경제행위를 관찰하고 연구하는 학문이다. 미시경제학과 거시경제학은 분석의 편의를 위해 나눈 개념으로, 둘은 사실상 유기적으로 상호작용을 하며 움직인다.

+상식더보기 거시경제학

큰 그림을 본다는 의미로 국민경제의 전체적인 것을 다루며, 국내시장들의 상호작용으로 나타나는 사회 전체의 현상을 연구한다.

□□□

315 **민스키 모멘트** ●○○

Minsky Moment

부채의 확대에 기대어 경기호황이 이어지다 호황이 끝나면서 금융위기가 도래하는 시점

경기호황이 끝난 후, 은행 채무자의 부채 상환 능력이 악화되어 채무자가 결국 건전한 자산마저 팔게 되는 금융위기 시점이다. 금융시장이 호황기에 있으면 투자자들은 고위험 상품에 투자하고 이에 금융시장은 탄력을 받아 규모가 확대된다. 그러나 투자자들이 원하는 만큼의 수익을 얻지 못하면 부채 상환에 대한 불안이 커지면서 금융시장은 위축되고 금융위기가 도래하게 된다.

05. ㅁ QUIZ

다음 문제를 보고 옳고 그른 것에 따라 O,X를 고르세요.

01. 미시경제학은 국민경제의 전체적인 것을 다루는 학문이다. O X

02. 결정된 감자 비율만큼 주식수를 잃는 것을 무상감자라고 한다. O X

03. 회수할 수 없는 비용을 매몰비용이라고 한다. O X

04. 사회적 취약계층에게 담보 없이 소액자금을 대출해주는 제도는 마이너스 옵션제이다. O X

05. 마트나 편의점을 통해 보험 상품을 판매하는 것을 마담슈머라고 한다. O X

문장에 맞는 단어를 고르세요.

㉠ 물가지수	㉡ 매스티지	㉢ 마천루의 저주	㉣ 메타슈머	㉤ 매파

06. 물가변동의 파악을 위해 작성되는 지수를 ____(이)라고 한다.

07. 평범한 제품에 변화를 더해 새로운 제품으로 만드는 소비자를 ____(이)라고 한다.

08. 물가 안정을 위해 긴축정책과 금리인상을 주장하는 세력을 ____(이)라고 한다.

09. 명품의 대중화 현상을 ____(이)라고 한다.

10. 초고층 빌딩이 지어지는 시기에 맞추어 경기 침체가 찾아온다는 가설을 ____(이)라고 한다.

답 1.X(거시경제학) 2.O 3.O 4.X(마이크로 크레디트) 5.X(마트슈랑스) 6.㉠ 7.㉣ 8.㉤ 9.㉡ 10.㉢

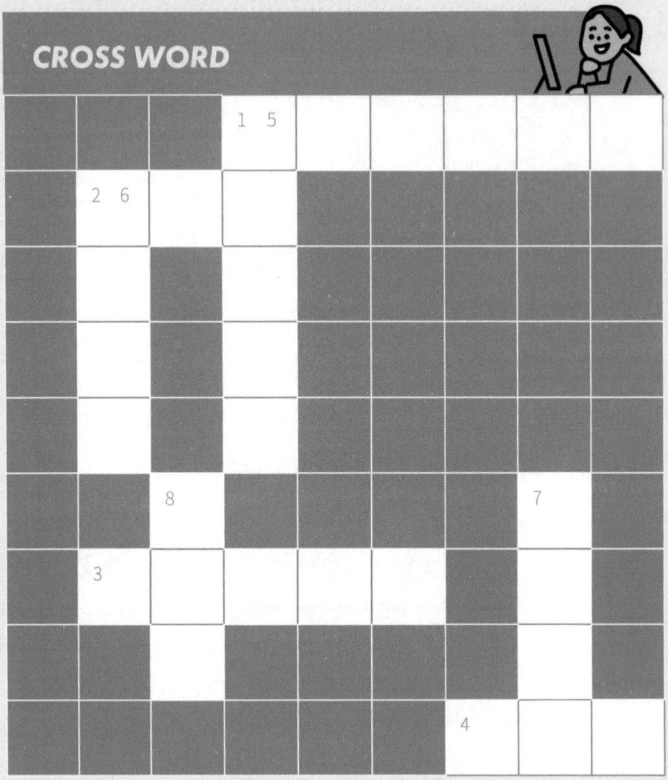

Across

1. SNS 등을 통해 바이러스처럼 빠르게 확산되는 마케팅 현상
2. 부실자산을 한 회계연도에 모두 반영하여 위험요인을 제거하는 회계 기법
3. 가격 상승에도 과시욕으로 수요가 증가하는 현상
4. 대규모 예금 인출 사태

Down

5. 만기가 같은 상품을 하나로 묶은 가중평균 금리
6. 각국의 통화가치를 맥도널드 빅맥 가격으로 환산한 지수
7. 금융기관의 부실자산이나 채권을 전문적으로 사들여 처리하는 기관
8. 산업의 경계가 모호해지는 현상

Across | 1.바이럴마케팅 2.빅배스 3.베블런효과 4.뱅크런

Down | 5.바스켓금리 6.빅맥지수 7.배드뱅크 8.빅블러

PART

ㅂ

경제용어해설

checkpoint

- 바벨 전략
- 반덤핑 관세
- 방카슈랑스
- 배당성향
- 배드뱅크
- 백기사
- 백워데이션
- 밴드왜건 효과
- 뱅크런
- 뱅크론
- 베블런 효과
- 베어마켓
- 볼커룰
- 블랙먼데이
- 비둘기파

□□□

316 **바벨 전략** ●●○

Barbell Strategy

채권투자를 할 때 중기채권을 제외하고 극단적인 투자를 선택하는 전략

채권투자 전략 중 하나로 단기채권과 장기채권에만 투자하는 전략이다. 바벨 전략은 수익률은 낮지만 매도가 수월하고 유동성이 높은 단기 채권과 위험도는 크지만 많은 이익을 얻을 수 있는 장기채권으로 구성하여 유동성과 수익성을 동시에 확보할 수 있다. 그러나 장기채권 중 내년 중기채권화하는 채권을 매각해야하기 때문에 거래비용이 많이 들고 정확한 금리를 예측하기 어렵다. 바벨 전략은 보통 시장의 추세를 예측하기 어려운 시기에 추천하는 전략이다.

□□□

317 **바스켓 금리** ●●○

CD금리나 정기예금, 금융채 등의 만기가 같은 상품을 하나로 묶은 가중평균 금리

기준금리가 자주 변경되면, 금리 하락기에 기존대출자는 기준금리 하락으로 이자 부담이 낮아지지만 가산금리 인상으로 신규 대출자의 부담은 커지게 된다. 이 같은 단점을 보완하기 위해 은행들이 도입하려는 방안이 바스켓금리 방식이다. 은행들의 조달비중이 10%에 불과한 CD금리 연동 방식보다 객관성과 안정성을 담보할 수 있고 무엇보다 은행들의 실제 조달비용을 충분히 반영할 수 있다는 장점이 있다. 바스켓금리 방식으로는 한국은행이 매달 금융기관 대출금리를 종합해 발표하는 가중평균금리를 토대로 금리를 결정하는 방식, 은행연합회 등 제3의 기관에서 은행의 조달비용을 감안해 평균금리를 계산하는 방식, 그리고 개별 은행의 정기예금, 은행채, CD 등 일부 금리를 고려해 평균금리를 산정하는 방식 등이 있다.

□□□

318 **바이럴 마케팅** ❀❀❀

Viral Marketing

SNS를 통해 긍정적인 입소문을 내게 하는 마케팅

기업의 인지도를 상승시키고 구매 욕구를 자극시켜 소비로 이어지게 한다. 기업이 소비자의 니즈에 맞춰 제작한 광고를 보고 흥미를 느낀 누리꾼들끼리 서로 전달하는 과정을 통하여 자연스럽게 마케팅이 이루어지는 것이다. 이러한 방식이 마치 컴퓨터 바이러스가 확산되는 것 같다고 하여 바이럴 마케팅이라는 이름이 붙었다.

□□□

319 **바이 아메리칸** ❀❀❀

Buy American

미국 물자 우선구매 정책

1933년 대공황 때 미국 정부에 미국산 제품만을 쓰도록 했던 BAA법(Buy American Act)에서 유래했다. 미국은 금융 · 경제위기를 타개하기 위해 대규모 공공사업 시 미국산 철강 등 미국산 제품만을 써야 한다는 의무 조항을 경기부양법안에 넣어 다시 바이 아메리칸 정책에 대한 논란을 낳았다. 이 조항은 전 세계가 보호무역주의를 떨쳐내야 하는 시기에 각국의 보호무역주의 성향을 자극할 수 있다는 점 때문에 문제가 되었다.

□□□

320 **박스 스프레드** ❀❀❀

Box Spread

통화옵션의 매매와 선물환을 조합하여 이득을 취득하려는 거래방식

기초자산의 선물 또는 현물 대신에 옵션의 합성포지션만으로 옵션가격에서 발생하는 불균형을 이용하여 차익거래이익을 남기는 전략이다. 주어진 풋옵션의 발행에 대해 같은 행사가격을 가진 콜옵션을 매입하여 한 쌍을 이루고, 또 다른 주어진 콜옵션의 발행에 대해 다른 짝의 행사가격과는 다르나 주어진 콜옵션과는 동일한 행사가격을 가진 풋옵션을 매입하여 한 쌍을 이루어 각각의 두 쌍을 결합하면 된다.

□□□

321 **반덤핑 관세** ●●●

Anti Dumping Duties

수입 상품이 정상가격보다 싼 가격으로 팔려 수입국의 산업에 실질적인 피해를 입었거나 입을 우려가 있을 때, 또는 국내 관련 산업의 확립을 지연시킬 때 상품에 대하여 관세를 매기는 무역규제조치

수출국 국내시장에서 일반적으로 거래되는 정상가격과 덤핑가격의 차액범위 내에서 그 수입품에 관세를 부과함으로서 불공정 무역행위를 방지하고, 국내 생산자가 공정한 경쟁을 할 수 있도록 보호하는 데 목적이 있다. 이때 그 상품에 대하여 매겨지는 관세를 반덤핑 관세 또는 덤핑방지관세, 부당염매방지관세라고 한다.

□□□

322 **반응생산 시스템** ●●●

QRS : Quick Response System

제품을 시장에 조금만 미리 내놓고 소비자의 구매동향을 파악한 뒤 본격적으로 제품을 생산하는 방식

기존의 획일적인 제품공급에서 벗어나 소비자의 구매취향에 맞는 제품을 공급, 재고부담을 줄일 수 있어 의류업계에서 많이 활용하는 방법이다.

□□□

323 **방어적 풋** ●●○

Protective Put

주가의 하락으로 인한 손실을 보전하기 위해 현물주식자산에 연동하는 주가지수의 풋옵션을 팔아 손실을 일정범위 내로 제한하려는 전략

주식시세가 하락하여 손실이 발생되더라도 풋옵션을 행사하여 이익을 얻을 수 있기 때문에 전체적인 손실을 제한할 수 있다. 그러나 주식시세가 상승한 경우에는 이익을 볼 수 있지만, 풋옵션을 매수할 때 지불하는 프리미엄만큼 이익이 차감되어서 주식시세가 풋옵션을 매수할 때의 옵션가격 이상으로 상승하지 않으면 전체적인 이익이 발생하지 않는다.

☐☐☐

324 **방카슈랑스** ❀❀❀

Bancassurance

은행과 보험사가 상호 제휴하여 은행 창구에서 직접 보험 상품을 판매하는 영업 형태

보험사는 별도의 영업조직 없이 방카슈랑스를 통해 은행의 점포망을 판매 채널로 확보해 영업하기 때문에 비용을 절약할 수 있다. 은행은 금융상품 및 보험 상품을 한 곳에서 모두 판매함으로써 영업 이익을 높일 수 있는 점을 활용하여 점차 상품을 공동 개발 · 판매하는 종합적인 업무 제휴 형태 또는 은행들이 보험자 회사를 설립하여 자회사의 보험 상품을 은행 창구에서 판매하는 형태로 발전하고 있다.

ㅂ

☐☐☐

325 **배당성향** ❀❀

Propensity to Dividend

당기순이익 중 배당금의 비율

회사가 당기순이익 중 일부를 주주에게 배당금으로 돌려주었는지를 나타내는 지표이다. 배당성향이 높을수록 회사의 이익을 주주에게 그만큼 돌려주었다는 것을 의미하므로 배당성향이 높은 회사가 투자가치도 높다고 볼 수 있다.

☐☐☐

326 **배드뱅크** ❀❀

Bad Bank

금융기관의 부실자산이나 채권을 전문적으로 사들여 처리하는 기관

금융기관에서 채무자에게 담보를 받고 대출을 해주었으나 채무자가 부도가 난 경우, 배드뱅크에서 채무자의 담보물을 넘겨받고 유가증권을 발행하여 채무를 회수하는 것이다. 금융기관의 부실자산을 흡수하여 금융시스템에 위기가 번지지 않도록 하는 것이다.

□□□

327 **배타적 경제수역** ❁❁❁

EEZ : Exclusive Economic Zone

자국의 영해기선으로부터 200해리(370.4km)에 이르는 범위내의 어업, 광물자원 등 모든 자원에 대한 독점적 권리를 인정하는 국제해양법상의 개념

1994년 12월에 발효돼 1995년 12월 정기국회에서 비준된 유엔해양법협약에서 연안국의 EEZ권리를 인정하고 있으며, 협약에서 인정하는 EEZ의 경제주권으로는 어업자원 및 해저광물자원에 대한 주권적 권리, 해수·해풍을 이용한 에너지생산, 탐사권, 해양과학조사관할권, 해양환경보호에 관한 관할권 등이 있다. 다른 나라의 배와 비행기의 통항 및 상공비행자유가 허용된다는 점을 제외하고는 영해나 다름없는 포괄적 권리가 인정되며, 다른 나라 어선이 EEZ 내에서 조업하려면 연안국의 허가를 받아야 하고, 이를 위반하면 나포되어 처벌된다.

□□□

328 **백기사** ❁❁❁

White Knight

적대적 M&A의 대상기업이 자금력이 풍부한 우호세력을 끌어들여 경영권을 방어하는 수단

백기사란 적대적 M&A의 매수자보다 높은 가격으로 인수제의를 하면서도 기존의 경영진을 유지시키는 우호세력을 말한다. 백기사 커플이란 두 기업이 서로의 주식을 교환하여 서로가 백기사가 되어 주는 것으로 지분상호보유에 해당한다. 백기사가 기업의 전부를 인수하는데 반해, 백지주는 기존의 경영진이 경영권을 유지할 수 있도록 주식이나 자산의 일부만을 인수해 주는 기업을 말한다. 백기사의 반대개념으로 적대적인 공개매수를 취하는 측을 레이더스, 기업사냥꾼이라고 한다.

□□□

329 **백데이팅** ❁❁❁

Backdating

스톡옵션의 부여일자나 행사일자를 유리한 날짜로 고쳐 차익을 올리는 방식

일반적으로 할당받은 주식을 매입하는 시점인 스톡옵션의 행사시점을 유리한 날로 고치는 방식이다. 스톡옵션의 행사가격인 주식 매입가격은 스톡옵션이 주어지는 시점, 즉 구입하는 시점의 시가로 정해지는 것이 일반적인데, 백데이팅은 이 날짜를 소급 조작한다는 것이다. 필요한 인력을 유인하는 유효한 수단으로, 구체적인 사안에 따라 합법일 수도 위법일 수도 있는데 이는 투명성에 따라 문제가 될 수 있다.

□□□

330 **백도어 리스팅** ❁❁❁

Backdoor Listing

장외기업이 상장기업과의 합병을 통해 상장심사나 공모주 청약 등의 절차를 밟지 않고, 바로 장내로 진입하는 것

상장 때까지 걸리는 시간과 비용을 절감하기 위해 상장된 회사를 이용하는 일종의 우회등록이다. 장외기업들은 현금으로 지분 인수·주식 맞교환(스와핑)을 이용해서 상장(등록) 기업과 합병을 통해 상장요건이 되지 않는 기업이 우회하여 상장하는 것이다.

□□□

331 **백색국가** ❁❁❁

White List

자국의 안전 보장에 위협이 될 수 있는 기술을 수출할 때 우대 해주는 국가

'안전 보장 우호국', '화이트 리스트' 라고도 불리는 백색국가는 자국의 안정 보장에 위협이 될 수 있는 첨단 기술과 전자 부품, 특히 전략물자 등을 수출 할 때 허가신청이 면제되는 국가를 말한다. 안보 문제와 관련하여 개별심사가 필요하지만 백색국가로 지정될 경우 절차에서 우대를 받게 된다.

□□□

332 **백 스프레드**

Back Spread

특정 행사가격의 콜옵션을 매도하고, 이보다 행사가격이 높은 콜옵션을 더 많이 매입하는 옵션투자전략

서로 다른 두 개 이상의 외환시장이나 상품시장 사이에 동일자산에 대하여 정상적인 가격차이보다도 훨씬 작게 나타나는 가격 차이를 말한다. 이는 대개 델타 중립 스프레드로 옵션에서 옵션의 기초상품과 만기가 같을 때 매입포지션을 매도포지션보다 많이 취하는 것이다.

□□□

333 **백워데이션**

Backwardation

선물가격이 미래의 현물가격보다 낮게 이루어지는 가격 역전현상을 말하거나 만기가 늦은 지수선물 가격이 만기가 임박한 지수선물 가격보다 점차 인하되는 시장상황

선물시장에서 투자자들이 위험을 회피하기 위해 헤지거래를 하는 경우가 많다. 헤지거래가 많을 경우에 매도주문이 매입주문보다 많아져 선물가격이 미래의 현물가격보다 낮게 형성되는데, 이와 같은 상황을 백워데이션이라 한다. 또한 비정상적인 시장에서 일시적인 공급부족 등 시장의 불균형으로 현물지수가 선물가격보다 높게 나타나 백워데이션이 발생하기도 한다.

□□□

334 **밴드왜건 효과**

Band Wagon Effect

유행에 따르는 소비성향

악대를 앞에 두고 사람들을 몰고 다니는 차량인 밴드왜건에서 차용된 용어이다. 미국 서부 개척시대에 금광이 발견됐다는 소식을 들으면 많은 사람들이 밴드왜건을 따라 길을 나섰는데, 금광 발견 유무를 떠나 군중심리가 작용하여 많은 사람들이 따라나선 것에서 유래되었다. 정치학에서는 소위 말하는 '대세론'으로 후보자가 일정수준 이상의 지지율을 얻으면 그 후보를 따라가게 되는데 이를 밴드왜건 효과라고 하며, 경제학에서는 대중적으로 유행하는 상품을 따라서 소비하는 성향을 일컫는다.

□□□

335 **밸리 효과**

Valley Effect

대규모 국제행사 개최를 위한 과도한 투자로 경기가 과열되다 행사 이후 경기가 빠르게 침체되는 현상

올림픽 개최국가가 작을수록, 개최도시의 GDP 점유비중이 클수록 높은 경향이 있는 것으로 알려져 있다.

□□□

336 **뱅크 런**

Bank Run

은행의 예금 지급 불능 상태를 우려한 고객들이 대규모로 예금을 인출하는 사태

경제상황 악화로 금융시장에 위기감이 조성되면서 이를 우려한 금융기관의 고객들이 대규모로 예금을 인출하는 상황을 말한다. 뱅크 런으로 인한 은행 위기를 막기 위해 예금보험공사는 예금자보호법을 시행하고 있다.

+상식더보기 **본드 런**

뱅크 런에서 유래한 것으로 펀드 투자자들이 투자한 자금을 회수하려는 펀드 런과 투자자들이 앞다퉈 채권을 팔려고 하는 행위이다.

□□□

337 **뱅크론**

Bank Loan

은행 간의 차관

은행이 차입국의 은행에 융자하여 그 금융기관이 자기책임하에 자국의 기업에 대해서 자금을 대부하는 방식이다. 특히, 저개발국에 대한 민간경제협력의 하나이다. 보통의 차관은 정부나 기업이 개발도상국의 정부나 기업에 대해 자금을 대출하지만 뱅크론은 은행이 개발도상국의 은행에 대해 대출한다.

□□□

338 **버즈 마케팅**

Buzz Marketing

입소문을 통해 소비자에게 상품정보를 전달하는 마케팅

소비자들 사이에 네트워크를 통하여 상품 특성을 전달하는 기법으로 입소문 마케팅 또는 구전 마케팅이라고도 한다. 대중매체를 통해 불특정 다수에게 전달하는 기존 마케팅과는 달리 상품 이용자가 주위 사람들에게 직접 전달하도록 유도하기 때문에 광고비가 거의 들지 않는다는 장점이 있다.

□□□

339 **버핏세** ❁❁❁

Buffet Rule

워런 버핏이 주장한 부유세

워런 버핏은 「뉴욕 타임스」의 칼럼을 통해 연소득 100만 달러 이상을 버는 고소득자들이 낮은 세율로 세금을 내고 있다며 부자 증세를 통해 그 세금을 복지 분야에 사용하여 부의 재분배를 추구하자고 주장하였다.

□□□

340 **벌처펀드** ❁❁❁

Vulture Fund

부실한 기업을 저가로 인수해 상황이 호전된 후 고가로 되팔아 수익을 내는 기업 구조조정 펀드

'벌처(Vulture)'란 동물의 시체를 파먹고 사는 대머리 독수리로, 냉혹하지만 생태계를 유지해 주는 순기능도 한다는 유래에서 벌처펀드라는 이름이 붙었다. 1980년대 미국의 금융위기 과정에서 본격적으로 출현했으며, 현재 미국 · 영국 등 선진국에서는 민간 주도로 기업의 구조조정을 할 만큼 보편화되어 있다. 우리나라는 1999년에 회생하기 힘든 업체의 구조조정 지연문제를 해결하기위해 도입되었다.

□□□

341 **베블런 효과** ❁❁❁

Veblen Effect

가격 상승에도 과시욕이나 허영심 등으로 인해 수요가 증가하는 현상

미국의 경제학자 소스타인 베블런이 그의 저서 「유한계급론」에서 처음 사용했다. 가격이 비싼 물건을 소유하면 남들보다 돋보일 것이라고 생각하는 인간의 심리를 의미하기도 한다. 베블런 효과는 보유한 재산의 정도에 따라 성공을 판단하는 물질 만능주의 사회를 비판하면서 자신의 성공을 과시하고, 허영심을 만족시키기 위해 사치하는 상류계층의 소비와 이를 모방하기 위해 무리한 소비를 행하는 하위계층의 소비현상을 표현한 것이다.

□□□

342 **베어마켓** ●●○

Bear Market

주가가 하락하는 약세장

곰이 앞발을 아래로 내려치는 모습처럼, 주식시장이 하락하거나 하락이 예상되는 경우를 말한다. 거래가 부진한 약세 시장을 의미한다. 고점 대비 20% 이상 하락하는 경우를 의미한다.

ㅂ

□□□

343 **베어마켓 랠리** ●●○

Bear Market Rally

일시적으로 주가가 상승하는 현상

주가가 하락하는 가운데 일어나는 일시적인 반등장세를 말하는데, 기간은 길지 않은 편이다.

□□□

344 **베이시스** ●●○

Basis

선물가격과 현물가격의 차이

선물가격은 선물의 인수도가 현물상품보다 늦게 이루어지므로 해당 기간 동안의 보관료, 보험료, 투자금액에 대한 이자 등이 반영되어 현물가격보다 높은 것이 일반적이다. 일시적인 공급물량부족으로 인해 수급불균형이 발생하여 현물가격이 선물가격보다 높게 형성되는 현상이 발생하는 경우도 있다. 정상적인 시장에서는 현물가격이 선물가격보다 낮게 형성되므로 베이시스는 양(+)의 값을 갖게 된다. 또한 동종상품에 대한 근월물 또는 원월물 간의 가격차이를 베이시스로 나타내기도 한다.

□□□

345 **베이지북** ●●○

Beige Book

미국 연방준비제도이사회(FRB)가 연간 8차례 발표하는 미국 경제동향보고서

연준 산하 12개 지역 연방준비은행이 기업인, 경제학자 등 전문가들의 의견과 각 지역 경제를 조사 · 분석한 결과를 집대성한 것이다. 연방공개시장위원회(FOMC) 회의에 앞서 발간되며 금리정책 논의 시 가장 많이 참고되는 자료이다. 책 표지가 베이지색인 것에 유래하여 베이지북이라 불린다.

□□□

346 **벤치마크 지수**

펀드를 평가하기 위해 만든 지수

시장지수나 섹타지수와 같은 펀드의 투자전략을 반영하는 가장 폭넓은 벤치마크의 성과와 비교하여 펀드 성과의 우열을 비교할 수 있다. 예를 들어 주식펀드의 경우 모든 주식을 포함하는 종합주가지수가 1차적인 벤치마크가 될 수 있으며, 코스닥종목에 투자할 경우에는 코스닥지수가 벤치마크가 될 수 있다. 그리고 채권형 펀드라면 3년 만기 국고채가 벤치마크 대상이 될 수 있고, 해외주식투자 벤치마크지수로는 전 세계 기관투자자들이 국가별로 투자자금을 배분할 때 많이 사용하는 MSCI지수나 FTSE지수가 대표적이다.

□□□

347 **변액보험**

VL :
Variable Lift Insurance

보험계약자가 납입한 보험료 중에 사업비와 위험보험료를 제외한 적립보험료를 주식이나 채권 등 금융상품에 투자하여 그 투자 수익에 따라 보험금을 지급하는 실적배당형 보험 상품

보장기능 · 저축기능 · 뮤추얼펀드의 형식이 혼합된 구조로 적립금이 보증되지 않고, 특별계정에서 운용되어 연금의 지급이 시작될 때 계약자 적립금은 최저로 보증되고, 사망보험금과 적립금은 계약의 투자 성과에 따라 변동한다. 변액보험의 특징으로는 투자성과에 따라 원금이 손실되거나 원금 이상의 보험금이 발생할 수 있고, 고객의 투자 성향에 따라 자산 운용 형태를 설정할 수 있으며, 기존의 종신보험에 비해 상대적으로 보험료가 비싸다는 것이다. 또한 별도 자격을 갖춘 사람만 판매할 수 있으며, 예금자보호법의 보호를 받지 못한다.

□□□

348 **변액유니버설 보험** ●○○

VUL : Variable Universal Lift Insurance

펀드운용 수익률에 따라 보험금이 변동되는 변액보험과 보험료 납입과 적립금 인출이 자유로운 유니버설보험의 장점을 결합한 보험 상품

위험에 대비한 보장보험료와 투자에 대한 투자보험료를 함께 부담해야 하며, 투자에 대한 위험은 고객이 부담해야 한다. 보험료의 환급금으로 적립되는 부분을 주식, 증권, 채권 등 금융시장의 어느 부분에 투자할 것인지를 보험가입자가 결정한다. 보험료를 계약자가 지정하는 펀드에 투자하여 실적배당을 해주는 변액기능과 보험료 납입과 출금을 자유롭게 할 수 있는 유니버설보험의 기능을 결합한 보험 상품으로 운용성과에 따라 고수익을 얻을 수 있는 투신상품에 은행 예금, 적금의 편리함을 합한 상품이며, 투자상품이면서 보험 상품이기 때문에 기본적으로 보장이 적용된다. 또한 연금으로 전환이 가능하므로 노후연금으로도 활용할 수 있다.

□□□

349 **변혁적 리더십** ●●●

Transformational Leadership

구성원들의 가치관이나 행동규범 등을 변화시켜 조직을 바람직한 방향으로 변혁시키는 리더십

조직의 목표를 추구하도록 구성원들의 가치관, 정서, 행동규범 등을 변화시키는 리더십을 말한다. 구성원들의 의식수준을 높이고 이들이 높은 수준의 욕구에 관심을 갖도록 유도하여 성과를 이끌어내는 리더십이다. 개인의 이해보다는 조직 전체 이익을 목표로 둔다.

□□□

350 **병행수입** ●●○

Parallel Import

같은 상표의 상품을 여러 수입업자가 수입하여 국내에서 판매할 수 있는 제도

원칙적으로 상표의 고유 기능인 출처표시와 품질보증 기능을 해치지 않는 범위 내에서 모든 수입품에 대한 병행수입이 허용된다. 우리나라는 1995년 11월부터 수입공산품의 가격인하를 유도하기 위해 허용됐다. 이에 따라 국내 독점 판매권자나 수입상표의 전용상용권자는 단지 위조품에 대해서만 그 권리를 보호받게 되었다. 국내외 상표권자가 동일인이거나 같은 계열사 또는 본·지사 관계, 독점 수입대리점 등 자본 거래가 있는 특수관계인 경우에는 상표권이 소진된 것으로 간주하여, 다른 수입업자가 이 상품을 수입해 판매할 수 있게 된다.

□□□

351 **보복관세** ●●●

Retaliatory Duties

자국 상품에 불리한 대우를 하는 국가에 부과하는 관세

교역상대국이 우리나라의 수출물품 등에 대하여 관세 또는 무역에 관한 국제협정이나 양자간의 협정 등에 규정된 우리나라의 권익을 부인 또는 제한하거나 기타 우리나라에 대하여 차별적인 조치를 취하는 행위를 함으로써 우리나라의 무역이익이 침해되는 때에 그 나라로부터 수입되는 물품에 대하여 피해상당액의 범위 안에서 보복적으로 부과하는 할증관세(割增關稅)를 말한다. 보복관세의 부과는 상대방 국가의 보복관세를 유발하여 관세전쟁으로까지 확대될 우려가 있기 때문에 발생되는 사례가 거의 없으며, 우리나라에서도 현행 관세법상 보복관세의 규정은 있으나 실제로 적용된 경우는 없다.

□□□

352 **보완재** ●●○

Complement Goods

서로 보완관계에 있는 재화

대체재와 대립되는 개념으로 따로따로 소비될 때 보다 함께 소비될 때 효용이 증가한다. 서로를 보완해주는 관계로 바늘과 실, 샤프와 샤프심을 예로 들 수 있다.

□□□

353 **보증인보호 특별법**

보증에 관하여 민법에 대한 특례를 규정함으로써 아무런 대가 없이 호의로 이루어지는 보증으로 인한 보증인의 경제적 · 정신적 피해를 방지하고, 금전채무에 대한 합리적인 보증계약관행을 확립함으로써 신용사회 정착에 이바지함을 목적으로 제정된 법

금융기관이 채무자의 신용상태를 보증인에게 의무적으로 통보해야 하며, 이를 어기면 보증계약이 무효가 된다. 또한 보증계약시에 보증인이 최고 얼마까지 책임져야 하는지를 명시하고, 명시되지 않으면 보증인이 원금만 책임지고, 연체이자에 대해서는 책임지지 않으며, 채무자가 빚을 갚지 못하더라도 채권자가 보증인을 상대로 대부업체와 빚을 대신 받아주는 추심대행업자는 물론 개인 채권자가 보증인과 가족 등에게 불법으로 돈을 받아내는 행위인 불법채권추심도 금지되며, 연체되었을 경우에도 보증인에게 알려줘 제때 구상권 등을 행사할 수 있도록 하고 있다.

□□□

354 **보통주**

普通株

표준이 되는 주식

일반회사들이 발행하고 있는 주식으로 우선권이나 제한 등 특별한 권리내용이 정해지지 않은 일반 주식을 가리킨다.

□□□

355 **보틀넥 인플레이션**

Bottle Neck Inflation

생산요소(노동 · 토지 · 자본)의 일부가 부족하여 발생하는 인플레이션

애로(隘路)가 생김으로써 생산능력의 증가속도가 수요의 증가속도를 따라가지 못해 일어나는 병목(보틀넥)현상으로 물가가 상승하는 것이다. 앞으로는 자원제약문제 · 환경보전문제 등이 제기되어 1차 생산품이나 토지 등의 병목(보틀넥) 현상이 일어날 가능성이 있으며, 또한 투자가 장기간에 걸쳐 활발하지 않으면 투자부진으로 공장 · 기계 등 생산설비의 병목(보틀넥) 현상이 발생함에 따라 물가상승에 이어 긴축정책에서 불황으로 인한 투자부진으로 이어지는 악순환이 초래될 수 있다.

□□□

356 **본원통화** ●●●

本源通貨

중앙은행이 공급하는 통화

중앙은행이 화폐발행의 독점적 권한을 통하여 공급한 통화를 말하며 화폐발행액과 지급준비예치금의 합계로 측정한다. 이렇게 공급된 통화는 파생적으로 예금 통화를 창출하는 기초가 되는데 이렇게 창출된 통화는 파생통화라고 한다.

□□□

357 **볼커룰** ●●●

Volcker Rule

미국 금융기관의 위험투자를 제한하기 위하여 만든 규제 방안

미국 오바마 정부의 '도드 – 프랭크법'의 핵심 조항으로 대형 금융기관이 자기자본으로 위험투자를 하지 못하도록 하는 규제책이다. 볼커룰의 목적은 금융시스템의 부실이 반복되는 것을 막기 위함으로, 상업은행과 투자은행을 분리하자는 데에 있다.

□□□

358 **부동산 버블** ●●○

Housing Bubble

수요의 급증, 투기로 부동산 가격이 치솟는 현상

제한적인 부동산 공급에 대한 부동산 수요 증가로 발생한다. 투기를 목적으로 한 사람들이 시장에 참여하면서 이러한 수요는 더욱 크게 증가하게 된다. 어느 시점이 되면 수요가 감소하거나 정체되고, 같은 시점에 공급은 증가하게 되면서 가격은 빠르게 하락하면서 부동산 버블이 터지는 때가 된다. 이러한 부동산 버블은 일시적 현상이긴 하지만, 이로 인한 영향은 수 년 동안 지속되기도 한다. IMF에 따르면 부동산 버블은 주식 버블보다는 발생 빈도가 적지만, 부동산 버블의 영향력이 주식 버블의 경우보다 두 배 정도 지속된다고 한다.

□□□

359 **부의 효과** ●○○

Wealth Effect

자산의 가치상승과 함께 소비도 증가하는 현상

주식이나 부동산 등 자산의 가치가 상승할 경우 그 영향으로 소비도 함께 늘어나는 효과를 말한다. '자산 효과'가 발생하게 되면 소비가 늘어나면서 경제가 회복된다.

□□□

360 **부채담보부증권** ●●○

CDO : Collateralized Debt Obligation

회사채나 금융회사의 대출채권을 묶어 유동화시킨 상품

회사채나 대출채권 등 기업의 채무를 기초자산으로 하여 유동화증권을 발행하는 금융기법이다. 여러 회사의 신용위험을 다룰 수 있으며 부도 등에 대한 위험을 헤지 하는 데 사용된다. 신용파생상품의 대표적인 상품이기도 하며, 서브프라임 사태를 일으킨 주요인으로 꼽히고 있다.

ㅂ

□□□

361 **분식회계** ●●○

粉飾會計

회사의 실적을 좋게 보이도록 하기 위해 회사 자산이나 이익을 회계처리 기준에 어긋나는 방법으로 처리해 사실과 다른 재무제표를 만드는 행위

분식(粉飾)이란 내용은 별로 좋지 않은데 겉에만 무언가를 발라 꾸미는 것을 말한다. 실제보다 이익을 부풀리는 행위가 대부분이지만 세금 부담이나 근로자 임금 인상 등을 피하기 위해 실제보다 이익을 적게 계상하는 경우도 있다. 이러한 경우를 역분식회계(逆粉飾會計)라고 한다.

□□□

362 **불 마켓** ●●●

Bull Market

장기간에 걸친 시장 강세

황소가 뿔을 하늘을 향해 찌르는 모습처럼, 시장 시세의 강세나 강세가 예상되는 경우를 말한다. 최근 저점대비 20% 이상 상승했을 때를 의미하곤 한다. 강세시장을 예고하는 패턴으로는 장기하락 후의 상승 전환 등이 있다.

☐☐☐

363 **불완전 판매** ❁❁❁

Mis Selling

펀드를 비롯한 금융상품의 주요 내용을 금융회사가 고객에게 충분히 설명하지 않는 경우

펀드에서 손실을 내면 금융사와 고객 간에 분쟁이 잦아지는데, 이는 불완전 판매의 유형으로 계약자의 자필서명 여부가 쟁점의 대상이 된다. 펀드 판매사는 투자자보호를 위해 투자설명서를 제공하고, 그 내용을 잘 설명해야 할 의무가 있다. 만약 판매자가 상품에 대해서 제대로 설명하지 않고, 가입자가 아닌 제3자의 서명을 받은 경우는 불완전 판매로 손실의 일부를 돌려받을 수 있는 근거가 되고, 자필서명을 했다면 상품설명을 제대로 했는지가 중요해진다. 판매사는 펀드에 대한 상세고지의무가 있다. 투자 상품에 대한 위험성을 고객에게 자세하게 설명을 해 줬느냐 아니냐에 대해서는 투자설명서 제공여부로 판별한다. 투자설명서를 주지 않았다는 것은 상세고지 의무를 위반한 것이 된다. 또 투자설명서를 줬다 해도 별도로 과장된 내용을 담은 안내장(팸플릿)을 통해 다른 설명을 했다면 이 역시 불완전 판매가 된다.

☐☐☐

364 **불환지폐** ❁❁❁

不換紙幣

교환 보증 없이 발행하는 화폐

발행자인 정부나 은행이 본위화폐(금 · 은화)와 교환해 주겠다는 보증을 하지 않고 발행하여 발행자인 정부 또는 은행의 신용과 법률의 힘만으로 통용시키는 것으로, 대부분의 국가에서는 금본위제도를 실시하지 않기 때문에 불환지폐를 사용한다. 정부의 재무가 부실한 상태일 때 가장 쉬운 자금조달의 방법이기 때문에 자칫 화폐가치의 하락을 야기할 수 있다.

□□□

365 **불황형 흑자**

不況型 黑字

경기가 불황기에 접어들었을 때 수출 · 수입이 함께 둔화되면서, 수입이 수출 감소폭보다 수입 감소폭이 더 크게 나타나면서 경상수지가 흑자가 나는 현상

불황형 흑자는 수입과 수출의 감소폭을 상회하여 무역수지가 흑자로 나타나는 것이다. 우리나라의 경우 불황형 흑자는 주로 높은 환율에 의해 나타난다. 원화가치의 하락으로 기업들의 국제가격 경쟁력이 높아져, 불황기에도 무역수지의 흑자를 기록하게 되는 경우 나타나는 것이다. 최근 글로벌 경기 침체에도 큰 폭의 흑자를 나타낸 것은 우리나라가 수입의존도가 높았기 때문으로 평가되고 있다.

□□□

366 **붐플레이션**

boomflation

경기호황기에 발생하는 인플레이션

'호황(Boom)'과 '인플레이션(Inflation)'의 합성어이다. 경기호황기에 발생하는 인플레이션을 의미한다.

□□□

367 **뷰카**

VUCA

변동성, 불확실성, 복잡함, 모호성

'변동성(Volatile)', '불확실성(Uncertainty)', '복잡함(Complexity)', '모호성(Ambiguity)'의 앞 글자를 딴 용어이다. 뷰카(VUCA) 상황은 기업에게 있어 경영쇄신, 구조조정 등 생존을 위한 다양한 방법들을 논의하는 시기이기도 하다. 상황이 제대로 파악되지 않아 즉각적이고 유동적인 대응 태세와 경각심이 요구되는 상황을 나타내는 군사용어로 사용되어 왔다. 이후 상황이 빠르게 바뀌는 현대 사회 및 불안정한 금융시장과 고용시장 상황을 표현하고, 세계동향 및 기업경영에서 자주 언급된다.

□□□

368 **브레인 스토밍** ●●○

Brain Storming

1941년 미국의 광고대행사 BBDO의 알렉스 오스본이 아이디어 회의를 위한 발상법으로 고안

팀별 회의에 효율적인 회의 방식이다. 자유로운 분위기에서 많은 양의 의견을 제시하게 하면서 제시된 의견에 대해서는 비판하거나 비난하지 않도록 하고, 다른 사람의 의견에 덧붙이거나 편승해서 의견을 내도록 하여 의견을 정리하여 독창적인 아이디어를 만들어진다.

□□□

369 **브레턴우즈 체제** ●●●

미국 달러화를 기축통화로 하여 통화 가치의 안정을 도모하는 환율체제

1944년 44개국 연합 통화금융회에서 미국 달러화를 기축통화로 하여 통화 가치의 안정을 도모하는 환율체제이다. 세계대전 시기에 변동환율제도로 인하여 각 국의 통화가치 변동이 커졌고 이는 곧 인플레이션 및 투기를 야기하였다. 때문에 금을 다량 보유하고 있던 미국을 중심으로 국제무역의 확대와 국제수지 균형 등을 목표로 브레턴우즈체제를 체결하였다.

□□□

370 **브로드밴딩** ●●●

Broadbanding

직무등급의 수를 줄이는 대신 직무등급의 급여 폭을 넓히는 인사관리 방법

사원, 주임, 대리, 과장, 차장, 부장 등으로 직무등급을 세분화하는 대신 팀원, 팀장 식으로 단순화시킨 대신에 같은 팀장이라도 급여는 달리해서 같은 직급 내의 급여 폭을 넓히는 것을 말한다.

□□□

371 **브릭스** ❀❀❀

BRICs

2000년대 전후로 빠른 경제성장을 거듭하고 있는 브라질(Brazil) · 러시아(Russia) · 인도(India) · 중국(China)의 머리글자를 따서 만든 용어

신흥경제 4개국을 합치면 세계 인구의 40%가 훨씬 넘는다. 경제전문가들은 2030년 무렵이면 이들이 세계 최대의 경제권으로 도약할 것으로 보고 있다.

ㅂ

□□□

372 **브이틱스** ❀❀❀

VTICs

베트남(Vietnam), 태국(Thailand), 중국(China), 인도(India)

베트남과 태국은 값싼 노동력, 저렴한 토지임대료, 법인세 면제 등 정부의 정책적 지원을 제공할 수 있다. 특히 베트남은 중국과 동남아 양쪽으로 수출할 수 있는 지리적 이점도 있어, 중국과 인도 시장을 겨냥한 제조 및 개발의 거점으로 유리해 해외시장의 이목을 끌고 있다.

□□□

373 **블라인드 트러스트** ❀❀❀

Blind Trust

공직자의 재임기간동안 재산을 공직과 관계없는 제3의 대리인에게 명의신탁하게 함으로써 국정을 다루는데 있어서 공정성을 기할 수 있도록 하는 제도

명의신탁을 하면 본인 소유의 주식이라 해도 마음대로 사고팔 수 없으며, 주주권 행사를 일절 금지하는 미국의 제도로 우리나라에서는 백지신탁제도 또는 폐쇄펀드라 한다. 공직자는 재임 중 재산을 공직과 무관한 대리인에게 맡기고 절대 간섭할 수 없는데, 이는 도덕적 해이를 미연에 방지하기 위한 것으로 미국 고위공직자들은 취임하자마자 공직윤리규정에 따라 자신이 보유한 유가증권을 블라인드 트러스트에 신탁해야 한다.

□□□

374 **블라인드 펀드** ●●○
Blind Fund

투자대상을 미리 정하지 않고 투자자금을 모집한 후 투자처를 물색해 투자하는 펀드로 투자자에게 미리 일정한 규모의 투자금을 모았다가 우량물건이 나오면 투자해서 수익을 올리는 방식

펀드상품들은 대부분 투자대상이 정해져 있어서 펀드상품 설명서를 보면 주식의 투자비중이 얼마이고, 어떤 종목을 주로 투자하는지에 대한 자세한 설명이 나와 있다. 반면에, 블라인드 펀드는 투자자금의 기본적인 운용계획은 짜여 있지만, 구체적으로 어떤 상품에 투자하는지는 고객은 물론 운용사도 사전에 알 수 없다.

□□□

375 **블랙마켓** ●○○
Black Market

상품이 비정상적인 가격으로 거래되는 암시장

여러 가지 원인으로 인하여 상품이 본래 가격보다 높거나 저렴한 비정상가격으로 거래되는 시장을 말하며 넓은 의미로는 불법적인 거래가 이루어지는 비합법적인 시장을 말한다.

□□□

376 **블랙머니** ●●○
Black Money

공인된 금융기관을 거치지 않고 거래되는 자금

기업의 비자금이나 불법적인 사업을 통해 얻은 자금도 여기에 포함되며, 정상적으로 거래되지 않기 때문에 세금도 내지 않으며, 주로 사채시장을 통해 이루어진다.

□□□

377 **블랙먼데이** ●●●
Black Monday

1987년 뉴욕증권시장에서 발생한 주가대폭락 사건

월요일 증시가 대폭락을 맞이할 경우 흔히 블랙먼데이라고 한다. 1987년 10월 19일 뉴욕 증시가 개장 초반부터 대량의 팔자 주문이 쏟아지면서 그날 하루 증시 22.6%가 폭락했는데, 당시가 월요일이었기 때문에 블랙먼데이라는 이름이 붙여졌다. 1987년 대사건 이후 지수 폭락 일을 나타내는 보통명사가 되었고, 이날의 기록은 지금까지도 깨지지 않고 있다.

□□□

378 **블랙박스 전략** ●○○

Black Box Strategy

영업비밀 보호전략의 일종

특허출원으로 인한 자사의 기술 지배력이 떨어지는 것을 막기 위해 핵심 기술의 특허출원을 하지 않는 것을 말한다. 블랙박스 전략은 높은 기술적 진입장벽을 구축할 수 있다는 장점이 있으나 기술이 유출되었을 때 아무런 보호장치가 없다는 문제점을 갖는다.

□□□

379 **블랙스완** ●●●

Black Swan

극단적 예외사항이라 발생가능성이 없어보이지만 발생하면 엄청난 파급효과를 초래하는 사건

18세기 호주에서 '흑조'가 발견되기 전까지 블랙스완은 실제로 존재하지 않는다고 생각했지만 실제 흑조가 발견되었다는 블랙스완은 과거의 경험으로는 아무리 분석하더라도 미래를 예측할 수 없거나 발생 가능성이 거의 없어 보이지만 일단 발생하면 엄청난 충격을 가져오는 사건이나 통념에 빠져 전혀 예측할 수 없었던 일이 일어나는 것 등을 지칭하는 용어로 사용된다. 미국 금융분석가 나심 니콜라스 탈레브가 2007년 출간한 저서 「블랙스완」에서 증시 대폭락 가능성과 글로벌 금융위기를 예측했다고 해서 전 세계적으로 블랙스완이란 용어가 유명해지게 되었다.

□□□

380 **블랙엔젤** ●●○

Black Angel

회사의 성장보다 개인의 이익을 추구하는 투자자

금융대출이나 기관투자를 유치하기 어려운 벤처기업에게 천사처럼 나타나 필요한 자금과 자문을 지원하다가 태도를 바꿔 경영권이나 기술정보 등을 빼앗아가는 사람 혹은 기업을 말한다. 기업을 성장시켜 함께 이익을 나눠가지기 보다는 자신의 이익만 추구하는 것이다. 정부의 벤처육성정책에 의해 벤처기업이 증가하자 블랙엔젤도 함께 증가하였고 이를 규제하기 위해 정부는 중소기업청에 신고센터를 설치하여 강력하게 대응하고 있다.

□□□

381 **블랙컨슈머** ❀❀❀

Black Consumer

상습적으로 악성 민원을 제기하는 소비자

변질되거나 이물질이 들어간 제품을 찾아내 관련 제조업체나 유통업체들에 과도한 보상을 요구하는 행위를 일삼는다. 이 과정에서 인터넷에 공개하겠다거나 언론 등에 제보하겠다고 협박하기도 한다. 식품이나 제과업계에서는 이런 사람들을 '식파라치'라고 한다. 식파라치란 식품과 파파라치의 합성어로 이들은 제품에 들어간 이물질뿐만 아니라 불량식품을 만들어서 판매하는 사람이나 유통기간이 지난 제품을 제조 및 판매하는 사람들을 찾아내 신고하여 보상금을 타기도 한다.

□□□

382 **블랙 프라이데이** ❀❀❀

Black Friday

미국의 추수감사절 다음 날부터 크리스마스까지 이어지는 쇼핑 시즌의 시작

유통업체들의 매출증가와 이에 따른 수익이 증가하는 날이다. 대규모 할인 행사를 열기 때문에 많은 소비자들이 몰려 유통업체들의 회계 장부가 붉은색(적자)에서 검은색(흑자)로 바뀐다는 뜻에서 블랙프라이데이라는 이름을 붙였다. 그러나 업체들 간의 경쟁이 치열해 지면서 의도와는 적자를 키우는데 이러한 현상을 레드 서스데이라고 한다.

□□□

383 **블록 딜** ❀❀❀

Block Deal

증권시장에서 기관 또는 큰 손들의 대량 매매

시장에 주식이 대량으로 나오면 시장가격에 영향을 미쳐 팔고자하는 가격에 팔수 없는 상황이 초래된다. 주식을 대량보유하고 있는 매도자가 사전에 자신의 매도물량을 인수할 수 있는 매수자를 구해 시장가격에 영향을 미치지 않도록 장 시작전이나 장이 끝난 후에 시간외매매로 전일종가나(장 시작 전) 당일종가(장 마감 후)에 주식을 넘기는 매매를 말한다.

□□□

384 **블록체인** ●●●

Block Chain

다수의 노드에 동일한 기록을 동기화시키는 구조

노드 간의 기록에 차이가 발생한 경우에는 일정한 규칙에 따라 다수결에 의해 정통 기록을 결정하여 기록 동기화를 확보해 나가는 구조로 되어 있다. 또한 기존의 기록(블록)에 새로운 기록을 추가할 때 계속 추가해 나갈 수 있어서 블록체인이라고 한다. 여기서 블록이란 거래내역 및 발생 시간 등의 내용을 문자, 숫자형태로 암호화하여 포함한 것으로 순차적으로 연결된 일종의 데이터 패킷을 말한다. 블록체인이 처음으로 실용화된 사례로 최초의 가상 암호화 전자화폐인 비트코인이 있으며, 기존 가상화폐뿐만 아니라 금융 혹은 핀테크 분야에 걸쳐 사물 인터넷 · 자율주행자동차 등 다양하게 활용된다.

□□□

385 **블루골드** ●●○

Blue Gold

자원으로서의 물의 가치가 커짐에 따라 등장한 용어

1999년 캐나다 일간지 내셔널포스트에서 사용했으며, 석유를 의미하는 블랙골드에 빗대어 그렇게 부르게 되었다. 20세기가 석유의 시대라면 21세기는 물의 시대라는 의미이다.

□□□

386 **블루라운드** ●●○

Blue Round

세계 각국의 근로조건을 국제적으로 표준화하기 위한 목적으로 추진되는 다자간 무역협상

1995년 1월 세계무역기구(WTO)의 출범으로 새로운 통상문제가 제기되면서, 국가 간의 통상문제에 노동기준과 무역을 연계시키기 위한 선진국의 무역정책이다. 각 국의 근로조건을 국제적 기준에 못 미치는 개발도상국의 상품에 무역제재조치를 취하기 위한 것이다.

□□□

387 **블루슈머**

Bluesumer

경쟁자가 없는 새로운 시장의 소비자

미개척의 새로운 시장을 발견하여 새로운 수요를 창출하고, 고수익을 올릴 기회를 잡으려는 블루오션 전략이 기업의 중요한 이슈가 되면서 블루슈머를 찾는 일도 중요시되었다.

□□□

388 **블루오션**

Blue Ocean

차별화로 새로운 시장을 개척하려는 전략

포화상태인 기존 시장에서 벗어나 경쟁이 없거나 미약하여 새로운 가치창출을 할 수 있어서 높은 수익과 빠른 성장을 기대하는 시장이다.

□□□

389 **블루칩**

Blue Chip

수익성과 재무구조가 건전한 기업의 주식으로 오랜 시간동안 안정적인 이익을 창출하고 배당을 지급해온 대형 우량주

주가 수준에 따라 고가우량주, 중견우량주, 품귀우량주 등으로 표현한다. 우량주는 대체적으로 시가총액이 크고, 성장성 · 수익성 · 안정성이 뛰어나다. 각 업종을 대표하는 회사의 주식을 말하며, 블루칩은 외국인투자자나 국내 기관투자자들이 특히 선호하는 종목으로 대부분 주가도 높고 기관투자가들의 집중 매수 대상이 되고 있다.

□□□

390 **비경제활동인구**

만 15세 이상 인구 중에 취업자도 실업자도 아닌 사람

만 15세 이상 인구 가운데 일할 수 있는 능력이 있으나 일할 의사가 없거나, 일할 능력이 없어서 노동을 하지 못하는 사람을 뜻한다. 비경제활동인구에 가사노동이나 봉사활동, 지하경제는 포함되지 않는다.

□□□

391 **비교우위론** ●●●

Theory of Comparative Advantage

영국의 경제학자 데이비드 리카도가 주장한 이론

다른 나라에 비해 더 작은 기회비용으로 재화를 생산할 수 있는 능력을 뜻한다. 한 나라에서 어떤 재화를 생산하기 위해 포기하는 재화의 양이 다른 나라보다 적다면 비교 우위가 있는 것이다. 비교 우위는 경제적 능력이 서로 다른 국가 간에 무역이 이루어질 수 있게 해 주는 원리이며 각 나라의 경제 여건의 차이는 비교 우위를 결정하는 요인이 된다. 비교 우위론에 따르면 한 나라가 상대적으로 어떤 재화를 다른 나라보다 더 유리하게 생산할 수 있을 때 비교 우위를 가진다고 할 수 있으며, 각 나라가 자국에 비교 우위가 있는 재화를 특화 생산하여 무역을 하면 서로 이득을 얻을 수 있다.

□□□

392 **비둘기파** ●●●

The Doves

경제성장을 위해 양적완화와 금리인하를 주장하는 세력

경제성장을 위하여 적절한 인플레이션이 필요하다는 입장이다. 금리를 인하하면 대출 및 투자와 소비가 증가하여 시장경제가 활성화되기 때문에 경제활동을 촉진시키기 위해 적절한 인플레이션이 필요하다고 주장하는 것이다. 다만 물가가 지속적으로 상승할 경우 물가 불안정을 초래하므로 적절한 인플레이션이 중요하다.

□□□

393 **비만세** ●●○

Fat Tax

지방이 다량 함유됐거나 당분이 많아 비만을 유발하고 건강을 위협하는 식품에 매겨지는 세금

덴마크가 세계 처음으로 도입해 포화지방산이 2.3% 넘게 함유된 버터, 우유, 피자, 식용유, 육류 조리식품 등에 지방 1kg당 3,400원 정도의 세금을 부과하였으나, 식품가격의 상승과 식품가계의 폐업이 잇따르자 도입 1년 만에 폐지하였다.

□□□

394 **비용질병**

미국의 경제학자 보몰이 주장한 이론

어떤 한 분야의 노동생산성이나 효율성이 높아지면 해당 분야의 임금이 상승하는데, 그에 따라 다른 분야 역시 임금상승의 압박을 받게 되는 현상을 말한다. 만약의 경우 임금의 상승이 이루어지지 않게 되면 임금이 상승하는 분야로 인재를 빼앗기게 되는 결과를 초래하게 된다.

□□□

395 **비율 스프레드**

Ratio Spread

옵션거래기법으로 대상자산의 가격변동이 작을 것으로 예상하고 투자하는 방법

낮은 행사가격으로 콜을 매입하고, 높은 행사가격으로 더 많은 콜을 매도한다. 기초자산의 가격이 일정수준 이하인 경우에는 언제나 이익을 얻을 수 있으나, 일정수준을 초과하게 되면 손실은 무한대가 되는 레이시오 콜 스프레드와 높은 행사가격에 풋을 매입하고, 낮은 행사가격에 매입한 양보다 더 많은 풋을 매도하는 것으로 기초자산의 가격이 일정수준 이상인 경우에는 언제나 이익을 얻을 수 있으나 일정수준을 하회하는 경우에는 손실이 무한대가 되는 레이시오 풋 스프레드가 있다.

□□□

396 **비정규직 보호법**

非正規職保護法

비정규직 근로자의 권익을 보호하기 위해 제정된 법률

「기간제 및 단시간근로자보호 등에 관한 법률」, 「파견근로자보호 등에 관한 법률」, 「노동위원회법」이 이에 해당한다.

□□□

397 **비즈니스 노마드** ❁❁❁

Business Nomad

휴대폰, 노트북 등의 첨단장비를 가지고 여러 나라를 다니며 일하는 사람들을 가리키는 신조어

젊고, 학력수준이 높으며, 대도시에 거주하는 특징이 있다. 이들은 가족애나 우정 등 인간관계보다는 정보교환이나 사업의 기회나 참여 등의 상업적 관계를 중시한다. 현재 낯선 도시에서 홀로 숙식을 하는 이들에게 같은 처지에 있는 사람들과 교류할 수 있는 기회를 제공하는 노마드 비즈니스 클럽이 생겨났으며, 이들은 전 세계적으로 100만 명에 이를 것으로 추정된다.

□□□

398 **비트코인** ❁❁❁

Bitcoin

암호화된 가상자산

2009년 익명의 프로그래머에 의해 개발되었다. 비트코인은 P2P 시스템으로, 중개자 없이 사용자간의 직접적인 교환이 이루어지는 화폐이다. 이러한 교환은 네트워크에 의해 검증되고 블록체인이라 불리우는 분산장부에 기록된다. 화폐가 중앙은행 없이 교환되기 때문에 최초의 분산 디지털 통화라 불리운다.

□□□

399 **빅 데이터** ❁❁❁

Big Data

대용량의 데이터를 저장, 수집, 발굴, 분석, 비즈니스화하는 일련의 과정

과거 데이터의 개념은 단순한 저장이나 수집하는 것이었다. 최근 데이터의 영역은 각종 디지털 디바이스들을 통해 저장 수집된 데이터 속에서 가치있는 정보를 찾아내어 인포그라픽스로 표현하여 알기 쉽게 전달하고 정보를 원하는 사람이나 기관에 판매하는 비즈니스 과정을 전부 포괄한다. 빅데이터의 핵심은 데이터에서 가치를 추출하여 활용하는 데이터의 비즈니스화에 있다고 할 수 있다. 빅데이터는 하드웨어부터 소프트웨어, 컴퓨터공학에서 인간공학, 심지어 뇌과학과 언어학까지 망라되는 기술이 모두 적용되는 분야이다.

□□□

400 **빅맥지수** ❁❁❁
Big Mac Index

각국의 통화가치 적정성을 맥도널드 빅맥 햄버거 현지 통화가격을 달러로 환산한 지수

전 세계에 점포를 둔 맥도날드의 빅맥 가격으로 각국 통화의 구매력과 환율 수준을 비교 · 평가하여 버거노믹스(버거경제학)라고 이름 붙인 빅맥지수를 매년 발표하고 있다. 환율은 두 나라에서 동일한 상품과 서비스의 가격이 비슷해질 때까지 움직인다는 이론을 근거로 적정 환율을 산출하는 데 활용된다. 일반적으로 빅맥지수가 낮을수록 달러화에 비해 해당 통화가 상대적으로 저평가되는 것으로 해석된다. 그러나 나라마다 임금 등의 차이를 무시하거나, 단순히 비교역재인 버거를 일물일가의 법칙으로 설명하려는 등은 한계로 지적되고 있다.

□□□

401 **빅 배스** ❁❁

Big Bath

부실자산을 한 회계연도에 모두 반영하여 위험요인을 제거하는 회계 기법

통상적으로 경영진 교체 시기 또는 마지막 분기에 많이 이루어진다. 낚시 용어가 아닌 회계와 관련한 용어로써 전임자가 쌓아 놓은 손실등 부실 요소를 새로운 경영자가 털어버리는 것을 말한다.

□□□

402 **빅뱅 디스럽션** ❁❁

Bigbang Disruption

창조와 붕괴를 동시에 일으키는 혁신

기존 제품이나 서비스를 개선하는 것에서 그치지 않고 시장을 재편하여 새로운 기술의 제품과 서비스를 생산하는 것을 의미한다. 기업과 제품의 수명은 대체로 짧아지지만 빠른 적응과 혁신을 통해 기업의 성장에 큰 영향을 미친다.

□□□

403 **빅브라더**

Big Brother

정보를 독점하여 사회를 통제하려는 관리 권력 또는 그러한 사회체계

영국의 소설가 조지 오웰의 소설 「1984년」에 나오는 독재자 빅브라더에서 유래되었다. 빅브라더는 긍정적 의미로는 선의의 목적을 가지고 사회를 돌보는 보호적 감시를 뜻하며, 부정적 의미로는 정보의 독점을 통해 권력자들이 행하는 사회통제의 수단을 말한다.

+상식더보기 빅브라더상

미국, 일본 등 20여 개 나라에서 해마다 열리는 시상식을 말한다. 정부나 기업이 정보통신기술로 국민의 사생활을 침해하는지에 대해 시민의 눈으로 감시하기 위해 시민 · 사회단체가 주관하는 행사다.

□□□

404 **빅블러**

Big Blur

산업의 경계가 모호해지는 현상

빠르게 변화하는 소비 패턴과 기술의 발달로 인해 산업의 경계가 모호해지는 현상을 말한다. 금융회사 대신 핀테크를 이용하여 해외로 송금 하는 것, 온라인 지급결제 서비스가 온라인 가맹점을 내는 것 등이 이에 해당된다.

□□□

405 **빈곤의 악순환**

Vicious Circle of Poverty

국민소득의 성장률이 낮으며, 이런 현상이 되풀이되는 과정

후진국은 국민소득이 낮기 때문에 국내 저축이 미약하므로 높은 투자가 형성될 수 없다. 미국의 경제학자 넉시가 「저개발국의 자본형성 제문제」에서 처음 사용한 용어이다.

□□□

406 **빚의 함정**

Debt Trap

높은 부채로 소비나 투자가 위축되는 현상

과도한 빚으로 경제주체가 돈을 사용하지 않는 것이다. 장기불황의 요인 중에 하나이다.

□□□

407 **뿌리산업** ❁❁❁

Root Industry

나무의 뿌리처럼 제조업 경쟁력의 근간이 되는 산업

겉으로 드러나지 않으나 최종 제품에 내재되어 제조업 경쟁력의 근간이 되는 산업을 뿌리산업이라고 한다. 2011년 7월에 제정된 「뿌리산업 진흥과 첨단화에 고나한 법률」을 근거로 주조 · 금형 · 용접 · 표면처리 · 소성가공 · 열처리 등 공정기술을 활용하여 부품 또는 완제품을 생산하는 산업을 말한다.

06. ㅂ QUIZ

다음 문제를 보고 옳고 그른 것에 따라 O,X를 고르세요.

01. 영국의 경제학자 데이비드 리카도가 주장한 이론은 <u>비교우위론</u>이다. O X

02. 산업의 경계가 모호해지는 현상은 <u>빅뱅 디스럽션</u>이다. O X

03. <u>베어 마켓(은)</u>는 장기간에 걸친 시장 강세를 말한다. O X

04. 차별화로 새로운 시장을 개척하려는 전략은 <u>블루오션</u>이다. O X

05. <u>부의 효과</u>는 자산의 가치상승과 함께 소비도 증가하는 현상이다. O X

문장에 맞는 단어를 고르세요.

㉠ 본원화폐	㉡ 볼커룰	㉢ 블랙엔젤	㉣ 블랙스완	㉤ 변혁적 리더십

06. 미국 금융기관의 위험투자를 제한하기 위하여 만든 규제방안은 ____(이)다.

07. ________(은)는 중앙은행이 공급하는 통화를 말한다.

08. 구성원들의 가치관이나 행동규범 등을 변화시켜 조직을 바람직한 방향으로 변혁시키는 리더십은 ________(이)다.

09. ____(은)는 발생가능성이 없어 보이지만 발생하면 엄청난 파급효과를 초대하는 사건을 말한다.

10. _____(은)는 어려운 벤처기업을 자금 · 자문 지원하다가 태도를 바꿔 경영권이나 기술정보 등을 빼앗아가는 사람이나 기업을 말한다.

답 1.O 2.X(빅블러) 3.X(불 마켓) 4.O 5.O 6.㉡ 7.㉠ 8.㉤ 9.㉣ 10.㉢

Across

1. 선물시장 급등락 시 매매호가가 5분 동안 효력이 정지되는 비상조치
2. 기업 내부에 독립된 사업체를 설치하는 것
3. 금융 이력 부족자
4. 공급이 수요를 창출한다는 법칙

Down

5. 투명한 기업경영을 위해 외부 전문가를 이사회에 참여시키는 제도
6. 국내업체가 특정 상품 수입으로 타격을 입을 경우 일시적으로 발동시킬 수 있는 긴급 수입제한 조치
7. 2024년부터 신생아를 출산하는 가정에게 시행하는 특례대출

Across | 1.사이드카 2.사내벤처 3.신파일러 4.세이의 법칙

Down | 5.사외이사제 6.세이프가드 7.신생아특례대출

PART

ㅅ

경제용어해설

checkpoint

- 사외이사제
- 사이드카
- 세이의 법칙
- 손절매
- 스캘퍼
- 스탠드스틸
- 스텔스 마케팅
- 스튜어드십코드
- 스톡홀릭 증후군
- 스트레스 금리
- 슬림 마케팅
- 승자의 저주
- 시티노믹스
- 신브레튼우즈체제
- 실질GDP

□□□

408 **사내 벤처** ●●○

Corporate Venture

기업이 본래의 사업과 다른 시장으로 진출하거나 새로운 제품의 개발을 목적으로 하여 기업 내부에 독립된 사업체를 설치하는 것

단기간에 신규사업을 육성하는 효율적인 수단으로 사용된다. 무형에서 사업을 일으키기 위한 조직인 사내 벤처는 기존에 어느 정도 확립된 사업을 독립채산제로 추진하는 사업부제와는 차이가 있다. 선진국에서는 1940년부터 신기술 사업화와 조직슬림화, 직원의 사기 진작 등을 위해 주로 대기업에서 시행해오고 있다. 사내벤처는 1999년 중반 벤처기업 붐이 일어나면서 더욱 활성화되었으며, 별도의 법인으로 발전한 경우도 많았다.

□□□

409 **사모펀드** ●●●

PEF :
Private Equity Fund

고수익 기업 투자펀드

소수의 비공개로 투자자의 자금을 모아 주식이나 채권에 투자하는 펀드로서 고수익을 추구하지만 그만큼 위험도 큰 편이다. 여기에는 기관으로부터만 자금을 조달하는 기관전용 사모펀드와 소수의 투자자들로부터 단순 투자 목적의 자금을 모아 펀드로 운용하는 주식형 사모펀드(일반 사모펀드), 기업 경영에 참여하는 방식으로 특정기업의 주식을 대량으로 인수해 기업의 가치를 높인 후 주식을 되팔아 수익을 남기는 사모투자 전문회사가 있다.

□□□

410 **사물 인터넷** ●●●

IoT : Internet of Things

인터넷으로 연결된 기기가 사람의 개입 없이 서로 정보를 주고받아 어디서나 기기를 제어할 수 있는 인터넷

1999년 MIT대학의 캐빈 애시턴이 전자태그와 기타 센서를 일상생활에서 사용하는 사물을 탑재한 사물인터넷이 구축될 것이라고 전망하면서 처음 사용된 것으로 이후 시장분석 자료 등에 사용되면서 대중화되었다. 사물인터넷은 가전에서 자동차, 물류, 유통, 헬스케어까지 활용범위가 다양하다. 예를 들어 가전제품에 IoT 기능을 접목시키면 외부에서 스마트폰을 이용해 세탁기, 냉장고, 조명 등을 제어할 수 있다.

ㅅ

□□□

411 **사물지능 통신** ●●○

M2M : Machine to Machine

기계 간의 통신을 통한 상호 정보 전달

사물 인터넷의 하위개념으로 통용되고 있다. 아파트 단지 내 음식물 종량제 수거 시스템을 예시로 들 수 있다.

□□□

412 **사외이사제** ●●●

Outside Director System

기업 경영 투명성을 위하여 외부 전문가들을 이사회에 참여시키는 제도

일정한 자격을 갖추고 대주주의 영향을 받지 않은 전문가들을 이사회에 참여시켜 기업권력의 집중과 남용을 방지하고 기업의 사회적 책임을 성실히 수행하게 하려는 측면에서 도입된 제도이다. 미국이나 독일 등에서는 이미 오래전에 도입되었는데 미국의 경우 상장회사들은 전체 이사진의 70 ~ 80%를 비상근인 사외이사로 두고 있다. 재무나 법무전문가, 소액주주대표, 전직 대기업 경영자로 구성된 사외이사들은 1년에 수차례 이사회에 참석하여 기업의 중요한 경영 방향에 대한 결정을 내리고 감사활동도 병행한다.

□□□

413 **사우스웨스트 효과** ❁❁❁

Southwest Effect

가격이 하락하면서 이용객이 늘어나는 현상

미국 '사우스웨스트' 항공사의 경영전략이다. 장기 불황과 9.11테러의 여파로 많은 항공사들이 대규모 적자로 파산 위기를 맞이하였을 때, 미국의 '사우스웨스트'와 영국의 '이지 제트' 등 단거리 노선 중심의 저가 항공사들은 업계 침체 속에서도 높은 성과를 달성하였다. 편의성과 저렴한 가격을 동시에 충족시키는 혁신을 만들어낸 사우스웨스트 항공사는 초저가로 서비스를 제공하면서 단기간 내에 미국의 4대 항공사 중 하나로 성장했다.

□□□

414 **사이드카** ❁❁❁

Side Car

선물시장 급등락 시 매매호가가 5분 동안 효력이 정지되는 비상조치

경찰 오토바이인 사이드카가 길을 안내하듯 과속하는 가격이 사고를 내지 않도록 유도한다는 의미에서 붙여졌다. 주가가 급격히 오르거나 떨어질 때 일시적으로 프로그램 매매를 중단시킴으로써 시장을 진정시키는 것이 목적이다. 선물시장 급등락 시 취하는 비상조치로, 우리나라에서는 주가지수 선물시장을 개설하면서 도입되었으며 선물가격이 전일 종가 대비 5%(코스닥은 6%) 이상 상승 또는 하락한 상태가 1분간 지속되면 사이드카가 발동되어 주식시장 프로그램 매매호가 효력이 5분간 정지된다. 5분이 지나면 자동으로 해제되며 1일 1회 한해서만 발동되고 주식시장 매매거래 종료 40분 전(오후 2시 20분) 이후에는 발동되지 않는다.

□□□

415 **사회적 책임 국제표준**

SR : Social Responsibility

기업의 사회적 책임준수도를 평가하는 국제기준

사회적 책임규범이 난립하여 기업이 지나친 비용을 부담해야 하는 등 선의의 피해가 생긴다. 사회적 책임과 관련된 기업의 실행력을 제고하기 위한 구체적인 경영 메뉴얼과 선진국에 비해 개발도상국의 사회적 책임실행여건이 미흡해 국가 간 격차가 확대되는 문제를 해결하기 위해 제정되었다. SR의 국제표준화 작업 필요성이 제기되어 미국윤리임원협의회(EOA)가 ISO에 표준화 추진을 요청하여 ISO26000이라는 코드로 표준화가 추진되고 있다.

ㅅ

상식더보기 ISO26000의 표준화의 주요내용

지배구조개선, 환경보호, 인권보호, 노동환경개선, 공정한 조직운영, 소비자의 이익실현 및 지역사회 개발 등의 사회적 책임을 중심으로 자발적인 준수원칙을 명시하고 있다. 이 국제표준을 준수해야 하는 이해관계자 그룹은 정부, 산업계, 노동계, 소비자, NGO로서 국제사회의 모든 조직을 대상으로 ISO는 국제노동기구(ILO), UN Global Compact 등 사회적 책임과 관련된 국제협약을 운영하는 국제기구와 환경, 인권, 노동분야의 협력을 목적으로 하는 MOU체결을 추진하고 있다.

□□□

416 **사회책임 투자펀드**

SRI : Social Responsible Investment Fund

투자자들이 투자에 가치와 윤리개념을 도입해서 투자하는 것

기업의 재무구조뿐만 아니라 친환경, 사회공헌활동, 윤리경영 등 다양한 사회적 성과가 높고, 우수한 기업에 투자하는 펀드이다. 다른 펀드와는 달리 기업에 대하여 적극적인 경영참여활동을 통해 펀드수익률을 극대화하는 것을 목적으로 한다. 투자의사를 결정할 때 사회·환경, 윤리적인 요인들까지 고려하여 투자하는 방식이다.

□□□

417 **산타랠리** ●●○
Santa Rally

크리스마스 전후에 주가가 강세를 보이는 현상

크리스마스를 전후로 연말과 신년 초에 증시가 강세를 보이는 형상을 말한다. 기념일을 앞두고 소비가 증가하고 내수가 늘면서 기업의 매출도 함께 상승한다. 기업 발전 가능성이 높아져 기업의 주식을 매입하려는 사람들도 늘어나고 증시 전체의 강세 현상으로 이어지는 것이 산타랠리이다.

□□□

418 **상계관세** ●●●
Counter Valling Duties

수출국에서 장려금이나 보조금을 지급받는 상품이 수입되어 국내 관련 산업에 피해를 입히거나 피해를 입힐 우려가 있을 경우 수입국이 보조금만큼의 관세를 부과하는 것

장려금이나 보조금을 지급받는 수출품은 상품가격이 그만큼 싸져 국가경쟁력이 강화되어 수출을 증대시킬 수 있으나, 수입하는 국가의 관련 산업은 시장을 잠식당하는 등의 타격을 받는다. 이러한 문제를 해결하기 위하여 '관세 및 무역에 관한 협정(GATT)'은 수출국에서 지원하는 보조금을 상쇄하도록 상계관세 부과를 인정한다. 또한 수입국의 국내 관련 산업에 직접적인 피해가 없다하더라도 GATT 가입국의 수출산업이 피해를 입으면 상계관세 부과를 인정한다. 결국 상계관세는 외국의 산업장려정책이나 수출촉진정책에 입각한 부당경쟁으로부터 국내 관련 산업을 보호하기 위해 부과되는 것이다.

□□□

419 **상장** ●●○
Listing

유가증권시장이나 코스닥시장에 들어가 주식을 매매할 수 있도록 인정하는 것

상장이 되면 투자자들이 주식을 믿고 거래하기 때문에 설립연수, 매출 및 자본금규모 등 일정한 자격요건과 절차가 요구된다. 상장회사는 증자나 회사채발행 등을 통해 투자자들로부터 자금을 조달할 수 있다. 자금조달방식을 은행 등 금융기관에서의 차입하는 간접 금융과 구별해 직접금융이라고 한다. 상장주식은 비상장주식보다 쉽게 거래되는 만큼 기업의 실제 가치에 가깝게 주가가 형성되므로 대주주가 제값에 주식을 받을 수 있는 효과도 있다.

□□□

420 **상장지수 펀드** ❁❁❁

ETF : Exchange Traded Funds

KOSPI200, KOSPI50 지수값이 특정주가지수와 동일한 수익을 얻을 수 있도록 설계한 지수연동형 펀드

해당 주가지수에 편입된 바스켓(10개 이상의 주식조합)과 동일하게 구성하고, 이에 따라 발행된 주식이나 수익증권을 한국거래소에 상장해 개인도 거래할 수 있다. 지수당 가격은 1만 원이고 최소 매매단위는 10주이므로 10만 원 이상이면 펀드투자가 가능하다. 일반펀드는 가입이나 환매 시 다음날 기준가로 가격을 결정하지만 상장지수펀드는 실시간 가격으로 결정된다.

ㅅ

□□□

421 **상품펀드** ❁❁❁

Commodity Future Fund

인플레이션의 우려로 원유나 광물, 금, 옥수수, 부동산 등의 실물에 투자하는 펀드

미술품, 공연 등 예술품은 물론 한우, 삼겹살, 와인 등 종류가 다양하다. 화폐가치의 하락으로 인한 자산가치의 하락을 막을 수 있는 장점이 있지만 환매할 수 없는 상품이기 때문에 쉽게 사고 팔 수 없어 비교적 장기투자를 해야 하는 단점이 있다.

□□□

422 **섀도보팅** ❁❁❁

Shadow Voting

주주가 총회에 참석하지 않아도 투표한 것으로 간주하여 결의에 적용하는 제도

주주총회가 무산되지 않도록 하기 위해 참석하지 않은 주주들의 투표권도 행사할 수 있도록 하는 대리행사 제도이다. 불참한 주주들의 의사가 반영되는 위임투표와는 다르게 다른 주주들의 투표 비율을 적용한다. 그러나 경영진과 대주주가 악용하는 사례가 빈번하여 결국 폐지하게 되었다.

□□□

423 **서머랠리** ❁❁❁

Summer Rally

매년 7 · 8월에 본격적인 여름 휴가철을 앞두고 주식시장이 강세를 보이는 것

여름 휴가기간이 비교적 긴 선진국에서 흔히 발생하는 현상이다. 펀드매니저들이 여름휴가를 가기 전인 7월에 가을 장세의 호황을 예상하고 주식을 미리 매수함으로써 주가가 단기적으로 오르는 것을 보고 만들어낸 것이다.

□□□

424 **서번트 리더십** ❁❁❁

Servant Leadership

타인을 위한 봉사에 초점을 두고 자신보다 구성원들의 이익을 우선시하는 리더십

미국의 학자 그린리프는 리더란 구성원에게 명령과 통제로 일관하는 자기중심적 리더가 아닌 신뢰와 믿음을 바탕으로 개방적인 가치관을 지닌 것이라고 보았다. 따라서 이타주의에 초점을 두면서 리더십에 대한 새로운 접근법을 제시하였다. 서번트 리더십을 발휘하는 리더들은 인내, 친절, 겸손, 존중, 무욕, 용서, 정직, 헌신, 타인의 욕구 충족, 권위와 같은 특성을 지닌다.

□□□

425 **서브프라임 모기지론** ❁❁❁

Subprime Mortgage Loan

미국에서 저소득층 또는 신용등급이 낮거나 대출금액이 많은 사람들에게 주택마련 자금을 고금리로 빌려주는 비우량 주택담보대출

신용평가회사인 FICO에서 대출 신청자의 과거 대출실적과 대출잔액, 거래기간, 신용대출실적과 신용 조회수, 적정수준 대출유지 여부 등 5개 부문을 기준으로 점수를 매겨 신용등급을 나눈다. 서브프라임 모기지론은 신용등급이 가장 낮은 서브프라임에게 빌려주는 주택담보대출상품이며, 대출상품의 연체율 상승이 글로벌 금융위기의 원인이 되었다.

□□□

426 **서킷 브레이커** ●●●

Circuit Breakers

주식거래 시 주가가 급격하게 하락할 때 매매를 일시적으로 중단하는 제도

주가가 폭락하는 경우 거래를 정지시켜 시장을 진정시키는 목적으로 주가지수가 전일종가 대비 10% 이상 하락한 상태로 1분 이상 지속될 경우 발동된다. 서킷브레이커가 발동되면 처음 20분 동안 모든 종목의 호가 접수 및 매매거래가 정지되며, 향후 10분 동안 새로 동시호가만 접수된다. 하루 한 번만 발동할 수 있으며, 장 종료 40분 전에는 발동할 수 없다.

ㅅ

□□□

427 **석유 수출국기구** ●●○

OPEC : Organization of the Petroleum Exporting Countries

국제석유자본에 대한 발언권을 강화하기 위하여 주요 석유 생산 · 수출국들이 결성한 조직

1960년 9월 원유가격 하락을 방지하기 위해 이라크 정부의 초청으로 개최된 바그다드회의에서 이라크 · 이란 · 사우디아라비아 · 쿠웨이트 · 베네수엘라의 5대 석유 생산 · 수출국 대표가 모여 결성한 협의체로 시작되었다. 1950 ~ 1960년 중동 및 아프리카에서 대형 유정이 발견되어 원유 공급 과잉사태가 일어났고 원유가가 떨어지게 되었다. 이에 산유국들은 일종의 카르텔과 같은 결속체를 통해 공시가격의 회복, 인상을 주도했다. 결성 당시에는 원유공시가격의 하락을 저지하고 산유국 같의 정책협조와 이를 위한 정보 수집 및 교환을 목적으로 하는 가격 카르텔 성격의 기구였다.

□□□

428 **석탄액화**

CTL : Coal to Liquid

고체인 석탄을 휘발유나 디젤유 같은 액체연료로 만드는 기술

석탄액화유는 합성석유라고도 한다. 석탄액화기술은 1923년 독일에서 개발된 이후 2차 대전 당시 독일 나치의 주요 연료로 사용되었다. 고온 · 고압상태에서 직접 액체로 만드는 직접 액화와 석탄을 가스로 바꾸고 이를 다시 일산화탄소와 수소로 된 합성가스로 변환한 뒤 탄화수소유를 합성하는 간접 액화 방법이 있다. 직접액화방식보다는 경제성과 환경적 측면에서 유리한 간접액화방식이 주로 적용되고 있다. 석탄을 액화해 쓰면 석유를 수입해 쓰는 것보다 비용이 덜 드는 데다 환경오염도 적은 것으로 알려져 있다. 최근까지는 석탄액화기술이 생산비용이 높아 주목받지 못했으나 유가가 급등하고, 환경문제가 대두되면서 전 세계적으로 기술개발과 공장건립이 추진되고 있다.

□□□

429 **선도계약**

Forward Contract

장래의 일정한 시점에 상품을 미리 정한 가격으로 인수하기로 맺은 선도계약

매입자와 매도자 간의 합의에 의해 계약조건을 정할 수 있으며, 거래장소도 제한이 없어 장외거래라 할 수 있다. 또한 만기일에만 결제 가능하지만 최근에는 변형된 형태로 만기일 이전에 결제가 가능하도록 되어 있어 선도계약은 매일결제를 하는 선물계약과는 다르다. 선도계약은 매매당사자 간의 직접거래이므로 계약당사자의 신용이 고려되어야 한다. 이에 대한 규제도 주로 시장의 자율적 규제에 맡겨지고 있다. 이 계약의 목적은 자산의 가격변동에 대한 헤지를 위해 주로 이용되고 있으며, 투기를 위해 이용되기도 한다.

□□□

430 **선도금리**

Forward Rate

금리변동에 따라 리스크를 커버하는 방법

금리변동에 따른 리스크를 커버하기 위해 선물금리를 계약하는 것을 선도금리약정(FRA)이라고 한다. FRA의 거래당사자에는 금리가 상승하는 것에 대비하여 FRA를 이용하는 자인 선물금리매입자와 금리가 하락하는 것에 대비하여 FRA를 이용하는 자인 선물금리매도자가 있다.

ㅅ

□□□

431 **선매품**

Shopping Goods

구매하기 전 가격, 품질, 형태 등 제품을 비교하여 선별적으로 구매하는 제품

소비자의 구매습관에 따라 편의품, 선매품, 전문품으로 구분할 수 있다. 편의품은 제품을 구입할 때 시간이나 노력을 많이 들이지 않는 제품으로서 쉽고 편리하게 구입할 수 있지만, 선매품은 비교적 주의 깊게 그리고 상당한 노력을 기울여서 대안들을 비교 평가한 후 구매하는 제품이다. 이로 인해 선매품은 편의품보다는 가격이 높고 구매빈도가 낮으며 지역별로 소수의 판매점을 통해 유통된다. 전문품은 독특한 특징과 함께 상표의 식별이 가능한 제품으로 소비자는 이 제품을 구입할 때 특별히 노력을 더 기울이게 된다.

□□□

432 **선물** ●●●

Futures

미래의 정해진 시점에 특정한 가격으로 상품을 사고팔기로 선약을 하는 행위

선물은 상품선물거래와 금융선물거래로 나뉜다. 상품선물거래는 옥수수, 쌀, 콩 등의 곡물과 금, 은, 동 등의 귀금속 광물 및 원유 등의 거래이다. 금융선물거래는 통화, 주가지수, 금리로 구분된다. 선물의 거래방식은 매매시점, 대금결제, 물건의 인수시점에 따라 다르다. 현물거래의 경우 매매, 대금결제, 물건의 인수가 동시에 이루어지고, 신용거래의 경우 매매, 물건의 인수가 동시에 이루어지지만 대금결제는 나중에 한다. 반면 선급거래는 매매와 대금결제가 동시에 이루어지고, 물건의 인수는 나중에 이루어진다. 선물거래의 경우 매매가 된 후 일정 기간이 지나야 대금결제와 물건 인수가 동시에 이루어진다. 주식신용거래는 주식을 사고 일정 기간이 지난 후 대금결제가 이루어지는 일종의 신용거래라고 볼 수 있으며, 대주(공매도)의 경우 대금결제를 미리하고 주식인수는 나중에 이루어지는 선급거래의 일종이다. 선물거래와 선도거래는 같은 거래방식인데, 선물거래는 거래소 내에서 거래가 이루어지는 반면 선도거래는 거래소 밖에서 이루어진다.

□□□

433 **선물거래** ●●○

先物去來

장래 일정 시점에 미리 정한 가격으로 매매하는 행위

현재 시점에서 약정하는 거래로, 미래의 가치를 사고 파는 것이다. 선물의 가치가 현물시장에서 운용되는 기초자산(채권, 외환, 주식 등)의 가격 변동에 의해 파생적으로 결정되는 파생상품 거래의 일종이다. 미리 정한 가격으로 매매를 약속한 것이기 때문에 가격변동 위험의 회피가 가능하다는 특징이 있다. 위험회피를 목적으로 출발하였으나, 고도의 첨단금융기법을 이용하고 위험을 능동적으로 받아들임으로써 오히려 고수익 · 고위험 투자 상품으로 발전했다. 우리나라도 1996년 5월 주가지수 선물시장을 개설한 데 이어 1999년 4월 23일 선물거래소가 부산에서 개장되었다.

□□□

434 **선물계약** ❁❁❁
先物契約

장래의 일정 시점(결제일)에 인수하기로 하고 품질, 규격, 수량 등이 표준화되어 있는 상품이나 금융자산을 현재(계약체결 시점)에 정한 가격에 사고팔기로 한 계약

선물거래소에서 거래되는 계약이다. 이 계약의 결제일 이전에 반대매매를 행하거나 계약의 결제일에 현물에 대한 인수도를 행함으로써 그 계약을 이행하게 되는 거래 행위를 선물거래라고 한다.

ㅅ

□□□

435 **선물옵션** ❁❁
Future Option

현물을 기초자산으로 하는 선물계약 자체를 기초자산으로 하는 옵션

선물계약과 옵션계약이 복합된 형태의 옵션이다. 선물옵션의 매입자는 대상이 되는 선물의 포지션을 취할 수 있는 권리가 있고 의무는 없다. 옵션 소지자가 콜을 행사하면 행사가격으로 선물의 매수포지션이 발생되는 콜옵션과 옵션 소지자가 풋을 행사하면 행사가격으로 선물의 매도포지션이 발생되는 풋옵션이 있다.

□□□

436 **선물환거래** ❁❁
先物換去來

계약일로부터 일정 기간(2영업일)이 경과 후에 장래의 특정일에 외환의 인수를 도와 결제가 이루어지는 거래

외환거래당사자는 현재시점에서 미래의 환율을 확정하여 미래의 환율변동으로부터의 환위험을 피할 수 있고, 선물환매입자는 계약일에 선물환매입에 따른 자금부담이 없다. 또한 계약일에 거래대상인 외환을 보유하지 않아도 되는 장점이 있다. 선물환거래에서 계약일의 결정은 선물환계약 조건에 따르지만 일반적으로 현물환의 결제일은 계약일로부터 제2영업일부터 날짜를 기산한다.

□□□

437 **선박펀드**

Shipping Funds

새로운 배를 만들거나 중고선을 사들여서 해운회사(용선사)에 빌려준 뒤 임대료(대선료)를 받아 투자자들에게 배당해주는 상품

선박투자회사(선박펀드)가 만기 때 매각을 통한 원금회수를 고민할 필요가 없고 고정 배당률을 제시할 수 있다는 장점이 있으나 선박가격이 올라도 매각차익을 누릴 수 없는 게 단점이다.

□□□

438 **선하증권**

Bill of Lading

화물을 운송하기 위해 철도 또는 선박에 적재하였다는 사실을 운송인, 선장 또는 대리인이 인정하여 서명한 문서

운송물을 받았다는 것을 인증하고 그 물품을 지정된 목적지까지 수송하겠다는 것을 약정하는 증권을 말하는 것이다. 선하증권은 적재 화물의 소유권을 표시하며 권리증권인 동시에 유가증권이다.

□□□

439 **세계경제 포럼**

WEF : World Economic Forum

세계경제 발전에 기여하는 것을 목적으로 설립된 국제민간협력기구

1971년 비영리 재단으로 설립되었고 본부는 스위스 제네바에 있다. 매년 스위스 동부 휴양지인 다보스에서 총회가 개최되기 때문에 다보스 포럼이라고도 한다.

□□□

440 **세계농업식량 안보기금**

GAFSP : Global Agriculture and Food Security Program

빈곤 국가의 농업 생산성 향상을 위한 중장기 프로젝트 실행을 목적으로 하는 기금

2009년 9월 G20 피츠버그 정상회의에서 미국 주도로 설립됐다. 우리나라는 미국 · 캐나다 · 호주 · 스페인 및 빌 게이츠 재단과 함께 기금 설립부터 참여하였다.

□□□

441 **세계 무역기구** ●●●

WTO : World Trade Organization

상품, 서비스, 지적재산권 등 모든 교역 분야에서 자유무역 질서를 확대하기 위해 1995년 1월 1일 출범한 국제기구

제2차 세계대전 후 1948년에 출범한 GATT는 잠정협정에 불과하였으나, 전세계 무역을 관장하는 유일한 다자간 수단이었다. 1980년대부터 주요 선진국가들이 자국산업 보호, 국제수지 방어를 위해 보호무역 수단을 남용하기 시작하였다. 특히, GATT체제를 우회하는 반덤핑제도의 남용, 수출자율규제 및 시장질서협정 등의 회색지대조치가 성행하였다. GATT 체제의 보완과 유지를 위하여 우루과이 라운드 협상(UR)이 출범하였으며, 8년간의 협상을 거쳐 1995년 1월 1일 우루과이라운드 협정이 발효되었다. GATT를 대체하는 새로운 세계무역기구(WTO)를 설립했다. 그 동안 회원국들이 GATT에 규정된 의무를 효과적으로 이행하지 못했던 점을 감안하여, WTO에서는 약속이행의 감시 등 회원국들의 의무이행을 강력히 뒷받침할 수 있는 기능을 갖추었다. 국가간 경제분쟁에 대한 판결권과 그 판결의 강제집행권이 있으며 규범에 따라 국가간 분쟁이나 마찰을 조정한다.

□□□

442 **세계사회 포럼** ●○○

WSF : World Social Forum

일종의 반(反)다보스 포럼조직

세계사회포럼(WSF)은 '또 다른 세계가 가능하다'라는 모토를 내걸고 전세계 정치 · 경제 지도자들의 모임인 세계경제포럼(WEF)의 신자유주의와 세계화 경향에 맞서기 위해 2001년 창설되었고 WEF가 열리는 시기에 개최한다. 이 포럼은 조직구조상 사무총장이나 대변인, 의결기구가 없는 열린 공간에서 열리며 줄곧 신자유주의의 세계화에 반대한다.

□□□

443 **세계은행** ●●○
World Bank

국제부흥개발은행(IBRD)의 약칭으로 브레튼우즈협정에 기초해 미국 워싱턴에 설립된 국제협력기구

장기개발자금의 공여를 통해 제2차 세계대전 후 전재복구를 도모하고 개발도상국의 경제개발을 지원하는 것이 목적이다. 개발도상국에 대한 개발자금 지원과 개발정책 수립 및 집행에 관한 기술지원, 재원 및 기술이전에 관한 조정 역할, 경제개발 담당자에 대한 연수 실시 등이 주요 업무다. 국제개발협회(IDA), 국제금융공사(IFC)를 비롯해 다자간 투자보증기구(MIGA), 국제투자분쟁해결본부(ICSID) 등의 기관은 세계은행의 업무와 보완적 성격을 지닌다. 이들을 통칭해 세계은행 그룹이라 한다.

□□□

444 **세너지** ●●○
Senergy

업무 분야가 분리되면서 경쟁력을 가지는 것

'분리(Separate)'와 '에너지(Energy)'의 합성어이다. 대기업 못지않게 매출을 올리는 1인 기업, 방송보다 강력한 파급력을 가지는 1인 미디어, 스스로 생산하여 판매하는 프로슈머 등을 의미한다. 다양한 분야를 섭렵하는 것보다 한 분야에 전문적으로 습득하여 상품과 서비스를 제공하면서 얻게되는 에너지를 의미한다.

□□□

445 **세이의 법칙** ●●●
Says Law

공급이 수요를 창출한다는 법칙

프랑스 경제학자 장 바티스트 세이가 주장한 법칙으로 총수요와 총공급 간 인과관계를 의미한다. 일정한 양의 재화가 시장에 공급된다는 것을 그만큼 수요가 공존한다는 주장이었다. 1930년 대공황에는 이러한 법칙이 적용되지 못하였고, 이에 케인스는 세이의 법칙과 반대로 총수요의 크기가 총공급을 결정한다는 주장을 내세웠다.

□□□

446 **세이프가드** ❁❁❁
Safeguard

수입 급증으로 국내 산업에 피해를 주거나 큰 피해 우려가 있을 경우 특정 수입품을 규제를 할 수 있는 무역장벽 중 하나

특정 품목의 수입이 급격한 증가로 국내 업계에 큰 손실을 야기할 경우 GATT가맹국에서 발동하는 긴급 수입제한 조치이다. 세이프가드 유형은 관세율 조정, 수입품 수량 제한, 구조조정을 위한 금융 지원이 있다. 외환시장에서의 세이프가드는 외환위기가 닥쳤거나 예상될 경우, 일시적인 외환거래나 자본 이동의 통제조치를 말한다.

ㅅ

□□□

447 **섹터지수** ❁❁❁
Sector Index

시장의 테마 또는 특정 산업군의 주가 흐름을 반영하는 주가지수

미국, 유럽 등 선진증권시장에서는 선물, 옵션, 인덱스펀드를 위한 투자대상지수로 활용하고 있다. 해당산업 전 종목을 포함하는 기존의 산업별 지수가 시장의 흐름을 보는 시황지수인데 반해 섹터지수는 투자대상이 되기 때문에 시가총액과 유동성, 재무기준 등을 감안해 우량 및 미래지향종목 10 ~ 30개로만 구성되어 있다.

□□□

448 **섹터펀드** ❁❁
Sector Fund

특정 유망업종에 집중해서 투자하는 펀드

투자대상은 자동차 · 반도체 · 건강(바이오) · 은행 · 정보통신(IT) · 부동산 등이 있다. 특정업종에 집중하는 대신 리스크를 피하기 위해 투자대상을 전 세계로 넓히는 것이다. 예를 들어, 향후 국제적으로 반도체 주가가 오를 전망이라고 할 때 국내 및 해외의 여러 반도체 회사에 투자를 하여 주가가 올랐을 때 고수익을 얻게 된다. 섹터펀드는 업종의 경기와 아주 밀접한 관계가 있으므로 그만큼 변동성이 크기 때문에 늘 경기전망에 관심이 필요하다. 한 업종에 몰아서 하는 집중투자이기 때문에 분산투자를 했을 때보다 높은 수익을 기대할 수 있지만 리스크도 크다.

☐☐☐

449 **셀프 홀릭**

Self Holic

스스로에게 만족하고 남들에게 인정받기를 원하는 성향의 자아도취에 빠진 젊은 소비자층

나르시시즘은 스스로에 대한 단순한 사랑차원을 넘어 지나치게 자신이 뛰어나다고 믿는 것이 강조되는 반면, 셀프 홀릭은 스스로가 자신을 위하여 노력한 결과를 통해 얻어지는 자기 만족감을 느끼는 것이다. 인터넷 인프라가 갖춰지고 디지털 카메라와 캠코더, 스마트폰 등의 발달로 1인 미디어를 통해서 자신의 생각과 존재감을 드러내고자 하는 심리가 작용하고 있다. 이들은 개별 맞춤서비스를 넘어서 자아도취를 충족시킬 수 있는 상품에 열광한다. 셀프 홀릭을 겨냥한 새로운 상품들이 국내외에서 출시되고 있다.

☐☐☐

450 **셧다운**

Shut Down

미국의회에서 예산안 합의에 실패하면 연방정부에서 일시적인 부분 업무가 정지되는 상태

셧다운에 들어가면 정치권이 예산안에 합의할 때까지 200만 명의 공무원 중에서 국민의 생명 및 재산 보호에 직결되는 핵심 서비스에 종사하는 필수 인력인 군인, 경찰, 소방, 우편, 항공 등 을 제외한 연방 공무원 80만 ~ 120만 명이 강제 무급휴가를 떠나게 되고 남은 공무원들은 업무를 계속하지만 보수는 예산안이 결정돼야 받을 수 있다.

☐☐☐

451 **소닉브랜딩**

Sonic Branding

소리나 음악으로 소비자에게 특정 브랜드를 떠올리게 하는 마케팅

소비자들에게 감성적 소비성향에 맞추어 청각을 이용한 소닉마케팅이 효과적인 마케팅 수단으로 활용되고 있다. 광고 속에 특정소리나 멜로디를 반복적으로 들려줌으로써 소비자의 뇌리에 자연스럽게 각인시켜 제품에 대한 좋은 이미지로 남게 하기 때문이다. 오랫동안 습득된 소리는 청각의 잔상효과로 인해 자연스럽게 기억되기 때문에 기업에서는 제품이미지에 맞는 CM송 만들기에 많은 투자를 하고 있다.

□□□

452 **소득주도 성장** ●●●

Income Led Growth

임금 주도 성장론을 바탕으로 한 이론

가계의 임금과 소득을 늘리면 소비도 늘어나 경제성장이 이루어진다는 이론의 경제정책이다. 대기업의 성장에 따른 임금 인상 등의 낙수 효과보다 인위적으로 근로자의 소득을 높여 경제성장을 유도한다는 내용이다.

□□□

453 **소득 효과** ●●●

所得效果

상품가격의 하락(상승)으로 인해 상품의 구매력이 증가(감소)하는 효과

상품가격이 내리면 소비자는 그만큼 상품을 더 많이 구입할 수 있다. 소득은 그대로지만 실질소득이 증가한다는 효과로 상품가격이 하락할 때, 상품의 수요량에 미치는 영향은 두 가지로 생각해 볼 수 있다. 첫째, 가격의 하락이 소비자의 실질소득을 증가시켜 그 상품의 구매력이 늘게 되므로 이는 소득이 증가해 수요가 증가하는 효과와 동일한 것으로 이를 소득효과라 한다. 둘째, 버터와 마가린과 같은 동일한 용도의 물건이 있을 때, 버터 값이 내리면 마가린을 사던 사람이 버터를 사게 된다. 이것은 실질소득에는 영향을 미치지 않는 상대가격변화에 의한 효과로 대체효과라고 한다. 이는 영국의 경제학자 힉스에 의해 주장되었고, 주로 소득분배이론에 응용된다.

□□□

454 **소비자 기대지수** ●●○

Consumer Expectation Index

현재와 비교하여 6개월 후 소비자들의 기대심리를 나타내는 지표

통계청에서 경기상황, 생활형편, 소비지출, 내구재소비, 외식오락에 대하여 조사하여 매월 발표한다. 소비자 기대지수는 통상 분양권시장의 선행지수 역할을 하고 있어, 주택시장을 예측하는 단기지표로 활용할 수 있다. 즉 집값이 하락하기 1 ~ 2개월 앞서 먼저 소비자 기대지수가 떨어진다는 것이다.

□□□

455 **소비자 동향지수** ◎◎◎

CSI : Consumer Survey Index

경제 및 소비에 대한 항목별 소비자의 응답을 가중치 평균해서 작성된 지수

경기 및 소비에 대한 각 질문에 대해 아주 좋아질 것이라는 응답에는 1.0을, 약간 좋아질 것이라는 응답에는 0.5를, 반대의 대답에는 마이너스 가중치를 부여하여 더한 후 전체 응답자수로 나눈 백분비로 소비자동향지수가 산출된다. 이 지수가 100을 초과하면 향후 전망이 좋아진다고 응답한 가구가 나빠진다는 가구보다 많다는 것을 말하고, 100 미만인 경우는 그 반대를 의미한다. 소비자동향지수는 경제상황, 소비물가, 고용 등에 대한 상황이나 앞으로의 전망 등이 설문으로 구성되며 한국은행이 분기별로 작성한다.

□□□

456 **소비자 물가지수 · 생활 물가지수** ◎◎◌

CPI : Consumer Price Index

소비자 물가지수는 소비자가 구입하는 상품과 서비스의 가격변동을 측정하기 위한 지표

일상 소비생활에 필요한 상품 및 서비스를 구입하기 위해 지불하는 가격의 변동을 측정해주는 소비자 물가지수는 일반 국민들의 일상생활에 직접 영향을 주는 중요한 경제지표이다. 소비자물가지수는 통계청에서 매월 작성하여 공표한다.

+상식더보기 생활물가지수

일상생활에서 소비자들이 자주 구입하는 생활필수품을 대상으로 작성된 소비자물가지수의 보조지표이다.

□□□

457 **소비자 보호법** ◎◎◎

消費者保護法

소비자의 권익을 증진하기 위한 것

소비자의 권리와 책무, 국가 · 지자체 및 사업자의 책무, 소비자단체의 역할 및 자유시장경제에서 소비자와 사업자 사이의 관계를 규정함과 아울러 소비자정책의 종합적 추진을 위한 기본적인 사항을 규정함으로써 소비생활의 향상과 국민경제의 발전에 이바지함을 목적으로 1980년 1월 4일 제정되었다. 정식 명칭은 「소비자기본법」이다.

□□□

458 **소비자불만 자율관리 시스템** ●●○

CCMS ; Consumer Complaints Management System

정부의 지시나 법률의 준수와 상관없이 기업들이 소비자 피해 사전예방과 신속한 사후구제를 위한 프로그램

기업이 자율적으로 운영하며 기업의 투명한 경영활동으로 볼 수 있다. 소비자불만 자율관리프로그램의 도입을 위한 요건으로는 최고경영자에 의한 자율관리 방침의 천명, 자율관리자의 임명, 적절한 권한과 책임의 부여, 자율관리시스템의 구축, 내부통제체제의 구축, 자율관리실행지침서의 작성 및 배포, 자율관리 교육의 실시 등의 공통요건이 있다.

□□□

459 **소비자 신뢰지수** ●○○

Consumer Confidence Index

미국의 경기선행지수 중 하나

미국 경제상태를 나타내는 경기선행지수로 민간조사그룹이 현재의 지역경제상황과 고용상태, 6개월 후의 지역경제와 고용 및 가계수입 등에 대한 전망을 조사하여 발표한다. 지수가 100을 넘기면 소비자들이 경기를 낙관한다는 의미이다. 6개월 후의 소비를 예측하는 지표로 실제 지출 규모는 차이가 있을 수 있지만, 향후 경기와 소비지출 동향을 파악하는 중요한 척도 중 하나이다.

□□□

460 **소비자 심리지수** ●●○

CCSI : Consumer Composite Sentiment Index

개별 소비자동향지수 가운데 관련 경제지표와 연관성이 높은 지수를 골라 합성한 지수

소비자들의 경제에 대한 전반적 인식을 종합적으로 파악할 수 있는 지표이다. 소비자태도를 종합적으로 판단할 수 있게 해 준다. 경제상황지수(현재경기판단, 향후 경기전망), 생활형편지수(현재 생활형편, 생활형편 전망), 소비관련지수(가계수입 전망, 소비자지출 전망) 등 6개의 개별지수의 시계열을 이용하여 지수수준 및 진폭을 일정하게 표준화하여 합성하는 방식으로 소비자심리지수가 100보다 클 경우 과거 평균적인 경기상황보다 좋음을, 100보다 작을 경우 과거 평균적인 경기상황보다 좋지 않음을 나타낸다.

□□□

461 **소비자 잉여** ●●●

Consumer Surplus

어떤 상품에 대해 소비자가 지불하고자 하는 수요가격에서 실제 시장가격을 뺀 차액

소비자들이 어떤 재화나 서비스에 대해 지불하고자 하는 값과 실제로 그들이 지불한 값과의 차이를 말한다. 소비자가 지불할 용의가 있는 가격에서 실제 지불한 가격을 뺀 금액이며, 소비자가 상품을 구입함으로써 얻는 이익의 크기를 나타낸다. 가격이 오르면 소비자잉여는 감소한다.

+상식더보기 소비자 잉여 계산식

소비자 잉여 = 소비자 누리는 가치 − 소비자가 지불한 금액

□□□

462 **소프트 뱅킹** ●○○

Soft Banking

은행이 기존의 수익성을 추구하는 업무 외에 정보력을 활용한 고부가가치 서비스를 제공하는 것

은행의 본래 업무 이외에 부가서비스를 제공하는 것이다. 예 · 적금, 대출 등의 업무 이외에 혁신적인 부가서비스 혜택을 제공하는 것이다.

□□□

463 **소프트 패치** ●●○

Soft Patch

골프장에서 잔디가 제대로 자라지 못해 공을 치기 어려운 지점을 말하는 '라지 패치(Large Patch)'에서 유래한 것

앨런 그린스펀 연방준비제도이사회(FRB) 의장이 처음 사용하였다. 그린스펀은 라지 패치를 변형하여 '아직 라지 패치(Large Patch)에 빠진 것은 아니다'라는 의미에서 미국 경제가 단기적으로는 불안하지만 심각한 상황은 아니며, 곧 회복세를 보일 것이라는 점을 강조하기 위해 사용하였다.

+상식더보기 러프 패치(Rough Patch)

소프트 패치는 일시적이라는 점에서 일반적인 경기침체(Slowdown)와는 구분되며 소프트 패치의 상황이 더 길어질 수 있다는 뜻이다. 또한 경기침체와 같이 심각한 상태는 아닌 상황을 뜻한다.

□□□

464 **손절매** ❁❁❁

소유한 주식이 가격상승의 희망이 전혀 보이지 않는 경우에 큰 손해를 방지하기 위해 일정액의 손해를 감수하고라도 매도하는 것

손해가 유발될 종목에 대해 적절한 시점에 손절매 한다면 수익 내는 것이 쉬워진다. 주식은 상승과 하락으로 대별되는데, 상승을 예견해 매입하지만 예상이 빗나가 하락하는 종목도 있을 수 있다.

ㅅ

□□□

465 **수익률 곡선** ❁❁❁

Yield Curve

채권의 만기 수익률과 만기와의 관계를 나타내는 곡선

만기까지의 기간과 채권 수익률의 관계를 나타낸 곡선으로 수익률의 기간 구조를 파악할 수 있다. 수익률곡선은 경기가 침체 되거나 회복하는 시기에는 우상향을 그리며 경기 호황이나 인플레이션일 경우에는 우하향을 그린다.

□□□

466 **수탁회사** ❁❁❁

受託會社

주식, 채권, 유가증권 등 실물을 보관하는 회사

통상 은행이 수탁회사가 되며, 투신사 · 투신운용사 등 돈 굴리기를 전문으로 하는 회사들은 자본시장과 금융투자업에 관한 법률에 따라 고객 돈으로 투자한 유가증권을 별도 기관인 수탁회사에 맡겨야 한다. 수탁업무는 금전신탁과 재산신탁으로 나누는데, 금전수탁은 운용방법을 특별하게 정해 놓는지의 여부에 따라 특정금전신탁과 불특정금전신탁으로 구분된다.

□□□

467 **수퍼앱**

Super App

하나의 앱에서 다양한 서비스를 이용할 수 있는 것

앱 하나로 기사와 뉴스를 보고, 쇼핑을 하고, 음식 주문까지 하는 등의 다양한 서비스를 제공하는 것을 의미한다. 월간 이용자수(MAU)를 1,000만 명 이상을 기대하며 생활 금융 플랫폼으로 시중 은행이 변화 중이다. 마이데이터 시행 이후 금융위원회가 금융권에서 다양한 서비스를 융합하여 활용할 수 있는 디지털 유니버셜 뱅크를 허용하였다. 효과적인 생활 금융 서비스 제공을 위해 데이터 분석을 하고 금융 어플 한 게로 고객에 다양한 맞춤서비스를 제공한다.

□□□

468 **슈링크 플레이션**

Shrinkflation

가격은 유지하면서 제품 크기나 수량을 줄이거나 품질을 낮춰 사실상 값을 올리는 효과를 거두는 전략

기업이 제품 가격은 그대로 유지하면서 수량이나 무게, 제품 크기, 용량 등을 줄여 사실상 값을 올리는 전략으로 '패키지 다운사이징(Package Downsizing)'이라고도 한다. 영국 경제학자 피파 맘그렌이 만든 용어로, '줄어들다(Shrink)'와 '인플레이션(Inflation)'의 합성어이다. 주로 가공식품 제조업계에서 가격인상의 대안으로 사용하는 전략으로,. 원자재 가격이 상승하여 가격인상을 하거나 가격이 낮은 원재료 변경, 용량 축소 등의 대안 가운데 가장 위험 부담이 적은 것으로 알려져 있다. 대표적으로 이른바 '질소과자'처럼 가격 인상대신 과자 용량을 줄인 사례가 있다.

□□□

469 **슈바베 법칙**

Schwabe's Law

독일 통계학자 슈바베가 주장한 소득과 주거비에 대한 지출의 관계법칙

소득수준이 높을수록 주거비에 지출되는 금액은 커지지만 전체 생계비에 대한 주거비의 비율은 낮고, 소득이 낮을수록 전체 생계비에 대한 주거비의 비율은 높아진다는 것이다.

□□□

470 **슈퍼 개미**

자산 규모가 큰 개인투자자

1990년대 중반으로 당시는 주로 선물이나 옵션 등 변동성이 큰 상품을 매매하여 큰돈을 번 몇몇 개인들을 지칭하는 용어로 사용되었다. 이들은 사회에 대한 파급효과보다는 개인적인 차원에서 투자수익을 극대화하는 게 목표였다. 그러나 2000년대 들어 슈퍼 개미는 새롭게 진화하면서 자신의 실체를 좀 더 분명히 드러낸다. 상당수가 단순투자를 넘어 경영참여를 선언하며 주주행동주의를 적극 실천하고 자본시장의 주역으로 부상하고 있다.

□□□

471 **슈퍼 스파이크**

Super Spike

원자재가격이 4 ~ 5년간 소비를 위축시킬 정도의 급격히 상승하는 단계로 원자재의 수요가 급격히 증가하는 것에 공급이 이를 따라가지 못하여 생기는 현상

골드만삭스가 2005년 말 글로벌투자보고서에서 원자재 가격추이를 분석하면서 사용한 말이다. 골드만삭스는 1970년대에 발생한 1 · 2차 오일쇼크와 같이 유가가 급등하여 배럴당 105달러에 이를 것으로 예상한다. 그 이유로 원유소비가 급증하지만 공급부진과 석유수출국기구(OPEC)의 낮은 생산량과 주요 산유국들에 대한 외국투자 제한 등의 요인으로 전체적인 원유공급은 수요를 쫓아가지 못할 것이라 분석했다. 향후 2년 안에 200달러까지 유가 급등이 이어질 것이라고 전망하기도 했다.

□□□

472 **슈퍼 오디너리** ●●●

Super Ordinary

단순함, 간편함, 간소화로의 가치 지향적 삶을 추구하는 소비자 트렌드

물질적 풍요와 권력을 추구하기 보다는 평범함과 도덕적 신념을 앞세우는 신세대 소비자를 말한다. 보보스나 다운 시프트족 또한 단순하고 절제된 삶을 추구하고, 개인적인 취향을 우선시하여 슈퍼 오디너리는 사회적 책임을 중요시한다.

□□□

473 **슈퍼 휴먼** ●●●

Super Human

인간의 한계를 넘어서는 뇌의 개발과 종교의 추종 등으로 인간의 영역을 허물고 절대적인 힘에 의존해 현실을 극복하고자 하는 사람

과학기술의 발달로 가상세계의 구현이 아니라 현실과 가상이 혼재하는 혼합 현실의 단계에까지 왔다. 현실도피를 꿈꾸는 현대인들이 절대적인 힘을 빌려 현실을 극복하려는 적극적인 모습을 보인다. 이는 우주세계와 같은 판타스틱한 세계에 대한 동경으로 이어지고, 절대적인 힘과 초인적인 인간상에 열광하는 슈퍼 휴먼의 라이프스타일로 표출된다. 그 대표적인 예로 초능력을 부리듯 게임을 진행하도록 구성된 닌텐도가 있다.

□□□

474 **스놉 효과** ●●●

Snob Effect

특정 상품에 대한 소비가 증가하면 오히려 수요가 줄어드는 현상

어떤 상품에 대한 소비가 증가하면 희소성이 떨어져 그 상품의 수요가 줄어드는 현상을 말한다. 마치 까마귀 떼 속에서 혼자 떨어져 있는 백로의 모습과 같다고 하여 스놉 효과라는 이름을 붙였다. 대체로 미술품이나 고급가구, 한정판 상품에서 이러한 효과를 볼 수 있다.

□□□

475 **스마트 그리드** ●●○

Smart Grid

전력산업과 정보기술(IT), 그리고 통신기술을 접목하여 전력 공급자와 소비자가 양방향으로 실시간 정보를 교환함으로써 에너지 효율성 향상과 신재생에너지공급의 확대를 통한 온실가스 감축을 목적으로 하는 차세대 지능형 전력망

전력 공급자는 전력 사용 현황을 실시간으로 파악하여 공급량을 탄력적으로 조절할 수 있고, 전력 소비자는 전력 사용 현황을 실시간으로 파악함으로써 요금이 비싼 시간대를 피하여 사용 시간과 사용량을 조절한다. 태양광발전·연료전지·전기자동차의 전기에너지 등 가정에서 생산되는 전기를 판매할 수도 있으며, 전력 공급자와 소비자가 직접 연결되는 분산형 전원체제로 전환되면서 풍량과 일조량 등에 따라 전력 생산이 불규칙한 한계를 지닌 신재생에너지 활용도가 높아져 화력발전소를 대체하여 온실가스와 오염물질을 줄일 수 있어 환경문제를 해소할 수 있는 등의 장점이 있어 여러 나라에서 차세대 전력망으로 구축하기 위한 사업으로 추진하고 있다.

ㅅ

□□□

476 **스무딩 오퍼레이션** ●●●

Smoothing Operation

급격한 변동이 생기는 것을 방지하기 위해 정부나 중앙은행이 직접, 간접적으로 개입하는 것

변동환율제도를 채택하고 있는 나라에서의 환율은 시장의 수요와 공급에 따라 변동되지만, 시장에만 맡겨 두지는 않는다. 환율이 급격하게 오르내리면 수출입 및 국민에게도 피해를 입을 수 있으므로 환율을 관리하는 것을 말한다.

□□□

477 **스왑** ✿✿✿

Swap

금융자산이나 부채에서 파생되는 가치를 교환하는 것

① **통화스왑**: 엔화를 저렴하게 빌릴 수 있으나 달러가 필요하고 달러를 저렴하게 빌릴 수 있으나 엔화가 필요한 두 회사가 있을 경우, 서로의 장점을 살려 돈을 빌린 다음 상대방의 원리금을 갚아주면 서로 이득이 된다.

② **금리스왑**: 대출금의 금리상환 조건을 맞바꾸는 것으로 고정금리로 대출받은 기업과 변동금리로 대출받은 기업이 서로 유리한 방향으로 대출금을 상환해 주는 방법이다.

□□□

478 **스왑션** ✿✿

Swaption

금리스왑과 금리옵션이 복합된 형태

스왑옵션이라고도 하는데 스왑션의 종류로는 만기까지 언제라도 스왑션을 행사할 수 있는 미국형과 만기에만 스왑션을 행사할 수 있는 유럽형이 있다. 스왑션 매입자는 매도자에게 스왑션프리미엄을 지급하고 장래에 스왑션을 행사하여 고정금리를 변동금리로 또는 변동금리를 고정금리로 전환하여 위험을 제안하고, 금리가 자기에게 유리하게 변동할 때에는 스왑션을 행사하지 않고 이익을 얻을 수 있다.

□□□

479 **스윗 스팟** ✿✿✿

Sweet Spot

스포츠 분야에서 사용되던 용어로 가장 효율성이 좋은 최적의 상태

야구 · 골프 · 테니스 등에서 배트 · 골프클럽 · 라켓에 맞는 최적의 타격 위치, 최적의 스윙 동작을 표현하는 용어로 사용되지만 현재는 오디오, 과학, 경제, 마케팅 분야에서도 다양하게 사용되고 있다. 소비패턴이 급변하는 리테일 시장환경에서는 채널 별로 언제, 어디에서, 누가, 어떻게 소비하는지 왜 구매하는지 등의 면밀한 소비자 분석이 필요하고, 효과적인 비즈니스 구현을 위해 이를 근거로 한 소비자 중심의 마케팅이 요구된다.

□□□

480 **스캘퍼**

Scalper

빈번히 주식을 매매하는 초단기 투자자

포지션 보유 기간이 1 ~ 2분에 불과하여 주식시장에서 초박리를 취하는 사람들로도 불린다. 기관투자자들은 그들이 포지션을 보유하고 있는 시간의 길이에 따라 스캘퍼, 일일거래자, 포지션거래자로 나눈다. 스캘퍼가 포지션을 보유한 이후 수 분 동안 자기가 예상한 방향으로 가격이 움직이지 않으면 그는 포지션을 정리하고 새로운 포지션 기회를 찾는다. 스캘퍼는 많은 양의 거래를 함으로써 시장의 유동성을 제공하며 그들의 거래활동은 다른 시장참여자들의 매매를 용이하게 해준다.

ㅅ

□□□

481 **스킴플레이션**

skimpflation

원자재, 부품 등의 수급에 차질이 생겨 발생하는 현상

'(음식 · 돈 등에) 인색하게 굴다', '찔끔 주다' 등의 뜻을 지닌 '스킴프(Skimp)'와 '인플레이션(Infilation)'의 합성어로, 코로나19로 인해 글로벌 공급망이 불안해지면서 생겨난 현상이다. 수급이 원활하지 못하다보니, 물가는 상승하고 비용이 증가하면서 기업은 인건비를 줄이거나 상품이나 서비스 질이 저하를 부추긴다. 대표적인 예로 패스트푸드 업체에서 수급 문제로 인해 양상추 대신 양배추를 제공하기도 했다.

□□□

482 **스태그네이션**

Stagnation

장기간의 경기 침체를 의미

1년 동안 경제성장률이 2 ~ 3% 이하로 떨어지는 기간을 의미한다. 경기가 성장하지않고 정체되어진 상태를 의미한다.

□□□

483 **스태그플레이션**

Stagflation

경기침체 상황에 지속적으로 물가가 상승되는 상황

'스태그네이션(Stagnation)'과 '인플레이션(Inflation)'의 합성어이다. 경기가 침체되는 상황에도 물가가 상승하는 현상을 의미한다.

□□□

484 **스탠드 바이 크레디트**

Stand by Credit

금융이나 채무보증 등의 목적으로 발행되는 무화환 신용장

자국 상사의 해외지점이 현지은행으로부터 융자를 받을 때 외환은행이 보증을 서는 것이다. 국제통화기금(IMF)이 포괄적인 신용공여를 행하여 실제의 자금인출은 그 한도 내에서 언제라도 인정하는 방식을 취했을 때 이것을 IMF의 스탠드 바이 크레디트라 한다.

□□□

485 **스탠드스틸**

Standstill

친환경이 아닌 제품에 대해서 수입을 금하거나 높은 관세를 부과하는 것

선진국을 중심으로 진행중인 녹색보호주의가 친환경 제품에 대해서 수입 · 수출을 허용하고 그렇지 않은 제품에 대해서는 수입을 금지하거나 높은 관세를 부과하는 것이다. 화학, 전자, 자동차 등 제조업 분야에서는 새로운 장벽으로 작용할 수 있으며, 개별산업의 범위를 넘어 국가적으로 포괄적인 개념을 도입해 장벽으로 작용할 수 있다.

□□□

486 **스테이블 코인**

Stable Coin

가격변동성을 최소화하여 설계한 가상화폐(암호화폐)

1코인에 1달러의 가치를 갖도록 설계된 가상화폐(암호화폐)이다. 대표적으로 테더(Tether, USDT) 코인이 있다. 비변동성 암호화폐로 안정성이 떨어지는 기존의 암호화폐의 단점을 보완한다. 가격변동성이 적고 법정화폐와 같이 가치를 저장할 수 있다.

□□□

487 **스텔스 마케팅**

Stealth Marketing

레이더에 포착되지 않는 스텔스기처럼 홍보의도를 드러내지 않고 고객의 삶 속에 들어가 브랜드를 알리는 마케팅

기존 브랜드보다 다양한 층의 고객을 확보할 수 있다. TV나 인쇄매체에 식상해 있는 소비자들의 관심을 끌기위해 사람들이 많이 있는 지하철이나 공원에서 특정제품에 대한 이야기를 하거나, 사진을 찍어달라고 부탁하면서 멋진 카메라를 건네 제품의 호기심을 유도하는 등 소비자의 생활 속에 파고들어 소비자들이 알아채지 못하는 사이에 제품을 홍보한다.

□□□

488 **스토킹 호스**

Stalking Horse

회생기업과 인수기업이 가계약을 한 후 공개입찰을 맺는 방식

위장을 의미하는 용어로 회생기업이 인수하려는 기업을 미리 확보한 상태에서 공개입찰을 맺는 방식이다.

□□□

489 **스톡그랜트**

Stock Grant

자사 주식을 부여한다는 의미

스톡그랜트는 주식을 주고 유능한 인재를 스카우트하는 방식으로 유능한 인재를 영입하기 위해 주식매입선택권인 스톡옵션 대신 회사주식을 무상으로 주는 인센티브 방식이다. 스톡옵션과는 달리 정관변경 등 복잡한 절차를 거치지 않고 활용할 수 있다. 회사가 보유하고 있는 주식을 받기 때문에 자신의 몸값을 확실하게 보장받을 수 있으며, 즉시 현금으로 교환할 수도 있다.

□□□

490 **스톡옵션** ●●●

Stock Option

기업이 임직원에게 일정 기간이 지나면 자사 주식을 매입 또는 처분할 수 있도록 부여한 권한

근로자에게 일정주식에 대한 매입 또는 처분권을 줌으로서 근로의식을 북돋우고 이를 통해 기업을 활성화하기 위한 제도이다. 스톡옵션은 장래에 사업이 성공했을 경우 주식을 액면가 또는 시세보다 낮게 살 수 있는 권리를 주는 것인데, 기업의 임직원은 자기 주식을 현 시가나 액면가에 구입해 향후 주가변동에 따라 차익을 얻을 수 있다. 기업의 경우는 자금부족으로 많은 월급을 주지 못해 유능한 인력확보가 어렵지만 스톡옵션을 인센티브로 제공할 경우 유능한 인력을 장기간 확보할 수 있다. 특히 이 제도는 능력중심이라는 점 때문에 주로 자금과 조직력은 뒤떨어지지만 기술력이 앞선 첨단 벤처기업들의 경영전략으로 쓰인다.

□□□

491 **스톡홀릭 증후군** ●●○

Stockholic

주식거래자가 주가의 등락에 감정조절 능력을 상실하여 일상생활에서도 심각한 방해는 받는 경우

주가의 등락에 일희일비하여 일상생활에 집중할 수 없는 경우를 말한다. 신과 전문의들은 오전 9시가 다가오면 심장박동이 빨라지고 오후 3시가 지나면 다음날 생각에 잠을 못 이루는 것이 대표적인 증상이라고 지적한다.

□□□

492 **스튜어드십 코드** ●●●

Stewardship Code

기관투자자가 책임을 다하도록 규정한 행동 원칙

연기금과 자산운용사 등 주요 기관투자자들의 의결권 행사를 적극적으로 유도하기 위한 자율지침을 말한다. 기관들도 고객 재산을 선량하게 관리해야 할 의무가 있다는 필요성에 의해 생겨났다. 주요 기관투자자가 주식을 보유하는 데에 그치지는 것이 아니라 투자 기업의 의사 결정에 적극 참여해 주주와 기업의 이익을 추구하고, 지속 가능한 성장과 투명한 경영을 이끌어 내는 것이 목적이다.

□□□

493 **스트래들** ●●○
Straddle

옵션 콤비네이션의 하나로 동일한 기초자산에 대하여 동일한 행사가격과 동일한 만료일을 가진 풋과 콜을 동시에 매입하거나 매도하는 전략

동일한 기초자산에 대하여 동일한 행사가격과 동일한 만료일을 가진 풋옵션과 콜옵션을 동시에 매입하는 매입 스트래들과 매도하는 매도 스트래들이 있다. 스트래들을 매입하는 경우에는 시장가격이 권리행사가격에 프리미엄을 합한 범위를 넘어 움직일 때 이익은 무한대가 되며, 손실은 두 개의 프리미엄의 합계에 한정된다. 또한 현재 시세전망이 약세와 강세로 크게 대립하고 있어 가까운 장래에 상하 어느 쪽으로든 가격이 크게 움직일 가능성이 높을 때 유효한 전략이다. 한편 스트래들을 발행할 때는 시장가격이 현재수준에서 크게 벗어날 가능성이 적은 경우 유효하므로 시장가격이 안정적일 때 프리미엄 수익을 확보할 수 있다. 그러나 시장가격이 권리 행사가격에 프리미엄을 더한 범위를 벗어날수록 손실은 무한대가 된다.

□□□

494 **스트랭글** ●○○
Strangle

통화와 만기는 동일하나 권리행사 가격이 다른 콜옵션과 풋옵션을 모두 매입하거나 모두 매도하는 전략

콜옵션과 풋옵션을 동시에 매입하는 매입 스트랭글과 매도하는 것을 매도 스트랭글이라 한다. 매입 스트랭글은 기초자산의 가격이 큰 폭으로 움직일 때 이익이 발생하고, 매도 스트랭글은 기초자산의 가격이 두 행사가격의 사이나 근처에서 형성될 때 이익이 발생한다.

□□□

495 **스트레스 금리** ●●○
Stress Rate

대출한도를 산출할 때 적용되는 가산금리

향후 금리인상 위험을 반영한다. 변동금리 대출 시 대출금리가 낮아도 스트레스금리가 적용되면 원리금 상환 부담이 높아지므로 대출한도가 줄어들게 되며, 대출 시점의 금리가 인상되는 것은 아니다.

□□□

496 **스트레스 테스트** ●●●

Stress Test

리스크 관리 방식 중 하나

금융시장에서 일어날 가능성이 있는 시나리오를 두고 금융시스템이 받게 되는 손실 및 영향 등을 측정하는 방식으로 '시나리오 테스트'라고도 한다.

□□□

497 **스트립** ●○○

Strip

동일한 만기일과 행사가격을 갖는 하나의 콜 옵션과 두 개의 풋 옵션을 결합시키는 전략

기초자산의 가격이 불안정한 상황에서 매입자가 가격 하락을 예상하는 경우에 활용되는 옵션결합 형태이다.

□□□

498 **스티커 쇼크** ●○○

Sticker Shock

기대 이상의 높은 가격으로 소비자가 받는 충격

경제의 붕괴로 이어지지는 않지만 경제적 문제의 징후일 수 있다고 한다. 스티커 쇼크가 나타나면 소비자는 제품의 가격에 놀라 구입하기가 힘들어지고 물건을 구매할 수 있는 능력이 부족하면 돈이 시스템을 통해 더 부진하게 순환되어 경기침체로 이어질 수 있다는 것이다.

□□□

499 **스파게티볼 효과** ●●●

Spaghetti Bowl Effect

여러 국가와 FTA를 동시다발적으로 체결할 경우, 각 국가의 복잡한 절차와 규정으로 인하여 FTA 활용률이 저하되는 상황

여러 국가와 동시다발적으로 FTA(자유무역협정)를 체결하면 각 국가마다 서로 다른 원산지규정, 통관절차, 표준 등의 복잡하고 난해한 규정과 활용절차를 이해하고 대처해야 하는데 이는 FTA를 활용하려는 기업에게 지나친 부담이 되기 때문에 FTA 활성화에 걸림돌이 될 수 있다. 이런 상황을 스파게티 접시 속에 담긴 스파게티 가락들이 서로 복잡하게 엉켜 있는 모습과 비슷하다 하여 스파게티볼 효과 또는 누들볼 효과(Noodle Bowl Effect)라고 부른다.

□□□

500 **슬럼 플레이션** ◉◌◌
slumpflation

경기불황 중에 발생하는 인플레이션

'슬럼프(Slump)'와 '인플레이션(Inflation)'의 합성어이다. 스태그플레이션보다 그 정도가 심한 상태이다.

□□□

501 **슬림 마케팅** ◉◌◌
Slim Marketing

비용을 최소화하면서 마케팅 효과를 극대화하는 기법

TV나 신문 등의 매체에 대한 인식을 전환하고 메시지 전달방식의 고정관념을 탈피해 적은 비용으로 소비자를 사로잡는 것이다. 주변에서 흔히 볼 수 있는 사물이나 자연 등을 매체로 사용하는 앰비언트 광고로 새로운 미디어를 개발했다. 일본 닛신식품은 새로 나온 치킨라면을 알리는 데 계란을 매체로 활용하여 300만 개의 달걀 껍데기에 라면 홍보스티커를 붙였으며, 미국 CBS도 달걀 껍데기에 'CSI 과학수사대' 등 자사 TV 프로그램을 새겨 넣어 홍보했다. 또한 중국 상하이의 와이플러스 요가센터는 빨대의 구부러지는 부분에 요가를 하는 사람의 사진을 실어 요가로 유연성을 기를 수 있다는 메시지를 전달하는 등 기발한 아이디어를 접목한 광고판은 여전히 적은 비용으로 큰 효과를 내고 있다.

□□□

502 **승자의 저주** ◉◉◉
Winners Curse

경쟁에서 이겼어도 후유증을 겪는 상황

치열한 경쟁 끝에 승리를 얻었지만 승리를 얻기 위해 과도한 비용과 희생으로 오히려 커다란 후유증을 겪는 상황을 뜻한다. 이는 승자에게 내려진 저주라는 뜻으로 기업 합병이나 인수 등의 과정에서도 발생한다.

□□□

503 **시가총액** ❁❁❁

時價總額

상장 주식을 시가로 평가한 주식시장에서 평가되는 그 주식의 가치

전체 주식시장의 시가총액은 그 주식시장의 규모를 나타내며, 한 나라 경제크기의 측정치로서 경제지표로 이용할 수 있다. 즉, 국민총생산(GNP)과 비교할 때 국민경제 전체에서 차지하는 주식시장의 비중을 알 수 있고, 경제성장률과 시가총액 증감률 비교를 통해서는 주식시장 성장이 경제성장에 얼마나 선행하는가를 파악할 수 있다.

□□□

504 **시가평가** ❁❁❁

時價評價

자산 가치를 시가(時價)로 평가하는 것

자산 가치를 매입가가 아닌 시가로 평가하는 것을 말한다. 시가평가가 적용되면 보유하고 있는 증권 가격이 하락할 때마다 손실처리를 하게 된다. 이렇게 자산 가치가 하락하면 손실의 폭이 커지게 되어 결국 자본이 줄어들고 금융회사가 대출자산을 축소시키는 요인이 된다.

□□□

505 **시간점유율** ❁❁

Time Share

고객의 시간을 점유하는 것을 나타내는 비율

누가 더 많은 시장을 차지하는 것보다 시간을 차지하는 것이 더 중요하다. TV를 즐겨보던 시청자들이 점차 휴대폰으로 메시지를 보내거나 음악을 듣고, 사진이나 동영상을 찍고 시청하며, TV시청 대신에 휴대폰을 조작하면서 시간을 보내는 이들이 늘어나고 있기 때문이라고 할 수 있다. 고객의 시간점유율을 높여, 고객의 시간과 신뢰를 더 많이 차지할지를 이종업체들 간에 치열한 경쟁을 펼치고 있다.

□□□

506 **시뇨리지**
Seigniorage

중앙은행이나 국가가 화폐발행을 통하여 얻는 이익

화폐의 액면가에서 제조비용을 뺀 이익으로 예를 들어 1만 원짜리 지폐를 한 장 만드는 데 1천 원의 비용이 발생한다고 하면 9,000원이 화폐 주조 차익, 즉 시뇨리지가 된다. 최근에는 중앙은행의 재무적 독립의 중요성이 강조되면서 통화정책 운영에 필요한 재원이라는 인식이 확산되고 있다.

□□□

507 **시스템 펀드**
System Fund

펀드를 설정한 운용시스템에 맞춰 운용하는 상품

기본적으로 등락을 반복하는 변동성이 심한 장세에서 수익률을 관리하기 위한 방법이다. 펀드 설정 시에 일정 수준의 주식 포트폴리오를 구성해서 종목별로 주가가 오르면 분할매도하고, 주가가 내리면 분할 매수하는 전략을 취하고 있다. 일반 펀드에 비해 시황예측 등이 틀릴 경우에도 손실을 최소화 할 수 있는 장점이 있다. 시스템 펀드에는 인덱스 펀드, 차익거래 펀드, 위험관리형 펀드 등 세 가지 종류가 있다.

□□□

508 **시장경제지위**
Market Economy Status

원가 · 임금 · 환율 · 가격 등을 상대교역국이 인정하는 것

시장경제지위로 인정받지 못하면 반덤핑 제소를 당했을 때 제3국의 가격기준으로 덤핑여부가 판정되는 불이익을 당하게 된다. 과거 사회주의 국가의 덤핑 수출을 규제하기 위해 도입된 개념으로 시장경제국가일 경우 덤핑률 산정 시 수출국의 국내가격과 수출제품 판매가격을 비교해 통상 분쟁이 발생할 때 유리한 입장에 설 수 있다. 그러나 비시장경제국가일 경우 수출국의 국내가격이 아닌 비슷한 경제상황의 제3국 국내가격을 적용함으로써 덤핑률이 커져 고율의 반덤핑 관세를 부과받는다.

□□□

509 **시장세분화** ●●●

市場細分化

비슷한 선호와 취향을 가진 소비자를 묶어서 몇 개의 고객집단에서 특정 집단을 골라 기업의 마케팅 자원과 노력을 집중하는 것

기업의 한정된 자원을 효율적으로 집행하는 데 필요한 전략이다. 시장세분화를 위해서는 다수의 소비자를 소수 그룹으로 분류할 수 있는 기준이 필요하다. 소비자 나이, 소득수준, 교육수준 등의 인구통계학적 특성, 라이프스타일, 성격 등의 심리적 특성, 이외에도 소비패턴, 주거지역, 문화 등 다양한 소비자 특성 변수를 활용해 시장세분화를 할 수 있다.

□□□

510 **시장실패** ●●●

市場失敗

시장이 효율적인 자원 분배를 제대로 하지 못하는 상태

시장에서 경쟁이 제대로 이루어지지 않고 외부효과로 인해 자원배분이 비효율적이거나 정보의 비대칭으로 도덕적 해이가 발생하면, 시장이 자유롭게 기능함에도 시장실패가 나타날 수 있다.

□□□

511 **시티노믹스** ●●○

Citinomics

자연과 상상력을 동원해 도시의 경제가치를 높이는 것

경제성, 문화성, 예술성, 친환경성을 골고루 구비한 도시만이 살아남고 각광받는다는 것을 반영하며 국가 간 장벽이 점점 허물어지면서 풍부한 상상력, 문화, 친환경 등으로 평가된 도시경쟁력을 강조하는 신개념의 도시 경제학이다. 도시경쟁력이 곧 국가경쟁력이 되는 시대라고 인식되며 세계 곳곳의 도시들이 '시티노믹스'를 추구하고 있다.

□□□

512 **신디케이트**

Syndicate

동일 시장 내의 여러 기업이 출자하여 공동 판매회사를 설립하여 판매하는 조직

참가기업은 생산 면에서는 독립성을 유지하지만, 판매는 공동 판매회사를 통해 이루어지는 것으로 카르텔과 트러스트의 중간 형태라 할 수 있다. 카르텔은 가격과 수량협정 안에서 각 기업이 경쟁을 한다. 경쟁을 피하기 위해 제품의 판매를 개별 기업으로부터 공동 판매기관으로 옮기고, 생산 할당이나 합리화를 지도하여 시장지배력을 강화하려는 기업조합이다. 판매에 관해 갖는 구속력에 비하여, 생산단계에 대한 강제력은 상대적으로 작아서 기업의 독자성은 유지된다. 또한 신디케이트는 공채나 사채 등의 유가증권을 인수하기 위한 금융기관의 연합체를 가리키기도 한다.

□□□

513 **신브레튼우즈 체제**

New Bretton Woods System

금융위기 확산에 따라 새로운 통화체제의 필요성이 대두되면서 영국의 전 고든 브라운총리가 주장한 체제

국제표준의 새 회계기준을 채택하여 투명성을 확보, 국가별 금융감독체제 개혁 등이 핵심 내용이다. 또한 IMF를 포함한 새로운 국제금융감시기구를 만들어 금융위기에 대처할 수 있는 감독기구와 국가 간의 조율역할강화를 강조했다. 국제적으로 새로운 국제금융 질서를 마련해야 한다는 논의가 확대된 것은 미국의 금융위기가 글로벌 금융위기로 확산되면서 현재의 금융위기를 일국 단위나 지역 수준에서의 단편적 대응으로 해결하기 어렵다는 인식이 공감대를 얻었기 때문이다.

□□□

514 **신생아 특례 대출** ●●○

신생아를 출산한 무주택 가구에게 저금리로 주택구입비용을 대출해 주는 국토부 정책

국토교통부에서 발표한 저출산 극복을 위한 주거 지원 방안으로, 대출 신청일을 기준으로 3년 이내 출산한 무주택 가구를 대상으로 하며 혼인 신고 여부는 관계없이 출산만을 기준으로 한다. 단, 2023년 출생아부터 적용된다. 공공 · 민간 분양 특별공급 분양은 2024년 3월부터 시행될 예정이며 매입 · 전세 · 임대 특례 대출은 2023년 12월부터 시행된다.

□□□

515 **신용경색** ●●○
Credit Crunch

금융기관에서 돈이 제대로 공급되지 않아 기업들이 어려움을 겪는 현상

금융시장에 공급된 자금의 절대량이 적거나 자금이 통로가 막혀있을 때 발생하는데, 특히 신용경색은 치유하기가 어렵다. 신용경색이 발생하면 기업들은 자금 부족으로 인해 정상적인 경영이 어려워지고 무역업체들도 수출입 활동에 큰 제약을 받게 된다. 신용경색이 나타나는 과정은 먼저 일부 은행의 도산이나 부실화로 인해 금융시스템 내의 대출가능 규모가 줄어들게 되고, 이들 은행과 거래하던 기업들이 차입이 어려워지면서 기업의 도산확률이 높아지게 된다. 이렇게 되면 건전한 은행들도 높아진 기업의 신용위험과 유동성위험 등에 대비하여 대출규모를 축소하기 때문에 금융시스템 내의 유동성 부족으로 자금공급의 악순환이 발생하게 되는 것이다. 우리나라의 경우도 1998년 외환위기 시 극심한 신용경색으로 인해 많은 기업들이 도산한 경험이 있다.

□□□

516 **신용부도스왑**

Credit Default Swap

신용부도가 발생할 시 위험을 다른 곳에 넘기기 위한 위험 헤지 파생상품

채무 불이행의 위험을 대비하기 위한 수단으로, 채권을 발행하거나 금융기관에서 대출을 받아 자금을 조달한 기업의 신용위험만을 분리해서 사고파는 신종 금융파생상품 거래를 말한다. 채무 불이행 위험을 회피하려는 보장매입자가 이 위험을 대신 부담하는 보장매도자에게 수수료를 지불하고 실제로 부도가 발생하면 사전에 약속한 보상을 지급받는 계약이다.

ㅅ

□□□

517 **신주인수권부사채**

BW : Bond with Warrant

회사채 형식으로 발행되며, 일정 기간이 지나면 미리 정해진 가격으로 주식을 청구할 수 있는 사채, 주식, 채권, 외환 등의 정해진 수량을 약정한 값에 매매할 수 있는 권리가 붙은 사채

대개는 고정된 이자를 받을 수 있는 채권과 주식인수권리를 따로 매매할 수 있다. 만기보장, 수익률, 인수권 행사자격 등 발행조건이 전환사채의 경우와 같으나 전환사채는 사채권자의 전환권행사에 의하여 사채권자의 지위를 상실하고 주주가 되며 신주인수의 대가로서 별도의 출자를 요하지 아니하나, 신주인수권부사채는 사채권자가 신주인수권을 행사하더라도 사채가 소멸하지 않고 신주인수의 대가로 별도의 출자를 요하므로 사채권자와 동시에 주주의 지위를 가진다. 신주인수권부사채의 상환에 갈음하여 그 가격으로 신주의 발행가액의 납입을 대신하는 대용납입을 할 수 있으므로, 이 경우에는 전환사채와 비슷하게 된다. 전환사채는 사채권과 전환권이 동일증권에 의하여 표창되나, 신주인수권부사채는 신주인수권을 행사하더라도 사채권에는 영향이 없기 때문에 사채권과 신주인수권을 반드시 동일증권에 의하여 표창할 필요가 없다.

□□□

518 **신파일러**

Thin Filer

금융이력 부족자

개인 신용을 평가할 금융정보가 부족하여 금융거래에서 소외되는 계층을 의미한다. 금융 이력이 부족하다는 이유로 대출과 신용카드 발급에 제재를 받은 계층이다. 소득과 상환능력이 있더라도 신용점수에 불리하게 작용하는 것이다.

□□□

519 **실질GDP** ●●○

재화와 서비스 생산을 측정하기 위한 지표

국내경제의 생산활동 동향을 나타내는 경제성장률 산정에 이용되는 지표로, 기준연도 가격으로 계산한 것이다. 물가상승률을 고려한다.

07. ㅅ QUIZ

다음 문제를 보고 옳고 그른 것에 따라 O,X를 고르세요.

01. 주주총회에 참석하지 않아도 투표한 것으로 간주되는 제도는 섀도보팅이다. O X

02. 세이의 법칙은 대주주의 영향을 받지 않는 전문가를 이사회에 참여시키는 제도이다. O X

03. 스캘퍼는 빈번히 주식을 매매하는 초단기 투자자를 말한다. O X

04. 시장이 효율적인 자원 분배를 제대로 하지 못하는 상태는 신용부도스왑이다. O X

05. 슬림 마케팅은 비용을 최소화하면서 마케팅 효과를 극대화하는 기법을 말한다. O X

문장에 맞는 단어를 고르세요.

㉠ 서번트	㉡ 스놉 효과	㉢ 스탠드스틸	㉣ 시티노믹스	㉤ 승자의 저주

06. ____(은)는 친환경이 아닌 제품에 대해서 수입을 금하거나 높은 관세를 부과하는 제도이다.

07. 특정 상품에 대한 소비가 증가하면 오히려 수요가 줄어드는 현상은 ____(이)다.

08. 타인을 위한 봉사에 초점을 두고 구성원들의 이익을 우선시하는 리더십은 ____(이)다.

09. ____(은)는 치열한 경쟁 끝에 승리를 얻었어도 커다란 후유증을 겪는 상황을 말한다.

10. 자연과 상상력을 동원해 도시의 경제와 가치를 높이는 신개념 도시 경제학은 ____(이)다.

답 1.O 2.X(사외이사제) 3.O 4.X(시장실패) 5.O 6.㉢ 7.㉡ 8.㉠ 9.㉤ 10.㉣

Across

1. 규제 받지 않는 외화차입금
2. 이슬람 율법을 준수하는 금융행위
3. 기업의 입사와 함께 노동조합에 가입할 필요는 없지만, 일정 기간 내에 노동조합에 가입하도록 하는 단체협약
4. 최고 경영자가 따로 있는 것이 아닌 사안에 따라 각자의 유연성을 발휘할 수 있는 기업 경영 형태
5. 경제활동의 윤리적 환경과 조건을 각 나라마다 표준화하려는 국제적인 움직임

Down

6. 경제에 새로운 방법이 도입되어 획기적인 새로운 국면이 나타나는 현상
7. 기업이 주식을 추가로 발행할 때마다 주주들에게 대가를 받는 방식
8. 기업윤리를 최우선 가치로 의사결정 하는 경영 정신

Across | 1.임팩트론 2.이슬람금융 3.유니온숍 4.아메바경영 5.윤리라운드

Down | 6.이노베이션 7.유상증자 8.윤리경영

PART

O

경제용어해설

checkpoint

- 아웃소싱
- 아이아스 이론
- 아티젠
- 애드호크라시
- 액면분할
- 양적완화
- 어슈어뱅킹
- 언택트 마케팅
- 엔젤계수
- 온디맨드
- 위대한 개츠비 곡선
- 유동성 함정
- 인덱스펀드
- 일물일가의 법칙
- 잉여현금흐름

□□□

520 **아메바 경영**

최고 경영자가 따로 있는 것이 아닌 사안에 따라 각자의 주특기를 살리며 유연성을 발휘할 수 있는 기업경영 형태

연체동물처럼 필요에 따라 분리될 수도 있고 합쳐질 수도 있으며, 경영자의 리더십 역시 아메바처럼 유연성이 요구된다. 아메바경영을 추구하는 기업들은 디지털 프로그램 제작과 연예 매니지먼트와 애니메이션 제작 등 여러 가지 일을 동시다발적으로 진행하는 것이 특징이다. 이 과정에서 각 분야의 주특기가 십분 발휘되어 결국 이 모든 것을 유기적으로 결합해 이들 기업만의 독특한 인프라를 구축하게 된다.

□□□

521 **아리랑 본드**

Arirang Bond

외국기업 또는 국내기업 해외법인이 한국에서 발행하는 원화표시의 채권

1995년 아시아개발은행(ADB)이 처음 발행했다. 미국의 양키본드, 일본의 사무라이본드, 영국의 불독본드와 같은 국제채의 일종으로 외국기업이 한국에서 원화가 아닌 다른 통화로 채권을 발행하면 '김치본드'로 불린다.

□□□

522 **아슈르방킹**

Assurbanking

보험사가 은행과 제휴하여 은행 금융상품을 판매하는 것

보험사가 은행과 제휴하여 보험설계사 등 인력을 활용해 은행의 금융상품을 판매하는 것을 말한다. 은행에서 보험상품을 판매하는 '방카슈랑스'과는 반대개념으로, 인터넷이 발달하고 금융기관 간 업무장벽이 허물어지면서 유럽의 보험사들은 적극적으로 아슈르방킹을 추진하고 있다..

□□□

523 **아시아 통화기금** ●●●

AMF : Asian Monetary Fund

아시아 지역의 금융 및 통화위기에 대처하기 위해 한국, 중국, 일본과 동남아국가연합 회원국이 기금을 조성하여 역내 위기 발생 때 공동대응하기로 합의

아시아통화기금(AMF) 설립은 엔화의 국제화와 함께 일본 정부가 추진 중인 국제사회에서의 경제위상 강화노력의 일환으로, 1998년 9월 홍콩에서 열린 국제통화기금(IMF) 총회에서 처음 거론되었다. 일본은 외환위기 발생시 IMF에 의한 긴급금융지원에는 한계가 있다며, 아시아 국가 간의 상호부조를 위해서라도 AMF가 필요하다고 제안했다. 그러나 이러한 주장이 일본의 주도권확보라는 측면을 중국과 미국이 간파하였고, 이들이 주도하는 IMF측이 반대했으나, 경제위기가 아시아에서 중남미로 확산되면서 IMF의 한계를 체험한 동남아국가들은 AMF의 필요성에 공감하고 있다. 특히, 이 합의는 모든 회원국이 반드시 참여하는 단일한 공동기금이 마련되어 그만큼 역내 금융시장 안정에 기여할 것으로 기대, 미국 주도의 세계금융질서에서 아시아 지역이 좀 더 분명한 목소리를 내기 시작했다는 의미를 지닌다.

□□□

524 **아시안 옵션** ●●○

Asian Option

옵션의 현금흐름이 일정 기간 동안의 기초자산가격의 평균에 의존하는 옵션

계약기간 중 해당 상품가격의 특정기간 평균치와 행사가격을 비교하여 옵션 행사 여부를 결정한다. 아시안 옵션의 종류로는 만기시점의 기초자산가격 대신에 평균가격을 사용하는 평균가격옵션과 행사가격 대신에 평균가격을 사용하는 평균 행사가격 옵션이 있다.

□□□

525 **아웃소싱** ❁❁❁

Outsourcing

기업 내부의 업무 일부를 경영 효율의 극대화를 위해 외부의 전문 업체에 위탁해서 처리하는 경영전략

미국 기업이 제조업분야에서 활용하기 시작해서 이제는 경리, 인사, 신제품개발, 영업 등 모든 분야로 확대되고 있다. 급속한 시장변화와 치열한 경쟁에서 살아남기 위해 기업은 핵심사업에 집중하고, 나머지 부수적인 업무는 외주에 의존함으로서 인원절감과 생산성 향상의 효과를 노리고 있다. 또한 어떤 분야든 자사보다 탁월한 능력을 보유하고 있는 기업과 팀을 이뤄 업무를 추진함으로써 업무의 효율을 극대화할 수 있으나, 가격상승에 따라 저효율과 발주사 직원의 전직 및 직무 감소로 인한 직원 수 초과, 공급업체와 발주사 간의 마찰, 공급업체에 대한 미숙한 관리 등의 위험요소도 있다.

□□□

526 **아이사스 이론** ❁❁❁

AISAS

'A'ttention(주의), 'I'nterest(흥미), 'S'earch(검색 · 평가체크), 'A'ction(행동), 'S'hare(의견 공유)

일본의 아키야마 류헤이가 그의 저서「홀리스틱 커뮤니케이션」에서 처음 주장했다. 아이사스 이론은 인터넷, PDA, 휴대전화 등 넷미디어의 급속한 발전에 따라 수용자의 커뮤니케이션 환경 및 구매 행동이 진화한다는 가설에 기반을 두고 있으며, 온라인 공간을 통해 소비자 간의 교환 · 공유되는 상품과 서비스에 대한 사용 경험 등의 관련정보가 과거의 입소문시절과는 비교도 할 수 없을 만큼 속도가 빠르며 마케팅의 성패가 좌우되고 있다. 특히 인터넷 쇼핑몰업체의 경우 네티즌의 댓글이 구매결정을 포함해 매출에 영향을 주기 때문에 아이사스 마케팅이 필요하다.

□□□

527 **아트펀드** ❁❁❁

Art Fund

경매회사나 은행이 고객들의 투자금으로 미술품에 투자해서 수익을 돌려주는 펀드

50여 명의 공모형식으로 참여해서 펀드를 조성하여 미술품에 투자한다. 사들인 미술품을 공동 투자자가 일정 기간 돌려가며 소장하고 감상할 수 있다. 전문가가 내세우는 미술품 투자의 강점은 불경기에도 안전하고, 또한 미술품은 한 점만이 존재하기 때문에 수요가 증가해도 공급이 늘어날 수 없어 다른 자산증식프로그램보다 안전한 투자품목이라 할 수 있다.

ㅇ

□□□

528 **아티젠** ❁❁❁

Artygen

예술가나 디자이너의 작품을 접목시킨 제품을 선호하는 소비계층

'예술(Art)'과 '세대(Generation)'의 합성어이다. 디자인이 예쁘다거나 깜찍한 상품을 선호하는 것이 아니라, 예술가의 흔적이 남아있거나 예술적인 감각이 녹아든 상품이다. 아티젠을 겨냥한 기업의 경영활동을 테카르트 마케팅이라 하며, '테카르트'는 '테크롤로지(Technology)'와 '아트(Art)'의 합성어이다.

□□□

529 **악어 입 그래프** ❁❁❁

일본의 재정 상황 그래프

세출은 늘어나는 데 반해 세입은 줄어들면서 악어 입처럼 쩍 벌어진 모양이 된 일본의 재정 상황 그래프를 말한다.

□□□

530 **알고리즘 매매**

Algorithmic Trading

컴퓨터 프로그래밍을 통해 자동으로 주식을 매수 · 매도 주문을 하는 거래 방식

주가의 등락에 따라 자동으로 주식을 매수 · 매도하는 기술이다. 단시간에 매매를 할 때 주로 사용되는 기능이나 프로그램 오류가 발생하면 위험할 수 있다. 빅데이터와 인공지능 등의 기술에도 자주 사용된다.

□□□

531 **알트코인**
Altcoin

비트코인을 제외하는 모든 가상화폐(암호화폐)

비트코인을 대안으로 하여 도입한 가상화폐(암호화폐)로 이더리움, 리플, 라이트코인을 대표적으로 의미한다.

□□□

532 **알파 컨슈머** ●●○
α Consumer

자신이 구매한 제품의 기초정보에서부터 사용 후의 구체적 느낌까지 제품에 관한 모든 것을 다른 소비자에게 알려 주는 소비자

구매자의 상품후기를 적극적으로 상품구매에 활용하는 소비자가 점차 늘어나면서 알파 컨슈머의 영향력과 활동 폭이 넓어지고 있으며, 알파 컨슈머를 통한 마케팅도 생겨나고 있다. 알파 컨슈머의 홈페이지, 블로그를 통한 신제품 홍보 등과 공모전, 체험이벤트 등을 통해 알파 컨슈머의 의견을 수집한다. 또한 알파 컨슈머를 제품의 기획, 마케팅, 리서치 단계 등에도 참여시키고 경험 많고 영향력 있는 알파 컨슈머를 회사의 직원으로 채용하기도 한다.

□□□

533 **애그플레이션** ●●●
Agflation

농산물 가격이 상승하면 소비자물가와 생산자물가가 상승하는 현상

'농업(Agriculture)'과 '인플레이션(Inflation)'의 합성어이다. 곡물가격이 상승하는 요인으로는 지구 온난화 등 기상이변으로 인한 공급 감소, 육류 소비 증가에 따른 사료용 곡물 수요 증가, 경작지 감소, 유가 급등으로 인한 생산 및 유통 비용 증가, 곡물을 이용한 대체연료 활성화, 식량의 자원화, 투기자본의 유입 등을 꼽을 수 있다.

□□□

534 **애널리스트** ●●●

Analyst

기업과 관련된 조사와 분석을 담당하는 사람

기업의 현재 가치를 정확히 측정할 뿐만 아니라 미래 가치에도 주목한다. 경기흐름이라는 거시적인 틀 속에서 기업의 재무 및 손익구조 등을 분석해 기업의 적정 주가를 산출해 그 결과가 주식시장에 연결되며, 해당기업의 주가가 기업의 내재가치보다 낮아 저평가되면 매수를, 반대일 경우에는 매도의견을 낸다. 또한 이들의 한마디에 주가가 출렁이기도 한다.

ㅇ

□□□

535 **애드슈머** ●●●

Adsumer

광고의 제작과정에 참여하고 의견을 제안하는 소비자

'광고(Advertising)'와 '소비자(Consumer)'의 합성어로, 시청자의 아이디어를 받아 광고를 기획하거나 광고의 결말을 시청자에게 물어 후속편을 제작하고 시청자가 만든 영상을 광고로 활용하는 등 시청자가 광고에 직접 참여한다. 일방적으로 소비자를 설득하는 데 활용되는 광고에도 생산자와 소비자의 경계가 모호해지고 있으며, 이들에게는 광고도 하나의 재미있는 놀이이자 표현 수단이다.

□□□

536 **애드 호크라시** ●●○

Adhocracy

전통적 관료제와 달리 융통적 · 적응력 · 혁신적 구조를 지닌 미래 조직

애드호크라시는 미래학자 앨빈 토플러가 그의 저서 「미래의 충격」에서 종래의 관료조직을 대체할 미래 조직으로 사용한 용어이다. 관료조직처럼 지위나 역할에 따라 종으로 조직된 것이 아니라 기능과 전문적 훈련에 의해 기능별로 분화된 횡적 조직을 일컫는다. 또한 애드호크라시는 목적 달성을 위해 조직이 편성되었다가 일이 끝나면 해산하게 되는 일시적인 조직을 말한다. 예를 들면, 프로젝트팀이나 태스크 포스 등이다. 토플러는 현대사회의 특징을 가속성과 일시성이라고 하였는데, 이러한 현상이 기업조직에서도 나타나 조직의 영속성이 없어져가고 있다고 했다.

□□□

537 **액면병합** ❁❁❁

額面倂合

여러 주식을 병합하는 것

주식 수를 줄이고 단가를 높이기 위한 방법으로 여러 주식을 병합하여 하나의 주식으로 다시 발행하는 것을 말한다.

□□□

538 **액면분할** ❁❁❁

額面分割

하나의 주식을 분할하는 것

액면병합과는 다르게 주식 수를 늘려 유동성을 높이고 단가를 낮추기 위한 방법으로 하나의 주식을 여러 주식으로 분할하는 것을 말한다.

□□□

539 **액체사회** ❁❁

Liquid Society

업종 간의 경계가 허물어지는 사회

두 업종이 마치 액체처럼 한 곳에 용해되어 있는 시장에서 경쟁하는 형태이다. 스포츠용품 전문업체인 나이키가 기존 경쟁업체인 리복, 아디다스 외에 새로운 경쟁 상대로 지목했던 기업이 바로 일본의 게임업체인 닌텐도였다. 지금까지의 젊은 사람들은 부모로부터 용돈을 받으면, 주로 신발이나 스포츠용품을 구입해 온 것에 반해, 이제는 게임기나 게임용 소프트웨어를 주로 구매하게 되었다. 즉, 스포츠업계와 게임업체가 시장에서 서로 경쟁하게 된 것이다.

□□□

540 **앰부시 마케팅** ❁❁

Ambush Marketing

교묘히 규제를 피해가는 마케팅

'매복'을 의미하며, 2002년 한 · 일 월드컵을 계기로 주목받기 시작하였다. 스포츠 이벤트에서 공식적인 후원업체가 아니면서도 광고 문구 등을 통해 스포츠 이벤트와 관련이 있는 업체라는 인상을 주어 고객의 시선을 끌어 마케팅 효과를 극대화하는 판촉 전략을 수행한다.

□□□

541 **양적완화** ❁❁❁

QE : Quantitative Easing

중앙은행이 통화를 시중에 직접 공급하는 것

준금리가 제로에 근접하여 기준금리 인하만으로는 경기부양이 한계에 봉착했을 경우 주로 시행하며, 시중에 있는 채권이나 증권을 직접 사들이기 때문에 기준금리 조절을 통해 간접적으로 유동성을 조절하는 기존 방식과는 차이가 있다. 양적완화를 시행하게 되면 통화량 자체가 증가하기 때문에 기축통화의 유동성이 상승하고 이에 따라 부동산 경기회복, 실업률 하락, 소비지출 증가 등 경제회복의 효과가 있다. 즉, 자국의 통화가치를 하락시켜 수출경쟁력을 높이는 것이 주목적이라고 할 수 있다. 하지만 양적완화로 인해 통화의 가치하락이 발생하면 전세계적으로 인플레이션이 유발될 수 있으며 달러 약세로 인한 세계적인 환율전쟁의 위험도 안고 있다.

+상식더보기 테이퍼링(Tapering)

양적 완화 정책을 점진적으로 축소하는 것

□□□

542 **어닝 서프라이즈** ❁❁

Earning Surprise

기업이 실적 발표 시 시장에서 예상했던 실적과 다른 발표를 하는 것

포지티브 어닝서프라이즈와 네거티브 어닝서프라이즈가 있다. 우리나라에서는 깜짝 실적이라고도 한다. 시장의 예상치보다 실적이 저조하면 기업이 아무리 좋은 실적을 발표해도 주가가 떨어지기도 하고 반대로 저조한 실적을 발표해도 예상치보다 높거나 낮은 두 가지 경우 모두를 나타낼 수 있지만, 통상 서프라이즈의 의미가 좋은 것을 나타내는 의미로 사용되기 때문에 실적이 예상치보다 높은 경우에 해당한다.

□□□

543 **어닝쇼크** ❁❁❁

Earning Shock

기업이 실적을 발표할 때 시장에서 예상했던 것보다 저조한 실적을 발표하는 것

시장의 예상치보다 실적이 저조하면 기업이 아무리 좋은 실적을 발표해도 주가가 떨어지기도 하고 반대로 저조한 실적을 발표해도 예상치보다 나쁘지 않으면 주가가 오르기도 한다. 어닝쇼크 용어 자체가 갖고 있는 의미는 실적이 예상치보다 높거나 낮은 두 가지 경우 모두를 나타낼 수 있지만, 통상 쇼크의 의미가 나쁜 것을 나타내는 의미로 사용되기 때문에 어닝쇼크는 실적이 예상치보다 낮은 경우를 가리킨다.

□□□

544 **어닝시즌** ❁❁❁

Earning Season

기업이 분기별 또는 반기별 실적을 발표하는 시기

발표되는 기업실적은 매출액, 순수익, 다음 분기에 대한 전망들이 포함된다. 기업은 1년에 네 차례 분기별 실적을 발표하고 이를 종합해 반기와 연간 결산보고서를 발표한다. 우리나라의 경우 어닝시즌은 보통 12월 결산법인들의 분기실적이 발표되는 시기를 기준으로 말한다. 국내기업은 1분기 결산일로부터 45일 이내에 실적을 공시해야 한다. 12월 결산이 가장 큰 비중을 차지하는 국내 상장사들은 1분기(1 ~ 3월)가 끝난 후 5월 15일까지 분기실적을 내야 하며, 2분기(4 ~ 6월)는 7월 중순에서 8월 초순, 3분기(7 ~ 9월)는 10월 중순에서 11월 초순, 4분기(10 ~ 12월)는 다음해 1월 중순에서 2월 초순에 실적을 발표한다.

□□□

545 **어반 서바이버**

Urban Survivor

예측불허의 자연재해와 환경오염 등 인간생존을 위협하는 환경위기에서 살아남으려는 소비자 그룹

생존을 위해 스스로 사용할 에너지를 자가 생산하는 라이프스타일이다. 유가가 급등하고 에너지 자원에 대한 위기감이 고조되면서 운동을 하거나 춤추면서 전기에너지를 생산하는 아이디어 상품이 속속 등장하고 있으며, 홍콩의 캘리포니아 피트니스센터에서는 자전거 페달을 밟는 운동으로, 한 시간에 50와트의 전기를 생산할 수 있게 하는 시스템을 도입하여 자신이 운동하는 피트니스의 전기를 운동하는 자가 스스로 만들어내는 사례가 소개되기도 했다. 런던의 한 나이트클럽에서는 압전현상을 이용한 특수바닥을 설치해 춤을 추는 사람들이 바닥을 자극하면 전류가 발생되어 전력으로 전환된다.

□□□

546 **어음관리 계좌**

CMA :
Cash Management
Account

고객이 맡긴 예금을 기업어음(CP), 양도성예금증서(CD) 등에 투자하고 발생한 수익을 고객에게 돌려주는 상품

시중은행의 보통예금의 이자보다 높은 이자를 받을 수 있다. CMA에 넣어둔 돈을 종금사나 증권사가 채권·어음 등에 투자해서 발생한 수익을 돌려주는 실적배당형 상품으로 인터넷뱅킹, 송금, 카드결제 등 기존 은행의 보통예금 통장과 같은 기능도 들어 있다. 종금사 CMA는 종합금융회사를 인수한 은행, 증권회사가 취급하는 CMA로 수시 입출금이 가능하다. 예금자보호법의 보호를 받는 반면에 증권사 CMA는 증권계좌에 자산관리기능을 결합한 것으로 증권계좌 내의 자금을 단기투자 상품에 투자하여 수익을 낸다. 증권사 CMA는 종금사 CMA보다 수익이 다소 높은 편이며, 예금자보호법의 보호를 받지 못하지만 종합금융회사를 인수한 증권회사에서 CMA업무를 병행하여 예금자보호법이 적용되는 CMA상품을 취급하기도 한다.

□□□

547 **언택트 마케팅** ●●●

Untact Marketing

비대면으로 서비스를 제공하는 마케팅

사람 간의 접촉을 최소화하거나 비대면으로 상품이나 서비스를 제공하는 마케팅을 말한다. 키오스크, 챗봇 등으로 직원이 소비자와 직접적으로 대면하지 않아도 된다.

+상식더보기 온택트

비대면을 일컫는 'Untact'와 외부 연결을 의미하는 'On'의 합성어이다. 코로나19가 장기화되면서 확산된 것으로, 온라인을 통해 대면하는 것을 의미한다. 온라인을 통한 화상회의, 온라인에서 진행하는 줌 수업 등이 이에 해당한다.

□□□

548 **업사이클링**

사용한 물품을 물품 본래 모습 그대로 다시 활용하는 일

디자인이나 활용도를 더하여 전혀 다른 제품으로 생산하는 것을 말한다. 버려지는 물건을 재활용하여 필요한 제품으로 재탄생시키며 최근에는 착한 소비, 가치 있는 소비로 새로운 소비트렌드가 되었다.

□□□

549 **에스크로** ●○○

Escrow

구매자와 판매자의 원활한 상거래를 위해 제3자가 중개하는 서비스

구매자와 판매자의 신용관계가 불확실 할 때 상거래가 원활하게 이루어질 수 있도록 제3자가 중개하는 매매 보호 서비스이다. 구매자가 제3자에게 거래금을 보내면 판매자는 제3자에게 거래금을 확인하고 상품을 발송한다. 상품을 받은 구매자는 제3자에게 알리고 제3자는 판매자에게 거래금을 보낸다. 중개역할을 하는 제3자는 수수료로 수익을 얻는다.

□□□

550 **에코 버블**

Eco Bubble

버블이 반복되는 현상

큰 거품이 부풀려졌다가 일시에 꺼지는 것이 아니라 소형 거품이 형성됐다가 깨지는 양상이 메아리처럼 반복된다는 뜻이다. 에코 버블은 신중한 투자를 요구하는 경고가 되는 만큼 신중한 접근이 필요하다. 경기침체와 금융위기가 진행되는 가운데 단기간에 금리가 급락하고 유동성이 늘어나 주식시장이 반등하지만 그 뒤 다시 폭락하는 경우에 해당된다. 즉 유동성의 힘에 의해 주가가 상승하지만 경기지표가 이를 받쳐주지 못하면 전 저점을 뚫고 다시 폭락하게 된다. 에코 버블은 최근 경기침체가 진행되는 과정에서 주식시장의 강세를 진단할 때 자주 등장한다. 또 실물경제가 급속도로 악화되는 상황에서 글로벌 주가가 급등하고 있는데 따른 진단으로 흔히 이용된다.

□□□

551 **에코스패즘**

Eco Spasm

전 세계적 파장을 일으키는 강력한 대규모 글로벌 경제위기

단발적 · 국지적 위기가 아니라 불황, 경기침체, 인플레이션 등이 복합적으로 나타나는 대규모 경제위기이다. 앨빈 토플러는 에코스패즘이 발생하면 경제를 구성하는 모든 체계가 서로 다른 속도로 변화하며 상호 간 영향을 미치고, 이로 인해 시장은 무질서와 불확실성이 증가하여 혼란에 휩싸이며, 심할 경우 화폐제도가 붕괴될 수도 있다고 예측하였다.

□□□

552 **에코 플레이션**

Eco Flation

환경적 요인으로 발생하는 인플레이션

고온현상으로 인한 가뭄과 산불 등으로 기업의 생산비용이 높아지고 결국 소비재 가격 상승으로 이어진다.

ㅇ

553 **엑슨 – 플로리오법**

Exon – Florio Act

외국 기업이 미국 회사를 인수할 경우 국가 안보에 위협 요인은 없는지 등을 심사하여 문제가 있으면 불허할 수 있도록 규정한 법

미국 의회가 1988년 제안자인 엑슨 상원의원과 플로리오 하원의원의 이름을 따서 「종합무역법」 안에 '엑슨 – 플로리오' 조항을 삽입, 대통령에게 국가안보 수호 차원에서 외국자본의 투자를 조사하고 철회할 수 있는 권한을 부여하고 사전 및 사후 심사권을 갖고 M&A를 중단시키거나 금지하도록 포괄적으로 규제하고 있다. 초기에는 국가안보와 관련된 미국 내 기업의 인수 및 합병 등에만 적용되었으나, 1992년 이후 국가안보에 영향을 미치는 국가핵심기술 및 이와 관련된 산업에 대해서도 적용되었다.

554 **엑시트**

Exit

투자자의 입장에서 자금을 회수하는 방안을 뜻하는 것

투자 후 출구전략을 의미한다. 엑시트는 또 다른 창업을 모색할 수 있는 발판을 제공해 생태계를 선순환시키는 역할을 한다.

555 **엔젤계수**

Angel Coefficient

가계에서 아이들을 위해 사용되는 돈이 차지하는 비중

과외비와 학원비 같은 교육비, 장난감구입비, 용돈, 의복비, 아이들을 위한 외식비 등이 포함된다. 우리나라의 경우 엔젤계수가 높은 편인데, 아무리 가정 형편이 어려워도 아이들을 위한 지출은 줄지 않고 있기 때문이다. 특히 교육비를 미래를 위한 투자로 인식하기 때문에 부모들은 불황이 심할수록 교육비를 늘리지 않으면 불안해하고, 아울러 불황일수록 교육경쟁은 더 치열해지면서 과외비와 학원비 같은 교육비가 증가한다. 한편 어린이를 대상으로 하는 사업을 엔젤 비즈니스라고 한다.

□□□

556 **엔젤 투자** ●●●
Angel Investment

벤처기업이 필요로 하는 자금을 개인 투자자들 여럿이 돈을 모아 지원해주고 그 대가로 주식을 받는 투자

개인 투자자들은 엔젤 투자자라고 한다. 투자한 기업이 성공적으로 성장하여 기업가치가 올라가면 수십 배 이상의 이득을 얻을 수 있는 반면 실패할 경우에는 투자액의 대부분이 손실로 확정된다.

□□□

557 **엠니스** ●○○
M – ness

메트로섹슈얼보다 진보된 개념

힘과 명예를 중시하는 전통적인 남성상과 함께 양육, 협력 등의 여성과 관련된 긍정적인 특징을 갖춘 남성을 뜻한다. 성 중립적이며, 개인의 생활방식을 존중하고 감성적 즐거움을 추구해서 자신과 가족을 위한 소비에 적극적인 남성을 가리킨다. 외모가 중시되고, 맞벌이 부부와 싱글족이 늘어남에 따라 가사 일에 대하여 관심을 갖는 남성들이 많아지면서 등장하고 있다. 자녀교육에 관심이 높으며, 외모 관리 등의 자신에 대한 투자를 아끼지 않는 특징이 있다.

□□□

558 **엥겔지수** ●●●
Engel's Coefficient

가계 소비지출 중 식료품비가 차지하는 비율

독일 통계학자 에른스트 엥겔이 발표한 이론으로, 가계 소득이 높아질수록 식료품비의 비중이 감소한다는 주장이다. 엥겔지수=(식료품비/총 생계비)×100로, 일반적으로 20% 이하면 상류, 25 ~ 30%는 중류, 30 ~ 50%는 하류, 50% 이상은 최저 생활로 분류된다.

□□□

559 **역내경제 감시기구** ●●○

AMRO : ASEAN+3 Macroeconomic Research Office

아세안 국가와 한 · 중 · 일이 치앙마이이니셔티브(CMI) 다자화 기금체제하에서 역내 각국의 경제상황을 모니터링하고 신속한 자금지원 결정을 지원하기 위해 설립한 기구

CMI 다자화 기금이 역내 금융안전망으로 안착하도록 하기 위한 것이다. 아시아 지역의 거시경제 움직임을 감시, 분석하고 유동성 위기가 찾아올 경우 자금지원을 통해 자체적으로 위기를 극복하는 데 활용된다.

□□□

560 **역모기지론** ●●●

Reverse Mortgage Loan

고령자들이 보유하고 있는 주택을 담보로 금융기관에서 일정액을 매월 연금형식으로 받는 대출상품

주택연금 또는 장기주택저당대출이라고 한다. 부동산을 담보로 주택저당증권(MBS)을 발행하여 장기주택자금을 대출받는 제도인 모기지론과 자금 흐름이 반대이기 때문에 역모기지론이라고 한다. 주택은 있으나 경제활동을 할 수 없어 소득이 없는 고령자가 주택을 담보로 사망할 때까지 자택에 거주하면서 노후 생활자금을 연금 형태로 지급받고, 사망하면 금융기관이 주택을 처분하여 그동안의 대출금과 이자를 상환 받는다.

□□□

561 **역 선택** ●●●

逆選擇

정보비대칭으로 인해 정보가 부족한 집단이 불리한 선택을 하는 상황

정보의 불균형으로 정보가 부족한 집단이 불리한 의사 결정을 하는 상황을 말한다. 정보의 격차가 존재하는 시장에서 정보력을 가진 집단이 정보력을 갖지 못한 집단에게 정보의 왜곡 혹은 오류로 인한 손실을 입게 한다. 보험이나 노동, 금융시장 등에서 주로 발생하는데, 특히 보험시장에 더욱 자주 발생한다.

□□□

562 **역외펀드** ❁❁❀

Offshore Fund

세금이나 규제를 피해 자유롭게 유가증권에 투자하기 위해 세율이 낮은 국가에서 운용되는 펀드

국내에서 조성된 투자금과 해외의 금융기관에서 차입한 투자금으로 전 세계 금융시장을 상대로 파생금융상품에 투자한다. 증권사의 업무영역을 해외로 확대하려는 의도에서 만들어진 펀드이다. 펀드 내에서는 환헤지가 불가능하여 선물환 계약을 체결하여 환율변동에 따른 위험을 분산시킨다. 국내 법에 따라 설정된 역외펀드의 경우에는 주식매매 차익으로 얻은 수익에 대해서는 세금이 부과되지 않지만 외국 법에 의해 설정된 역외펀드는 과세된다.

□□□

563 **연료전지** ❁❁❁

Fuel Cell

수소와 산소로부터 전기와 물을 만드는 것

물을 전기분해하면 수소와 산소가 발생한다. 그 역반응를 이용하여 수소에너지를 전기에너지와 열로 변환시키는 전기화학적 장치를 말한다. 따라서 별도의 새로운 에너지원이 아니며 이론적으로는 수소와 산소를 양극과 음극에 공급하여 연속적으로 전기를 생산하는 기술이다. 작동온도와 연료의 형태에 따라 다양하여 알칼리형, 인산염형, 용융탄산염형, 고체전해질형, 고분자전해질형 등으로 구분된다. 연료 전지의 일반적인 특성은 연료가 전기화학적으로 반응하여 전기를 생산하는 과정에서 열이 발생하므로 총 효율을 높이는 고효율 발전이 가능하며, 기존의 화력발전에 비해 효율이 높으므로 발전용 연료의 절감 및 열병합 발전도 가능하다. 이산화탄소와 황산화물의 배출량이 거의 발생하지 않고 소음도 매우 적어 공해 배출 요인이 거의 없는 무공해 에너지 기술이라는 것도 장점이다.

□□□

564 **연말정산** ●○○

1년간의 총 급여액에 대한 근로소득세액을 「소득세법」에 따라 계산한 뒤 매월 간이세액표에서 이미 원천징수한 세액과 비교해 이듬해 1월분 급여 지급 시 차액을 돌려주는 제도

해당 연도에 세금을 많이 징수했다면 차액을 되돌려주고 적게 징수한 세액은 더 걷는 절차이다. 자신의 총 급여액(급여액 – 비과세소득)에서 각종 공제액을 뺀 금액이 과세표준이 된다. 여기에 기본세율을 곱하면 산출세액이 나온다. 산출세액에 세액공제(주택차입금이자 등)를 빼면 결정세액이 되며, 여기에 기납부세액과 가산세를 가감해 정산세액을 결정한다.

□□□

565 **연방준비제도** ●●●

Fed : Board of Governors of the Federal Reserve System

미국의 중앙은행제도

1913년 12월에 도입되었다. 미국 내 통화정책의 관장, 은행·금융기관에 대한 감독과 규제, 금융체계의 안정성 유지, 미정부와 대중, 금융 기관 등에 대한 금융 서비스 제공 등이 목적이다. 재할인율(중앙은행 – 시중은행 간 여신 금리) 등의 금리 결정, 재무부 채권의 매입과 발행(공개시장조작), 지급준비율 결정 등을 통해 통화정책을 중점적으로 수행한다.

□□□

566 **연방준비제도이사회** ●●●

FRB : Federal Reserve Board

1918년 제정된 「연방준비법」에 의해 발족된 12개 연방준비은행 관리총괄기관

미국의 연방준비제도(Fed)의 의사 결정기구이며 본부는 워싱턴에 있다. 이사회는 의장 이하 7인의 이사진으로 구성되며, 대통령이 임명하고 상원의 승인절차를 거친다. 대통령은 이사 가운데 이사회 의장과 부의장을 임명하고 이사의 임기는 14년이며, 이사회 의장과 부의장의 임기는 4년이다. FRB의 의장은 금리결정 등 통화정책 권한도 철저하게 독립적으로 행사하고 금융정책에 관한한 전세계적으로 강력한 영향력을 갖고 있다. FRB는 재할인율(중앙은행 – 시중은행 간 여신 금리) 등 금리 결정, 재무부 채권 매입과 발행(공개시장 활동), 지급준비율 결정 등의 권한을 가진다.

□□□

567 **예금보험** ✿✿✿

고객의 예금을 보호하는 제도

'동일한 종류의 위험을 가진 사람들이 평소에 기금을 적립하여 만약의 사고에 대비한다'는 보험의 원리를 통해 예금자를 보호하는 것이다. 예금보험공사가 금융회사로부터 보험료(예금보험료)를 받아 기금(예금보험기금)을 적립한 후, 금융회사가 예금을 지급할 수 없게 되면 금융회사를 대신하여 예금(예금보험금)을 지급한다. 예금자를 보호하기 위한 목적으로 법에 의해 운영되는 공적보험이기 때문에 예금을 대신 지급할 재원이 금융회사가 납부한 예금보험료만으로도 부족할 경우에는 예금보험공사가 직접 채권(예금보험기금채권)을 발행하는 등의 방법을 통해 재원을 조성한다.

+상식더보기 예금보험 흐름도

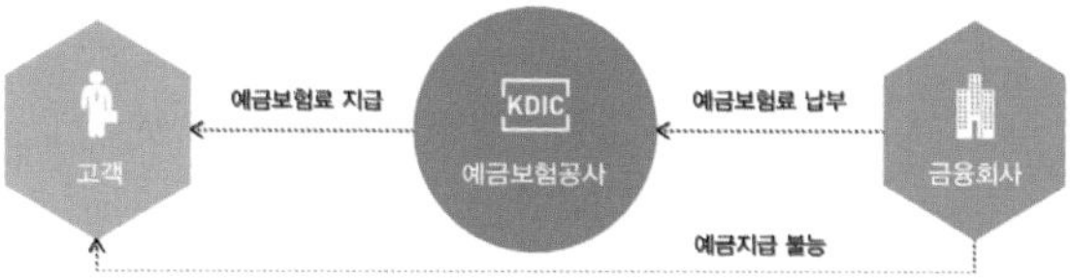

□□□

568 **열등재** ✿✿✿

Inferior Goods

소득이 증가할수록 수요가 감소하는 재화나 서비스

소비자의 소득이 증가할수록 수요가 증가하는 재화나 서비스를 정상재라고 한다면, 예를 들어 소비자들이 소득 증가로 인하여 쇠고기의 수요를 늘리고 돼지고기의 수요를 줄인다면, 돼지고기는 열등재가 되는 것이다.

□□□

569 **예금자보호제도**

預金者保護制度

금융시장의 안정을 유지하고자 도입된 제도

금융기관이 경영부실로 영업정지 혹은 파산하고 예금자에게 예금을 지급하지 못하면 '뱅크 런(Bank Run)'이 일어나는데 이런 경우를 막고자 예금보험공사가 해당 금융기관을 대신하여 예금자에게 원리금의 전부 또는 일부를 지급한다. 현재 우리나라의 1인당 예금 보호금액은 최고 5,000만 원이다.

상식더보기 예금자보호 대상 기관 및 상품

구분	보호금융상품	비보호금융상품
은행	요구불예금, 저축성예금, 적립식예금, 외화예금, 예금보호대상 금융상품으로 운용되는 확정기여형퇴직연금제도 및 개인형퇴직연금제도의 적립금, 개인종합자산관리계좌(ISA)에 편입된 금융상품 중 예금보호 대상으로 운용되는 금융상품, 원본이 보전되는 금전신탁 등	양도성예금증서(CD), 환매조건부채권(RP), 금융투자 상품, 은행 발행채권, 주택청약저축, 주택청약종합저축, 확정급여형 퇴직연금제도의 적립금, 실적배당형 신탁, 개발신탁
투자매매업자·투자중개업자	증권의 매수 등에 사용되지 않고 고객계좌에 현금으로 남아 있는 금액, 자기신용대주담보금, 신용거래계좌설정보증금, 신용공여담보금 등의 현금 잔액, 예금보호대상 금융상품으로 운용되는 확정기여형퇴직연금제도 및 개인형퇴직연금제도의 적립금, 개인종합자산관리계좌(ISA)에 편입된 금융상품 중 예금보호 대상으로 운용되는 금융상품, 원본이 보전되는 금전신탁 등, 증권금융회사가 「자본시장과 금융투자업에 관한 법률」 제330조 제1항에 따라 예탁 받은 금전	금융투자 상품, 청약자예수금, 제세금예수금, 유통금융대주담보금, 환매조건부채권(RP), 확정급여형 퇴직연금제도의 적립금, 랩어카운트, 주가지수연계증권(ELS), 주가연계파생결합사채(ELB), 주식워런트증권(ELW), 증권사 종합자산관리계좌(CMA), 증권사 발행채권, 「자본시장과 금융투자업에 관한 법률」 제117조의8에 따라 증권금융회사에 예탁되어 있는 금전, 「자본시장과 금융투자업에 관한 법률 시행령」 제137조 제1항 제3호의2에 따라 증권금융회사에 예탁되어 있는 금전
보험	개인이 가입한 보험계약, 퇴직보험, 변액보험계약 특약, 변액보험계약 최저사망보험금·최저연금적립금·최저중도인출금·최저종신중도인출금 등 최저보증, 예금보호대상 금융상품으로 운용되는 확정기여형퇴직연금제도 및 개인형퇴직연금제도의 적립금, 개인종합자산관리계좌(ISA)에 편입된 금융상품 중 예금보호 대상으로 운용되는 금융상품, 원본이 보전되는 금전신탁 등	보험계약자 및 보험료납부자가 법인인 보험계약, 보증보험계약, 재보험계약, 변액보험계약 주계약(최저보증 제외), 확정급여형 퇴직연금제도의 적립금
종금	발행어음, 표지어음, 어음관리계좌(CMA) 등	금융투자 상품, 환매조건부채권(RP), 양도성예금증서(CD), 기업어음(CP), 종금사 발행채권 등
저축은행	보통예금, 저축예금, 정기예금, 정기적금, 신용부금, 표지어음, 예금보호대상 금융상품으로 운용되는 확정기여형퇴직연금제도 및 개인형퇴직연금제도의 적립금, 개인종합자산관리계좌(ISA)에 편입된 금융상품 중 예금보호 대상으로 운용되는 금융상품, 상호저축은행 중앙회 발행 자기앞수표 등	저축은행 발행채권(후순위채권 등) 등, 확정급여형 퇴직연금제도의 적립금

※ 정부·지방자치단체(국·공립학교 포함), 한국은행, 금융감독원, 예금보험공사, 부보금융회사의 예금 등은 보호대상에서 제외

□□□

570 **예산결산 특별위원회** ⚙⚙⚙

豫算決算特別委員會

예산안의 심의 · 확정을 담당하는 국회 예산안과 결산을 종합적으로 심사하기 위해 설립된 위원회

국회의 예산안과 결산 심의에 있어서 핵심적인 역할을 수행한다. 제헌국회(1948. 5. 31. ~ 1950. 5. 30.)부터 제2대국회(1950. 5. 31. ~ 1954. 5. 30.)의 제14회 국회 임시회(1952. 10. 15. ~ 1952. 12. 19.)까지는 별도 기구로 설치되지 않고, 상임위원회인 재정경제위원회가 예산안과 결산의 심사를 담당하였으나, 제2대 국회 중 제4차 국회법 개정(1953. 1. 22)시 상임위원회인 예산결산위원회를 신설함에 따라 제5대 국회(1960. 7. 29. ~ 1961. 5. 16.)까지는 동 위원회가 예산안과 결산을 종합적으로 심사하였다. 국가재건최고회의 때 제10차 국회법 개정(1963. 11. 26.)시 예산결산위원회는 정부로부터 예산안과 결산이 제출될 때마다 한시적으로 구성 · 운영되는 특별위원회로 설치 · 운영하도록 함에 따라 제6대 국회(1963. 12. 17. ~ 1967. 6. 30.)이후 제15대 국회(1996. 5. 30. ~ 2000. 5. 29.)까지는 비상설의 특별위원회로 운영되어 예산안과 결산을 충분히 심의하는 데 한계가 있다고 지적받았다. 국가의 경제활동에 있어서 재정의 역할이 증대되고 이에 따라 국회의 예산안 및 결산에 대한 심사기능을 한층 더 전문화하고 효율화시킬 필요성이 높아짐에 따라 제15대 국회 말 국회법을 개정(2000. 2. 16.)하여 제16대 국회(2000. 5. 30.)부터 예산결산특별위원회를 연중 운영되는 상설특별위원회로 전환하였다.

□□□

571 **예대마진** ⚙⚙⚙

대출과 예금의 금리 차이로 생기는 금융기관의 수입

예대마진이 크다는 것은 예금의 대가로 지불한 이자에 비해 대출을 해주고 받은 이자가 더 많다는 의미가 된다. 그렇기 때문에 예대마진이 커지면 금융기관의 수입이 늘어나게 되고, 보통 대출 금리가 오르면 예금금리가 오른다.

□□□

572 **예대율**

預貸率

총예금에 대한 총 대출 비율

예대율이 1보다 작다는 것은 자체 예금 자원을 바탕으로 은행이 대출을 할 수 있음을 의미하고, 예대율이 1보다 클 때는 대출을 위해 은행이 추가적인 대출을 하고 있음을 의미한다. 따라서 예대율은 은행의 건전성을 나타내는 지표로 활용되며 은행 건전성과 반비례한다. 우리나라의 경우 경제성장에 따른 필요자금의 대부분을 은행 융자에 의존하고 있기 때문에 시중은행의 예대율이 높은 편이다.

□□□

573 **오픈API**

API Open API

인터넷 사용자가 직접 응용프로그램과 서비스를 개발할 수 있도록 공개된 API

검색, 블로그 등의 데이터 플랫폼을 외부에 공개하여 다양하고 재미있는 서비스 및 애플리케이션을 개발할 수 있도록 외부 개발자나 사용자들과 공유하는 프로그램이다. 구글은 구글 맵의 API를 공개해 친구 찾기 · 부동산 정보 등 300여 개의 신규 서비스를 창출했다. 다양한 서비스에서 시도되고 있으며, 누구나 접근하여 사용할 수 있다는 장점이 있다.

□□□

574 **오픈마켓**

Open Market

개인과 개인 또는 개인과 판매업체 등이 온라인상에서 자유롭게 상품을 거래하는 중개형 인터넷 쇼핑몰

G마켓, 옥션, 인터파크 등이 대표적 사이트로 이들은 시스템을 제공한 대가로 상품을 등록한 사용자에게서 수수료로 수익을 얻는다. 인터넷 쇼핑몰에서의 중간 유통마진을 생략할 수 있어 기존의 인터넷 쇼핑몰보다 저렴한 가격으로 판매가 가능하고, 소자본으로 창업할 수 있다.

□□□

575 **오픈 프라이스제**

Open Price System

제조업자가 소비자가격을 정하는 것이 아니라, 최종 유통업자가 실제 판매가격을 표시하는 가격제도

가격을 표시하는 주체가 제조업자나 수입업자가 아니라 최종 유통업자가 되는 것이다. 실제 판매가를 부풀려 소비자가격을 표시한 후 할인해 주는 할인판매의 폐단을 근절시키기 위해 소비자가격을 제조업체가 아닌 유통업체가 표시하도록 한 것이다. 오픈 프라이스란 제조업체가 소비자가격을 제시하지 않고, 유통업체가 소비자가격을 제시하는데, 소비자가격을 얼마를 받든 그것은 유통업체의 자유라는 것이다. 장점은 유통업체의 경쟁을 촉진시켜 소비자가격을 낮출 수 있고, 같은 상품이라도 유통업체 간에 가격차이가 있어서 소비자가 알뜰하게 상품을 구입할 수 있다는 점이다. 반면에 권장 소비자가격이 없어서 기준가격을 알 수 없으며, 유통업체 간에 가격 담합이 이루어질 경우 소비자가격이 오를 수 있다는 단점이 있다.

□□□

576 **온디맨드**

On Demand

공급이 아닌 수요가 경제 시스템을 주도하는 것

모바일 기술 및 IT 인프라를 통해 소비자의 수요에 즉각적으로 서비스나 제품을 제공하는 것을 말한다. 공급자가 아닌 수요자가 주도하게 되는 경제 시스템이나 전략 등을 총칭하며, 가사 노동, 차량 제공, 법률 자문, 전문 연구개발(R&D) 등 다양한 분야에서 활용되고 있다. 일부 경제학자들은 "수요 공급의 법칙, 시장의 기능이 가장 충실히 구현되는 자본주의 시장경제의 결정판"이라고 평하기도 한다.

☐☐☐

577 **옵션** ●●○

Option

주식, 채권, 주가지수 등의 자산을 일정 시점에 미리 정한 가격으로 사고파는 권리를 매매하는 거래

가격변동에 따라 권리를 행사할 것이냐 포기할 것이냐가 옵션거래의 핵심이다. 옵션거래는 사고파는 권리의 종류에 따라 살 수 있는 권리인 콜옵션과 팔 수 있는 권리인 풋옵션으로 나뉜다. 콜옵션은 가격이 예상보다 올랐으면 권리를 행사하고, 가격이 떨어지면 권리를 포기하면 된다. 옵션을 구매하는 매수자는 일정한 시점에 권리를 행사 또는 포기할 수 있다. 매도자는 사거나 팔아야 하는 의무를 지는 대신에 매수자에게서 그 대가로 옵션가격 프리미엄을 받는다.

☐☐☐

578 **옵션의 스프레드 전략** ●●●

Spread Strategy With Options

서로 다른 옵션을 동시에 매입 · 매도 혹은 매도 · 매수하는 전략

동일한 만기에 서로 다른 행사가격을 갖는 옵션의 매입과 매도를 병행하는 수평적 스프레드 전략과 동일한 행사가격에 서로 다른 만기를 갖는 옵션의 매입과 매도를 병행하는 수직적 스프레드 전략이 있다. 행사가격과 만기가 모두 다른 옵션을 매입과 매도를 병행하는 대각적 스프레드 전략도 있으며, 주가가 상승할 때 이익을 얻을 수 있게 구성하는 불리쉬 스프레드 전략과 주가가 하락할 때 이익을 얻을 수 있도록 구성하는 베어리쉬 스프레드 전략이 있다. 행사가격이 서로 다른 세 개의 옵션을 결합하여 나비와 같은 모양의 수익률 분포를 구성하는 버터플라이 스프레드 전략도 있다.

□□□

579 **와타나베 부인**

해외 고금리 자산에 투자하는 일본의 일반 투자자들

일본에서 흔한 성씨의 이름을 딴 국제 금융용어이다. 처음에는 여유자금을 가진 주부들이 저금리 상황에서 대출받아 해외 고금리 금융상품에 투자하는 데에서 생겨났으나 현재는 해외 고금리에 투자하는 일본의 모든 일반투자자를 일컫는다. 이들은 주로 FX마진거래를 한다. 일종의 환투기 성향을 지니고 있으며 일본에서는 도쿄 외환시장 거래량의 30%에 달할 만큼 대중화되어 있다.

□□□

580 **완전 경쟁시장**
Perfect Competitive Market

가격이 완전경쟁에 의해 형성되는 시장

완전경쟁시장에서 공급자와 수요자는 재화의 가격을 주어진 것으로 받아들이는 가격수용자이다. 완전경쟁시장에는 다수의 공급자와 다수의 수요자가 존재하기 때문에, 일개 공급자 또는 수요자가 재화의 시장가격에 영향을 미칠 수 없어 시장가격을 주어진 것으로 받아들일 수밖에 없다. 완전경쟁시장에서 공급자들이 생산하는 제품은 완전 동질적인 재화로, 서로 대체가 가능한 관계에 있다. 그렇기 때문에 일개 공급자가 자신이 생산하는 재화의 가격을 올리면 수요자들은 그 공급자의 재화를 굳이 사지 않아도 되기 때문에 첫번째 가격수용자 가정이 성립한다. 완전경쟁시장은 기업의 자유로운 진입과 퇴출이 가능한 시장이다. 완전경쟁시장에서는 모든 경제주체가 완전한 정보를 보유하고 있다.

□□□

581 **외국인 고용허가제** ❁❁❀

外國人雇用許可制

기업이 외국인 근로자를 합법적으로 고용할 수 있도록 하는 제도

외국인 근로자도 내국인과 동등한 노동관계법이 적용되며 산재보험, 최저임금, 노동3권 등의 기본적인 권리를 보장받을 수 있게 하는 것이다. 외국인 근로자의 취업기간은 3년이며, 1년마다 계약을 갱신할 수 있다. 사업주는 외국인 근로자와의 근로계약을 체결할 때는 반드시 표준근로계약서를 사용하고 출국만기보험, 임금체불보증보험, 임금체불보증신탁 등에 의무적으로 가입해야 하며, 외국인 근로자의 사업장변경은 원칙적으로 금지되나 불가피한 사유의 경우에는 3회에 한하여 다른 사업장으로의 변경이 허용된다. 최근 경기침체와 노조들의 외국인력 투입으로 인한 국내 노동자의 일자리 축소를 우려하여 단체협상조건으로 외국인 근로자 채용금지조항이 들어 있어 산업현장의 또 다른 문제로 대두되기도 한다.

□□□

582 **외국환평형 기금채권** ❁❁❀

Exchange Equalization Fund Bill

환율의 급격한 변동을 방지하고, 외국 자본의 유입으로 인한 국내에 미치는 영향을 최소화하기 위해 정부가 직간접적으로 보유하고 운용하는 자금

환율이 오르면 외환자금을 방출하여 일정 수준으로 환율을 유지한다. 반대로 환율이 내릴 때는 자국통화를 가지고 외환을 사들여 일정 수준 이하로 떨어지지 않도록 하는 것이다. 또한 우리나라에서는 외국환평형기금채권이 통화안정을 위한 수단으로 사용되기도 한다.

□□□

583 **외부 효과** ❁❁❁

External Effect

경제활동과 관련하여 타인에게 의도치 않은 효과를 발생시키는 현상

시장 가격과 별개로 다른 소비자에게 의도하지 않은 혜택이나 손해를 입히는 경우를 말한다. 이때, 이익을 주는 긍정적 외부효과를 외부경제라고 하며 손해를 끼치는 부정적 외부효과를 외부불경제라고 한다.

□□□

584 **외환보유액** ❁❁❁

Foreign Exchange Holding

국가가 비축해두는 외화자금

국가의 비상자금으로 비축해두는 외화자금이다. 환율을 안정시키고 국가신인도를 높이는 데 기여한다. 외환시장에서 외화가 부족하고 환율이 가파르게 상승할 경우 시장안정을 위해 사용하는데, 외환보유액이 많을수록 국가의 지급능력이 그만큼 높다는 의미이다. 외환보유액에 포함되는 자산은 국제적으로 널리 통용되는 선진국 통화표시자산과 국제금융시장에서 쉽게 현금으로 바꾸어 쓸 수 있는 주요 선진국 외화자산, 실물자산을 제외한 외화표시 금융자산 등이 있다.

□□□

585 **요구불예금** ❁❁❁

Demand Deposit

예금주가 원하면 언제든 지급되는 예금

다른 조건 없이 예금주가 지급을 원하면 지급하는 예금이다. 현금과 유사한 유동성을 가지고 있으며 예금인출이 자유로워 금융기관이 조달자금으로 운용이 불안정하다. 때문에 저축성예금에 비해 이자가 거의 없거나 매우 낮다. 요구불예금에는 보통예금, 당좌예금, 어린이예금 등이 있다.

□□□

586 **욜디락스** ❁❁❁

Yoldilocks

젊은 노인층인 욜드 세대가 주도하는 경제 성장

1946 ~ 1964년 베이비붐 세대에 태어나 이제 막 노년층에 접어든 젊은 노인층을 의미하는 욜드(YOLD, Yong Old)와 이상적인 경제상황을 의미하는 골디락스(Goldilocks)의 합성어다. 우리말로 '청로(淸老) 경제'라고 한다. 이들은 2025년쯤이면 은퇴 연령에 도달하는 세대로, 과거와 달리 노인으로 취급받기를 거부하며 '액티브 시니어(활동적인 고령층)'로 평가받기도 한다. 건강과 경제력을 바탕으로 생산과 소비 생활에 적극적이며, 은퇴 후에도 사회 · 경제활동을 계속할 것으로 전망되는 등, 실제로 최근 새로운 핵심 소비층으로 자리 잡고 기업체 마케팅의 집중 타깃이 되고 있다. 통계청에 따르면, 우리나라 65세 이상 고령 인구 비율이 지속적으로 상승함에 따라, 욜드 세대의 규모는 점차 확대되어 가고 있다. 1 · 2차 베이비붐 세대의 은퇴로 인해 많은 은퇴자가 발생하면서 그 규모의 증가 속도는 더욱 빨라질 것으로 전망된다. 한국의 욜드 세대는 2020년에 600만 명을 돌파하였는데, 2040년에는 대한민국 인구 4명 중 1명이 욜드 세대가 될 것으로 추정된다. 욜드 세대가 차지하는 비중이 확대됨에 따라 관련 욜드 산업 또한 수요와 성장 가능성이 커지고 있다. 욜디락스는 '실버 이코노미'보다 더욱 적극적이고 능동적인 의미를 포함한 개념으로, 욜드 세대가 더욱 오래, 또 건강하게 일할 수 있도록 사회적 시스템을 강화하여 숙련된 노동인구를 경제 성장의 밑거름으로 활용하자는 의지가 담겨 있다. 또한 욜드 세대가 직접 본인의 경력과 역량을 활용하여 경제활동에 참여할 수 있는 가능성이 충분한 점에서 의의가 있다. 한편, 욜드 세대는 학력과 문화적 개방도가 높은 세대로, 고도의 성장기를 겪으며 부를 축적했다. 역사상 가장 건강한 노인에 속하며, 의학 기술의 도움을 받아 건강 수명을 늘려가기도 하며 디지털 IT기기에도 친숙하다는 특징을 갖는다.

□□□

587 **우루과이 라운드**

UR : Uruguay Round

1986년 9월 우루과이에서 개최된 GATT의 특별총회를 거쳐 제8차 다자간 무역협상

각국의 시장개방확대, GATT체제강화, 서비스, 지적재산권, 무역관련투자 등에 대한 국제규범 마련을 목표로 116개국이 참가하여 우르과이에서 시작되었다. 최고의사 결정기구로 각국의 각료급으로 구성된 무역협상위원회가 있고 그 산하에 관세, 비관세, 농산물, 긴급수입제한 등 14개 상품협상그룹과 서비스협상그룹 등 15개 협상그룹으로 구성된다. 1990년 12월까지 종결하기로 하였으나, 선진국과 개발도상국간의 대립과 이견으로 타결되지 못하다가 GATT의 전 사무총장 둔켈의 둔켈초안으로 협상의 틀을 마련, 미국과 EC간에 농산물분야의 쟁점을 타결하기 위한 블레어하우스협정이 되는 등 협상이 진행되어 1994년 4월 모르코에서의 회의를 거쳐 완전히 타결되었다.

□□□

588 **우리사주제**

우리社株制

직원으로 하여금 자기회사의 주식을 취득하게 하고, 이를 장기적으로 보유케 하는 제도

종업원지주제도로 기업연금의 일종으로 운용되는 미국식 ESOP와 성과지급수단으로 활용되는 영국식 AESOP이 있다. 근로자로 하여금 우리사주조합을 통하여 자사주를 취득 · 보유하게 함으로써 근로자의 경제, 사회적 지위향상과 노사협력 증진을 도모함을 목적으로 한다. 우리사주제는 자본소유의 분산, 부의 공평한 분배 등을 통해 경제 정의를 실현하고, 자본주의의 발전을 도모하는 한편 근로자의 자본참가를 통해 근로자의 재산 형성, 기업생산성 향상, 협력적 노사관계 구축 등 근로자 복지와 기업 발전을 도모할 수 있는 제도라 할 수 있다.

□□□

589 **우발부채** ❁❁❀

偶發負債

현재 채무로 확정되지 않았으나 미래에 채무로 확정될 가능성이 있는 부채

가까운 장래에 채무로 확정될 가능성이 있는 잠재적 부채를 말한다. 회계기준에 따르면 과거 사건이나 거래 결과로 현재의무가 존재하고, 의무를 이행하기 위해 회사가 보유한 자원이 유출될 가능성이 높으며 의무 이행에 필요한 금액을 추정할 수 있을 때 충당부채로 인식하나 이 조건을 충족시키지 못하면 우발부채로 인식한다.

□□□

590 **우선주** ❁❁❁

Preferred Stock

보통주보다 이익이나 이자배당, 잔여재산의 분배 등에 있어서 우선적 지위가 인정된 주식으로 대주주가 경영권을 침해받지 않고 기업자금을 조달하기 위해 의결권을 주지 않는 대신 배당을 우선적으로 부여하는 주식

우선권의 내용에 따라 우선권의 존속기간이 한정되어 있는 것이 있고, 우선배당의 참가방법에 따라 소정비율의 우선배당을 받고도 이익이 남는 경우에 우선주주가 다시 보통주주와 함께 배당에 참가할 수 있는 참가적 우선주와 소정비율의 우선배당을 받는 데 그치는 비참가적 우선주, 당해 영업연도에 소정비율의 우선배당을 받지 못한 경우에 그 미지급배당액을 다음 영업연도 이후에도 우선하여 보충 배당받는 누적적 우선주(보증주), 그리고 당해 영업연도에 우선배당을 받지 못하고, 그 미지급배당액을 다음 영업연도에도 보충 배당받지 못하는 비누적적 우선주 등이 있다. 우리나라에서의 우선주는 배당에 우선권을 주는 대신 경영참가 수단인 의결권을 제한하는 무의결권 주식이 대부분이다.

□□□

591 **우회상장** ●●○

Backdoor Listing

증권시장에 상장하지 않은 기업이 상장 기업과의 합병 등을 통해 통상적인 상장 절차 없이 상장되는 것

백도어 상장이라고도 한다. 비(非)상장 기업은 우회 상장으로 합병한 상장 기업과의 시너지는 물론 상장의 지위도 함께 얻는다.

□□□

592 **워크셰어링** ●●○

Work Sharing

근무시간을 줄여서 일자리를 창출하는 제도

시간당 임금은 그대로 지불하되, 8시간 일할 것을 4시간만 일하고 나머지 4시간은 다른 사람이 일하게 함으로서 일자리를 늘리는 형태의 고용안정정책이다. 워크셰어링 방식에는 2 ~ 3년의 기간을 정해 놓고 노동자들의 시간당 임금을 삭감하지 않고 고용도 그대로 유지하는 방식과 기존의 고용환경과 제도개선을 위해 비교적 장기간에 걸쳐 행해지고 보통 정사원과 아르바이트 사원의 중간 위치에 단시간 근무 정사원제도를 운영하는 방식이 있다. 워크셰어링 형태로는 주(週) 노동시간의 단축, 잔업의 감축, 휴일, 휴가의 증가, 퇴직 연령의 인하, 교육 및 직업훈련기간의 연장 등이 있다.

□□□

593 **워크아웃** ●●●

Workout

부도위기에 처한 기업 가운데 회생가치가 있는 기업을 지원하는 제도

회생가치가 있는 부실기업에 대해 채권금융기관들과 채무기업 간 협상과 조정을 거쳐 부채 상환 유예 및 감면 등을 통해 회생시켜주는 재무구조 개선 제도이다. 워크아웃 종류에는 기업 워크아웃과 많은 빚과 저신용으로 경제활동이 어려운 개인의 신용을 회복시켜주는 개인워크아웃, 기업이 도산하기 전에 미리 지원해주는 프리워크아웃이 있다.

□□□

594 **워킹푸어** ●●●

Working Poor

일하는 빈곤층

열심히 일해도 가난에서 벗어나지 못하는 계층을 말한다. 미국에서 1990년대 중반 등장했으며 2000년대 중반 이후 세계적으로 널리 쓰이고 있다. 이들은 월급이 나오는 일자리가 있어 얼핏 보기엔 중산층 같지만, 고용도 불안하고 저축도 없어 언제라도 극빈층으로 추락할 수 있는 위험에 노출되어 있다.

□□□

595 **원산지 사후 검증** ●●○

原産地 事後 檢證

특혜 세율을 적용받은 물품이 요건을 충족하는지 여부를 사후에 조사해 잘못된 것을 바로잡거나 위반자에 대해 제재조치를 취하는 일련의 행정절차

자유무역협정(FTA)에 따른 관세 혜택을 받으려면 원산지를 증명해야 한다. 간접검증과 직접검증의 두 가지 방법이 있으며, 통상 유럽연합(EU)은 간접검증, 미국 등은 직접검증을 취한다.

□□□

596 **원천징수** ●●○

Withholding Tax

소득에 대한 세금을 본인이 직접 납부하지 않고, 소득 지급자인 회사가 미리 징수하여 국가에 대신 납부하는 것

국가는 세금이 누락되는 것을 방지하고, 세금 수입을 조기에 확보할 수 있다. 또한, 납세의무자 입장에서는 세금을 분할 납부함으로써 조세 부담을 완화하는 효과가 있다.

□□□

597 **웨어러블 기기** ●●●

Wearable Device

착용이 가능한 기기

안경, 시계, 의복 등 일상생활에서 사람 몸에 착용이 가능한 형태의 기기로 손에 휴대하지 않아도 이용할 수 있는 기기이다. 컴퓨터 기능이 지원되며, 대표적인 예로 스마트 워치가 있다.

□□□

598 **위대한 개츠비 곡선** ●●●

Great Gatsby Curve

소설 「위대한 개츠비」 주인공 개츠비의 이름을 인용한 소득불평등 이론

경제적 불평등이 커질수록 사회적 계층이동성이 낮다는 결과를 보여주는 그래프로, 소설 「위대한 개츠비」의 주인공 이름을 인용하였다. 소득 불평등 정도가 큰 국가는 세대 간 소득 탄력성도 크게 나타난다. 경제적 불평등이 커질수록 사회적 계층이동의 가능성이 낮게 나타난다는 의미이다. 소득 불평등도가 큰 국가는 세대 간 소득 탄력성이 크게 나타나 사회적 계층이동의 가능성이 낮으나, 소득 불평등 정도가 낮은 국가는 세대 간 소득 탄력성이 낮게 나타나 상대적으로 사회적 계층이동이 수월하다.

□□□

599 **우머노믹스** ●●●

Womenomics

여성이 소비의 주력으로 떠오르며 생긴 용어

골드만삭스의 일본지사 여성 수석 전략분석가 마쓰이 게이시가 일본 경제의 침체 요인을 분석하면서 쓰기 시작했다. 결혼 연령이 높아지고, 알파걸, 골드미스 등 경제력이 있는 독신여성이 늘어나면서 여성의 소비가 크게 늘고 있다. 자동차, 가전제품의 경우도 여성 소비자가 구매결정권을 가지게 됨으로서 많은 상품들이 감각적이면서 섬세함을 따지는 여성소비자를 만족시키려는 경향을 보이고 있다.

□□□

600 **위키노믹스** ●●○

Wikinomics

내부 인재만의 지식의존에서 벗어나 아마추어를 포함한 불특정 다수인 외부인의 지식을 널리 활용하는 것

인터넷 무료 백과사전인 '위키피디아(Wikipedia)'와 '경제학(Economics)'의 합성어이다. 위키노믹스 시대에는 대중의 지혜와 지성이 경제구조를 지배하는데, 기업의 연구개발도 극비리에 진행하지 않고 외부 네트워크와 협력하여 기업경쟁력을 끌어 올린다. 기업은 경영 정보를 외부에 적극 개방하고, 외부인의 창의와 역량을 조직 내부로 끌어들이는 장점이 있다.

□□□

601 **윈도 드레싱** ●●○

Window Dressing

기관투자가들이 결산기를 앞두고 보유종목의 종가관리를 통해 펀드수익률을 끌어올리는 것

특정종목을 집중 매수해 가격을 끌어올리는 방법으로 진행한다. 펀드매니저는 연말에 연봉협상을 앞두고 연말 포트폴리오에 수익률이 좋은 종목만을 남기고, 마이너스 종목은 없애는 걸 말한다. 윈도 드레싱이 발생하면 연봉산정을 위해 인위적으로 포트폴리오를 조정하므로 차별화가 심화되므로 펀드매니저는 플러스 종목은 더 오르거나 최소한 유지시켜 주도주에 표를 몰아주는 전략을 사용해야 된다. 반면 투자에 실패해 마이너스가 된 종목은 설사 오른다 해도 겨우 한 달밖에 남지 않은 연봉협상 전에 큰 폭의 상승을 기대하긴 어렵기 때문에 매도한다.

□□□

602 **윈윈 전략** ●○○

Win Win Strategy

경쟁기업 모두 이익을 얻고자 하는 경영전략

경쟁관계에 있는 기업이라도 공조하지 않으면 모두 위태로울 수 있다는 점에서 서로가 모두 승리하는 데 주안점을 둔 경영전략이다. 단순한 전략적 제휴와는 달리 기업 간 경쟁관계를 유지하면서 서로 손잡고 새로운 시장 및 수요를 창출하는 것으로 전략적 제휴를 포함하는 개념이다.

□□□

603 **유니버설 보험**

Universal Life Insurance

금융시장의 변동에 따라 신축성과 현실성을 최대한 반영하기 위해 고안된 생명보험 형태의 보험

1970년대 말에 미국에서 최초로 판매되었던 보험이다. 대개 무배당 보험성격이 강하며 보험계약자의 보험수요변동에 따라 저축액, 보장액, 보험료 등을 필요에 따라 조절할 수 있다. 보험의 해약환급금은 가변적이며, 보험계약자는 대부분의 경우 최저이자율만 확정보장하고, 금융시장의 이자율변동을 감안한 실제 이자에 따라 조정하게 된다. 또한 저축성 부분에 대해선 종래의 보험과 같이 해약환급금에 준하는 대출도 받을 수 있으며, 나아가서는 해약환급금에 대한 회수 선택권도 주어져 있다. 사망보험금의 변경은 전사를 원칙으로 하고 있으나, 사망 시 받게 될 주계약의 액면가를 높일 수도 있다. 이 보험에 가입한 보험계약자는 보험료 변경과 보험료 납부도 중단할 수 있으며, 보험료 미납 시 회사는 그 계약의 저축부분으로부터 보장부문과 사업비부분의 비용을 공제한다.

□□□

604 **유니온숍**

Union Shop

기업의 입사와 함께 노동조합에 가입할 필요는 없지만, 일정 기간 내에 노동조합에 가입하도록 하는 단체협약

우리나라도 유니온숍을 인정하고 있다. 자유로운 노조가입을 보장하는 「노동법」에 예외를 두고 있는데, 「노동조합법」에 의하면 노동조합이 당해 사업장에 종사하는 근로자의 2/3이상을 대표하고 있을 때 근로자가 그 조합의 조합원이 될 것을 고용조건으로 단체협약을 체결하도록 허용하고 있다. 일단 채용된 사람은 일정 기간 내에 조합에 가입하지 않으면 해고 되고, 제명 또는 탈퇴 등에 의해 조합원자격을 상실한 사람은 해고되는 협정을 말한다.

□□□

605 **유니콘 기업** ❁❁❁

기업 가치가 10억 달러 이상인 스타트 기업

설립한지 10년 이하면서 10억 달러 이상의 기업 가치를 가진 스타트 기업을 상상 속 동물 유니콘에 비유한 말이다. 상장하기도 전에 기업 가치가 10억 달러 이상이 된다는 것은 유니콘처럼 상상 속에서나 존재할 수 있다는 의미로 쓰였다. 유니콘 기업은 지속적으로 증가하고 있는 추세이다.

□□□

606 **유동성 함정** ❁❁❁

Liquidity Trap

경제주체들이 시장에 자금을 내놓지 않는 상태

미국 경제학자 존 메이나드 케인스가 붙인 이름으로 금리를 낮추고 화폐를 유통시켜도 경제주체들이 시장에 자금을 내놓지 않아 경기가 회복되지 못하는 현상을 유동성 함정이라고 한다. 경제주체들이 미래 경기 전망이 불투명하여 소비와 투자를 줄이기 때문이다. 화폐가 순환하지 못하여 돈맥경화가 발생하게 되면 이를 위해 중앙은행은 기준금리를 내리게 되는데 제로금리까지 이르게 된다.

□□□

607 **유상감자** ❁❁❁

有償減資

기업이 주주들에게 보유한 주식 가액 일부를 환급하는 보상 방식

기업에서 자본금의 감소로 발생한 환급 또는 소멸된 주식의 대가를 주주에게 지급하는 것을 말한다. 회사규모에 비해 자본금이 지나치게 많다고 판단될 경우 자본금 규모를 적정화해 기업의 가치를 높이고 주가를 높이기 위해 사용된다.

□□□

608 **유상증자** ❁❁❁

有償增資

기업이 주식을 추가로 발행할 때마다 주주들에게 대가를 받는 방식

새로 발행한 주식을 주주들에게 판매하여 자본금을 조달하는 것이다. 발행주식수가 늘어나면서 주당순이익(EPS)은 줄어들게 된다.

상식더보기 유상증자 방법

주주우선공모방식, 주주배정방식, 제3자 배정방식, 일반공모방식

□□□

609 **유지증거금** ❁❁

Maintenance Margin

선물거래 시 필요한 최소한의 증거금

선물거래에서는 시장가격변동에 따라 발생하는 손익을 매일 정산하여 고객의 증거금에 반영되는데, 선물가격의 변동으로 손실금액이 고객의 증거금을 초과하면 증거금은 그 기능을 상실한다. 따라서 증거금이 일정수준 이하로 떨어지게 되면 중개회사는 고객에게 증거금을 당초의 개시증거금 수준까지 충당하도록 요구하는데 이 수준을 유지증거금이라고하며, 유지증거금을 개시증거금, 유지증거금으로 구분한다. 개시증거금이란 선물거래자가 거래계약 시에 증거금계좌에 예치하는 보증금으로 거래개시시점에 예치해야 하는 최소의 증거금이며 유지증거금과 함께 위탁증거금에 해당된다.

□□□

610 **윤리경영** ❁❁❁

기업윤리를 최우선 가치로 의사 결정 하는 경영 정신

이익의 극대화와 더불어 사회적 책임과 사회적 신뢰를 바탕으로 회사경영 및 기업활동을 함에 있어서 기업윤리를 최우선 가치로 여기고 투명하고 공정한 합리적인 업무 수행을 추구하는 경영정신이다.

□□□

611 **윤리 라운드** ❀❀❀

ER : Ethic Round

경제활동의 윤리적 환경과 조건을 각 나라마다 표준화하려는 국제적인 움직임

비윤리적 기업의 제품은 국제거래에서 규제하자는 윤리라운드(ER)가 우루과이라운드(UR) 이후 국제 경제 질서에 새롭게 등장하여, 21세기 들어 중요한 통상과제로 떠오르고 있다. 윤리라운드(ER)의 목표는 비윤리적인 방법으로 원가를 절감시켜 제조한 제품의 국제 간 거래는 불공정거래로 인식하고, 기업윤리강령의 윤리를 실천하는 기업의 제품만 국제거래가 되도록 하자는 것이다. 미래의 경제 환경에서는 경제운용의 구조적 효율성을 중시하는 풍토가 일반화되고, 토지 · 노동 · 자본 등과 함께 생산요소에서 윤리 항목이 중요한 자리를 차지할 전망이다.

□□□

612 **은산분리** ❀❀❀

산업자본이 금융시장을 잠식하는 것을 제한하는 규정

금융자본과 산업자본을 분리하여 산업자본이 금융시장을 소유하지 못하도록 법적으로 제제하는 제도이다. 쉽게 말하여 산업자본은 은행 지분 소유 한도를 4%만 가질 수 있으며 은행 지분 소유에 제한을 두는 것이다. 하지만 은산분리로 인해 인터넷전문은행 활성화에 한계가 있다는 지적에 따라 「은행법」 개정이 추진되었다.

□□□

613 **의존 효과** ❀❀❀

Dependence Effect

경제학자 존 갈브레이스가 풍요한 사회에서 사용한 개념

물질이 풍요해지면 인간의 물질적 욕망은 줄어들 것이라고 생각하나 실제로 물질적 욕구는 더 커진다는 것이다. 물질을 가짐으로써 타인보다 돋보일 수 있다는 상대적 욕망의 비중이 높아지기 때문이다. 또한 이러한 현상은 기업이 소비자들로 하여금 더욱 더 깊은 물질적 필요를 느끼게끔 이들의 욕망을 조작하기 때문으로 이 같은 욕망이 충족되는 과정 그 자체 또는 욕망을 더욱 더 부추긴다.

□□□

614 **이노베이션**

Innovation

경제에 새로운 방법이 도입되어 획기적인 새로운 국면

슘페터의 경제발전론의 중심 개념으로, 생산을 확대하기 위하여 노동·토지 등의 생산요소의 편성을 변화시키거나 새로운 생산요소를 도입하는 기업가의 행위를 말한다. 기술혁신의 의미로 사용되기도 하나 혁신은 생산기술의 변화만이 아니라 신시장이나 신제품의 개발, 신자원의 획득, 생산조직의 개선 또는 신제도의 도입 등도 포함하는 보다 넓은 개념이다.

ㅇ

□□□

615 **이더리움**

Ethereum

러시아 이민자 출신 캐나다인 비탈리크 부테린이 2014년에 개발한 가상화폐

거래 명세가 담긴 블록이 사슬처럼 이어져 있는 블록체인 기술을 기반으로 하며 인터넷만 연결되어 있으면 어디서든 전송이 가능하다. 거래소에서 비트코인으로 구입하거나 비트코인처럼 컴퓨터 프로그램으로 채굴해 얻을 수 있다.

□□□

616 **이마트 지수**

이마트가 자체 개발한 생활물가지수

대형소매유통업체인 이마트가 판매하는 476개 상품군의 판매량 증감 수준을 분기별로 지수화한 것으로 100 이상이면 지난해 같은 기간보다 소비가 늘었고, 100 미만이면 소비가 줄었다는 뜻이다.

□□□

617 **이머징 마켓** ●●●

Emerging Market

자본시장에서 새로 급성장하는 시장

자본시장에서 이머징 마켓이 중요한 의미를 지니는 것은 개발도상국이나 저개발국의 발전 정도를 반영하고 있기 때문이다. 자본시장이 급성장한다는 말은 해당 국가의 경제력이 급성장하고, 개방화가 급진전되고 있다는 것을 반증하는 것으로 국제자본의 관점에서는 이머징 마켓의 고수익성을 노려 금융자금이 이 지역으로 이동한다는 것을 나타낸다. 이들 증시의 특징은 성장성은 높게 평가되나, 그만큼 손실위험도 적지 않다는 것이다. 전 세계 증시를 대상으로 움직이는 외국 펀드들은 대개 10% 정도를 이머징 마켓 주식에 투자하고 있다.

□□□

618 **이상금융거래 탐지시스템** ●●○

FDS : Fraud Detection System

전자금융거래 사용되는 정보를 분석하여 이상거래를 탐지하여 차단하는 시스템

사용자의 거래패턴이 기존과 다르다면 이상금융거래로 탐지하는 시스템이다. 패턴분석이 핵심적인 기능이다. 이용자의 정보를 수집·분석·탐지하고 그에 대한 정보를 통해 거래를 차단하거나 추가로 인증을 요구하여 대응한다.

□□□

619 **이슬람 금융** ●●○

Islamic Banking

이슬람 율법을 준수하는 금융 행위

수익 극대화보다는 이슬람 교리인 코란의 가르침을 따르는 데 중점을 두고 있다. 이자로 인한 착취나 투기는 금지하지만 공정한 이익이나 경제적인 추가 가치를 만들어 내는 것은 금지 사항이 아니다. 정당한 거래 방식이라 하더라고 도박이나 술, 마약거래, 돼지고기 등과 연관된 산업에는 투자를 금지하고 있다. 투자자에게 이자 대신 실물자산을 매매하거나 이용해서 얻는 이윤을 배당하는 형식으로 이익을 지급한다. 이러한 거래는 상인이 자신의 물건을 빌려주거나 판매해 얻는 정당한 이익으로 인정하기 때문이다. 이슬람 금융 상품으로는 수쿠크(채권), 타카풀(보험), 무다라바(신탁금융), 무샤라카(출자금융), 무라바하(소비자금융), 이스티스나(생산자금융), 이자라(리스금융) 등이 있다.

□□□

620 **이연법인세 자산** ●●●

기업회계상에서의 법인세보다 세법상 법인세 비용이 더 큰 경우

기업회계로 산정한 법인세보다 세무회계로 산정한 법인세 비용이 서로 다를 경우 처리하는 회계상 항목을 의미한다. 기업의 이익이 향후 긍정적인 전망이라면 이연법인세 자산이 늘어나며 반대의 경우에는 줄어든다.

□□□

621 **이익잉여금** ●●●

손익거래에서 발생한 잉여금

기업이 영업 활동의 결과로 발생한 순이익 중 주주에게 배당하고 남은 금액으로 사내에 유보된 금액을 말한다.

□□□

622 **인공지능** ●○○

AI : Artificial Intelligence

기계를 인간처럼 행동하게 만드는 것

처음 세상에 알려진 것은 1956년 다트머스 국제학회의 다트머스 회의에서 존 매카시가 제안한 것이다. 컴퓨터 공학에서 시스템에 의해 만들어진 지능 또는 이상적인 지능을 갖춘 존재로 고도의 문제해결 능력을 가진 인공적 지능 또는 그와 같은 지능을 만들 수 있는 방법론이나 실현 가능성 등을 연구하는 과학 분야를 지칭하기도 한다.

□□□

623 **인덱스펀드** ✻✻✻

Index Fund

특정 주가 지표 변동과 비례하게 포트폴리오를 구성하여 펀드의 수익률을 이들 지표와 동일하게 실현하고자 하는 투자 펀드

인덱스펀드의 목적은 주식시장의 장기적 성장 추세를 전제로 하여 주가지수의 변동에 따라 함께 움직이는 포트폴리오를 구성·운용하여 시장의 평균 수익률의 실현이다. 또한 최소한의 비용과 인원으로 투자 위험을 최대한 줄이기 위해 가능한 한 적은 종목으로 주가지표 움직임에 근접한 포트폴리오를 구성하는 것이 운용 핵심이다. 인덱스펀드의 장점으로는 매입하여 보유하는 것을 원칙으로 하여 일반펀드에 비해 거래 수수료나 비용이 적게 드는 반면, 시장이 침체될 경우에는 펀드 수익률도 동반 하락한다는 단점이 있다.

+상식더보기 인데스 펀드 등장배경

1970년대 초반 미국 Wells Fargo Bank의 웰즈파고 투자자문에서 연금펀드를 대상으로 뉴욕증권거래소(NYSE)의 전 종목을 균등하게 편입해 구성한 인덱스펀드를 처음으로 개발했다. 이후 다양한 투자기법이 개발되었고 기관투자가들을 중심으로 급성장하였다.

□□□

624 **인사이드 아웃마케팅** ✻✻✻

Inside Out Marketing

부품소재기업이 자사 제품이 들어간 완제품에 로고 등을 드러내 최종 소비자에게 자사 브랜드를 알리는 마케팅

1990년대 미국의 컴퓨터 부품업체인 인텔사가 자사의 칩이 들어간 컴퓨터에 인텔 인사이드라인 스티커를 붙이게 하고, 이 광고를 적극 활용하면서 처음 시도되었다. 우리나라 기업들도 LG필립스 LCD가 개발한 광시각향상기술(IPS)을 홍보하기 위해 이 기술을 적용한 LG의 LCD 텔레비전에 IPS로고를 붙이거나, 삼성SDI는 능동형 유기발광다이오드(AMOLED)를 이용한 휴대전화에 AMOLED 로고를 붙이는 방안을 추진하는 등의 인사이드 아웃 마케팅에 관심을 기울이고 있다.

□□□

625 **인슈어테크** ❁❁❁

InsurTech

혁신적인 보험 서비스

보험과 관련된 핀테크를 의미 한다. 데이터 분석, 인공지능 등의 정보기술(IT)을 활용한 혁신적인 보험 서비스를 지칭하며, 인슈어테크가 도입되면 기존의 운영방식이나 상품 개발 및 고객 관리 등이 재설계되어 고차원적인 관리 및 서비스가 이뤄진다. 또 블록체인 등을 이용한 안전한 결제 시스템 등을 구축할 수도 있다.

□□□

626 **인터섹슈얼 어댑터** ❁❁❁

Intersexual Adopter

남녀가 아닌 본연적 인간이기를 추구하는 소비자 그룹

전통적인 성 역할의 해체와 성으로 구분을 짓던 취향을 탈피해 기호에 따라 양성을 자유롭게 넘나드는 삶의 양상을 보인다. 영국의 소비자단체 퓨처파운데이션은 '개스트로 섹슈얼의 부상'을 대표적인 예로 언급하였다. 개스트로 섹슈얼이란 미식가를 뜻하는 개스트로놈과 성적매력을 암시하는 섹슈얼의 합성어이다. 요리를 즐기는 것이 남성적 매력의 하나로 꼽히는 현상으로, 이에 부응하듯 독일의 가구회사인 포켄폴사는 포르세 디자인그룹과 손잡고 남성을 위한 부엌가구 브랜드 '더 맨 키친'을 내놓았다.

□□□

627 **인프라** ❁❁

Infra

경제활동의 기반을 형성하는 기초 시설

기간시설 또는 인프라스트럭처는 경제 활동의 기반을 형성하는 기초적인 시설들을 말하며, 도로나 하천 · 항만 · 공항 등과 같이 경제활동에 밀접한 사회 자본을 흔히 인프라라고 부른다. 최근에는 학교나 병원, 공원과 같은 사회복지, 생활환경 시설 등도 포함된다.

□□□

628 **일대일로** ❁❁❁

One Belt, One Road

중앙아시아와 유럽을 잇는 육상 실크로드(일대)와 동남아시아와 유럽, 아프리카를 연결하는 해상 실크로드(일로)

시진핑 중국 국가주석이 2013년 9 ~ 10월 중앙아시아 및 동남아시아 순방에서 처음 제시한 전략이다. 일대일로가 구축되면 중국을 중심으로 육·해상 실크로드 주변의 60여 개국을 포함한 거대 경제권이 구성되며 유라시아 대륙에서부터 아프리카 해양에 이르기까지 60여 개의 국가, 국제기구가 참가해 고속철도망을 통해 중앙아시아, 유럽, 아프리카를 연결하고 대규모 물류 허브 건설, 에너지 기반시설 연결, 참여국 간의 투자 보증 및 통화스와프 확대 등의 금융 일체화를 목표로 하는 네트워크를 건설한다.

□□□

629 **일물일가의 법칙** ❁❁❁

一物一價

시장에서 같은 종류의 상품은 하나의 가격만 성립한다는 이론

완전 경쟁이 이루어지고 있는 시장에서의 동일한 재화는 하나의 가격만이 성립한다는 이론으로 제본스는 이를 무차별의 법칙이라고 하였다.

□□□

630 **일점호화 소비** ❁❁❁

一點豪華消費

특정 상품에 대해서만 호화로움을 추구하는 소비

평소에는 소박하지만 특정 상품에 대한 소비는 아끼지 않고 호화로움을 추구하는 소비이다. 장기불황에 두드러지는 소비 형태이며 이러한 소비는 심리적 만족을 극대화시킨다. 대표적인 예로 호캉스가 있다.

□□□

631 **일코노미** ●●○

1인 경제

1인 가구가 늘어나면서 나타난 현상으로 혼자서 밥을 먹거나 혼자서 쇼핑을 한다거나 혼자서 여행을 다니는 등 혼자 소비 생활을 즐기는 소비 트렌드를 일코노미라고 한다. 일코노미 트렌드에 맞추어 1인 전자제품, 1인 메뉴, 금융상품 등이 출시되고 있다.

□□□

632 **임금피크제** ●●○
Salary Peak System

중장년층의 고용을 지속적으로 유지시켜 고령실업 등 사회문제를 예방하기 위한 임금제도

노사 간 합의를 통해 일정연령(피크연령)을 기준으로 임금을 조정하고 소정의 기간 동안 고용을 보장하는 제도이다. 임금피크제의 장점은 고령층의 실업을 완화할 수 있고, 기업에서도 인건비의 부담을 덜 수 있을 뿐 아니라, 한 직종에서 평생을 보낸 고령층의 풍부한 경험을 살릴 수 있다. 단점으로는 일률적으로 임금피크제가 적용될 경우 임금수준을 하락시키는 편법으로 작용할 수 있고, 공기업의 경우 노령자 구제수단의 일환으로 악용될 수 있다는 것이다. 나이만을 기준으로 한 임금피크제는 위헌으로 연령차별금지하라는 대법원 판결이 있다.

+상식더보기 임금피크제 유형

① **정년연장형** : 기존의 정년을 연장하는 대신 정년 전부터 임금을 줄이는 방식

② **재고용형 1** : 정년퇴직 후 재고용을 조건으로 정년 전부터 임금을 줄이는 방식

③ **재고용형 2** : 정년퇴직 후 촉탁직이나 계약직으로 재고용하면서 정년퇴직 후부터 임금을 줄이는 방식

④ **근로시간단축형** : 기존의 정년을 연장하거나 정년은 그대로 두고 정년퇴직자를 재고용하는 조건으로 정년 전 또는 정년퇴직 후부터 근로시간을 단축하는 방식

⑤ **정년보장형** : 단체협약이나 취업규칙 등에서 미리 정해진 정년을 보장하는 대신 정년전부터 임금을 줄이는 방식

□□□

633 **임팩트론** ❁❁❁

Impact Loan

규제 받지 않는 외화차입금

본래는 소비재 수입에 쓰이는 외환차관을 뜻하는 말이었으나 최근에는 차관의 조건, 즉 자금의 용도가 지정되어 있지 않은 차관을 의미한다. 외화를 국내에서의 설비투자나 노무조달에 이용함으로써 고용과 임금소득이 늘고 소비재에 대한 수요가 증가해 인플레이션의 충격(임팩트) 작용을 초래한다는 뜻에서 생긴 용어이다.

□□□

634 **잉여현금흐름** ❁❁❁

FCF :
Free Cash Flow

잉여현금흐름은 기업의 재무적 성과를 측정하는 지표

영업현금흐름에서 자본적지출을 차감한 금액을 말한다. 잉여현금흐름은 보유중인 자산을 유지하거나 확장하는 데 필요한 금액을 사용한 후에도 기업이 만들어낼 수 있는 현금흐름을 말한다. 잉여현금흐름이 중요한 것은 이 현금흐름이 기업으로 하여금 주주가치를 높일 수 있는 기회를 추구할 수 있게 해주기 때문이다. 잉여현금흐름은 빌딩이나 부동산 및 장비와 같은 자본적 지출을 차감한 후에 기업이 창출해내는 현금의 양을 측정하기 때문이다. 이러한 여유분의 현금은 생산시설의 확장, 신제품 개발, 기업인수 자금, 배당금의 지급과 채무변제 등에 사용된다.

08. ㅇ QUIZ

다음 문제를 보고 옳고 그른 것에 따라 O,X를 고르세요.

01. 언택트 마케팅은 비대면으로 서비스를 제공하는 마케팅이다. O X

02. 경제활동과 관련하여 타인에게 의도치 않은 효과를 발생시키는 현상은 외부 효과이다. O X

03. 경쟁기업 모두 이익을 얻고자 하는 경영 전략은 유동성 함정이다. O X

04. 은산분리는 산업자본의 금융시장 잠식을 제한하는 규정이다. O X

05. 일물일가의 법칙은 특정 상품에 대해서만 호화로움을 추구하는 소비를 말한다. O X

문장에 맞는 단어를 고르세요.

㉠ 역 선택	㉡ 애드호크라시	㉢ 웨어러블	㉣ 윤리경영	㉤ 일코노미

06. 1인 가구가 늘면서 혼자 소비생활을 즐기는 소비 트렌드는 ___(이)다.

07. _____(은)는 기업윤리를 최우선 가치로 의사 결정 하는 경영정신을 말한다.

08. 착용이 가능한 형태의 기기는 _____기기이다.

09. _____(은)는 전통적 관료제와 다르게 융통성 · 적응력 · 혁신적 구조를 지닌 미래 조직을 말한다.

10. _____(은)는 정보의 비대칭으로 인해 정보가 부족한 집단이 불리한 선택을 하는 상황을 말한다.

답 1.O 2.O 3.X(윈윈 전략) 4.O 5.X(일점호화소비) 6.㉤ 7.㉣ 8.㉢ 9.㉡ 10.㉠

CROSS WORD

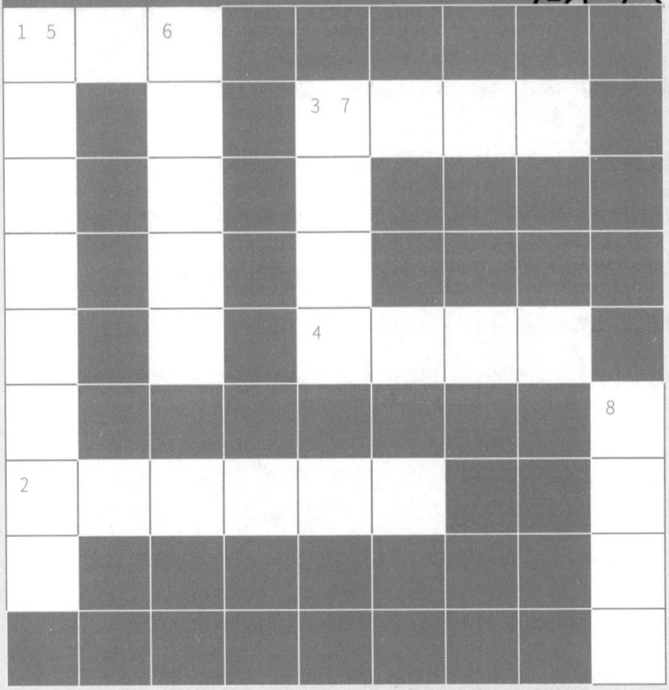

Across

1. 회사가 자신의 재산으로 회사에서 발행한 주식을 취득해 보유하고 있는 것
2. 하나의 제품이 시장에 나온 후 성장과 성숙 과정을 거치고 쇠퇴하여 시장에서 사라지는 과정
3. 지배회사 또는 모회사
4. 명목이자율이 0%가 아니라 실질이자율이 0%에 가깝다는 의미

Down

5. 불법자금 세탁을 적발하고 방지하기 위한 제도
6. 기업의 설비투자 증가가 생산의 증가로 이어져 과잉생산이 되고 기업의 설비투자 감소로 이어지는 경기순환
7. 정보가 파악되지 않아 사회가 공식적으로 계측하는 경제활동 추계에 포함되지 않는 경제활동
8. 자금수요자가 직접 자금을 조달하는 방식

Across | 1.자사주 2.제품수명주기 3.지주회사 4.제로금리

Down | 5.자금세탁방지 6.주글러순환 7.지하경제 8.직접금융

PART

ㅈ

경제용어해설

checkpoint

- 자본잠식
- 자사주
- 자산 효과
- 장발장 은행
- 재형저축
- 적대적 M&A
- 전자어음
- 전자화폐
- 제로 금리
- 제품수명주기
- 죄수의 딜레마
- 지니계수
- 지분출자
- 지하경제
- 직접금융

□□□

635 **자금세탁 방지제도** ●●○

Anti Money Laundering System

불법자금 세탁을 적발하고 방지하기 위한 제도

불법으로 증식한 재산의 출처를 숨기고 위장하여 변환하는 행위를 적발·방지하여 투명하고 공정한 금융거래 질서를 확립하기 위한 제도이다.

□□□

636 **자금순환표** ●●○

Money Flow Chart

경제활동에서 통화와 신용의 흐름을 기록한 표

생산활동의 결과와 경제 각 부문에서 발생한 소득이 금융시장에서 어떻게 순환하고 있는지 알기 위해 만든 표로 우리나라에서는 금융, 정부, 법인기업, 개인, 해외 다섯 부문으로 분류하여 중앙은행이 매년 작성·발표를 하고 있다. 자금순환표는 실물 경제의 흐름과 금융활동을 분석할 수 있다.

□□□

637 **자기실현적 위기** ●●●

Self Fulfilling Crisis

과도한 경제위기 의식이 투자심리와 실물경제를 위축시켜 실제로 경제를 더 큰 위기상황으로 몰아가는 현상

1997년 태국을 시발점으로 한 외환위기에 대한 공포감으로 우리나라를 포함한 전 아시아로 확산되었던 아시아 외환위기를 자기실현적 위기가 실제상황을 악화시킨 요인으로 작용한 대표적 사례로 꼽는다. 이외에도 미국 대공황이나 스웨덴 금융위기 등을 들 수 있다. 2007년 8월 본격적으로 불거진 서브프라임 모기지(비우량 주택담보대출) 부실로부터 시작된 미국의 금융위기 이후, 지나친 위기의식이 공포감으로 확산된 '자기실현적 위기'가 전 세계의 경제상황을 더욱 악화시켰다는 지적도 있다.

□□□

638 **자기자본 수익률** ◉◉◉

ROE : Return On Equity

일 년 동안의 당기순이익을 자기자본으로 나눈 것

일 년 동안에 어느 정도의 이익을 내고 있는지를 보여주는 지표이다. 주주지분에 대한 운용효율을 나타내며, 산출방식은 기업의 당기순이익을 자기자본으로 나눈 뒤 100을 곱한 수치이다. 기간이익으로 경상이익, 세전순이익, 세후순이익 등이 이용되며, 자기자본은 기초와 기말이 순자산액의 단순평균을 사용하는 경우가 많으며, 주식시장에서는 자기자본수익률이 높을수록 주가도 높게 형성되는 경향이 있어 투자지표로도 사용되고, 자기자본이익률이 시중금리보다 높아야 투자자금의 조달비용을 넘어서는 순이익을 낼 수 있으므로 기업투자의 의미가 있다. 자산수익률과 더불어 경영효율을 보는 재무지표이다.

ㅈ

□□□

639 **자본잠식** ◉◉◉

資本蠶食

마이너스가 된 기업의 잉여금으로 자본 총계가 납입자본금보다 적은 상태

기업의 적자누적으로 잉여금이 마이너스가 되면서 자본 총계가 납입자본금보다 적어진 상태를 말한다. 일반적으로 기업이 자본잠식 상태에 들어서면 주가가 폭락하고 은행은 빌려줬던 자금을 회수하는데 이때 감자를 발행하여 부실기업은 자본잠식에서 탈출하려고 한다.

□□□

640 **자사주** ◉◉○

Asset Stock

회사가 자신의 재산으로 회사에서 발행한 주식을 취득해 보유하고 있는 것

자사주를 취득하려면 상법상 배당가능이익이 있어야 한다. 상장법인의 자사주 취득방법은 장내 및 공개매수 등의 방법으로 가능하다. 시장가격의 왜곡을 막기 위해서 기간이나 수량 및 가격이 제한되어 있고 직접 매입이든 신탁계약을 통한 매입이든 모든 계약사항에 대한 이사회 결의 내용을 금융감독위원회에 보고서로 제출해야 하며 취득 완료 이후에 자기주식취득 결과보고서를 제출하여야 한다.

□□□

641 **자산 효과** ●●○

資産效果

자산가치가 오르면 소비도 증가하는 현상

보너스 받는 시기가 가까워지면 소비가 늘어나는 현상으로 즉, 현재 소비가 현재의 소득뿐만 아니라 미래 소득에도 영향을 받게 된다는 것이다. 물가상승률에 따라서도 자산 효과를 느끼게 되는데 물가가 상승하면 돈의 가치가 떨어지고, 물가가 하락하면 돈의 가치가 천천히 떨어져 금융자산의 실질가치는 높아지므로 소득은 저축보다 소비에 중점을 두게 된다.

□□□

642 **자유무역 협정** ●●●

FTA : Free Trade Agreement

상품 및 서비스의 교역에 대한 관세 및 무역장벽을 철폐하여 하나의 국가처럼 자유롭게 상품과 서비스를 교역하게 하는 국가 간 협정

FTA는 다양한 형태의 지역무역협정 중 하나이다. 지역무역협정은 체결국 간 경제통합의 심화 정도에 따라 크게 FTA, 관세동맹, 공동시장, 단일시장으로 구분된다. 체결국 간에 관세를 철폐하되 역외국에 대해서는 각기 다른 관세율을 적용하는 FTA는 가장 낮은 수준의 경제통합단계이다. 미국, 캐나다, 멕시코 간에 결성된 NAFTA(북미자유무역협정)가 대표적이다. 1994년 1월 발효된 NAFTA는 캐나다의 농산물과 멕시코의 석유를 제외한 전품목의 관세를 철폐하였으며 수입면허와 같은 비관세무역장벽도 철폐하였다. NAFTA의 회원국인 미국, 캐나다, 멕시코 삼국 간의 무역에는 무관세가 적용되지만 세 국가가 비회원국과 무역을 할 경우 각기 다른 관세율을 적용하게 된다. FTA는 협정 체결 국가 간에 무관세나 낮은 관세를 적용하고, 그 이외의 국가에게는 WTO에서 유지하는 관세를 그대로 적용한다. 또한 FTA는 협정 체결 국가 간에는 상품과 서비스의 수출입을 자유롭게 허용하는 반면 다른 국가의 상품에 대해서는 WTO에서 허용하는 수출입의 제한조치를 그대로 유지한다. 관세 및 무역장벽 철폐가 FTA 협상의 주요 대상이지만, 최근에는 서비스, 투자, 지적재산권, 정부조달, 경쟁정책, 환경, 노동 등으로 협상 대상이 확대되고 있는 추세다.

□□□

643 **자이언트 스텝** ◆◆◆

Giant step

금리를 단번에 0.75%p 올리는 것

경제 영향을 줄이기 위해 일반적으로 0.25%p 올리지만, 급격한 인플레이션과 물가상승률을 잡기 위해서 대폭 금리를 올리는 것을 의미한다.

+상식더보기 금리 인상

① 빅 스텝 : 금리를 단번에 0.5%p 올리는 것을 의미한다.
② 베이비 스텝 : 금리를 단번에 0.25%p 올리는 것을 의미한다.

□□□

644 **자주개발률** ◆◆◇

Self Development Rate

한 국가의 자원공급률을 확인하는 지표

한 국가가 국내외에서 한 해 동안 생산한 자원의 양이 한 해 소비량의 몇 %인지를 나타내는 지수이다. 자주개발률 지수가 높다는 것은 수입을 하지 않고 안정적으로 자원을 공급받을 수 있다는 얘기가 되며, 낮다는 것은 자원의 해외의존도가 높다는 것이다. 영토와 영해 안에 자원이 없는 나라들은 해외의 광산이나 유전 등을 획득하여 자주개발률을 높이고 있다.

□□□

645 **잠재적 실업** ◆◆◇

潛在的失業

표면상으로는 실업이 아니지만 원하는 직업에 종사하지 못해 조건이 낮은 다른 직종에 종사하는 상태

실업은 크게 본인의 의사가 반영되는지 여부에 따라 자발적 실업과 비자발적 실업으로 나누는데, 자발적 실업은 일할 의사는 있지만 조건 등이 맞지 않아 스스로 실업을 선택한 경우로 마찰적 실업이라고도 한다. 자발적 실업은 실업자로 볼 수 없기 때문에 실업률에 반영되지 않는다. 비자발적 실업은 외부요인으로 생기는 실업이다. 불경기로 인한 노동 수요의 감소로 생기는 경기적 실업, 겨울에 경기가 가라앉는 건설 분야처럼 계절적 요인에 의해 생기는 계절적 실업, 특정 산업분야의 노동에 대한 수요부족으로 생기는 구조적 실업이 있다.

□□□

646 **잡 셰어링**

Job Sharing

노동시간을 줄여서 그에 해당하는 임금을 낮추고 남는 임금과 시간으로 노동자를 더 고용하는 정책 또는 회사의 경영방침

경기의 후퇴로 인해 회사가 어려울 때 회사는 수익을 보전하기 위하여 대규모 감원이나 고용의 축소를 추진한다. 이로 인하여 노동자들의 소비감소와 경기위축의 악순환이 발생할 수 있는데 이에 대한 대안으로 추진하는 정책이다.

□□□

647 **장단기금리 역전**

IYC : Inverted Yield Curve

보통 10년 만기 국채금리와 2년(혹은 3개월 만기) 국채금리의 차이

장단기금리역전은 장기채권 수익률이 단기채권보다 낮은 보기 드문 현상으로 보통 경기침체의 전조로 해석한다.

□□□

648 **장발장 은행**

Jeanvaljean Bank

취약계층을 돕기 위해 설립된 은행

벌금형을 선고받았지만 생활고로 벌금을 낼 수 없는 형편의 취약계층을 돕기 위해 설립된 은행이다. 장발장 은행은 신용조회 없이 무담보 무이자로 벌금을 빌려준다. 대상자는 소년소녀가장, 미성년자, 기초생활보장법상 수급권자와 차상위계층이 우선 대상이며 개인과 단체의 기부로 운영되고 있다.

□□□

649 **장외주식**

場外株式

현금 보유가 많아 공모를 통한 상장이 필요하지 않거나 상장요건에 미달하여 상장을 준비 중인 주식

유가증권이나 코스닥 시장에 상장되지 않은 회사의 주식이다. 장외주식은 미래의 성장 잠재력을 가지거나 가치가 제대로 반영되지 않은 종목들이 많기 때문에 의외의 고수익을 창출할 수도 있지만 주식종목의 정보를 구하기가 쉽지 않다는 단점이 있다.

□□□

650 **장외 파생상품**

OTC Derivatives

공식적인 거래시장이 아닌 각각의 거래대상자와 거래가 이루어지는 파생상품

거래는 각 거래상대방의 필요에 의해 이뤄지는 것으로 매번 거래에 따라 구조와 내용이 다르며 협의에 따라 어떤 형태의 구조도 거래 가능하다. 금리스왑과 선물금리계정이 대표적 장외파생상품이며, 거래당사자에 맞추어 자유롭게 약정기간을 설정할 수 있는 '주문자 생산형'이 특징이다.

□□□

651 **장외파생상품 청산소**

CCP

장외파생상품의 결제위험을 효과적으로 관리하기 위한 중앙청산소

IRS · 신용부도스왑(CDS) · 통화스왑(CRS) 등 장외파생상품 거래자들 간 결제이행을 보장하기 위해 마련됐다. 이는 2008년 리먼사태 이후 국제적으로 장외파생상품의 위험성에 대한 우려가 커짐에 따라 마련된 주요 20개국(G20) 합의 사항의 일환이다.

□□□

652 **재정수지**

財政收支

정부의 수입과 지출의 차이

예산을 집행한 결과인 결산은 예산에 준하지만 정부 사업의 진척 속도에 따라 정부 지출이 달라질 수 있고 경기 상황의 변화에 따라 조세 수입이 달라질 수 있기 때문에 결산과 예산이 일치한다는 보정은 없다. 정부의 수입이 지출보다 많으면 '재정흑자', 정부의 지출이 수입보다 많으면 '재정적자', 정부의 수입과 지출이 서로 같으면 '균형재정'이라 부른다. 재정 적자가 발생하면 부족한 자금을 국채를 발행하거나 차입을 통해 조달해야 하기 때문에 정부 부채가 증가한다. 반대로 재정흑자가 발생하면 남은 자금으로 정부 부채를 줄일 수 있다.

+상식더보기 재정적자

나라살림에서 정부의 지출규모가 거둬들인 세금수입보다 많을 때 발생하는 적자를 말한다. 정부의 부족한 돈은 한국은행에서 차입하거나 국공채를 팔아 메워진다. 반대로 세입이 세출보다 클 경우를 가리켜 재정흑자라고 한다.

□□□

653 **재정증권**

財政證券

국고금의 출납상 일시 부족자금 충당을 위해 금융시장에서 발행하는 유가증권

연내 상환해야 하는 단기차입수단으로, 재정증권 발행규모는 국고금 조달여건 및 지출소요 등을 고려하여 결정된다.

□□□

654 **재정지출**

義務支出

정부 부문의 지출

국가나 지방자치단체, 공공단체 등 정부 관련 기관이 직무를 수행하는 데 지출하는 경비를 일컫는다. '공공지출'이라고도 한다.

상식더보기 의무지출·재량지출

① **의무지출** : 법령에 근거하여 결정되는 기출 규모로 교부금, 법정부담금, 이자지출 등 기준이 정해져 축소가 어려운 지출을 말한다.

② **재량지출** : 정부의 정책 의지에 따라 대상과 규모를 조정할 수 있다.

□□□

655 **재정팽창지수**

Fiscal Impulse Indicator

재정이 경기변동에 미치는 영향을 분석하기 위한 지표

국제통화기금(IMF)이 1970년대 중반에 개발하여 현재 미국과 독일 등에서 정책판단자료로 활용하고 있다. 경기변동에서 재정이 어떠한 영향을 미치는가를 분석하기 위한 지표로서, 정부의 재량적 재정운용에 따라 발생하는 재정수지의 변동분이 국민총생산(GNP)에서 차지하는 비중이 얼마나 되는가의 계산이다. 재정팽창지수가 플러스이면 팽창재정, 마이너스이면 긴축재정, 0이면 재정이 경기에 중립적임을 나타낸다.

□□□

656 **재할인율** ●●●

Rediscount Rate

재할인 시 중앙은행이 시중은행에 대해여 적용하는 이자율

일반 시중은행이 자금을 대출하면서 고객으로부터 받은 어음을 중앙은행에 제시하고 자금을 차입하는 것을 재할인이라고 한다. 중앙은행이 재할인율을 변경하여 시중의 통화량을 조절하는 방식으로 경기 안정을 유도하는 금융정책수단을 재할인율정책이라고 한다. 경기가 과열되어 인플레이션 우려가 있을 때 재할인율을 올리면 시중 금융기관의 금리가 상승, 이에 따라 민간의 자금에 대한 수요를 유도한다. 반면 경기가 침체하고 디플레이션 경향이 될 때에는 재할인율을 낮춤으로써 민간자금 수요증가를 유도한다.

ㅈ

□□□

657 **재형저축** ●●○

근로자 재산형성 저축을 의미

근로자의 소득의 일부를 저축하여 재산을 마련하도록 지원하는 저축을 의미한다. 1976년에 시작된 당시의 금리는 연 26%였다. 국민소득의 증가로 재정부담을 이유로 1995년에 폐지되었다가, 2013년에 연봉 5,000만 원 이하의 근로자들을 대상으로 혜택을 부여하면서 다시 출시되었다. 최근 청년희망적금도 재형저축 가입자를 바탕으로 진행된 것이다.

+상식더보기 청년희망적금

중·저소득층의 청년을 대상으로 자산형성을 위해 2년 동안 매월 50만 원씩 납입하면 비과세로 은행이자가 625,000원이 붙는 정책금융상품인 적금이다.

□□□

658 **잭슨 홀 미팅** ●○○

Jackson Hole Meeting

미국 지방 연방 준비은행 중 하나인 캔자스시티 연방 준비은행이 1978년부터 와이오밍주 잭슨 홀에서 주최하는 연례 경제정책 심포지엄

글로벌 금융위기가 한창이었던 2010년 버냉키 의장이 이 회의의 연설을 통해 2차 양적완화(QE2) 정책을 내놓으면서 세계적인 관심을 끌기 시작했다. 특히, 잭슨 홀 미팅은 연방 준비이사회의 통화정책 방향을 가늠할 수 있다는 점에서 주목받고 있다.

□□□

659 **적격 외국인 기관투자가** ●●○

QFII : Qualified Foreign Institutional Investors

중국 정부에서 적절한 자격을 갖춘 외국인에게만 중국의 주식이나 채권을 사도록 제한하는 제도

중국 주식시장은 중국 본토 증시와 홍콩 증시로 나뉘어져 있다. 홍콩 증시에서는 외국인투자가 자유롭게 이루어질 수 있지만 중국 본토 증시는 중국인만이 투자할 수 있는 A주식과 외국인에게만 거래가 허용되는 B주식으로 나뉘어져 있다. 외국기관 투자가가 중국 본토 증시의 A주식에 투자하기 위해서는 적격 외국인 기관투자가 자격을 취득해야만 한다.

□□□

660 **적대적 M&A** ●●●

기업소유지분의 인수 · 합병 중에 제3자가 기존 대주주의 의사에 반하여 기업지배권을 탈취하는 행위

내부정보가 비교적 정확하게 공표되고, 대주주 지분율이 상대적으로 낮은 기업이 주요 대상이 된다. 적대적 M&A는 우호적 M&A에 비해 대상기업의 범위가 넓고, 경영권 프리미엄이 포함되지 않아 인수가액이 낮아진다는 매력이 있지만 비도덕적이라는 비난이 있다.

□□□

661 **적립형 펀드** ●●●

일정한 금액을 매달 입금하여 주식이나 채권 등에 투자하는 펀드

은행의 적금과 증권투자의 장점만을 결합한 상품으로 주식형, 혼합형, 채권형이 있다. 주식형 펀드는 주식 및 주식관련 파생상품의 60% 이상을 투자하며, 혼합형 펀드는 주식형 펀드보다 채권관련 자산 투자비율이 높고, 채권형 펀드는 채권과 채권관련 상품에 투자한다. 성장형 투자를 원하면 주식형, 안정성장형 투자를 원하면 혼합형, 보수적인 투자를 원하면 채권형이 적합하다.

ㅈ

□□□

662 **전수조사** ●●●
Complete Enumeration

통계조사 시행 시 모집단을 대상으로 전수조사를 하는 것

표본조사를 통해 얻어진 값을 통해 모수를 추정하는 것이 아니라 전부를 조사하기에 표본오차가 없다는 것이 전수조사의 장점이라 할 수 있다. 하지만 모집단 전체를 조사하는 데 시간과 비용이 많이 필요하기 때문에 리서치나 마케팅 조사에 있어서는 대체로 표본조사를 실시한다.

□□□

663 **전시 효과** ●●●
Demonstration Effect

개인의 소비행동이 일반 소비수준의 영향을 받아 남의 소비행동을 모방하려는 사회심리학적 소비성향의 변화

재화가 가진 본래의 실질효용 이외에 과시적 효용에 주목한 것이다. 미국의 경제학자 베블렌에 따르면, 상품은 과시하고자 하는 욕망에 의해 소비되고 보급된다. 소비 수준이 상승하는 것은 과시적 소비의 결과라는 것이다. 그러나 당시는 소비자 행동이 상호 독립적이라는 게 정설이었으며 이에 대한 비판으로서 뒤젠베리의 상대소득가설이 정립되면서 전시효과라는 용어가 등장하게 되었다. 전시효과는 하급재로부터 고급재에 이르는 여러 상품 중에서도 사람들은 보다 고급재를 구하려고 한다. 그 욕구는 사회적으로 보다 높은 지위에 있는 사람들과 접촉이 많은 사람일수록 크다는 것이다.

□□□

664 **전자서명** ❁❁❁

Digital Signature

문서에 서명자가 개인의 키를 이용하여 서명을 하는 것

전자서명은 서명자만이 서명문을 생성 · 확인을 하여 위조가 불가한 인증방식이다. 한 번 생성된 서명은 재사용이 불가하고 이전으로 돌아가 변경이 불가하다. 이러한 점으로 서명한 사실을 부인하는 것을 방지할 수 있다. 전자서명법에 의해 전자서명은 인감도장과 동일한 법적효력을 가진다. 기밀성을 보장하지는 않지만 위조가 불가능하고 서명자만이 인증을 할 수 있다. 또한 서명한 문서는 변경을 할 수 없어 차후에 서명사실을 부인할 수 없다.

+상식더보기 전자서명의 원리

원본 문서의 해시값을 구하고 공개키 방법을 사용하여 부인 방지 기능을 부여하여 암호화한다. 문서를 받은 곳에서는 암호화된 해시값을 복호화해서 원본 문서 해시값과 비교해서 위 · 변조를 확인한다.

□□□

665 **전자어음** ❁❁❁

Electronic Bill

전자문서형태로 전자어음을 발행하여 전자어음관리기관에 등록한 약속어음

전자유가증권으로서 기존 실물어음과 같이 이용되며 발행, 배서, 권리행사 및 소멸 등을 온라인에서 전자적인 방법으로 처리할 수 있다. 전자어음은 2004년 제정된 「전자어음의 발행 및 유통에 관한 법률」에 근거하여 만들어진 전자지급 결제수단이다. 이용자는 어음의 분실 · 도난뿐만 아니라 어음 보관 · 관리 및 유통 · 교환비용을 절감할 수 있게 되었다. 기업입장에서도 실물어음을 이용함에 따른 발행 · 유통 · 관리비용 및 인력을 절감할 수 있으며, 전자상거래에 적합한 지급결제수단의 확보, 기업회계의 투명성 제고 등의 도입 효과가 있다.

□□□

666 **전자화폐**

Electronic Cash

전자매체(컴퓨터, IC카드, 네트워크 장비 등)를 통해 지급결제 · 가치이전 등 화폐의 기능을 수행하는 전자지급수단

1990년대 중반 유럽중앙은행(ECB), 국제결제은행(BIS) 등에서 사용되기 시작했다. 물품화폐(곡물, 직물 등), 금속화폐(금화, 은화 등), 명목화폐(은행권, 주화)에 이은 '제4의 화폐'라고도 일컫는다. 전자화폐는 가치저장 매체를 기준으로 크게 IC칩을 내장한 스마트카드에 화폐가치를 저장하는 'IC카드형(오프라인형)'과 인터넷과 연결된 PC에 화폐가치를 저장하여 통신망을 통해 이전하는 '네트워크형'으로 분류된다.

ㅈ

□□□

667 **전환사채**

CB : Convertible Bond

일정한 기간이 지나면 채권 보유자의 청구가 있을 때 미리 결정된 조건대로 발행회사의 주식으로 전환 가능한 특약이 있는 사채

발행 만기기간과 전환가격 등을 표시하며, 주식으로 전환하지 않을 경우 별도로 정해놓은 이자율을 받을 수 있다. 전환사채를 발행하려면 정관을 통해 주식으로의 전환 조건과 전환으로 인해 발행할 수 있는 사항이나 전환을 청구할 수 있는 기간 등을 정해야 한다.

+상식더보기 전환사채의 발행방식

① **공모** : 인수단이 구성돼 주식을 인수한 후 투자자에게 판매하는 방식으로 거래소 상장, 신고서, 사업설명서 제출 등 법적장치를 수반해 발행되므로 관련 사항이 투자자에게 신속히 전달된다.

② **사모** : 특정소수의 기관을 대상으로 모집되어 일반투자자는 투자참여 및 발행정보공유에서 배제된다. 기존의 일반주주의 경우 사모전환사채가 주식으로 전환될 때는 통상적 신주인수권을 원칙적으로 봉쇄당한 채 증자에 따른 불이익을 고스란히 떠안게 된다.

□□□

668 **제4섹터**

영리적인 사업 활동과 비영리적인 사회 활동이 융합된 영역

뉴욕타임스에서 전통적인 기업과 자선기금의 중간 지점에 위치한 영리 · 비영리 융합체가 미국 전역에서 태동하고 있다고 전했다. 1섹터인 정부, 2섹터인 민간기업, 3섹터인 비정부 영리단체를 넘어 이윤과 공공성을 동시에 추구하는 새로운 영역이 부상하고 있다. 제4섹터란 구성원들이 정부, 기업, 비영리조직과 구별되는 혼성조직으로 형성되어 있다. 미국 최초로 사회적 책임투자를 표방한 증권사인 알트루세어는 제4섹터 기업의 선두 주자로 두 개의 자선기금이 최대주주인 이 회사는 이익배당금 대신에 빈곤층 주택 사업이나 직업교육을 통해 이익금을 지역사회에 환원하고 있다.

□□□

669 **제네바 라운드**

1947년 GATT체제를 출범시킨 최초의 라운드

제2차 세계대전 후 새로운 무역질서를 수립하기 위해 미국을 중심으로 23개 참가국의 123개 부문의 관세인하 협정이다. GATT는 배타적 국제교역질서가 국가 간의 대립을 낳았으며, 그 대립이 결국 전쟁으로 치닫게 되었음을 반성하는 차원에서 자유무역주의, 무차별주의, 다자주의를 3대 기본원칙으로 삼았다.

□□□

670 **제로 금리**

Zero Interest Rate

단기금리를 사실상 0%에 가깝게 만드는 정책

이러한 초저금리는 국가경쟁력을 높이며 고비용 구조를 해소하고 소비촉진을 통해 경기침체 가능성을 줄일 수 있다는 장점이 있는 반면에 부동산투기, 주택가격 폭등 등 자산버블의 우려와 근로의욕을 저하시킬 수 있고 노년층 등 이자소득자들의 장래가 불안해짐에 따라 중 · 장년층을 중심으로 소비가 위축될 수도 있다.

□□□

671 **제조물 책임법** ◎◎◎

PL : Product Liability

제품 안정성의 결함으로 소비자가 피해를 입을 경우 제조자가 부담해야 할 손해배상책임

통상 제품에 결함이 발생했을 때 수리 · 교환 · 환불은 제조자의 기본적인 의무라고 생각하고 있으나, 제조물책임은 제품의 결함으로 인해 발생한 인적 · 물적 · 정신적 피해까지도 공급자가 부담하는 한 차원 높은 손해배상제도이다. 우리나라는 2002년 7월 1일부터 이 법을 시행하고 있다.

□□□

672 **제품 수명주기** ◎◎◎

PLC : Product Life Cycle

하나의 제품이 시장에 나온 후 성장과 성숙과정을 거쳐 결국은 쇠퇴하여 시장에서 사라지는 과정

제품의 성격에 따라 제품수명주기는 다르지만 대체로 도입기 · 성장기 · 성숙기 · 쇠퇴기의 과정으로 나눌 수 있다.

㉠ **도입기** : 제품이 도입된 시기로서 수익성은 높지만 매출은 별로 이루어지지 않고, 많은 광고비 등으로 수익도 적은 시기이다.

㉡ **성장기** : 제품이 본격적으로 잘 팔리는 시기로 매출이 빠르게 성장하고 수익도 이 시기에 가장 많이 창출된다.

㉢ **성숙기** : 매출이 가장 많이 이루어지는 시기로서 경쟁사들의 진입 등으로 인해 광고비를 많이 쓰게 되므로 수익은 성장기보다는 감소한다.

㉣ **쇠퇴기** : 매출이 하락하고 수익도 하락하는 시기로서 시장수요의 포화, 신기술의 출현, 사회적 가치의 변화, 고객욕구의 변화 등이 그 요인이다.

+상식더보기 제품수명주기

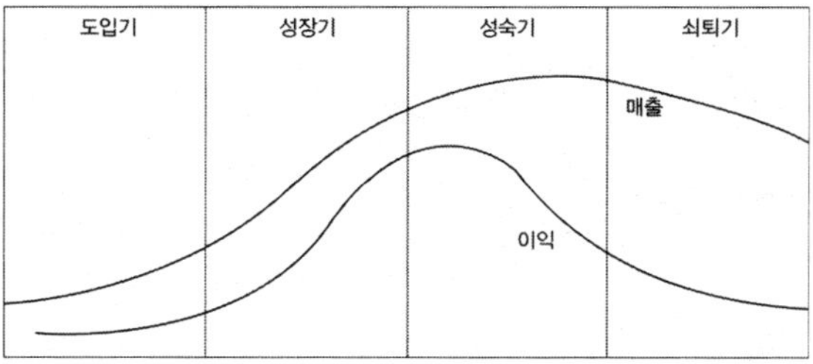

□□□

673 **젠트리피케이션** ❁❁❁

Gentrification

낙후된 도심이 활성화되면서 거주민이 밀려나는 현상

빈곤 계층이 이르는 정체 지역에 중산층 이상의 계층이 진입하여 낙후된 도심이 활성화 되면서 거주하고 있던 빈곤 계층을 몰아내는 현상이다. 해당 지역이 활성화 되고 관광객이 늘면서 부동산 가격 등 전반적인 자산가치가 상승하여 기존 거주자들을 몰아내는 것이다. 1964년 영국 사회학자 루스 글래스가 런던 도심의 노동자 거주지에 중산층이 이주 해오면서 발생한 지역 변화를 이 같은 용어로 설명하였다.

□□□

674 **조세피난처** ❁❁✿

Tax Haven

법인세, 개인소득세에 대한 원천과세가 전혀 없거나 과세시에도 아주 저율의 세금이 적용되는 등 세제상의 특혜를 제공하는 국가나 지역

세제 상의 우대조치뿐 아니라 외국환관리법, 회사법 등의 규제가 완화되고 기업을 경영하는데 장애요인이 적고 모든 금융거래의 익명성이 철저히 보장되어야 가능하다.

+상식더보기 조세피난처 유형

① **택스 파라다이스**(Tax Paradise) : 개인소득세 · 법인세 등 자본세를 전혀 부과하지 않는 나라로 바하마, 버뮤다군도, 케이맨 제도 등이 해당된다.

② **택스 셸터**(Tax Shelter) : 국외 원천소득에 대해 과세하지 않고 국내 원천소득에만 과세를 하는 곳으로 홍콩, 라이베리아, 파나마 코스타리카 등이 있다.

③ **택스 리조트**(Tax Resort) : 특정한 형태의 기업이나 사업 활동에 세제상 우대조치를 부여하는 곳으로 룩셈부르크, 네덜란드, 스위스 등이 있다.

□□□

675 **종합부동산세** ❁❁❁

綜合不動産稅

부동산 보유 정도에 따라 조세 부담 비율을 다르게 부여하는 것

부동산을 합산하여 부과하는 세금으로 줄여서 '종부세'라고 한다. 부동산 보유 정도에 따라 조세 부담 비율을 달리하여 납세의 형평성을 제고한다. 이는 부동산 가격 안정을 위한 목적으로 규정되었다.

□□□

676 **좀비 경제** ❁❁❁

Zombie Economy

무력화된 경제를 회복하기 위해 금리인하 및 각종 정책을 동원했음에도 침체가 계속되는 현상

일본의 경제상황을 빗대어 국제 금융 전문가들이 붙인 용어이다. 일본은 1990년대 버블 붕괴 과정에서 20년 이상 계속된 경기 침체를 극복하기 위해 추진하였던 모든 정책이 무력화되어 죽은 시체와 같아, 좀비경제라고 불렀다. 2003년 초부터 금리가 거의 제로수준에 이르렀고 금융기관들의 부실채권 또한 줄어들지 않고 있는 실정이다. 이 때문에 외국 자본과 기업들은 일본 시장을 외면하고 있다. 더 나아가 리사 데스자딘스와 릭 에머슨의 저서 「좀비경제학」에서는 좀비 경제를 '당신의 안정성과 미래를 위태롭게 만드는 모든 경제적 상황'이라고 설명하고 있다.

ㅈ

□□□

677 **죄수의 딜레마** ❁❁❁

Prisoners Dilemma

자신의 이익만 고려하다가 자신과 상대방이 불리해진다는 게임이론 사례

서로 믿고 협력하면 모두에게 이득이지만, 자신의 이익을 최대화하려 동료를 배신하면 모두에게 불행한 결과를 가져올 수 있음을 죄수의 상황에 적용하면서 '죄수의 딜레마'라는 이름을 붙였다. 두 공범자가 협력해 범죄사실을 숨기면 증거불충분으로 형량이 낮아지지만 범죄사실을 먼저 자백하면 다른 한쪽보다 가벼운 처벌을 받게 해준다는 수사관의 유혹에 빠져 어느 한쪽이 범죄사실을 털어놓으면 결국 공범자 모두 더 큰 처벌을 받는다는 이론으로 자신만의 이익을 위한 선택이 자신과 상대 모두에게 불리한 결과를 낳는 상황을 의미한다.

□□□

678 **주가수익률** ❁❁❁

PER :
Price Earning Ratio

주당순수익에서 주가가 차지하는 비율

당기순이익에서 시가총액이 차지하는 비율과도 같다. 수익성과 주가를 평가하는 지표로 주가수익률이 높다는 것은 기업의 영업이익에 비해 주가가 높게 평가되었다는 것이고, 주가수익률이 낮다는 것은 영업이익에 비해 주가가 낮게 평가된 것으로 주가가 상승할 가능성이 있다. 이때는 해당 산업 내의 평균 주가수익률과 비교해보거나, 해당기업의 평균 주가수익률 추이를 통해 현재의 가치를 판단하는 것이 바람직하다. 주가수익률이 지표로서의 투자자에게 신뢰를 받으려면 기업이익이 적정수준에서 산정되어야 하는데, 이를 위해 신뢰할 수 있는 연결재무제표작성과 영업실적공개의 투명성 등 기업회계의 적정화가 이루어져야 한다.

□□□

679 **주가순자산 비율**

PBR : Price on Book Value Ratio

장부에 존재하는 순자산에서 주가가 차지하는 비율

시가총액을 순자산으로 나누어 구한다. 주가순자산비율이 높다는 것은 주가가 재무상태에 비해 높다는 것이고, 주가순자산비율이 낮다는 것은 재무상태에 비해 주가가 낮다는 것이다. 1을 기준으로 그보다 낮으면 주가가 장부상 가치보다 낮다는 것으로 주가가 저평가된 것으로 평가할 수 있다. 주당순자산비율은 주가에서 주당순자산으로 나누어 배수가 낮을수록 기업의 성장력, 수익력이 높다는 말이다. 주당순자산비율은 기업의 재무상태면에서 주가를 판단하는 지표가 된다.

ㅈ

□□□

680 **주가연계 펀드**

ELF : Equity Linked Fund

투자신탁회사가 주가지수연동증권(ELS)상품을 펀드에 편입하거나, 자체적으로 원금보존추구형 펀드를 구성해 판매하는 형태의 상품

펀드자산은 국공채나 우량회사채 등의 안전자산에 투자하여 만기 때에 원금을 확보하며, 나머지 잔여자산은 증권회사에서 발행한 권리증서에 편입해 펀드 수익률이 주가에 연동되도록 설계한다. 따라서 ELF는 펀드의 수익률이 주가나 주가지수 움직임에 의해 결정되는 구조화된 수익구조를 갖는다. ELF의 형태는 베리어형, 디지털형, 조기상환형 등 수익구조에 따라 다양한 종류가 있을 수 있다. 그 중 '원금보장형'과 '조기상환형'이 대표적 형태로 원금보장형은 원금은 보장하되 주가가 상승 혹은 하락시 상승 혹은 하락률의 일정비율을 이자로 지급하는 것이다. 주가지수 및 개별주식에 연동되어 수익이 지급되는 장외파생상품으로는 주가연계 펀드(ELR) 이외에 주가연동예금(ELD)과 주가지수연동증권(ELS)이 있다.

□□□

681 **주가연동예금** ❁❁❁

ELD :
Equity Linked
Deposit

수익이 주가지수의 변동에 연계해서 결정되는 은행판매 예금

고객의 투자자금은 정기예금에 넣고, 창출되는 이자만을 파생상품에 투자하여 수익을 낸다. 투자대상 파생상품은 제한 없이 다양하고 중도 해지가 가능하지만 원금에 손실을 입을 수 있다. 증권사의 주가연계증권(ELS)에 비해 안정성이 높고 원금은 예금자보호법에 따라 최고 5,000만 원까지 보장된다. 지급이자는 주가지수나 주식가격에 연동하여 결정된다. 투자방식은 투자액의 대부분을 정기예금에 넣고, 여기서 나오는 이자를 주가지수 옵션 등 파생상품으로 운용하여 발생한 수익을 고객에게 지급하는 방식으로 이루어진다. 주가연동예금(ELD)은 원금이 보장되며, 주가지수가 높아질수록 고수익을 얻을 수 있다. 또한 생계형 · 세금우대형으로 가입하면 세금절감의 효과도 얻을 수 있으나 중도에 해지할 경우에는 수수료를 물어야 하기 때문에 경우에 따라 원금이 손실될 수도 있다. 또 주가의 변동에 따라 수익률의 상한과 하한을 둔다는 점도 유의하여야 한다.

□□□

682 **주글러 순환** ❁❁❁

Juglar Cycle

기업의 설비투자 증가가 생산의 증가로 이어져 과잉생산이 되고 기업의 설비투자 감소로 이어지는 경기순환

기업의 설비투자순환을 의미한다. 기업의 설비투자가 약 10년의 간격을 두고 주기적으로 반복된다. 설비투자의 중심이 되는 기계는 이용연수가 대체로 10년 전후이기 때문에 설비투자는 10년마다 새로운 기계로 대체된다는 가정하에 출발한 이론이다.

□□□
683 **주당순이익** ❁❁❁
EPS : Earning Per Share

기업이 일 년 동안 벌어들인 당기순이익을 발행주식수로 나눈 값

주당순이익은 당기순이익이 늘어나면 높아지고, 전환사채의 주식전환이나 증자로 주식수가 많아지면 낮아지게 된다. 주당순이익이 높다는 것은 경영실적이 양호하다는 뜻이고 배당 여력도 많으며 주식의 투자가치도 높아지는 것을 의미한다. 대형우량주의 주가가 높으면서도 선호되고 있는 이유도 주당순이익이 높은 데 있다.

□□□
684 **주택담보대출비율** ❁❁❁
LTV : Loan To Value ratio

금융기관에서 주택을 담보로 대출해 줄 때 적용하는 담보가치대비 최대 대출 가능 한도

주택담보대출비율은 기준시가가 아닌 시가의 일정비율로 정하며, 주택을 담보로 금융기관에서 돈을 빌릴 때 주택의 자산 가치를 얼마로 설정하는 가의 비율로 나타낸다. 지난 2000년 9월 부동산정책의 일환으로 도입하였고, 부동산가격의 미시정책으로 활용되고 있다.

□□□
685 **주택청약종합저축** ❁❁❁
住宅請約綜合貯蓄B

청약저축 · 청약예금 · 청약부금의 기능을 한데 묶어놓은 주택청약통장

공공주택 전용면적 85㎡ 이하의 청약저축과 민영주택 전용면적 85㎡ 이하의 청약예금, 민영주택 전용면적 85㎡ 초과의 청약부금 등 기존의 주택청약 관련 상품에서 구별하였던 기능을 한데 통합하여 국민주택과 민영주택을 가리지 않고 모든 신규 분양주택에 사용할 수 있는 청약통장이다. 가입자격은 무주택자는 물론이고 유주택자와 세대주가 아닌 사람, 그리고 미성년자 등 누구든지 1인 1계좌로 가입할 수 있고, 매월 2만 원 이상 50만 원 이내에서 5,000원 단위로 자유롭게 납입할 수 있으며, 납입 총액이 1,500만 원에 이를 때까지 50만 원을 초과하여 자유롭게 납입이 가능하다. 예금자보호법에 의하여 보호되지는 않으나, 국민주택기금의 조성 재원으로 정부가 관리한다.

□□□

686 **준공공 임대주택** ●●●

민간주택이면서 10년의 임대의무기간, 시세 이하로 최초 임대보증금 · 임대료 산정 및 임대의무기간동안에는 5% 이내로 임대료 증액이라는 의무가 부여되는 주택

일반 전월세 주택과 비교하여 상대적으로 공공성이 강화된 주택이다. 준공공임대주택을 운영하는 임대사업자는 취득세 · 재산세 · 양도소득세 · 종합부동산세 · 소득세 감면 혜택 및 국민주택기금을 통한 주택 매입 · 개량자금 저리 융자를 지원받는다.

□□□

687 **중립금리** ●●●

neutral rate

경기를 과하게 상승도 하강도 시키지 않는 수준의 금리를 의미

인플레이션이나 디플레이션이 되지 않고 잠재적인 성장률 수준으로 회복되는 상태의 금리를 의미한다. 경기부양정책이나 긴축정책이 아닌 중립적인 상태에서 우리나라의 콜금리를 유지하는 것이다.

□□□

688 **중앙은행** ●●●

Central Bank

한 국가의 금융제도 중심 기관

국가의 화폐발행 및 금융시스템, 통화정책 수립 등을 담당하는 금융제도의 중추적 기관을 말한다. 은행의 은행 또는 정부의 은행이라고 불리며 한국의 중앙은행인 한국은행은 효율적인 통화신용정책의 수립 및 집행을 통해 물가 안정과 금융안정을 도모하는 것을 목적으로 1950년 6월12일 「한국은행법」에 의해 설립되었다.

□□□

689 **중앙은행 디지털화폐** ✿✿✿

CBDC : Central Bank Digital Currency

중앙은행에서 블록체인 기술을 활용하여 발행하는 화폐

1985년 미국 예일대 교수 제임스 토빈이 제안한 것으로 현물 화폐 대신에 사용하자고 제안한 화폐이다. 중앙은행을 의미하는 'Central Bank'와 디지털 화폐가 합쳐진 용어로 중앙은행에서 발행한다. 법화와 일대일 교환이 보장된다는 점에서 내재가치를 규정하기 어려운 민간 암호자산과 구분된다. 전자적인 형태로 단일원장방식과 분산원장방식을 기반으로 발행이 가능하다. 이용목적에 따라서 모든 경제주체가 이용할 수 있는 소액결제용, 금융기관들만 이용할 수 있는 거액결제용으로 구분된다. CBDC가 발행되면 신용리스크가 감축되고 현금에 비해 거래 투명성이 높아지며 통화정책의 여력이 확충되는 등의 장점이 있을 수 있으나, 은행의 자금중개기능이 약화되고 금융시장의 신용배분 기능이 축소되는 부작용이 발생할 수 있다.

+상식더보기 CBDC 분류

① **단일원장방식** : 개인 · 기업에게 허용한 CBDC계좌 및 관련거래정보를 신뢰할 수 있는 중앙관리자(예: 중앙은행)가 보관 · 관리

② **복수원장방식** : 거래참가자 또는 일부 제한된 참가자 각자가 원장을 갖고 신규 거래 발생시 합의절차를 거쳐 각자가 관리하는 원장에 해당 거래를 기록함으로써, 동일한 거래기록을 가진 복수의 원장을 관리

ㅈ

□□□

690 **증거금 제도** ◉◎◎

계약이 확실히 이루어 질 수 있도록 보증하는 제도

선물계약에 있어서 투자자들은 선물거래소에서 거래가 이루어지므로 계약 당사자를 알 수 없어 상대방의 신용상태나 계약대로 이행될 수 있는지를 알 수 없다. 이 제도에는 위탁증거금과 거래증거금이 있다. 위탁증거금은 투자자인 자신이 자신의 거래에 대하여 결제이행을 보증하기 위하여 거래소회원사에 납부하는 증거금으로 계약금액의 일정비율이 정해져 있는 개시증거금이고, 거래증거금은 거래소회원사가 투자자로부터 받은 증거금 중에서 정해진 공식에 의해 산출된 금액을 거래소에 예탁하는 거래증거금이다.

□□□

691 **증권 집단소송제** ◉◎◎
證券集團訴訟制

기업의 주가조작, 허위공시, 분식회계 등으로 소액주주들이 피해가 생기면 법적으로 구제하기 위한 제도

피해를 본 소액주주 가운데 한 명이 해당기업을 상대로 소송을 제기해 승소하면 똑같은 피해를 본 나머지 투자자는 별도의 소송 없이 피해를 보상받을 수 있는 제도이다. 우리나라의 현행법은 재판의 효과가 소송을 제기한 당사자에게만 적용되도록 규정하고 있어서 지금까지 증권 관련 피해는 피해자 개인이 손해배상소송을 제기하거나 피해를 입은 일부 투자자들이 공동으로 소송을 제기하는 방법밖에 없어 소송이 극히 제한적이었다.

□□□

692 **증권형 토큰** ◉◎◎
STO : security token offering

블록체인 기반으로 회사의 자산을 가상화폐로 발행하는 것을 의미

증권시장에서 판매되는 주식이나 채권이나 부동산과 같은 실물자산을 블록체인 토큰에 넣은 가상자산을 의미한다. 해당 토큰을 발행해서 사용하면 증권 거래 내역이 투명하게 공개가 가능하다.

□□□

693 **증여의제** ●●○

贈與擬制

민법상 형식상 증여에 해당되지 않았지만 경제적으로 증여와 동일한 효과가 있어, 상속세법상으로 증여로 간주하여 세금을 매기도록 규정하는 것

재산권이 사실상 무상으로 이전되는 경우에는 증여세를 과세함으로써 과세형평을 구현하고자 하는 데 목적이 있다. 특수 관계에 있는 사람끼리의 고가 또는 저가양도, 다른 사람의 빚을 대신 갚아주거나 면제받는 채무변제, 제3자 명의의 명의신탁 등의 일반적인 증여와 기업의 합병 · 증자 · 감자 등으로 주주가 이익을 본 경우 등의 일반적 증여의제 등이 증여의제 과세대상이다. 그러나 증여의제규정으로 열거되지 않은 사항은 과세하지 못하는 문제가 있어, 2004년 부터는 종전은 증여의제 규정의 내용을 보완하여 증여재산가액의 계산에 관한 예시규정으로 전환하고, 예시되지 않은 재산의 무상이전이나 가치증가분 등에 대하여도 증여세를 과세할 수 있도록 포괄적으로 규정하고 있다.

ㅈ

□□□

694 **지급준비금** ●●●

Payment Reserves

은행이 예금자들의 인출요구에 대비해 예금액의 일정비율을 중앙은행(한국은행)에 의무적으로 예치하거나 시재금으로 보유하는 자금

은행은 저축성예금 및 요구불예금 총액의 일정비율을 한국은행에 예치해야 하며, 한국은행은 매월 7일과 22일 두 차례에 걸쳐 각 은행이 해당 지급준비금을 예치했는지 여부를 파악한다. 의무비율을 지키지 못한 은행에 대해서는 제재조치를 취한다. 지급준비금제도는 당초 금융기관들의 방만한 여신운용을 억제하고, 예금자를 보호한다는 목적으로 도입되었으나, 최근에는 통화량을 조절하는 수단으로 활용하고 있다.

□□□

695 **지능형 교통시스템** ●◌◌

ITS : Intelligent Transport System

도로, 차량, 신호 등 기존의 교통체계에 정보, 통신, 전자, 제어 등의 기술을 접목시켜 다양하게 수집된 정보들을 통해 안전하고 신속하게 교통체계를 자동 제어되는 시스템

첨단교통관리시스템(ATMS), 첨단교통정보시스템(ATIS), 첨단대중교통시스템(APTS), 첨단화물운송시스템(CVO), 첨단 차량도로시스템(AVHS)으로 구성된다. 지능형교통시스템(ITS)을 활용한 서비스로는 교통량에 따라 실시간으로 변화하는 신호제어시스템, 과속차량 자동단속 시스템, 통행료 자동징수 시스템, 버스도착 예정시간안내 등을 들 수 있다. 이를 통해 교통 혼잡을 감소, 빠르고 편리한 이동, 교통사고 예방 등의 이점을 가져올 수 있을 것으로 예측되고 있다.

□□□

696 **지니계수** ●●◌

Gini's Coefficient

소득분배가 균등하게 분배되는가를 나타내는 지수

소득분배의 불균형수치를 의미한다. 주로 빈부의 격차를 설명할 때 인용한다. 지니계수는 0 ~ 1 사이의 숫자로 표시되는데, 분배가 완벽하게 균등 할 때를 0, 분배가 완전히 불균등 할 때를 1로 표현한다. 숫자가 0에 가까울수록 소득분배가 잘 이루어진 것이고, 1에 가까울수록 소득 불균형이 심하다고 보면 되며, 보통 0.4가 넘으면 소득분배의 불평등 정도가 심한 것을 의미한다. 지니계수는 근로소득이나 사업소득 등 소득분배상황과 부동산과 금융자산 등 자산분배상황도 알 수 있다.

□□□

697 **지방채** ●●●

地方債

지방자치단체에서 발행하는 채권

지방자치단체가 재정자금을 조달하기 위하여 발행하는 채권이다. 지방개발사업에 필요한 경비를 조달하기 위해 발행된다. 서울특별시에서 발행하는 지하철 공채와 각 지방단체에서 발행하는 상수도공채, 지역개발공채 등이 있다.

□□□

698 **지분출자** ●●●

투자자가 해당 지분을 유한책임회사나 주식회사 등에 투자하는 것

일정 수준 이상의 지분을 소유한 투자자가 해당 지분을 출자 조건으로 유한책임회사 혹은 주식회사 등에 투자하는 것이다.

□□□

699 **지분형 분양주택** ●●●

持分型分讓住宅

서민들이 '내 집' 마련을 할 수 있도록 주택분양대금을 입주자 51%와 투자자가 49% 비율로 나눠 내는 방식의 분양주택

반값 아파트라고 불리며, 입주자의 부담금 중 절반을 국민주택기금에서 낮은 금리로 융자를 받을 수도 있다. 연기금, 민간투자펀드, 일반투자자 등이 투자자가 될 수 있다. 투자자는 전매제한기간에 상관없이 지분을 양도할 수 있다. 임대주택과 달리 입주자는 월 임대료 부담이 없고 전세나 월세 등 임차권을 갖는다. 투자자의 49%에 대한 이자도 없으므로, 은행에서 대출을 받아 분양대금을 전부 납부했을 때에 비해 이자부담도 크게 줄어든다. 반면에 집을 구입한 지 10년이 지나야 매매가 가능하며, 매매수익이 발생했을 때는 49%의 투자자와 나누어야 한다.

□□□

700 **지정학적 리스크** ●○○

지리적 조건에 따른 정치경제의 영향

지정학적 위치에 따른 리스크이다. 러시아와 우크라이나의 전쟁으로 원유 값의 상승이나 북한의 핵실험에 따른 한국의 금리나 환율의 변동 등을 예로 들 수 있다. 세계화와 정보통신이 발달하면서 투자가들이 기꺼이 감수할 수 있는 리스크의 수준과 연관성이 높아지면서 지정학적 리스크의 중요도는 중요해지고 있다.

□□□

701 **지속가능 경영** ●●○

CSM : Corporation Sustainability Management

기업의 지속 가능성을 추구하는 경영활동에서 비롯

지속가능한 발전은 환경파괴와 천연자원을 남용하는 경제개발 관행을 버리고, 인류의 지속성을 확보하기 위한 보존과 발전이 어우러진 친환경적 성장을 추구하는 것이다. 기업은 경제적 이익 창출만으로는 더 이상 지속적으로 발전할 수 없음을 전제하고, 기업의 사회적 책임이행과 환경보전활동, 합리적인 수익추구활동을 통해 경영리스크를 최소화하여 기업가치를 지속적으로 증대시키기 위한 경영활동을 한다.

㉠ **환경적 측면** : 글로벌 환경규제의 강화, 탄소중립 등 기업의 환경보호역할이 강조되고 있으며, 환경보호를 위한 모니터링 및 내부환경 경영체제의 구축을 요구한다.

㉡ **경제적 측면** : 금융기관들의 사회책임투자증가, 이해관계자들의 지속가능경영정보 요구 증대로 지속가능경영정보의 외부 커뮤니케이션을 위한 지속가능성 보고서의 제작 및 검증이 주요과제이다.

□□□

702 **지주회사** ●●●

Holding Company

지배회사 또는 모회사

산하에 있는 종속회사, 즉 자회사의 주식을 전부 또는 지배가능 한도까지 매수하고 이를 자사의 주식으로 대위시켜 기업 활동에 의하지 않고 자본에 의해서만 지배하는 회사이다. 지주회사는 피라미드형 지배를 가능하게 하며 적은 자본을 가지고도 생산과 자본에 대한 독점적 지배망을 형성할 수 있다. 일종의 콘체른 형식에 의한 독점의 형태로서, 경제영역뿐만 아니라 정치에까지 영향을 미친다. 현행 「독점규제 및 공정거래에 관한 법률」에서는 '주식의 소유를 통하여 국내회사의 사업내용을 지배하는 것을 주된 사업으로 하는 회사로서, 자산총액이 대통령령으로 정하는 금액 이상인 회사를 지주회사로 규정하고 있다. 지주회사는 크게 두 가지 유형이 있는데, 순수지배회사는 자회사 관리를 유일한 업무로 하는 지주회사이고, 사업지주회사는 수동적인 주식 관리에서 넘어서서 사실상 자회사를 지배하고 관리하는 회사를 일컫는다.

□□□

703 **지출 원인행위**

Encumbrance

세출예산, 국고채무 부담행위 및 기금운용계획에 의하여 추가 지출원인이 되는 계약 등을 행하는 것

지출의 원인이 되는 계약 및 이미 법령 또는 계약에 의해 발생한 지출의무를 이행하기 위하여 세출예산에서 지출하기로 결정된 행위이다. 세출예산의 집행을 지출단계 이전부터 통제하기 위하여 인정되는 것이다.

□□□

704 **지하경제**

地下經濟

정보가 파악되지 않아 사회가 공식적으로 계측하는 경제활동 추계에 포함되지 않는 경제활동

신고 되지 않은 재화나 용역의 합법적 생산, 불법적인 재화나 용역의 생산, 은폐된 현물소득 등의 세 가지로 구분된다. OECD의 개념규정에서는 강도 등 범죄에 의한 비생산적 불법 활동은 지하경제에 포함시키지 않지만, 실제로 대부분의 연구에서는 비생산적 불법 활동의 자료를 이용해 지하경제의 규모를 추정하고 있다.

ㅈ

□□□

705 **직역연금**

Special Occupation Retirement Pension

특정 직업 또는 자격요건에 의해 발생하는 연금

직역연금은 공무원연금, 군인연금, 사학연금 등 재해보상 및 퇴직금 노후 보장 성격을 갖는 사회보장제도이다. 공무원연금과 사학연금은 10년 이상 가입해야 연금 수령 대상자가 되며, 보험료는 기준소득월액의 16%로 국가와 가입자가 반반씩 납입한다.

□□□

706 **직접 금융**

자금수요자가 직접 자금을 조달하는 방식

자금 공급자와 수요자 사이에 금융기관이 개입하는 방식의 간접 금융과는 반대로 주식, 채권 발행같이 자금수요자가 금융기관을 통하지 않고 금융시장에서 직접 필요자금을 조달하는 방식이다.

□□□

707 **진성어음** ❁❁❁

Commercial Bill

기업 간 상거래를 할 때만 발행할 수 있는 어음

기업 간 상거래를 하고 대금결제를 위해 발행되는 어음이다. 예시로는 기업이 하청업체로부터 물건을 납품받고 현금 대신 발행하는 어음을 꼽을 수 있다. 진성어음을 받은 납품업체는 약정된 기일에 현금을 받을 수 있으나 자금 순환을 위해 할인을 받아 현금화하는 것이 보통이다.

□□□

708 **진실의 순간** ❁❁❁

MOT : Moments of Truth

제품에 대한 이미지를 결정하는 15초 내외의 짧은 순간

소비자가 기업 또는 제품에 대한 이미지를 결정하는 시간은 15초 내외의 짧은 순간이라는 마케팅 용어다. 소비자가 광고나 직원을 마주하면서 갖게 되는 느낌이 기업의 이미지를 결정짓는다는 뜻이다.

□□□

709 **집적 이익** ❁❁❁

集積利益

여러 기업이 가까운 곳에 입지하여 얻는 경제적 이익

어떠한 지역에 산업이나 인구가 집중되면서 서로 간에 분업 또는 노동력 및 소비시장이 형성되면서 도로나 편의 시설이 마련되고 투자 효율 및 생활 효율이 좋아지면서 얻는 경제적 이익을 의미한다.

09. ㅈ QUIZ

다음 문제를 보고 옳고 그른 것에 따라 O,X를 고르세요.

01. 취약계층을 돕기 위해 설립된 은행은 중앙은행이다. O X

02. 자금순환표는 재정이 경기변동에 미치는 영향을 분석하기 위한 지표를 말한다. O X

03. 정부의 수입과 지출의 차이는 재정수지이다. O X

04. 낮은 신용등급을 가진 기업이 발행하는 고위험 채권은 정크본드이다. O X

05. 젠트리피케이션은 낙후된 도심이 활성화되면서 거주민이 밀려나는 현상이다. O X

문장에 맞는 단어를 고르세요.

㉠ 종부세	㉡ 죄수의 딜레마	㉢ 진성어음	㉣ 자금세탁 방지제도	㉤ 자본잠식

06. 불법자금 세탁을 적발하고 방지하기 위한 제도는 ____(이)다.

07. ____(은)는 기업의 잉여금이 마이너스가 되면서 자본 총계가 납입자본금보다 적은 상태를 의미한다.

08. ____(은)는 게임이론 사례로, 자신의 이익만 고려하다가 자신과 상대방 모두 불리해진다는 이론이다.

09. 상거래를 할 때만 발행할 수 있는 어음은 ____(이)다.

10. 부동산 보유 정도에 따라 조세 부담 비율을 달리하는 제도는 ____(이)다.

답 1.X(장발장 은행) 2.X(재정팽창지수) 3.O 4.O 5.O 6.㉣ 7.㉤ 8.㉡ 9.㉢ 10.㉠

CROSS WORD

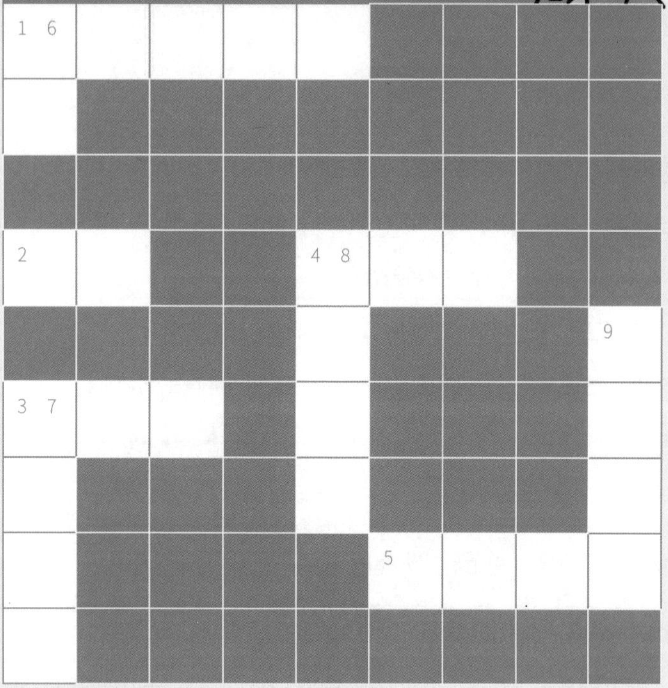

Across

1. 일부 주식에 보통주보다 많은 의결권을 부여하여 일부 주주의 지배권을 강화하는 적대적 M&A에 대한 방어수단
2. 인공지능(AI)이 빅데이터 분석을 바탕으로 대화하는 메신저
3. 중국과 인도, 중동, 아프리카를 이르는 말
4. 토지구획 정리지역에서 정리사업 결과 정부나 지자체에 환수되는 잉여의 토지

Down

5. 특정국가로부터 수입되는 상품에 대해 일반적인 세율보다 차별되게 적용하는 관세
6. 외자를 조달하는 방법의 하나
7. 타협 없이 극한 상황까지 대립하는 국면
8. 자신의 실속만 챙기려는 소비자
9. 관세를 통해 한 국가의 후생 수준을 극대화시키는 것

Across | 1.차등의결권 2.챗봇 3.치미아 4.체비지

Down | 5.차별관세 6.차관 7.치킨게임 8.체리피커 9.최적관세

PART

ㅊ

경제용어해설

checkpoint

- 차등의결권
- 차이니스 월
- 차익거래
- 참여장벽
- 채찍 효과
- 체리피커
- 체비지
- 최적관세
- 최혜국대우
- 출구 전략
- 출자전환
- 취업애로계층
- 취업유발계수
- 치미아
- 치킨게임

□□□

710 **차관** ●●●

借款

외화채권발행, 외국인 직접투자, 기술도입 등과 함께 외자를 조달하는 방법의 하나

외국정부 또는 국제경제협력기구, 외국금융기관으로부터 차입형태로 대외지급수단이나 자본재 · 원자재를 도입하는 것을 말한다. 차관은 국내 저축 기반이 취약할 경우 기간산업 건설과 사회간접자본 확충을 통한 경제개발을 수행하는 데 요구되는 막대한 투자재원을 확보하기 위해 외국으로부터 도입하는 것이다. 차관자금은 상환기간이 장기이고 금리가 낮은 편이어서 제2차 세계대전 이후 개발도상국의 성장을 위한 필요자본을 충당시켜 주는 유력한 방법 중 하나였다. 차관은 공공차관 · 상업차관 · 은행차관 등으로 구분하지만, 우리나라에서 차관은 대개 공공차관을 일컫는다. 공공차관은 정부가 직접 차주가 되어 도입하는 재정차관과 정부가 지급을 보증하고 지자체 등 우리나라 법인이 차주가 되어 도입하는 보증차관으로 나눌 수 있으며, 차관도입을 위해 미리 국회의 의결을 얻어야 한다.

□□□

711 **차등의결권** ●●●

差等議決權

적대적 M&A에 대한 방어수단

차등의결권주식이라고도 한다. 적대적 M&A로부터 경영권을 방어하는 수단 중 하나로 일부 주식에 보통주보다 많은 의결권을 부여하여 일부 주주의 지배권을 강화하는 것이다. 그러나 적대적 M&A가 아닌 상황에서도 의사 결정에 왜곡이 있을 수 있다.

□□□

712 **차별관세** ❁❁❁

Differential Duties

특정국가로부터 수입되는 상품에 대해 일반적인 세율보다 차별되게 적용하는 관세

일반적인 세율보다 높게 적용되면 할증관세, 낮게 적용되면 할인관세라고 한다. 특정국과의 무역을 촉진시키고 통상조약을 유리하게 체결하고 교역 상대국의 부당한 무역거래를 억제하기 위해 이용된다. 보호관세주의에 기초를 두고 있는 관세정책으로 중상주의 시대와 제2차 세계대전이 일어나기 전에는 관세전쟁의 일환으로 채택되었다. 오늘날에는 통상조약이나 GATT에 의한 협정 등이 활성화되면서 일부에만 적용된다. 특혜관세와 덤핑방지관세 · 상계관세 · 보복관세 · 공통관세 등이 있다.

+상식더보기 관세의 종류

① **특혜관세** : 역사적 · 정치적 · 지리적 특수성에 따라 특정국이나 특정 상품에 대해서 저율의 관세를 부과하는 할인관세
② **덤핑방지관세** : 수입품 가격이 국내 가격보다 월등히 저렴할 때 국내 산업을 보호하기 위하여 부과하는 할증관세
③ **상계관세** : 상대국으로부터 보조금이나 장려금 등의 지원을 받은 상품이 수입될 때 국내 산업을 보호하기 위하여 지원받은 만큼 상계하여 부과하는 할증관세
④ **보복관세** : 수출상품이 상대국으로부터 부당한 고율의 관세를 적용받았을 때 해당 국가로부터 수입되는 상품에 보복적으로 부과하는 할증관세
⑤ **공통관세** : 관세동맹에 가입되지 않은 국가에 대해 공통적으로 책정된 할증관세이다.

□□□

713 **차이니스 월** ❁❁❁

Chinese Wall

금융회사의 부서끼리 정보 교류를 차단하는 장치

중국의 만리장성에서 유래된 용어이다. 금융회사의 부서나 계열사 사이에 정보 교류를 차단하는 장치나 제도를 말한다. 회사의 이익만을 추구하며 고객이 피해가 가는 상황을 방지하기 위해 정보방화벽을 세우는 것이다.

□□□

714 **차익거래**

Arbitrage Trading, 差益去來

선물시장에서 선물가격과 현물가격과의 차이를 이용한 무위험 수익거래

선물시장에서 실제선물가격과 이론선물가격 간의 차이가 일정범위를 벗어날 때 이를 이용하여 선물과 현물에 반대 포지션을 취하여 무위험 확정수익을 얻을 수 있는 거래이다. 저평가된 선물을 팔고 현물을 사는 매입차익거래, 저평가된 선물을 사고 현물을 파는 매도차익거래가 있다.

□□□

715 **참여장벽**

Barriers to Entry

잠재적 경쟁을 방어 · 억제하기 위한 요인

참여장벽에는 특정산업에 진입하여 사업을 전개하는 기업에게 불리하게 작용하는 모든 장애 요인이다. 특허 제도나 인허가 제도는 강력한 참여 장벽이 되고, 원료 독점이나 기술 비밀은 유통 경로의 지배도 참여 장벽으로 이용된다.

+상식더보기 철수장벽

참여 장벽에 대응되는 개념으로 철수하려고 하는 경우에 그 진출 분야에서 쉽게 발을 빼지 못하게 하는 주요 요인을 의미한다.

□□□

716 **채찍효과**

Bullwhip Effect

수요 정보가 전달될 때마다 정보가 왜곡되는 현상

고객의 수요를 상부 공급업체에 전달할수록 수요의 변동성이 증가하는 현상이다. 긴 채찍을 사용하면 손잡이 부분에서 작은 힘이 가해져도 끝부분에서는 큰 힘이 생기는 데에서 붙여진 명칭으로 나비효과와 유사하다. 공급에 있어서 수요의 작은 변동이 제조업체에 전달될 때는 확대되어 전해지면서 수요의 변동이 불확실하게 보이면서 정보가 왜곡된다. 이로 인해서 정보가 왜곡되면 공급에 재고가 쌓이고 서비스 수준도 저하된다.

□□□

717 **책임준비금**

責任準備金

보험회사가 계약자에 대한 보험금을 지급하기 위해 보험료의 일정액을 적립시키는 돈

보험사가 사내유보나 자산운용준칙에 따라 사용할 수 있으며, 보험회사의 손익에 직접적인 영향을 주기 때문에 매 결산기마다 계약종류별로 책임준비금을 산출하도록 법률로 정하고 있다. 적립방법으로는 순보험료식과 해약환급금식(질메르식)이 있는데, 계약자의 안전 확보를 위해 매년 일정액을 적립토록 하는 순보험료식이 원칙이다. 그러나 현실적으로 계약 첫해에는 보험증권제작비, 수당, 검진수수료 등이 많이 지출되므로 계약 초기에 사업비를 앞당겨 쓰고 부족해진 금액은 계약 만기시까지 점차 채우도록 하는 해약환급금식이 혼용되고 있다. 해약환급금식은 순보험료보다 적립금액이 적지만 중도해약자에게 돌아가는 환급금은 꼬박꼬박 적립해 놓는 방식이다.

□□□

718 **챗봇**

Chatter Robot

인공지능(AI)이 빅데이터 분석을 바탕으로 대화하는 메신저

인공지능형과 시나리오형이 있다. 시나리오형은 미리 정해 놓은 단어에 따라 정해진 답을 하기에 보안 위험은 크지 않다. 인공지능형은 복잡한 질문에도 응답할 수 있고 자기학습도 가능하기 때문에 이용자의 입력 단어에 의도치 않게 행동하여 개인정보 유출 및 해킹 같은 보안 위험이 있다.

+상식더보기 챗GPT-4 터보

챗GPT 개발사 오픈AI가 개발한 한층 강력해진 생성형 인공지능(AI) 챗봇이다. 2023년 4월까지 학습한 정보가 반영되었으며 한 번에 300페이지 분량을 입력할 수 있다. 또한 챗GPT를 활용해 내놓을 결과물이 저작권을 침해하는 경우 오픈AI측에서 직접 대응하고 비용을 지불하기로 결정했다.

□□□

719 **체리피커** ●●●

Cherry Picker

자신의 실속만 챙기려는 소비자

기업의 상품이나 서비스를 구매하지 않으면서 자신의 실속만 챙기려는 소비자를 말한다. 신포도 대신 체리만 골라먹는 사람이라는 뜻으로, 신용카드 회사의 서비스 혜택만 누리고 카드는 사용하지 않는 고객을 가리키던 말이었다. 최근에는 기업의 서비스 약점을 이용하여 상품이나 서비스를 구매했다가 바로 반품하는 등의 행동을 하는 체리피커가 늘어나고 있다. 기업은 블랙리스트를 만들어 일반고객과 차별화를 두는 등 대응하고 있다.

□□□

720 **체비지** ●○○

替費地

토지구획 정리지역에서 정리사업 결과 정부나 지자체에 환수되는 잉여의 토지

토지구획정리 사업을 하려면 엄청난 비용이 드는데 이 비용을 충당하기 위해 마련된 땅이다. 체비지는 구획정리 사업구역 내의 땅 소유주들이 일정 부분의 땅을 떼어내어 충당하는데 이를 '감보'라고 하고 소유한 땅의 부담 비율을 감보율이라 한다. 사업 시행자는 각 토지 소유주로부터 받은 땅을 재원으로 이를 팔아 공사비를 충당한다. 또 도로, 공원 등 공공용지로 쓰일 땅도 체비지로 충당한다. 체비지의 일부 매각만으로 공사비가 충당된 경우에는 나머지 땅을 재투자 재원으로 다시 활용할 수 있다.

□□□

721 **총부채 상환비율** ●●○

DTI : Debt To Income

상환 능력을 보고 대출여부를 가질 수 있는 비율

연간수입에서 원리금을 갚을 수 있는 개인의 대출상환능력 내에서 대출을 해주는 것이다. 총소득에서 해당 대출의 연간원리금상환액과 기타 부채의 이자상환액을 합한 금액이 차지하는 비중으로 수치가 낮을수록 부채 상환능력이 높다는 것으로 해석할 수 있다.

□□□

722 **총부채원리금 상환비율** ●●○

DSR : Debt Service Ratio

대출을 받으려는 사람의 소득에 대비하여 전체 금융부채의 원리금 상환액 비율

의미소득 대비 연간 대출원리금 상환액이 차지하는 비율이다. 국가 차원에서는 수출 수입 대비 채무원리금 비율을 말한다.

□□□

723 **최적관세** ●●○

Optimal Tariff

관세를 통해 한 국가의 후생 수준을 극대화 시키는 것

관세부과로 교역조건을 변화시킬 수 있는 대국의 경우 수입상품에 대해 일정 수준의 관세를 부과하면 자국의 후생 변화를 극대화할 수 있다. 개선효과는 크게 하고, 무역량의 감소로 인한 손실은 작게 하는 것이 최적관세라고 하며 이때의 관세율을 최적관세율이라고 한다.

□□□

724 **최혜국대우** ●●●

MFN : Most Favored Nation Treatment

관세 · 항해 등 양국 간 관계의 최고 대우

제3국에 부여하고 있는 조건보다 절대 불리하지 않은 대우를 해주는 것이다. GATT는 최혜국 대우가 대표적인 일반원칙으로서 예외를 매우 엄격하게 규제하고 있다. 일단 두 나라 간 최혜국 대우를 적용하기로 하면 이 중 한 나라가 제3국과 보다 유리한 무역협정을 맺어도 그 효력은 별도의 합의 없이도 상대 최혜국 대우 국가에도 적용된다. 이는 최혜국 대우의 의미가 다른 나라와의 관계보다 불리한 대우를 하지 않는다는 포괄적 약속이기 때문이다.

□□□

725 **추가경정 예산** ❁❁❁
追加更正豫算

국회를 통과한 예산안의 내용을 변경하는 일

사용할 용도가 정해진 국가예산이 이미 정해진 상황에서 예산 부족이나 특별한 사유로 인해 부득이하게 필요하다고 판단되는 경우에 진행한다. 정부가 본예산을 변경해 다시 정한 예산을 국회에 제출하여 의결을 거친 후 집행하는 예산으로 줄여서 추경예산이라고도 한다. 우리나라의 경우 「헌법」 제56조에 따라 예산에 변경을 가할 필요가 있을 때 정부가 추가경정예산안을 편성해 국회에 제출하도록 하고 있으며, 예산안이 국회에서 의결되기 전에 그 내용을 변경하는 수정예산과 차이가 있다.

□□□

726 **출구 전략** ❁❁❁
Exit Strategy

경기회복의 조짐이 있는 경제상황에서 과도한 유동성으로 인한 부작용이 생기기 전에 시중의 돈을 회수하려는 전략

경기회복에 대한 기대감으로 원자재 가격이 급등하는 인플레이션과 과잉유동성의 부작용을 견제하기 위해 이자율 인상, 채권매입축소 등이 출구전략으로 사용된다.

□□□

727 **출자전환** ❁❁
Debt Equityswap

채권 금융기관이 부실기업에 빌려준 돈을 주식으로 전환하는 방식

장점은 차입금이 자본금으로 전환됨으로서 기업의 재무비율이 개선되고, 지급이자 부담이 줄어들어 흑자전환을 할 수 있다는 것이다. 반면 차입금의 출자전환으로 대주주가 채권자로 교체될 수 있어 회사의 지배권이 바뀌고, 모든 경영사항에 대하여 채권자의 동의를 얻어야 하기 때문에 절차가 번거롭고, 중요한 투자에 대하여 적극적이지 못한다는 단점을 지닌다.

□□□

728 **출자총액 제한제도** ●○○

出資總額制限制度

대규모 기업집단이나 계열사가 순자산의 25% 이상을 관련된 회사에 출자할 수 없도록 제한하는 제도

계열사간 과도한 출자로 대규모 기업집단의 소유지배구조 왜곡을 억제하고 업종 전문화를 유도하는 것이다. 상호출자 금지만으로는 규제하기 어려운 순환출자와 같은 간접적인 상호출자를 억제하기 위해 도입되었다.

□□□

729 **취소불능 신용장** ●●○

Irrevocable LC

은행이 보증하여 이를 취소할 수 없는 신용장

발행된 신용장이 수익자에게 통지되었을 경우, 신용장의 이해관계자인 신용장 발행 의뢰인, 발행 은행, 통지 은행, 수익자 전원의 합의가 없는 한, 취소나 조건을 변경할 수 없다.

□□□

730 **취업 애로계층** ●○○

就業隘路階層

실업자와 비경제활동인구 중 취업에 어려움을 겪는 사람

공식 실업자뿐만 아니라 비경제활동인구 중 취업희망자, 취업자 중 추가취업희망자 등 사실상의 실업자를 포괄하는 개념이다.

□□□

731 **취업유발 계수** ●●○

就業誘發係數

특정 제품이나 산업에 대한 수요가 발생할 경우 경제 전체적으로 늘어나는 취업자 수

특정 산업의 직접적인 노동 투입량뿐만 아니라, 생산의 파급과정에서 간접적으로 유발되는 노동량까지도 포함한다. 예를 들어 자동차를 생산한다고 하면 이에 직접적으로 투입되는 노동량뿐만 아니라 타이어나 부품 등 자동차와 관련한 수많은 제품을 생산하는 데 소요되는 노동량까지도 포함해 측정한다.

☐☐☐

732 **치미아** ●○○

Chimea

중국, 인도, 중동, 아프리카

중국(China)의 'Ch'와 인도(India)의 'I', 중동(Middle East)의 'Me', 아프리카(Africa)의 'A'의 합성어로 향후 세계 경제를 이끌어 갈 성장 동력으로 주목받는 지역을 의미한다. 중국과 인도의 기술력, 자본, 자원 수요와 중동의 석유 및 자본, 아프리카의 원자재 및 투자 기회 등을 결합한 개발도상국 간 협력을 뜻한다.

☐☐☐

733 **치킨게임** ●●●

Chicken Game

타협 없이 극한 상황까지 대립하는 국면

1950년대 미국 젊은이들 사이에 유행했던 게임으로 규칙은 간단하다. 밤에 두 명의 경쟁자가 도로의 양쪽에서 차를 몰고 정면으로 돌진하다가 충돌 직전에 핸들을 꺾는 사람이 지는 것이다. 핸들을 꺾은 사람은 겁쟁이로 취급받는다. 냉전시절 미국과 소련의 경쟁을 비유하는 등 국제정치학에서 사용되던 용어이다. 시장에서는 가격이 폭락하는 상황에서도 오히려 제품의 양산 경쟁을 벌여 상대가 무너질 때까지 출혈 경쟁을 하는 상황을 예로 들 수 있다.

10. ㅊ QUIZ

다음 문제를 보고 옳고 그른 것에 따라 O,X를 고르세요.

01. 금융회사의 부서끼리 정보 교류를 차단하는 장치는 차이니스 월이다. O X

02. 치킨게임은 잠재적 경쟁을 방어하기 위한 요인이다. O X

03. 수요정보가 전달될 때마다 왜곡되는 현상은 채찍 효과이다. O X

04. 인공지능이 빅데이터 분석을 바탕으로 대화하는 메신저는 챗봇이다. O X

05. 치미아는 세계 경제의 성장 동력으로 주목받는 중국, 인도, 중동, 아프리카이다. O X

문장에 맞는 단어를 고르세요.

㉠ 체리피커	㉡ 최적관세	㉢ 차등의결권	㉣ 출구전략	㉤ 최혜국대우

06. _____(은)는 양국 관계에서 다른 나라에 부여한 대우 중 최고의 대우를 해주는 것이다.

07. _____(은)는 적대적 M&A에 대한 방어수단 중 하나이다.

08. 관세를 통해 한 국가의 후생 수준을 극대화 시키는 것을 _____(이)라고 한다.

09. 자신의 실속만 챙기려는 소비자를 _____(이)라고 한다.

10. _____(은)는 경기회복의 조짐이 있는 경제상황에서 과도한 유동성으로 인한 부작용이 생기기 전에 시중의 돈을 회수하려는 전략이다.

답 1.O 2.X(참여장벽) 3.O 4.O 5.O 6.㉤ 7.㉢ 8.㉡ 9.㉠ 10.㉣

CROSS WORD

Across

1. 금융기관들이 일시적인 자금 과부족을 조절하기 위하여 초단기로 자금을 차입하거나 대여하는 시장
2. 신제품이 기존 주력제품의 시장을 잠식하는 현상
3. 대형매장에서 특정 품목만을 취급하는 전문 할인매장
4. 은행 간에 돈을 빌릴 때 적용하는 호가금리

Down

5. 금융기관끼리 남거나 모자라는 자금을 서로 주고받을 때 적용되는 금리
6. 같은 업종에 종사하는 기업끼리 가격 등에서 협정을 맺는 행위
7. 선물가격이 현물가격보다 높은 상태
8. 두렵고 피하고 싶었던 상황에 처해 있다는 것을 갑자기 깨닫게 되는 순간

Across | 1.콜시장 2.카니발리제이션 3.카테고리킬러 4.코리보

Down | 5.콜금리 6.카르텔 7.콘탱고 8.코요테모멘트

PART

ㅋ

경제용어해설

*check***point**

- 카르텔
- 카페라떼 효과
- 캐리트레이드
- 캐시카우
- 캘린더 효과
- 캡슐슈머
- 캥거루 본드
- 커플링
- 코즈의 정리
- 코쿤하우스
- 콘탱고
- 콜금리
- 콜시장
- 쿠퍼 효과
- 쿨링오프

□□□

734 **카니발리제이션** ●●●
Cannibalization

신제품이 기존 주력제품의 시장을 잠식하는 현상

자기잠식을 의미하며 한 기업이 새로운 제품을 출시함으로 인해 그 기업에서 기존에 판매하던 다른 제품의 시장 점유율, 수익이 감소하는 현상을 말한다. 이러한 현상을 효율적으로 이용하기 위해서는 새로움 제품의 예상되는 이익 발생이 기존 시장에서의 이익의 감소보다 커야한다

□□□

735 **카드슈랑스** ●●○
Cardssurance

카드사가 보험사와 제휴해 보험을 판매하는 영업 방식

카드사는 보험 상품을 팔아 수수료를 벌 수 있고, 보험사는 설계사에만 의존하지 않고 새로운 판매채널을 갖게 되는 장점이 있다. 1990년대부터 시작되어 비교적 설계사 조직이 약한 중소형 보험사들이 카드슈랑스를 적극적으로 운용했다.

□□□

736 **카르텔** ●●●
Cartel

같은 업종에 종사하는 기업끼리 제조나 판매, 가격 등의 부분에서 협정을 맺는 행위

담합이라고도 한다. 기업의 입장에서는 무리하게 경쟁하지 않고도 이윤을 추구할 수 있고, 경쟁자의 침투도 함께 막아낼 수 있다. 이러한 기업들의 카르텔을 사적 카르텔이라고 하며, 정부가 특정 산업보호나 산업구조 합리화 등을 위해 가격이나 산출량 등을 대놓고 규제하는 경우를 공공카르텔이라 한다. 또한 국가 간의 카르텔도 있는데, 석유수출국기구(OPEC)나 설탕, 커피 등 국제적인 상품거래와 관련한 카르텔도 있다.

□□□

737 **카멜**

CAMEL

연방은행감독기관이 1978년부터 실시하고 있는 은행검사 시스템

미국의 연방준비제도이사회(FRB) · 연방예금보험공사(FDIC) 등이 자본충실도 · 자산건전성 · 경영체계 · 수익성 · 유동성 등의 여러 경영요소를 종합적으로 평가하는 경영실태 평가방식이다.

□□□

738 **카멜레온 펀드**

Chameleon Fund

주가변동에 따라 유리하게 전환이 가능한 금융상품

증시가 상승일 때는 주식형으로 운용되다가 목표수익률을 달성하면 공사채형으로 전환하여 손해를 높여 적정 수익률을 확보하는 형태이다. 자유롭게 전환할 수 있는 특징이 카멜레온과 같다하여 카멜레온 펀드라는 이름이 붙었다. 보통의 경우 전환할 때 중도환매 수수료를 부담해야 하지만 카멜레온 상품은 환매 수수료가 없다.

□□□

739 **카테고리 킬러**

Category Killer

대형매장에서 특정 품목만을 취급하는 전문 할인매장

모든 생활용품을 취급하는 대형할인점과는 달리 완구나 전자제품 등 하나의 특정한 품목만을 매장에서 취급한다. 가전제품 전문매장인 하이마트, 미국의 스포츠용품 전문점 스포츠 오소리티, 유럽의 DIY 전문 매장 B&Q 등을 들 수 있다. 체인화를 통한 현금 매입과 대량 매입이 가능하고, 목표 고객을 통한 차별화된 서비스 제공이 용이하며, 체계적인 고객 관리 및 셀프 서비스와 낮은 가격 등을 들 수 있다.

□□□

740 **칸반 시스템**

Kanban System

낭비 없이 필요한 물건을 필요한 양만큼만 빨리, 싸게 생산하기 위한 목적으로 활용되는 수단

칸반은 생산 시스템의 생산흐름을 통제하기 위해 사용되는 카드로, 부품 정보가 기록된다. 낭비를 줄이고 필요한 물건은 필요한 만큼만 빠르고 싸게 생산하기 위한 목적으로 활용된다.

□□□

741 **카페라떼 효과** ◎◎◎

Caffe Latte Effect

식사 후에 마시는 커피 한 잔 값을 아껴서 기대 이상의 재산을 축적할 수 있다는 의미

하루 카페라떼 한 잔 정도의 소액이라도 절약해 장기적으로 꾸준히 모으면 목돈을 만들 수 있다는 것이다.

□□□

742 **캐리 트레이드** ◎◎◎

Carry Trade

처음에는 보유한 주식을 담보로 차입한 자금을 수익성이 높은 주식에 투자하여 차입비용의 상환과 함께 추가수익까지 실현하는 투자행위

저금리로 조달된 자금을 다른 국가의 특정 유가증권 혹은 상품에 투자하여 그 차액을 노려 수익을 얻으려는 거래를 지칭한다. 이자가 낮은 국가에서 빌린 돈으로 수익이 높은 다른 국가에 투자하는 방식으로 고수익을 노리는 것이다. 자본이 부족한 신흥국들에 투자자금을 제공하는 긍정적 측면이 있으나 단기간에 국가를 오가는 투자방식에 불과하기 때문에 투자자금의 큰 변동성에 따라 해당 국가 경제의 불안정성을 높이는 요인이 되기도 한다.

□□□

743 **캐시바이아웃** ◎◎◎

CBO : Cash Buy Out

채무조정에 참여하지 않는 금융기관의 채권을 해당 기업이 매입하는 방식

기업 구조조정 과정에서 채무조정에 참여하지 않는 금융기관의 채권을 일정 비율로 매입하는 것을 말한다. 부도 위기에 몰린 부실 기업이 채권액의 일부만 현금으로 매입하는 것이다. 캐시바이아웃이 이뤄지면 기업은 할인폭만큼의 채무 면제 이익이 발생한다. 회수율에 대한 부담이 커 손해도 따라오지만 채권액의 일부만이라도 현금으로 회수하려는 경우에 사용된다.

□□□

744 **캐시카우**

Cash Cow

상품 성장률은 낮으나 시장 점유율이 높은 산업

반복 구매를 촉진하여 계속해서 수익을 발생시키는 산업부문을 의미한다. 대체로 상품의 성장률은 낮으나 시장점유율이 높아 지속적인 수익을 기대할 수 있다.

□□□

745 **캘리차이나**

Calichina

미국 캘리포니아에 위치한 실리콘벨리와 중국의 선전(深圳)이 융합하는 현상

미국 '캘리포니아'와 '차이나'의 합성어이다. 미국 캘리포니아 실리콘밸리에서는 혁신적인 아이디어를 내고, 중국 선전에서 이를 프로토 타입으로 실현해 보는 산업 연계망을 가리키는 말이 캘리차이나라고 한다. 중국 선전의 화창베이(華强北)는 중국 최대 전자상가는 혁신 기업의 산실로 꼽히는 미국 캘리포니아의 실리콘밸리와 결합해 환태평양 지역에 혁신 허브를 구축했다는 평가를 받고 있다.

□□□

746 **캘린더 효과**

Calendar Effect

일정 시기에 증시가 등락하는 현상

증시가 특정한 시기에 일정한 상승세와 하락세 흐름을 보이는 현상을 말한다. 대표적인 캘린더 효과로 1월효과, 서머랠리, 산타랠리 효과가 있다.

□□□

747 **캡슐슈머**

Capsule Sumer

캡슐 제품을 소비하는 소비자

나홀로족 열풍 지속되면서 캡슐로 된 제품을 소비하는 소비자를 일컫는다. 간편함을 추구하는 현시대의 새로운 문화코드로 자리 잡았으며 화장품, 커피, 세제 등 다방면에서 활용되고 있다.

ㅋ

□□□

748 **캡티브 마켓** ❁❁❁

Captive Market

소비자가 선택할 수 있는 공급자의 수가 제한되어 소수의 공급업자로부터 구입하거나 구입을 포기해야 되는 시장

우리나라에서는 '계열사 간 내부시장'을 뜻하는 말로 사용된다. 여러 계열사를 거느리고 있는 대기업이나 금융지주사가 그룹 내부에 있는 계열사들을 적극적으로 활용해 운영하면서 시너지 효과를 낼 수 있다는 장점이 있다. 또 그룹 차원에서는 해당 계열사뿐만 아니라 다른 계열사 고객도 증가시킬 수 있는 효과가 있다. 반면, 캡티브 마켓을 만들기 어려운 기업이나 금융회사의 경우 상대적으로 어려움을 겪게 된다.

□□□

749 **캥거루 본드** ❁❁❁

Kangaroo Bond

외국 정부나 외국 기업이 호주 국내 시장에서 호주 투자자들을 대상으로 판매하는 채권

정식 명칭은 '호주달러표시 채권'이다. 외화 채권은 일반적으로 나라별 특성에 따른 별명이 붙는다. 영국은 불독 본드, 미국은 양키본드, 일본은 사무라이 본드, 중국은 팬더 본드, 홍콩은 딤섬 본드 등으로 불린다. 우리나라에서 발행되는 대표적인 외화 채권으로는 아리랑 본드와 김치 본드가 있다.

□□□

750 **커버드 콜**

Covered Call

콜 옵션을 미리 매도하여 주가지수가 하락할 때 이익을 얻는 전략

특정한 주식을 보유한 상태에서 콜 옵션을 비싼 가격에 매도하여 안정적으로 위험을 피하는 전략이다. 주식만 보유하고 있는 상태에서 주가가 하락할 경우 투자자의 손실은 커지지만 콜 옵션을 매도하는 경우 손실을 줄일 수 있으며 주가가 상승할 경우에는 콜 옵션에서 손해를 입더라도 보유 주식을 상승하므로 손실이 적다.

□□□
751 **커스트 오너**
Custowner

적극적으로 좋아하는 브랜드를 소유하는 소비자

제품과 소비하는 것을 넘어 자신이 구매하는 브랜드에 자금을 투자하거나 감정적인 지지를 아끼지 않는 방식으로 좋아하는 소비자이다. 적극적으로 브랜드를 소유하려는 소비자를 뜻한다.

□□□
752 **커플링**
Coupling

금융시장에서 각국의 증시가 같은 방향으로 움직이는 현상

'동조화 현상'이라고도 한다. 투자주체가 다양해지면서 미국의 펀드들이 미국에도 투자하고 한국에도 투자를 하면서 지수에 영향을 주고 있다. 1990년대 중반에 나타나 1990년대 말부터 심화되었으며, 주가수익률 뿐만 아니라 수익률의 변동성에 있어서도 동일하게 나타나고 있다. 발생원인은 동조화를 야기시킨 주체로 외국인 투자가였다.

□□□
753 **컨소시엄**
Consortium

공통의 목적을 이루기 위한 협회나 조합

공사채나 주식과 같은 유가증권의 발행액이 지나치게 커서 증권 인수업자가 단독으로 인수하기 어려운 것을 매수하기 위해 다수의 업자들이 공동으로 창설하는 인수조합을 일컫는다. 신디케이트와 혼용되는 컨소시엄은 일반적으로 공동구매 카르텔, 또는 공동구매 기관을 말한다. 인수업자들의 발행증권 분담에 그 목적이 있다. 반면, 정부나 공공기관이 추진하는 대규모 사업에 여러 개의 업체가 한 회사의 형태로 참여하는 경우도 컨소시엄이라고 일반적으로 일컬어지고 있다. 컨소시엄의 구성 방법은 주사업자를 주축으로, 크고 작은 업체들이 참여하는 것이 일반적이다.

ㅋ

□□□

754 **코넥스시장**

KONEX : Korea New Exchange

자본시장을 통한 초기 중소 · 벤처기업의 성장지원 및 모험자본 선순환 체계 구축을 위해 개설된 초기 · 중소기업 전용 신시장

중소기업의 자금조달은 대부분 은행대출에 편중되어 있고, 직접금융(주식발행)을 통한 자금조달은 매우 낮다. 중소기업과 같은 비상장기업의 부채비율이 높아지고, 이자비용 부담도 상장기업에 비해 과중하여 은행의 대출정책이 변화하면 기업의 존립이 위협받는다. 현실적으로 코스닥시장만을 통해 초기 중소 · 벤처기업 지원이 한정된다. 초기 중소기업에 최적화된 증권시장을 위해 초기 중소기업의 특성을 반영한 시장제도로 개설되었다.

□□□

755 **코스닥**

KOSDAQ

전자거래 시스템으로 운영되는 한국의 장외 주식거래

1996년 7월 1일 증권업협회와 증권사들이 설립한 코스닥증권(주)에 의하여 개설되었다. 코스닥의 개장으로 증권거래소 상장을 위한 예비적 단계에 지나지 않았던 장외시장이 미국의 나스닥과 같이 자금조달 및 투자시장으로서 독립적인 역할을 수행하게 되었다. 코스닥은 유가증권시장의 상장에 비하여 상장하기 쉽기 때문에 벤처기업이 코스닥의 주요 종목이다. 1999년 5월 정부는 코스닥 시장의 상장요건을 완화하여 대형 통신사 등 매력적인 기업들이 쉽게 상장될 수 있게 하고, 코스닥에 상장한 중소 벤처법인에 세제상의 혜택을 주어 우량기업들이 많이 상장하도록 여건을 개선하는 등 코스닥 시장 활성화 방안을 마련하였다. 한편, 2005년 1월 유가증권시장, 코스닥 시장, 선물시장의 운영주체가 증권선물거래소로 통합됨에 따라 코스닥 시장도 거래소가 개설한 정규시장으로 되었다.

□□□

756 **코스피지수** ●●●

KOSPI : Korea Composite Stock Price Index

한국거래소에 상장되어 거래되는 모든 주식을 대상으로 산출해 전체 장세의 흐름을 나타내는 지수

한국거래소가 1972년 1월 4일부터 35개 회사를 선정하여 다우존스 방식으로 산출하였으나, 더욱 합리적인 주가지수의 산출을 위하여 1983년 1월 4일부터는 다우존스식에서 시가총액식으로 개편하여 작성, 발표하고 있다. 코스피지수의 기준 시점은 1980년 1월 4일로서 당일의 주가지수를 100으로 하고 있으며 상장된 보통주 전 종목을 대상으로 산출하고 있다. 2005년 10월까지는 '한국 종합주가지수'로 불리었다. KOSPI 산출은 1980년 1월 4일을 기준시점으로 그 날의 시가총액을 100, 비교시점을 100으로 하여 비교시점의 시가총액을 지수화 한다. KOSPI는 거래소에 상장된 주식의 증권시장지표 중에서 주식의 전반적인 동향을 가장 잘 나타내는 대표적인 지수이다.

□□□

757 **코리보** ●●●

KORIBOR : Korea Inter Bank Offered Rate

은행 간에 돈을 빌릴 때 적용하는 호가금리

외국계 은행 3곳을 포함한 국내 15개 은행이 금리 수준을 제시하면 상하위 3개를 제외한 9개를 산술 평균해 매일 11시에 발표한다. 그러나 실거래가가 아닌 은행 간 거래를 할 때 지급할 의향이 있는 '호가'에 불과하다는 점에서 지표금리로는 부적절하다는 의견이 지배적이다.

□□□

758 **코요테 모멘트** ●●●

Coyote Moment

두렵고 피하고 싶었던 상황에 처해 있다는 것을 갑자기 깨닫게 되는 순간

증권시장에서는 증시의 갑작스러운 붕괴나, 2008년 세계 금융위기가 초래한 부동산 거품 붕괴 등을 일컫는다. 최근에는 코로나19 쇼크를 코요테 모멘트로 지목하며 경기 침체를 예고하기도 했다.

□□□

759 **코즈의 정리** ●●●

소유권이 잘 확립되고 거래비용이 없을 때 시장 참여자의 자발적인 협상으로 외부성의 문제가 해결될 수 있다는 이론

재산권이 확립되어 있는 경우에 거래비용 없이도 협상이 가능하다면 외부효과로 인해 발생할 수 있는 비효율성은 시장에서 스스로 해결할 수 있다는 이론이다. 이는 정부개입을 반대하는 입장이다. 소유권이 확립되어 있다면 거래를 통해 효율적인 해결책을 찾을 수 있으므로 환경오염 등 외부성이 야기하는 문제 등을 바로잡기 위해 정부가 나설 필요가 없다. 다만 코즈의 정리가 가진 약점은 실현 가능성이다.

□□□

760 **코쿤 하우스** ●●○

Cocoon House

독신자와 학생을 겨냥한 초미니 주택

나만의 작은 공간을 뜻한다. 미혼 회사원이나 대학생, 주말부부 등 집 외에 한시적으로 주거 공간이 필요한 사람들이 주로 이용한다. 규모는 2평 이하인 고시원보다는 크고 일반 원룸보다는 작은 수준이며 침대, 옷장, 책상, 냉장고 등 생활에 필요한 가구나 가전제품이 설치돼있다. 독신인구가 증가하면서 코쿤하우스의 수요도 지속적으로 늘고 있다.

□□□

761 **코픽스** ●●●

COFIX : Cost of Funds Index

은행 자본조달 비용을 반영한 주택담보대출 기준금리

은행연합회가 국내 8개 은행(농협, 신한, 우리, SC제일, KEB하나, 기업, 국민, 한국 씨티)로부터 자금 조달에 관련된 정보를 제공받아 산출하는 자금조달비용지수이다.

□□□

762 **콘드라티에프 파동** ●○○

Kondratiev Wave

경제변동 중에서 주기는 일정하지 않지만, 자본주의 사회의 경제활동의 상승(확장) 과정과 하강(수축) 과정을 되풀이하는 변동을 경기파동

콘드라티에프 파동, 주글라 파동, 키친 파동 등 세 가지로 나뉜다. 이 중 50 ~ 60년을 주기로 하는 장기경기변동을 콘드라티에프파동이라 한다. 콘드라티에프파동은 기술혁신이나 신자원의 개발 등에 의하여 일어난다. 슘페터가 18세기 말 산업혁명, 1840년대 철도의 등장, 1890년대 자동차와 전기의 발명 등의 기술혁신과 이에 따른 대규모 투자에 따라 지금까지 적어도 세 차례 있어 왔다고 주장했고, 1940년대부터를 반도체, 컴퓨터, 생명공학, 신소재, 텔레커뮤니케이션 등의 신기술의 등장과 이에 따른 대규모 투자에 의하여 주도되고 있는 제4파동기로 보고 있다.

□□□

763 **콘탱고** ●●●

Contango

선물가격이 현물가격보다 높은 상태

선물가격이 현물가격보다 높거나 만기일이 멀수록 선물가격이 높아지는 현상으로 일반적으로 선물거래 가격에는 만기까지 소요되는 현물의 보유비용이 포함되기 때문에 선물가격이 현물 가격에 비해 높다.

+상식더보기 백워데이션

일시적으로 공급물량이 부족해지거나 수요와 공급이 불균형 상태일 때는 현물가격이 선물가격보다 높아지는 현상이 발생

ㅋ

□□□

764 **콜금리** ◎◎◎

Call Rate

금융기관끼리 남거나 모자라는 자금을 서로 주고받을 때 적용되는 금리

금융기관들도 예금을 받고 기업에 대출을 해주는 등 영업활동을 하다 보면 자금이 남을 수도 있고 급하게 필요한 경우도 생기게 된다. 콜금리는 1일물(Overnight) 금리를 말하며 금융기관 단기 자금의 수요와 공급에 의하여 결정된다. 이러한 금융기관 상호 간에 과부족 자금을 거래하는 시장이 바로 콜시장이다. 돈을 빌려 주는 것을 콜론, 빌려가는 것을 콜머니라고 한다. 콜시장은 금융시장 전체의 자금흐름을 비교적 민감하게 반영하는 곳이기 때문에 이곳에서 결정되는 금리를 통상 단기 실세금리지표로 활용하고 있다. 한국은행이 한국자금중개회사, 서울외국환중개회사, KIDB채권중개회사로부터 콜머니와 콜론에 대해 기관별로 거래액과 금리를 통보받아 거래액을 가중평균하여 산출한 금리를 공시한다.

□□□

765 **콜시장** ◎◎◎

Call Market

금융기관들이 일시적인 자금 과부족을 조절하기 위하여 초단기로 자금을 차입하거나 대여하는 시장

금융기관은 고객을 상대로 예금을 받고 대출을 하는 과정에서 생기는 자금 과부족을 콜시장에서 금융기관 간 자금거래를 통하여 조절한다. 콜금리를 통해 장단기 시장금리, 예금 및 대출금리, 궁극적으로는 실물경제 활동에 파급되기 때문에 콜시장은 통화정책 수행에 있어서도 매우 중요한 위치를 차지하고 있다.

□□□

766 **콜옵션**

Call Option

특정 대상물을 사전에 약속한 날에 일정한 가격으로 살 수 있는 권리를 매매하는 것

특정 기본자산을 당사자들이 미리 정한 가격(행사가격)으로 미래의 특정 시점 또는 그 이전에 살 수 있는 권리를 매매하는 계약이다. 콜옵션 매수자는 콜옵션 매도자에게 프리미엄을 대가로 지급하며 그 대신 매도자는 기본자산을 사전에 정한 가격에 팔아야 할 의무를 진다.

□□□

767 **쿠퍼 효과**

Cooper Effect

금융정책 효과의 시기가 다르게 나타나는 현상

경기불황으로 경기부양을 위한 정책 효과는 점진적으로 나타난다. 하지만 경기호황 시 경기냉각을 위한 긴축정책 효과는 빠르게 나타나는 현상을 의미한다.

ㅋ

□□□

768 **쿨링오프**

Cooling Off

소비자의 변심에 환불하는 것을 법적으로 보장해 주는 제도(청약철회권)

머리를 식히고 냉정하게 생각해 보라는 의미이다. 그러나 모든 상품에 대하여 해당하지 않는다. 방문판매 · 다단계판매 · 전화권유판매 · 전자상거래 · 생명보험 등이 대상이며, 청약철회기간이 정해져 있다. 물건의 훼손상태가 심하거나 사용해서 물건의 가치가 현저히 떨어질 우려가 있을 경우와 청약철회권의 남발을 막기 위해 상품가격이 5만 원 이하인 경우는 청약철회권을 행사할 수 없다.

□□□

769 **쿨헌팅**

Coolhunting

트렌드 변화를 소비자 시선에서 예측하는 마케팅 조사 방법

소비자 스스로가 쿨헌터가 되어 일상생활에서 벌어지고 있는 일이나 트렌드 변화를 개인적이고, 솔직한 소비자의 입장에서 바라보고 미래에 유행할 제품성향을 예측하는 마케팅 조사 방법이다.

□□□

770 **퀀텀 점프**

Quantum Jump

단기간의 비약적인 성장

원자에 에너지를 가하면 전자의 회전 속도가 빨라지다가 임계점 이상의 에너지가 쌓이면 한 단계 더 높은 궤도로 뛰어오르게 되는 현상을 경제학에서 차용한 표현으로 단기간 성장을 이루는 것을 말한다. 기업이 사업구조나 사업방식 등의 혁신을 통해 단기간에 비약적으로 실적이 호전되는 경우에 퀀텀 점프라는 용어를 사용하고 있다.

□□□

771 **크라우드 펀딩**

Crowd Funding

인터넷 등을 통해 대중에게 자금을 모으는 투자 방식

매체를 활용해 자금을 모으는 투자 방식으로 '소셜 펀딩'이라고도 불린다. 자금이 없는 예술가나 사회활동가 등이 자신의 창작 프로젝트나 사회공익 프로젝트를 인터넷이나 SNS에 공개하고 익명의 다수에게 투자를 받는다. 기간 내에 목표액을 달성하지 못하면 후원금이 전달되지 않기 때문에 창작자나 후원자 모두 프로젝트의 홍보를 돕게 된다. 현재는 출판이나 영화·음악 등의 문화상품이나 IT분야에서 활발히 이용되고 있으며 아이디어 창업 등 응용범위에 제한이 없다는 것이 장점으로 꼽히고 있다.

□□□

772 **크로스 머천다이징**

Cross Merchandising

단일 상품뿐만 아니라 관련된 상품까지 진열하는 마케팅

보완 상품을 함께 전시함으로써 시너지 효과를 내며 구매를 촉구한다. 관련 품목 접근법이라고도 하는데, 소비자가 한 제품에서 다른 제품으로 관심을 돌리도록 유인한다. 예를 들면 유제품이나 냉동식품, 샴푸-헤어 컨디셔너 등이 있으며 패션 쪽에서도 가능하다.

□□□

773 **크레디트뷰로**

CB : Credit Bureau

금융거래를 하는 개인의 신용정보를 집중관리 및 가공하여 최종적으로 점수화한 정보를 금융회사에 제공하는 기구

회원사들은 자사에 모인 개인고객의 모든 신용정보를 CB에 전달한다. CB는 회원사들로부터 보내온 정보를 관리하고 가공해서 회원사에 나눠주는 시스템이다. 신용사회로 지칭되는 미국, 영국 등 구미에서는 CB가 정착돼 있다. 개인의 신용정보가 점수로 낱낱이 매겨져 모든 금융회사에 관리되며, 금융회사입장에서는 개인의 신용도를 제대로 파악할 수 있어 대출 리스크를 줄일 수 있게 된다. 현재 각 금융회사는 자사 거래 고객들의 과거 신용추이와 은행연합회 등에 집중된 연체기록 같은 불량정보 등의 정보로 개인의 신용상태를 파악, 대출한도와 금리를 결정하고 있다.

ㅋ

□□□

774 **크리슈머**

Cresumer

제품의 개발에서부터 적극적으로 참여하는 창조적인 소비자

소비를 통해 필요를 충족하는 수준을 넘어 자신의 개성을 표현하는 소비가 증가하고 있다. 주어진 제품을 사는 것에 만족하지 않고 다양한 경로로 기업의 제품개발 · 디자인 · 판매 등에 적극 참여하여, 음악 · 미술 · 문학 등 창작분야에서 디지털 기술을 적극적으로 이용해 제품의 판매와 유통에 영향을 미치며, 자기의 취향에 따라 제품을 직접 조립하거나 새롭게 만들어 내기도 한다. 기업은 이들을 만족시키기 위해 기존의 고객 모니터링, 단발성 이벤트 등뿐만 아니라 아웃소싱으로까지 개념을 확장하고 있다. 최근 개인 미디어의 활용이 활발해지면서 크리슈머들은 일반 소비재를 자신에 맞게 변형해서 만드는 것과 더불어 인터넷상의 콘텐츠 생산도 해나가고 있다.

□□□

775 **클로즈드 숍**

Closed Shop

노동조합의 조합원이어야 한다는 조건으로 근로자를 고용하는 제도

노사 간에 협정이 있으면 고용자가 노동조합에 가입한 사람 이외에는 고용할 수 없고, 조합을 탈퇴하거나 제명된 사람은 고용할 수 없다. 직업별 노동조합이 노동시장을 완전히 지배하기 위한 제도로, 직업별 조직을 채택하고 있는 구미(歐美) 각국에서 볼 수 있다. 이 제도는 노조가 막강한 힘을 가져 노동조합이 단체교섭에서 유리한 입장에 설 수 있는 장점이 있는 반면, 직업의 독점으로 인해 부정의 여지가 발생할 수 있는 단점이 있어 대부분의 나라에서는 직업 및 고용안정법에 따라 금지되고 있다. 클로즈드 숍은 이미 노동조합에 가입된 상태여야 고용이 가능하나, 유니온 숍은 노동조합에 가입하지 않은 상태에서 고용된 후 반드시 노동조합에 가입해야 한다는 점에서 다르다.

11. ㅋ QUIZ

다음 문제를 보고 옳고 그른 것에 따라 O,X를 고르세요.

01. 같은 업종에 종사하는 기업끼리의 담합은 카멜이다. O X

02. 노동조합의 조합원이어야 한다는 조건으로 근로자를 고용하는 제도는 클로즈 숍이다. O X

03. 선물가격이 현물가격보다 높은 상태는 콘탱고이다. O X

04. 쿠퍼 효과는 일정시기에 증시가 등락하는 현상을 말한다. O X

05. 인터넷 등으로 대중에게 자금을 모으는 투자방식은 크라우드 펀딩이다. O X

문장에 맞는 단어를 고르세요..

㉠ 콜시장	㉡ 콜옵션	㉢ 퀀텀 점프	㉣ 코요테 모멘트	㉤ 캐시카우

06. _____(은)는 상품 성장률은 낮으나 시장 점유율이 높은 산업을 말한다.

07. 두렵고 피하고 싶었던 상황에 처해 있다는 것을 갑자기 깨닫게 되는 순간을 ____(이)라고 한다.

08. _____(은)는 금융기관들이 초단기로 자금을 차입하거나 대여하는 시장이다.

09. _____(은)는 특정 대상물을 사전에 약속한 날에 일정한 가격으로 살 수 있는 권리 매매다.

10. 기업이 사업구조나 사업방식 등의 혁신을 통해 단시간에 성장을 이루는 것은 ______(이)다.

답 1.X(카르텔) 2.O 3.O 4.X(캘린더 효과) 5.O 6.㉤ 7.㉣ 8.㉠ 9.㉡ 10.㉢

CROSS WORD

Across

1. 근로자 은퇴 날짜에 맞춰 펀드 매니저가 알아서 주식 및 채권 비중을 조절하여 운용하는 펀드
2. 체험적인 소비자
3. 상충관계가 존재하는 세 가지 정책 목표를 동시에 개선할 수 없는 상황
4. 기업이 특허 이익 창출에 대해 기존 법인세율보다 낮은 법인세율을 부과하여 세금을 감면해 주는 제도
5. 단기성 외환거래에 부과하는 세금

Down

6. 자본의 결합을 축으로 한 독점적 기업결합
7. 이동하면서 물건이나 서비스를 구매 또는 소비하는 소비자
8. 주식시장에서 평가된 기업의 시장가치를 기업 실물자본의 대체비용으로 나눈 비율
9. 장기 산업자금 공급을 주목적으로 하는 은행

Across | 1.타깃데이트펀드 2.트라이슈머 3.트릴레마 4.특허박스 5.토빈세

Down | 6.트러스트 7.트랜슈머 8.토빈의Q 9.투자은행

PART

ㅌ

경제용어해설

checkpoint

- 타깃 데이트 펀드
- 탄력세율
- 테크노 스트레스
- 텔레콤 계수
- 토빈의 Q
- 통화스왑
- 통화지표
- 톱니 효과
- 투매
- 트라이슈머
- 투자은행
- 트릴레마
- 특수은행
- 특수채
- 특허박스

□□□

776 **타깃 데이트 펀드**

TDF : Target Date Fund

근로자 은퇴 날짜에 맞춰 펀드 매니저가 알아서 주식과 채권 비중을 조절해 운용하는 펀드

투자자 생애주기에 맞춰 주기적인 포트폴리오 재조정이 이루어진다. 은퇴시기가 가까워질수록 배당주나 국·공채 비중을 높여 안정적으로 운용하는 식이다. 일반 연금펀드는 투자자가 직접 펀드 갈아타기를 해야 하지만 TDF 내에서는 글로벌 자산 비중이 자동으로 조절된다.

□□□

777 **타이거 펀드**

Tiger Fund

단기투자를 노리는 헤지펀드

타이거매니지먼트가 운영하는 펀드 중 하나로 개방형 펀드이다. 한국 등 아시아지역을 포함하여 전 세계 선물과 현물에 투자하고 있다. 단기투자펀드이기 때문에 시장상황에 따라 각국 금융시장을 교란하기도 한다.

□□□

778 **타이드론**

Tied Loan

대출자가 미리 자금의 용도를 지정하는 조건부 융자

일종의 조건부 융자로 대출자가 미리 자금의 사용용도를 지정하거나 그 운용을 감독하는 형식의 차관이나 대출금을 말한다. 수출업자가 수입업자에게 신용을 공여하고 그 대금지불을 일정 기간 연장해주는 연불수출이 예이다.

☐☐☐

779 **타임 마케팅** ✿✿✿

Time Marketing

상품 및 서비스를 특정 요일이나 시간대에만 할인 혜택을 제공하는 마케팅

주말에만 싸게 구매할 수 있는 할인 쿠폰을 제공하거나 할인 판매로 구매를 유도하는 마케팅이다. 금융권에서는 시간대별 특별 할인 혜택이 강화된 신용카드도 선보이기 시작했다.

☐☐☐

780 **탄력성** ✿✿✿

Elasticity

경제량 상호의 변동관계를 파악하기 위한 개념

가격이 변했을 때 수요량이나 공급량이 변화하는 것을 나타내는 지표는 수요(공급)의 가격탄력성이라고 한다. 탄력성이 크다는 것은 가격 변화에 대한 수량 변화가 그만큼 많다는 것을 의미한다.

☐☐☐

781 **탄력세율** ✿✿❀

Flexible Tax Rate

정부가 법률로 정한 기본세율을 탄력적으로 변경하여 운영하는 세율

조세의 경기조절기능을 수행하기 위한 목적에서 마련된 제도이다. 조세법률주의 하에서 세율은 조세의 종목을 정한 세법과 같이 입법사항으로 국회의 의결을 거쳐 결정 또는 변경하는 것이 원칙이지만, 오늘날과 같이 국내외 경제여건이 수시로 변하고 국민경제에 미치는 영향이 빠르고 크게 작용하는 때에 신속하고 신축성 있게 대처해야 국내 산업을 보호하고 국민경제를 안정시키며 국제수지의 악화를 막을 수 있다. 이처럼 국민경제의 효율적 운용을 위하여 경기조절, 가격안정, 당해 물품의 수급 상 필요한 경우에는 정해진 범위 안에서 대통령령이 세율로 조정할 수 있다. 이처럼 대통령령에 규정된 세율을 탄력세율로 부르고 있다. 따라서 국민경제를 위한 대처방안 가운데 하나로서 입법과정을 거치지 않고 행정부의 권한으로 세율을 조정하는 방안이 각국의 경제정책 수단으로 흔히 사용되고 있다.

+상식더보기 탄력세율 목적

지방세에서 탄력세율은 경기조절기능 수행보다는 지역 간 선호나 특성 차이를 반영함으로써 자원배분의 효율성을 제고하는 것이다.

□□□

782 **탄소세** ●○○

Carbon Tax

현재의 버는 것에 대한 세금인 소득세와 달리 탄소를 태우는 것에 대한 세금

탄소세는 소비세로, 화석연료의 탄소성분에 따라 제품을 생산하는 과정에서 배출되는 탄소에 대해 부과된다. 탄소세는 이산화탄소 배출에 따른 외부비용을 배출원이 내부화하도록 해 자원배분의 왜곡을 시정하는 역할을 수행한다. 탄소세는 이산화탄소 배출량의 저감 및 억제를 위한 기술개발에 대한 강한 유인도 제공한다. 탄소세는 모든 배출단위에 부과되는 이산화탄소배출세, 화석연료에 포함된 탄소량에 부과하는 탄소세 혹은 연료의 에너지 함유량에 대한 에너지세 등의 형태를 취한다. 생산자 혹은 소비자 차원에서 부과될 수도 있다. 자동차의 연료효율 혹은 냉장고의 에너지효율에 따라 탄소세를 부과하기도 한다.

+상식더보기 탄소세 시행 국가

핀란드가 1990년 1월 처음 도입한 데 이어 네덜란드(1990년 2월), 노르웨이(1991년 1월), 스웨덴(1991년 1월), 덴마크(1992년 5월) 등 북유럽 국가를 중심으로 약 50개국이 시행중이다.

□□□

783 **탄소중립** ●●●

Net Zero

배출한 이산화탄소를 흡수하는 대책을 세워 실질적인 배출량을 '0'으로 만드는 것

'넷제로'라고도 한다. 개인이나 회사, 단체가 배출한 온실가스를 다시 흡수해 실질 배출량을 제로(0)으로 만든다는 것이다. 2016년에 발효된 파리협정 이후 121개 국가가 2050 탄소중립 목표 기후동맹에 가입하였으며 코로나19 사태로 기후변화의 심각성에 대한 인식이 확대되어 주요국들의 탄소중립 선언이 가속화되었다. 한국은 2020년에 탄소중립을 선언하였다.

□□□

784 **테크노 스트레스** ❁❁❀
Techno Stress

새로운 기술 유행을 따라가지 못하면서 겪게 되는 스트레스

1983년 미국 심리학자 크레이그 브로드가 처음 사용한 용어로 반대로 IT에 지나치게 의존하는 현상도 나타내기도 한다. 초기 증상은 초조함, 두통, 정신불안 등이다. 증상이 심해지면 현기증, 심장박동이상, 손떨림, 탈모, 위경련 등 신체적인 증상이 동반된다.

□□□

785 **텔레콤계수** ❁❀❀
Telecom Coefficient

가계지출에서 정보통신비가 차지하는 비중

정보통신기술이 발전하면서 정보통신 네트워크를 통한 정보 수집이 확대됨에 따라 정보통신비의 비중이 높아지고 있다. 가족구성원 모두가 초고속 인터넷, 무선 랜, 와이브로 서비스 등의 정보통신 이용이 높아지면서 가계에서 정보통신서비스 비용이 증가하여 생겨난 말이다.

□□□

786 **토빈세**
Tobin's Tax

단기성 외환거래에 부과하는 세금

노벨경제학상 수상자인 제임스 토빈이 주장한 개념이다. 국제 투기자본의 급격한 자금 유·출입으로 인해 외환시장이 불안해짐에 따라 경제위기가 발생하는 것을 방지하기 위해 단기성 외환거래에 부과하는 세금이다.

□□□

787 **토빈의 Q** ❁❁❁
Tobin's Q

주식시장에서 평가된 기업의 시장가치를 기업 실물자본의 대체비용으로 나눈 비율

미국의 경제학자인 제임스 토빈이 창시한 개념으로, 주로 설비투자의 동향을 설명하거나 기업의 가치평가에 이용되는 지표로, 토빈의 Q이론에 의하면 기업은 1단위 실물투자로 기업가치가 증대될 수 있을 경우 M&A 등과 같은 시장지배보다는 투자확대를 추구한다고 본다.

□□□

788 **톱니 효과 (래칫 효과)** ●●●

Ratchet Effect

생산이나 소비가 일정 수준에 도달하면 이전의 수준으로 감소하지 않는 현상

프랑코 모딜리아니가 발견한 현상으로, 톱니효과 혹은 래칫 효과라고도 한다. 생산이나 소비 수준이 일정 수준에 도달하고 나면 수준이 낮았던 이전으로 돌아가기 어려운 현상이다. 소비와 생산에는 추세를 역행할 수 없다는 의미이다. 소비시장에서는 경기하락을 억제하는 경할을 한다. 일정 수준에 도달한 소비는 그만큼 줄어들지 않기 때문에 소비 감소폭이 크지 않다.

□□□

789 **통화스왑** ●●●

Currency Swaps

양 국가가 현재의 계약환율에 따라 자국통화를 상대방의 통화와 교환하고, 일정 기간이 지나고 나서 계약환율에 따라 원금을 재교환하는 거래

외환이 부족해질 때 상대국의 외환을 들여와 외환위기를 넘길 수 있으며 환율 안정, 차입비용절감과 자금관리의 효율성 제고, 새로운 시장에 대한 접근 수단 등의 기능을 한다. 장부 외 거래의 성격을 지니고 있다. 우리나라는 2008년 미국과 300억 달러의 통화스왑을 체결함으로서 외화유동성 위기를 타개할 수 있었다. 앞서 미연방준비제도이사회(FRB)는 세계금융시장에서 달러의 유동성 부족을 막고자 유럽중앙은행(ECB)과 8개 국가의 중앙은행들과 공조해 통화스왑 한도를 확대하는 조치를 취한 바 있다.

□□□

790 **통화옵션** ●●○

Currency Options

외국통화가 기초자산이 되는 옵션

옵션소유자는 특정 통화를 사고파는 권리를 갖는다. 계약이행을 위한 의무는 따르지 않으며, 자신에게 유리할 경우에만 권리를 행사하는 선택권부청구권이 있어 선물환 계약의 위험을 헤지하는 수단으로 활용된다. 주요 선진국 통화가 상장되어 있는 필라델피아 증권거래소가 대표적인 통화옵션거래소이며, 우리나라도 한국거래소에 미국달러옵션이 상장되고 있다.

□□□

791 **통화전쟁**

Currency War

수출 경쟁력을 높이기 위해 경쟁적으로 외환시장에 개입해 평가절하를 의도적으로 유도하는 현상

환율은 수출입 규모의 변동을 초래해 경상수지는 물론 경제성장 등에 큰 영향을 미치는데, 각국이 수출의 가격 경쟁력 제고를 위해 경쟁적으로 평가절하(환율 상승)을 도모하는 경우를 일컫는다. 각국 간 극단적인 분쟁으로 비화될 경우 보호무역조치의 확산은 물론 국제금융시장에 부정적인 영향을 초래할 수 있다.

□□□

792 **통화지표**

Currency Index

통화량 측정의 기준이 되는 지표

통화정책 수립의 가장 기본적인 자료이다. 통화지표는 우리나라에서는 M1(협의통화)과 M2(광의통화)를 통화지표로, Lf(금융기관유동성)와 L(광의유동성)을 유동성지표로 이용하고 있다.

□□□

793 **투매**

投賣

주가의 하락으로 인한 손실을 최소화하기 위해 주식을 대량으로 매도하는 행위

주가의 급락현상을 부채질하며, 투매의 대상은 주식뿐만 아니라 펀드, 채권, 외환선물 등의 모든 시장에서 일어난다. 투매현상이 일어나는 이유는 무조건 던지는 것 때문이다. 던지는 이유는 자신의 손실 폭을 현재의 시점에서 묶어두고 싶어하는 심리와 앞으로 더더욱 떨어진다는 비관적인 전망 때문이다. 실제로 대부분의 투매는 처음부터 대규모 매도가 쏟아지지 않는다. 시장상황이 좋지 않은 조짐을 보고 자신의 주식, 채권, 펀드 등을 매도하고 어느 시점부턴가 몰린 매도로 인하여 지수의 하락 폭을 키우게 된다. 그 낙폭 자체를 투매라고 한다.

□□□

794 **투자심리선** ●◌◌

Psychological Line

일정 기간 동안 투자 심리의 변화를 파악하여 주식 시장의 상태를 진단하는 기준이 되는 수치

최근 12일 동안에 나타난 전일 대비 상승일 수를 누계하고 이를 12로 나누어 백분율로 나타낸다. 이 수치가 75% 이상이면 과열 상태로 보고 25% 이하이면 침체 상태로 본다. 투자심리선은 단기적으로 심리가 과열한 상태인지 아니면 침체상태인지를 판단한다. 과열상태일 때는 매수보다는 매도의 전략을 취하고, 침체상태일 때는 매도보다 매수의 전략을 취하여 장세 대응을 객관적으로 할 수 있다.

□□□

795 **투자은행** ●●●

Investment Bank

장기 산업자금 공급을 주목적으로 하는 은행

예금을 바탕으로 기업에 자금을 공급하는 상업은행과 달리 유가증권 인수를 통해 자금을 공급한다. 우리나라는 2011년 자본시장통합법 제정 이후 금융투자회사의 대형화를 추진해왔는데 2017년 11월 자기자본이 4조 원을 넘는 5개를 초대형 투자은행으로 지정하고 제한적으로 일부 단기금융업무를 허용하는 조치를 취하였다. 초대형투자은행으로 지정되고 단기금융업 인가를 받으면 자기자본의 2배 한도 내에서 발행어음 업무를 할 수 있다.

□□□

796 **트라이슈머** ●●●

Try Sumer

체험적인 소비자

관습과 희귀성으로부터 자유롭고, 대부분의 광고에 영향을 받지 않으며, 정보와 리뷰의 탐색을 즐긴다. 이러한 소비자들은 새로운 기술, 새로운 서비스, 새로운 취향, 새로운 저자, 새로운 여행지, 새로운 관계 등 무엇이든 새로운 것을 시도하는 대량판매시대 이후의 취향을 가진다. 다른 소비자보다 앞서 제품이나 서비스를 먼저 이용해 보고 싶어 하는 소비자를 말한다. 기업에서는 제품을 정식 출시하거나 서비스를 실시하기 전에 베타테스트에 이들을 활용함으로써 제품이나 서비스의 완성도를 높이고, 초기 시장에 대한 홍보효과를 기대하고 있다.

상식더보기 얼리 어답터(early adopter)

출시된 제품을 가장 먼저 구입하여 평가를 하는 소비자이다. 다른 사람보다 먼저 사용한 제품의 정보를 알려주는 소비자를 의미한다.

□□□

797 **트랜슈머**

Transumer

이동하면서 물건이나 서비스를 구매 또는 소비하는 소비자

컨설팅업체인 피치사가 처음으로 정의한 용어로 공항의 대기시간을 쪼개 면세점 등에서 쇼핑하는 사람들을 일컫는 말이었다. 에스컬레이터를 오르내리면서 모바일 뱅킹으로 금융서비스를 이용하거나 MP3플레이어로 음악을 듣거나 DMB(디지털멀티미디어방송) 폰으로 TV를 시청하는 등 이동 중에도 구매와 소비활동을 한다. 사람들의 생활패턴이 빨라지고, 기술이 발전하면서 구매 및 소비 활동이 이동 중에도 가능해지면서 나온 용어로 이동 중에도 소비하느라 정신없는 사람들은 무엇을 사야 할지 고민하지 않으며, 생각할 겨를이 없는 탓에 웬만한 것은 타인에게 맡겨버린다.

□□□

798 **트러스트**

Trust

자본의 결합을 축으로 한 독점적 기업결합

기업결합의 결과 개별기업의 경제적 · 법적 지위의 소멸은 물론 별개의 새로운 대기업을 탄생시키는 강한 기업결합을 말한다. 카르텔이나 신디케이트와는 달리 기존의 기업이 최종적으로 독립성을 상실한다는 의미에서 트러스트는 수평적 결합의 가장 강력한 형태이다. 트러스트 참가기업 중 종래의 상위 기업이 많이 포함되어 있을 때에는 상위소수의 기업에의 생산고나 매출액의 집중도를 높이는 것이 되어, 그 결과 경쟁을 제한하고 독점화의 경향을 강화하는 작용을 갖기 쉽다. 그러나 하위의 여러 기업이 상위기업에 대항하려는 의도에서 트러스트를 형성할 때는 기업 간의 경쟁을 오히려 격화시키는 결과를 초래하게 된다.

□□□

799 **트레이너 지수**

Treynor Ratio

시장위험에 대한 초과 수익률 정도를 나타내는 지수

펀드 위험지표의 하나이다. 위험 조정 성과로 가장 많이 이용되는 샤프 지수가 위험에 대한 초과수익률 정도를 나타낸 것이라면 트레이너 지수는 시장 민감도를 나타내는 베타 지수로 초과수익률을 나눈 것이다. 특히, 포트폴리오가 잘 분산되어 있는 펀드를 평가할 때 적합하다.

□□□

800 **트레이딩 업**

Trading Up

자기만의 독특한 욕구를 충족시키기 위해서 과한 지출을 마다하지 않는 경향

우리나라 말로는 상향구매라고 하며, 중저가의 상품을 구매하던 중산층 소비자가 고품질이나 감성적인 만족을 위해 비교적 저렴한 신명품브랜드를 소비하는 경향을 말한다. 1990년대 말부터 미국에서 유행하여 전 세계로 전파되었으며, 의류나 가방은 물론 가전제품과 자동차 · 가구 · 식품 등 산업 전반으로 확산되었다. 이에 기업도 신(新)명품브랜드의 생산을 추구하며 브랜드 가격의 폭을 넓혀 대응하고 있다. 특히 매스티지의 개발이 두드러지고 있다. 이러한 현상은 이미 우리 주변에도 흔히 볼 수 있는 모습으로, 2,000원짜리 김밥으로 점심을 먹더라도 커피는 5,000원짜리 테이크아웃 커피를 마시듯 관심 없는 품목에는 철저히 실속을 차리고 관심이 있는 품목에서는 고가의 돈도 아끼지 않는다는 것이다.

□□□

801 **트레저 헌터**

Treasure Hunter

가격 대비 최고가치의 상품을 구입하려는 정보를 찾는 소비자

똑똑한 소비, 감성 소비, 주체적이고 능동적인 소비, 간편하고 쉬운 소비, 자기표현 욕구에 따른 소비 등을 반영하는 새로운 소비코드이다. 주변에서 쉽게 구할 수 없는 희귀 상품, 자기의 개성에 맞는 상품을 감쪽같이 구해내고, 쓸 곳에는 과감히 쓰고, 아낄 때는 아끼는 가치 소비를 실천한다.

□□□

802 **트리플 강세**

금융시장에서 쓰이는 용어로 주가가 상승하면서 원화강세와 채권가격도 상승(금리 하락)하는 현상

트리플 강세가 나타나는 이유는 우리나라의 경우 특히 주가와 환율이 밀접한 관계를 보이기 때문이다. 외국인투자자들이 한국주식을 많이 매수하면서 주가가 상승할 가능성이 많아진다. 외국인의 투자 증가로 달러화가 외환시장에 많이 들어오면 원화가치는 상승(원달러 환율은 하락)하게 되고 이로 인해 풍부해진 유동성 때문에, 또는 다른 요인으로 시장에 채권수요가 늘어난 경우 채권 값까지 상승(금리는 하락)하게 된다. 이와 반대로, 주식시장과 채권시장에서 빠져 나온 자금이 해외로 유출돼 환율, 주가, 채권가격이 동시에 하락하는 현상을 '트리플 약세'라고 한다.

□□□

803 **트리핀의 딜레마** ✿✿✿

Triffin's Dilemma

신뢰도를 유지하기 위해 시행하는 긴축정책이 경기 침체를 야기시켜 기축통화에 대한 신뢰도가 떨어질 수 밖에 없는 딜레마에 빠지게 되는 이론

1950년대 미국에서 수년 간 경상수지 적자가 이어지자 이 상태가 얼마나 지속될지, 또 미국이 경상흑자로 돌아서면 누가 국제 유동성을 공급할지에 대한 문제가 대두되었다. 당시 예일대 교수였던 로버트 트리핀은 이에 대해 "미국이 경상적자를 허용하지 않고 국제 유동성 공급을 중단하면 세계 경제는 크게 위축될 것이나, 적자 상태가 지속돼 미 달러화가 과잉 공급되면 달러화 가치가 하락해 준비자산으로서 신뢰도가 저하되고 고정환율제도 붕괴될 것"이라 했다. 즉, 기축통화 발행국은 기축통화의 국제 유동성을 유지하기 위해 국제수지(경상수지) 적자를 지속해야 하는데 이는 기축통화에 대한 신뢰도 하락으로 연결될 수 밖에 없다.

□□□

804 **트릴레마** ✿✿✿

Trilemma

상충관계가 존재하는 세 가지 정책 목표를 동시에 개선할 수 없는 상황

거시경제학에서 '물가', '실업', '국제수지' 3가지 간에 존재하는 상충 관계가 대표적이다.

□□□

805 **트윈슈머** ✿✿✿

Twinsumer

동일한 생각, 반응, 취미, 소비, 취향 등을 가진 소비자

제품구매에 관한 의사 결정을 할 때 구전효과, 구매 네트워크, 가격비교, 소비자의 의견과 리뷰, 추천 등의 영향을 받는다. 최신 유행하는 최고의 제품을 찾기 위해 다른 소비자들이 사용하지 않은 제품을 찾았던 것과는 달리, 동시대를 살아가는 다른 소비자가 생각하는 방향으로 생각하고, 응하고, 즐기는 성향이다. 이들은 게시판의 사용후기나 입소문 등 다른 소비자들의 경험을 참고로 해 상품을 구매한다. 이 때문에 인터넷에서 상품을 판매하는 쇼핑사이트에서는 트윈슈머를 위하여 댓글형태로 상품명을 달거나 사용후기나 구매후기를 쉽게 올릴 있도록 하고 있다.

□□□

806 **특수은행** ●●○

Special Banks

은행법에 따라 설립하여 업무를 영위하는 일반은행과 대비되는 개념

특수은행은 은행법의 적용을 받지 않으며 개별 특수은행법에 의거하여 설립·운영한다. 특수은행은 일반은행이 재원, 채산성 또는 전문성 등의 제약으로 인하여 필요한 자금을 충분히 공급하지 못하는 특정 부문에 대하여 자금을 원활히 공급함으로써 일반 상업금융의 취약점을 보완하고 이를 통하여 국민경제의 균형적 발전을 도모하기 위한 목적으로 설립되었다. 따라서 특수은행은 자금운용 면에서 상업금융의 취약점을 보완하는 금융기관으로서의 기능과 특정 부문에 대한 전문 금융기관으로서의 기능을 담당하도록 되어 있다. 이런 특성 때문에 재원조달 면에서도 민간으로부터의 예금 수입에 주로 의존하는 일반은행과 달리 재정자금과 채권 발행에 많은 부분을 의존하여 왔다.

+상식더보기 현재 영업 중인 특수은행

한국산업은행, 한국수출입은행, 중소기업은행, 농업협동조합중앙회와 수산업협동조합중앙회의 신용사업 부문이다.

□□□

807 **특수채** ●●●

Specific Laws Bond

특별법에 의해 설립된 법인이 발행한 채권

특별법에 의해 설립된 특별법인이 발행하는 채권이다. 한국토지공사가 발행하는 토지개발채권, 한국전력공사가 발행하는 한국전력공사채권 등이 있다.

□□□

808 **특허박스** ●○○

Patent Box

기업이 특허(지적재산권)에 관한 이익을 창출한 부분에 기존 법인세율보다 낮은 법인세율을 부과하여 세금을 감면해 주는 제도

적용대상은 특허 외에도 상표, 디자인, 저작권 등으로 다양하게 적용되고 국가마다 차이가 있다. 지적재산권을 이용한 제품의 매출수익뿐 아니라, 지식재산 자체의 라이선싱, 양도 등으로부터 얻을 수 있는 로열티 및 거래수익에 대해서 법인세를 감면해 주기도 한다. 이러한 특허박스를 통해 당국은 기업들의 연구개발(R&D)을 간접적으로 지원하는 효과를 줄 수 있다.

12. ㅌ QUIZ

다음 문제를 보고 옳고 그른 것에 따라 O,X를 고르세요.

01. 경제량 상호의 변동관계를 파악하기 위한 개념은 탄력성이다. O X

02. 생산 및 소비가 수준으로 감소하지 않는 것은 톱니 효과이다. O X

03. 새로운 기술 유행을 따라가지 못해 심신이 겪는 스트레스를 테크노 스트레스이다. O X

04. 주가가 하락될 때 손실을 최소화하기 위해 주식을 대량 매도하는 것은 통화옵션이다. O X

05. 특수채는 특별법에 의해 설립된 법인이 발행한 채권이다. O X

문장에 맞는 단어를 고르세요.

㉠ 통화지표	㉡ 토빈의 Q	㉢ 트릴레마	㉣ 특수은행	㉤ 트레이너 지수

06. 시장위험에 대한 초과 수익률 정도를 나타내는 지수는 _____(이)다.

07. 통화량 측정의 기준이 되는 지표는 _____(이)다.

08. _____(은)는 기업의 시장가치를 기업 실물자본의 대체비용으로 나눈 비율이다.

09. _____(은)는 국민경제의 균형적 발전을 도모하기 위한 목적으로 설립되었다.

10. _____(은)는 세 자기 정책 목표 간에 상충관계가 존재하여 이들을 동시에 개선할 수 없다.

답 1.O 2.O 3.O 4.X(투매) 5.O 6.㉤ 7.㉠ 8.㉡ 9.㉣ 10.㉢

Across

1. 투자대상기업을 조사 및 분석하는 사람
2. 이해관계로 인한 전략적인 협력관계인 동시에 경쟁관계에 있는 것
3. 인터넷 포털 사이트와 보험회사가 연계해 보험 상품을 판매하는 영업 형태
4. 금융과 IT의 결합을 통해 새롭게 등장한 산업 및 서비스 분야

Down

5. 레드오션(경쟁시장)과 블루오션(미개척시장)의 장점만을 채용한 새로운 개념
6. 자신이 소비한 제품과 동일한 제품을 소비하는 다른 소비자와 같은 부류라고 여기는 현상
7. 기초자산의 가치가 상승할 때 포트폴리오 가치도 상승하도록 하고, 하락하더라도 포트폴리오 가치가 일정 수준 아래로 하락하는 것을 방지하는 투자전략

Across | 1.퍼널리스트 2.프레너미 3.포타슈랑스 4.핀테크
Down | 5.퍼플오션 6.파노플리효과 7.포트폴리오보험

PART

Ⅱ

경제용어해설

checkpoint

- 파레토법칙
- 판타스티시즘
- 패스트 트랙
- 팩토링
- 팬플레이션
- 팻핑거
- 퍼펙트 스톰
- 페이퍼 컴퍼니
- 펫코노미
- 평가절하
- 포타슈랑스
- 포크
- 폰지사기
- 프로도 경제효과
- 핀테크

□□□

809 **파노플리 효과** ❁❁❁
Panoplie Effect

자신이 소비한 제품과 동일한 제품을 소비하는 다른 소비자와 같은 부류라고 여기는 현상

파노플리란 집합이라는 뜻으로 '유사한 의미를 가진 상품 집단'을 뜻한다. 예를 들어 어린아이가 장난감 의사놀이세트를 가지고 놀면서 자신이 마치 의사가 된 듯한 기분을 느끼는 것과 비슷한 것이다. 파노플리 현상은 자신이 구매한 물건을 통해 자신의 지위와 경제적 부를 드러내고자 하는 욕구에서 비롯되는 것으로 명품에 대한 인기가 대표적인 예라고 볼 수 있다.

□□□

810 **파레토 법칙** ❁❁❁
Pareto's Law

20%의 국민이 80%의 부를 가지고 있다는 경제학자 빌프레도 파레토의 경험적 법칙

이를 20대 80법칙이라고 명명하였다. 그 밖에 백화점의 하루 매상 중 80%는 그 백화점의 단골인 20%의 손님이 올린다는 것이다. 20대 80법칙은 여러 분야에서 나타나고 있다. 20%의 인구가 80%의 돈을 가지고 있고, 20%의 근로자가 80%의 일을 하였으며, 20%의 소비자가 전체 매출액의 80%를 차지하고 있었다는 것으로 이는 어느 시대, 어느 국가를 막론하고 나타나는 현상이다.

□□□

811 **파리기후 변화협약**

Paris Agreement

교토의정서가 만료되면서 2021년 1월부터 적용된 국제적인 기후변화협약

2020년에 만료된 교토의정서를 대체하는 협정으로, 2016년에 발효, 2021년 1월부터 적용되었다. 선진국에만 온실가스 감축 의무를 부여했던 교토의정서와 달리 195개 당사국 모두에게 구속력 있는 첫 기후합의이다. 파리기후변화협약에는 ▲장기목표 ▲감축 ▲시장 메커니즘 도입 ▲적응 ▲이행점검 ▲재원 ▲기술 등이 주요 내용으로 담겨있다. 각국의 온실가스 감축 목표는 다음과 같다.

구분	내용
한국	2030년 배출전망치 대비 37%
미국	2025년까지 2005년 배출량 대비 26 ~ 28%
EU	1990년 배출량 대비 40%
중국	2005년 1인당 GDP 대비 60 ~ 65%
일본	2013년 배출량 대비 26%
인도	2005년 1인당 GDP 대비 33 ~ 35%
러시아	1990년 배출량 대비 25 ~ 30%
캐나다	2005년 배출량 대비 30%

+상식더보기 교토의정서와 파리기후변화협약 비교

구분	교토의정서	파리협정
감축 대상	기후변화협약 Annex 1 국가(선진국)	모든 당사국(NDC)
범위	온실가스 감축에 초점	감축, 적응, 이행수단 (재원, 기술이전, 역량배양) 포괄
목표	온실가스 배출량 감축 (1차 : 5.2%, 2차 : 18%)	온도 목표 (2°C 이하, 1.5°C 추구)
목표 설정	하향식	상향식(자발적 공약)
의무 준수	징벌적 (미달성량의 1.3배 페널티)	비징벌적 (비구속적, 동료 압력 활용)
의무 강화	–	진전원칙(후퇴금지원칙) 전지구적 이행점검(매 5년)

□□□

812 **파생결합 증권** ●●●

DLS : Derivatives Linked Securities

유가증권과 파생금융이 결합된 새로운 증권으로 파생상품을 기초자산으로 정해진 조건이 충족되면 약정한 수익률을 지급하는 상품

기초자산으로는 장내 또는 장외파생상품, 환율, 원유, 광물, 원유 등의 일반상품, 이자율, 신용 등 확장된 것으로 기초자산의 가격 움직임에 따라 수익률이 결정되는 상품이다. 옵션의 종류 및 투자 기간 등에 따라 매우 다양한 구조를 만들 수 있어 시장상황 혹은 투자자의 투자성향에 따라 탄력적인 상품구성이 가능하다는 특징을 지닌다.

□□□

813 **파생결합 펀드** ●●○

DLF : Derivatives Linked Pund

주가 및 주가지수를 비롯해 실물자산 등을 기초자산으로 하는 파생결합증권(DLS)을 편입한 펀드

이 상품은 사전에 정해진 방식에 의해 수익률이 결정되는 특징을 가지고 있다. 국내에서는 독일, 영국, 미국의 채권금리 등을 기초자산으로 한 DLF가 대규모로 판매됐다.

□□□

814 **파생금융 상품** ●●●

Derivatives

채권, 금리, 외환, 주식 등의 금융자산을 기초로 가격과 가치의 움직임에 따라 값어치가 결정되는 금융상품

시장경제 아래에서는 환율이나 금리, 주가 등의 변동으로 자산의 가치가 떨어질 위험이 상존한다. 파생금융상품을 이용하면 미래 거래금의 단 몇 퍼센트에 불과한 위탁증거금만으로 미래의 가격변동 위험을 피하거나 줄일 수 있다. 파생금융상품은 미래에 대한 위험에 적절히 대처하는데 그 목적이 있으나 고위험이 수반된다. 따라서 본래 내포된 미래의 가격변동 예상과 작은 비용으로 대규모 거래가 가능하지만, 단기 고수익을 노리는 투기성 거래를 양산하고 있다.

□□□

815 **파이낸셜 플래너**

FP : Financial Planner

평생설계에 기초한 재산운용 조언을 하는 전문가

1960년대 미국에서 보험이나 투자신탁을 판매하던 독립적인 에이전트의 사이에 자연발생적으로 생겨났다. 조세부담이 높아지고 세무체계가 복잡해지면서 1970년대 후반 금융혁명의 시작을 계기로 소비자의 금리 선호도가 높아지고 금융상품이 다양화되어 그 필요성이 점점 높아져 왔다. 파이낸셜 플래너는 고객을 대상으로 고객의 자산운용이나 관리 및 세무에 대한 조언 등 금융전반에 관한 조언 서비스를 제공한다. 현재 가입하는 보험이 고객에게 적당한 것인지 분석하여 고객에게 딱 맞는 보험 상품을 소개해 주는 일을 한다.

□□□

816 **파킹 통장**

잠시 주차를 하듯 짧은 시간 여유자금을 보관하는 통장

일반 자유입출금 통장처럼 수시입출금이 가능하면서 비교적 높은 수준의 금리를 제공하는 게 특징이다. 정기예금이나 적금과 달리 상당 기간 자금이 묶이지 않기 때문에 최근 각광받고 있다. 파킹 통장은 불안한 투자환경과 시장 변동성 속에서 잠시 자금의 휴식처가 필요하거나 당장 목돈을 사용할 계획이 없는 투자자들에게 유용하다. 특히 하루만 맡겨도 금리 수익을 거둘 수 있다는 게 장점으로 꼽힌다. 일반적인 자유입출금 통장이 연 0.1 ~ 0.2%(세전) 수준의 이자를 주는 반면 파킹 통장은 일정 금액 이상이 통장에 '파킹'되어 있으면 연 2% 이상의 높은 금리를 지급한다.

□□□

817 **판타스티시즘** ❁❁❁

Fantasticism

각박한 현실에서 벗어나기 위해 환상과 모험을 추구하는 소비 성향

불황으로 인해 경제적 어려움은 현대생활에서 사람들이 느끼는 스트레스와 무료함을 해소하고자 하는 욕구를 시켰다. 코스프레, 판타지 소설, 판타지 게임, 판타지 영화, 판타지 애니메이션 등과 같은 현실도피형 엔터테인먼트의 유행은 이러한 현상을 잘 보여주고 있다. 판타지 소설과 게임, 만화가 뒤섞이는 복합 판타지 장르도 생겨나고 있으며, 게임을 바탕으로 한 소설, 소설과 만화를 바탕으로 만들어진 게임과 뮤지컬 등이 호응을 얻고 있다. 미래학자 롤프 옌센은 정보화시대가 지나면 소비자에게 꿈과 감성을 제공하는 것이 차별화의 핵심이 되는 드림 소사이어티가 도래할 것이라고 했는데, 이는 미래에는 꿈과 이야기가 부가가치를 통해 새로운 시장이 형성된다는 것이다.

□□□

818 **팝업스토어** ❁❀❀

Pop Up Store

하루에서 길게는 한두 달 정도로 짧은 기간만 운영하는 상점

미국의 대형할인점 타깃이 2002년에 신규 매장을 설치할 공간을 마련하지 못하자 단기간 임대한 임시 매장을 열었는데 의외의 인기를 끌었고, 이를 기업들이 벤치마킹하면서 생겨난 개념이다. 웹페이지의 떴다 사라지는 팝업창과 비슷하다고 해서 팝업이라는 이름을 붙였다. 팝업 스토어는 입소문 마케팅에 유리하고, 매장의 형태는 가건물이나 컨테이너 박스를 설치하거나, 임시로 다른 매장을 빌려 사용하는 등 다양하다.

□□□

819 **패스트 트랙** ◎◎◎
Fast Track

일시적으로 자금난을 겪고 있는 중소기업을 신속하게 지원하기 위한 프로그램

중소기업이 은행에 유동성 지원을 신청하면 은행은 해당 기업의 재무상태 등을 고려해 A(정상), B(일시적 유동성 부족), C(워크아웃), D(법정관리)등급으로 구분한다. 부실 징후는 없지만 일시적으로 자금난을 겪는 A, B등급에 속한 중소기업은 유동성 지원을 받지만 부실 징후가 있는 C등급은 '워크아웃'에 들어가며 부실 징후가 명백한 D등급은 지원 대상에서 제외 된다. 한편 업체가 패스트 트랙을 받게 되면 다른 대출보다 먼저 상환해야 한다.

□□□

820 **팩토링** ◎◎◎
Factoring

금융기관들이 기업으로부터 매입한 매출채권을 매입하고, 이를 바탕으로 자금을 빌려주는 제도

기업들이 상거래 대가로 현금대신 받은 매출채권을 신속히 현금화, 기업 활동을 돕자는 취지로 지난 20년대 미국에서 처음 도입되었다. 기업이 상품 등을 매출하고 받은 외상매출채권이나 어음을 팩토링 회사(신용판매회사)가 사들여 채권을 관리하며 회수하고, 사들인 외상매출채권이 부도가 날 경우의 위험 부담은 팩토링 회사가 부담한다. 상품을 매출한 기업으로서는 외상판매 또는 신용판매를 하고도 현금판매와 같은 효과를 얻을 수 있고, 채권의 관리 · 회수에 필요한 인력과 비용을 덜 수 있는 이점이 있다. 한국에서는 1980년부터 팩토링 금융이 도입되어 빠른 성장을 보이고 있다.

□□□

821 **팬플레이션** ●●○

Panflation

사회 전반으로 인플레이션이 넘치는 현상

영국 주간 경제지가 2012년 「팬플레이션의 위험」이라는 기사에서 처음 사용한 용어로, 사회 전반에 거품현상이 만연해지면서 가치 기준이 떨어지는 현상, 즉 팬플레이션 현상이 심화되고 있다고 지적하였다. 팬플레이션 현상을 조절하지 못할 경우 심각한 사회문제를 야기할 것이라고 경고하였다. 주간 경제지는 직함 인플레이션을 사례로 들며, 직장에서의 직함을 남용하여 불합리한 임금인상을 야기하고 있다고 지적하기도 하였다.

□□□

822 **팻핑거** ●●●

Fat Finger

금융상품 주문 실수를 의미하는 운영리스크

주문자의 주식이나 채권 외환 등 금융상품 주문을 잘 못 입력하여 발생하는 주문실수를 가리킨다. 금융시장이 짧은 시간에 큰 변동성을 보일 때 전문가들 사이에서는 팻핑거 현상이라는 주장이 나오고 있다.

□□□

823 **퍼널리스트** ●●○

Funalyst

투자대상기업을 조사 · 분석하는 사람

'펀드 매니저(Fund Manager)'와 '애널리스트(Analyst)'의 합성어이다. 투자대상기업을 방문해 조사 및 분석하는 것은 물론이고, 투자 여부까지 결정한다. 국내 투신사나 자산운용사 등 투자자금을 직접 운용하는 '바이사이드(Buy Side)'에서는 리서치 기능 강화 차원에서 몸소 기업 탐방이나 장세진단을 하면서 투자 포트폴리오를 작성하기도 하여 뮤추얼 펀드를 운용하는 자산운용사에서 중요한 자리를 차지하고 있다.

□□□

824 **퍼스트 펭귄** ❁❁❁
First Penguin

선구자 혹은 도전자를 의미하는 용어

모두가 머뭇거리고 눈치만 볼 때 가장 먼저 바다로 뛰어드는 펭귄을 의미한다. 현재의 불확실성을 넘어 용감하게 도전하는 선구자를 뜻하는 용어로, 새로운 아이디어나 기술력을 갖고 새 시장에 과감히 뛰어드는 기업이나 사람을 말한다.

□□□

825 **퍼펙트 스톰** ❁❁❁
Perfect Storm

개별적으로 보면 위력이 그다지 크지 않은 태풍이 다른 자연현상과 동시에 발생하면서 엄청난 파괴력을 갖게 되는 현상

2007년 미국 서브프라임 모기지(비우량 주택담보대출) 사태 이후 경제 · 사회 분야에서는 두 가지 이상의 악재가 겹쳐 영향력이 더욱 커지는 현상을 지칭하는 말로 자리잡았다. 2014년, 닥터 둠으로 알려진 루비니 교수는 미국의 양적완화 축소의 직격탄을 맞은 취약 5개국을 포함한 신흥국 위기가 악화될 가능성은 낮지만 혼란을 가중시킬 수 있다고 지적하며 이런 신흥국 위기 상황은 작은 퍼펙트 스톰에 불과하며 더 큰 어려움이 올 수도 있다고 경고하였다.

□□□

826 **퍼플 오션**

Purple Ocean

레드오션(경쟁시장)과 블루오션(미개척시장)의 장점만을 채용한 새로운 개념

포화 상태의 치열한 경쟁이 펼쳐지는 기존의 레드오션 시장에서 새로운 아이디어나 기술 등을 적용하여 자신만의 새로운 블루오션 시장을 만든다는 의미이다. 발상의 전환을 통하여 새로운 가치의 시장을 만든다는 것이다. 한 분야에서 성공하면 이를 다른 분야로 확장시키는 방법을 말한다. 퍼플오션은 하나의 소재를 서로 다른 장르에 적용해 파급효과를 노리는 '원소스 멀티 유스 마케팅'을 전략으로 취하고 있으며, 대표적인 예로는 디지털 콘텐츠분야를 들 수 있는데, 만화에서 성공하면 그것을 드라마로 만들고 다시 영화로 만드는 식이다. 퍼플은 블루와 레드를 같은 비율로 섞었을 때 얻을 수 있듯이, 블루오션을 창출할 때의 위험부담을 줄이고 레드오션으로 인한 시장 정체도 피할 수 있다.

□□□

827 **퍼플 칼라**

Purple Collar

근로시간과 장소를 탄력적으로 조정하면서 근무하는 노동자를 의미

가정과 업무의 조화를 위해 시간과 장소를 탄력적으로 조정하여 근무하는 노동자를 말한다. 퍼플잡이라고도 하며 원하는 시간대에 일하지만 정규직 노동자와 동일한 조건으로 근무한다는 것이 특징이다. 근무시간선택제, 재택근무제, 시간제근무제 등이 퍼플칼라 근무형태에 해당한다.

□□□

828 **펌 뱅킹**

Firm Banking

컴퓨터 시스템을 이용하여 은행이 기업에 제공하는 자금 관리 서비스

기업의 호스트 컴퓨터나 개인용 컴퓨터를 은행의 호스트 컴퓨터와 연결하여 자금수납 및 지급업무 등을 간편하게 처리하여 은행으로부터 각종 정보를 받는 금융서비스이다. 펌뱅킹을 사용하면 기업은 재무분석, 자금관리 시뮬레이션을 이행할 수 있으며, 외국환이나 금리 및 환율동향 등의 금융정보를 실시간으로 받을 수 있다. 기업은 금융기관이 제공하는 경영컨설팅서비스를 이용할 수 있으며, 이밖에도 기업의 결제업무시간단축, 기업의 현금보유량감소에 따른 비용절감, 금융사고의 예방, 수출입업무의 효율화 등의 장점이 있다.

□□□

829 **페이고 원칙**

PaY Go

새로운 재정 지출 사업 추진 시 재원 확보를 위한 대책을 의무적으로 마련해야 하는 시스템

정부재정 건전화 방안의 하나이다. 새로운 정부 재정지출 항목이 추가됨으로써 재정수지에 미칠 수 있는 영향을 상쇄시키는 것이다. 페이고는 포퓰리즘에 빠져 재정건전성을 해치는 법안의 발의를 막을 수 있다는 장점이 있지만 정책의 유연성은 떨어진다는 단점이 있다.

□□□

830 **페이데이 론**

Payday Loan

월급날 대출금을 갚기로 하고 돈을 빌리는 초고금리 소액대출

미국의 신용위기 상황이 지속되면서 서민들이 모기지 이자 상환을 위해 높은 금리인데도 급전을 마련하는 경우가 늘고 있으며, 이로 인한 가계파산이 늘어 미국 경제에 부정적인 영향을 끼쳤다.

□□□

831 **페이퍼 컴퍼니**

서류상으로만 존재하는 기업

물리적 형태로는 존재하지 않고 서류 형태로만 존재하면서 회사기능을 수행하는 회사를 말한다. 사업유지를 위해 소요되는 세금 및 전반적인 경비를 절감하기 위해 설립되고 있다. 회사의 존속기단은 기관에 따라 달라지는데, 금융기관인 경우에는 지속적으로 운용되는 경우가 많지만 증권회사나 항공사 관련 페이퍼 컴퍼니는 해당 프로젝트가 완료되면 자동으로 해체된다. 법적으로 엄연한 자격을 갖추고 있으므로 유령회사와는 다르다.

□□□

832 **펫코노미**

Petconomy

반려동물과 관련된 시장 또는 산업

저출산과 고령화로 인한 1인 가구 증가와 펫팸족(Pet+Family)(반려동물을 가족처럼 생각하고 키우는)이 1,000만 시대로 늘어나면서 펫코노미 시장이 형성되었다. 과거 사료나 용품 중심이었던 반려동물 관련 제품들은 나날이 다양해지고 있는 추세이다.

□□□

833 **평가절하**

Devaluation

통화 대외가치의 하락

환율의 상승과 달러가치의 상승을 의미한다. 따라서 평가절하가 되면 수출은 증가하고 수입품의 가격도 증가하면서 인플레이션 상태를 야기할 수 있다. 한편 환율이 하락하여 대외가치가 상승하게 되는 경우를 평가절상이라고 한다.

□□□

834 **포괄임금제**

包括賃金制

시간외 근무수당을 급여에 포함하는 제도

실제 근로시간을 따지지 않고 기본임금에 야간수당 및 휴일 근로수당 등의 시간외 근무수당을 포함하는 제도이다. 근로형태에 따라 시간외 근로수당을 명확하게 확정짓기 어려운 경우에 인정된다. 또한 임금계산의 편의나 근무 의욕 고취를 목적으로 지급하는 경우도 있다.

□□□

835 **포워드 가이던스** ●●○

Forward Guidance

선제적 안내, 미래 지침

2008년에 발생한 글로벌 금융위기 이후 미국과 유로존 등 선진국 중앙은행들이 새롭게 도입한 통화정책이다. 통화정책의 방향을 가계와 기업 등에 정확하게 전달해 경제 주체가 정책의 방향을 쉽게 이해·예측할 수 있도록 돕는다. 경제위기로 미국과 유로존에서는 양적완화와 저금리 정책을 지속하였고 중앙은행에 비해 정보가 부족한 시장에서, 안전자산에 대한 투자를 늘리자 중앙은행은 실업률, 인플레이션 등을 활용한 기준금리 변경 목표를 제시하며 경제 활성화에 대한 의지를 적극적으로 알렸다. 시장과의 원활한 의사소통을 통해 불확실성을 해소함으로써 시장의 역선택을 방지해 시장을 안정시키기 위하여 포워드 가이던스를 활용하고 있다. 이로써 가계와 기업의 차입 비용을 낮추고, 장기 시장금리 변동성을 낮춰 금융 환경 개선에 도움을 주고 있는 것으로 평가되고 있다.

+상식더보기 **포워드 가이던스의 형태**

① 중앙은행이 향후 어떤 행태를 보일 것인지 미리 약속하는 오디세우스방식과 중앙은행이 미래 경제상황에 대해 전망하고 이를 공표함으로써 중앙은행의 행태를 예측할 수 있도록 하는 델포이 방식

② 향후 통화정책 변경시기를 제시하거나 특정한 시기를 제시하지 않는 기간조건부 또는 향후 통화정책 변경을 야기할 수 있는 경제상황을 제시하는 상황조건부

③ 향후 정책금리 전망을 구체적 수치나 경로로 공표하는 정량적 또는 의결문, 의사록 기자간담회 등에 특정용어 등을 활용하여 통화정책의 의도와 방향을 제시하는 정성적

ㅍ

□□□

836 **포이즌 필** ❁❁❁

Poison Pill

독약을 삼킨다는 의미의 적대적 M&A의 방어수단

기존의 주주들이 시가보다 저렴하게 주식을 살 수 있는 권리를 주거나, 회사에 주식을 비싼 값에 팔 수 있는 권리를 줌으로서, 적대적 M&A에 나선 기업에게 부담을 주며 M&A를 방어할 수 있다. 포이즌 필 방식에는 적대적 M&A로 목표기업의 주식을 일정비율 이상 취득하는 경우에 해당기업의 주주들에게 주식을 낮은 가격에 매수할 수 있는 콜옵션을 부여하는 '플립인 필'과 적대적 M&A로 기업을 인수한 다음 이를 합병할 때 해당기업 주주들에게 합병 후 존속회사의 주식을 아주 낮은 가격으로 매수할 수 있는 콜옵션을 배당의 형태로 부여하는 '플립오버 필'과 적대적 M&A로 목표기업 주식을 일정비율 이상 취득하면 해당기업 주주들이 보유주식을 우선주로 전환하여 청구하거나 현금으로 상환 또는 교환해줄 것을 청구할 수 있게 하는 '백엔드 필'이 있다.

□□□

837 **포지션 거래자** ❁✿✿

Position Trader

몇 주간 또는 몇 개월 동안 지속될 가격 변동에 관심을 갖고 거래하는 사람

비회원 거래자가 포지션 거래자에 해당한다. 포지션 거래자는 선물가격이 상승할 것으로 예상되는 경우에는 선물계약을 매입하고 선물가격이 하락할 것으로 예상되는 경우에는 선물계약을 매도함으로써 이익을 추구하는 아웃라이트 포지션 투기자와 아웃라이트 포지션 거래에 수반되는 위험이 너무 크다고 판단하는 경우 스프레드 포지션을 보유하는 스프레드 포지션 투기자로 나눈다.

□□□

838 **포지션 관리**

외국환은행이 외환시장에서 사들인 외화와 판 외화의 차액을 일정 범위에서 유지토록 하는 것

보유외화자금과 자국통화 사이의 균형을 유지하여 외국환은행에 대한 경영의 건전성을 확보하고, 외환시장의 안정과 국내 유동성 조절을 위한 제도이다. 외국환은행은 고객의 수요에 따라 외화를 사거나 파는데, 외화자금과 자국통화자금이 항상 균형을 유지하지는 않는다. 하루의 외화매매 결과, 외화를 판 금액보다 산 금액이 많은 상태는 매입초과(OB)포지션이며, 판 금액이 많은 것은 매각초과(OS) 포지션이다. 외화매입과 매각이 같은 상태의 스퀘어 포지션 경우는 드물다. 외화보유 운용에 안정성이 떨어져 손해를 볼 수 있고, 환율도 불안전해질 수 있다. 이를 막기 위해 외국환은행의 외화매입이나 매각을 일정 범위 내로 제한하는 것이 포지션 관리이다.

□□□

839 **포지티브 리스트 시스템**

Positive List System

대외 무역 수출입이 허용되는 품목만을 표시하는 방법

개방이 가능한 부문이나 사항만을 열거하고 점차적인 협상을 통해 개방 가능한 부문과 사항을 확대해 나간다. 즉, 개방하는 품목은 일일이 열거하여 공고하고 공고되지 않는 품목은 수출입을 제한하는 것으로 '열거주의'라고도 한다. 허용되지 않는 부분만을 명시하고 나머지 분야에 대해서는 모두 허용하는 네거티브 시스템과 반대되는 개념이다.

□□□

840 **포타슈랑스** ❁❁❁

Potasurance

인터넷 포털 사이트와 보험회사가 연계해 보험 상품을 판매하는 영업형태

포털 사이트가 보험회사의 온라인 대리점 역할을 하고, 포털회사 직원은 보험 상품을 판매하는 보험설계사의 일을 하게 된다. 이 방식의 장점으로는 보험설계사가 직접 고객을 찾지 않아도 되고, 온라인을 이용해 다양한 판매망을 갖출 수 있으며, 다양한 채널을 확보해 판매액을 늘릴 수 있고, 채널 사이의 경쟁을 통해 판매 시 지급되는 수수료를 낮출 수 있다. TV 홈쇼핑도 보험판매를 주요 채널로 등장시켰는데, 이를 홈슈랑스라고 한다.

□□□

841 **포트폴리오 보험** ❁❁

Portfolio Insurance

기초자산의 가치가 상승할 때 포트폴리오 가치도 상승하도록 하고, 하락하더라도 포트폴리오 가치가 일정 수준 아래로 하락하는 것을 방지하는 투자전략

풋옵션을 매입하는 것이 대표적인 포트폴리오 보험 기법이다. 이 기법의 단점을 보완하기 위해 동적 자산재구성을 이용한다. 동적 자산재구성이란 자산을 가격변화가 큰 위험자산과 가격변화가 거의 없는 무위험자산으로 나누는 것으로 위험자산의 가격이 상승해 보유 포트폴리오 가치가 상승할 때는 위험자산의 보유를 늘리고, 반대로 위험자산 가격이 하락해 포트폴리오가치가 하락할 때는 위험자산의 보유를 줄이고 무위험자산의 보유를 늘리는 전략이다.

□□□

842 **폰지사기** ❁❁❁
Ponzi Scheme

아무런 사업도 하지 않으면서 신규 투자자의 돈으로 기존 투자자에게 원금과 이자를 갚아나가는 금융 다단계 사기수법

1920년대 미국 찰스 폰지가 벌인 사기극에서 유래된 용어로 '폰지게임'이라고도 한다. 폰지는 45일 후 원금의 50%, 90일 후 원금의 100%에 이르는 수익을 지급할 것을 약속하고 투자자를 모집하였으며, 많은 투자자들이 모여들어 투자 총액이 단 몇 달 만에 막대한 규모로 불어났다. 실상은 신규 투자자의 자금으로 기존 투자자에게 수익을 지급하는 금융피라미드였다. 이후 폰지사기는 다단계 금융사기를 가리키는 말로 통용되었다.

□□□

843 **푸시 마케팅** ❁❁❁
Push Marketing

대량 생산된 제품을 광고를 통하여 소비자에게 강제로 판매하는 마케팅

표준화와 규격화에 의해 대량으로 생산된 제품을 소비자에게 강매하는 것을 기본 방침으로 소비자의 욕구는 무시하고 시업의 내부적인 관점에서 생산 가능한 제품을 TV나 신문 등의 광고를 통해 활동하는 마케팅이다.

□□□

844 **풀 마케팅** ❁❁❁
Pull Marketing

광고 · 홍보 활동에 고객들을 주인공으로 참여시키는 마케팅

TV나 신문, 잡지 광고, 쇼윈도 등에 물건을 전시하여 쇼핑을 강요하던 종전의 푸시 마케팅에 대치되는 개념이다. 예를 들면 새로운 제품을 출시하면서 전국을 누비며 모델 선발대회를 개최한다든가 어린이 그림 잔치 등을 열어 고객이 제품 홍보에 적극 참여토록 유도하는 것으로 순환적 마케팅, 선행적 마케팅 활동을 중심으로 주로 인적 판매를 중심으로 이루어진다.

☐☐☐

845 **풋옵션** ❁❁❁

Put Option

시장가격에 관계없이 상품을 정한 가격에 매도하는 권리

풋옵션에서 정한 가격이 시장가격보다 낮을 경우 권리를 포기할 수 있고, 옵션가격이 시장가격보다 높을 때는 권리를 행사하여 차익만큼의 이득을 얻을 수 있다. 옵션가격은 매입 당시 시장가치에 프리미엄을 덧붙인 가격으로 결정되고, 풋옵션의 본질적 가치는 풋옵션을 실현했을 때 받을 수 있는 금액이며, 시간가치는 만기일까지 가격변동 가능성이라는 위험부담을 현재가치로 환산한 것이다.

☐☐☐

846 **프라이빗 뱅킹** ❁❁❁

PB : Private Banking

은행이나 증권회사에서 거액의 자산을 가진 고객을 대상으로 투자 상담을 해 주거나 자산을 운용해 주는 사람

귀족의 재산을 개인적으로 관리해 주면서 시작되었다. 대부분 장기예금으로 수익성이 높기 때문에 새롭게 주목받고 있는 자산 관리방법이며 선진국에서 널리 통용되고 있는 제도다. 자산관리는 전담자인 프라이빗 뱅커가 거액예금자의 예금 · 주식 · 부동산 등을 1대 1로 종합관리하며, 투자 상담도 한다. 대부분의 경우 이자율이 높고 수수료를 면제해 주는 혜택도 있다.

☐☐☐

847 **프라임 레이트** ❁❁❁

Prime Rate

신용도가 좋은 고객에게 적용시키는 우대금리

금융기관이 신용도가 높고 좋은 고객에게 적용시키는 우대금리이다. 금융기관이 대출금리를 결정하는 기준이 되기 때문에 기준금리라고도 부른다. 높은 신용등급을 가진 기업은 프라임 레이트가 적용되지만, 신용등급이 낮은 기업은 여기에 일정 금리가 가산된 이율을 적용 받기 때문에 프라임 레이트는 일반 대출금리의 하한선이 되기도 한다. 기업과 금융시장의 사정에 따라 결정되기 때문에 경제 사정을 잘 반영하고 있으며, 중앙은행의 금융정책에 의해 변동되기도 한다.

□□□

848 **프레너미**

Frienemy

이해관계로 인한 전략적인 협력관계인 동시에 경쟁관계

삼성과 구글의 관계를 프레너미 관계로 볼 수 있는데 삼성과 구글은 애플이 아이폰을 출시하면서 단말기와 운영체제를 독자적으로 개발하자 이에 맞서 전략적 협력관계를 맺었다. 삼성전자의 단말기와 구글의 운영체제를 결합하여 애플에 대항하였고, 이후 구글의 안드로이드 점유율이 크게 상승하면서 성공을 거두었다. 그러나 이후 삼성은 안드로이드에 대한 의존도를 낮추고 다양한 운영체제를 도입하는 멀티 전략에 따라 인텔과 새 운영체제를 개발 중이며, 애플은 휴대전화 제조사 모토로라를 인수하여 스마트폰을 개발 중이다.

□□□

849 **프로그램 매매**

Program Trading

전산 프로그램에 따라 이루어지는 주식거래 방식

주식을 대량 거래하는 기관투자자들이 일정한 전산 프로그램에 따라 주식을 거래하는 방식이다. 의사 결정은 매매자가 하지만 나머지 과정들은 프로그램 시스템이 진행한다. 기관투자자들은 지수 영향력이 큰 주식을 대량으로 매매하므로 프로그램 매매는 종합주가지수에 큰 영향을 끼친다.

□□□

850 **프로도 경제 효과**

Frodo Economy Effect

영화를 통해 얻게 되는 막대한 경제효과

영화 「반지의 제왕」의 주인공인 프로도에서 이름을 딴 신생 경제용어로, '반지의 제왕' 촬영지인 뉴질랜드가 관광수입이 증대하고 국가 이미지가 크게 상승한 현상에서 비롯하였다.

□□□

851 **프로마스터** ●●○

Promaster

해당 분야 최고전문가가 개발 및 생산에 참여하는 트렌드

일반 소비자를 넘어서 그 분야의 최고전문가가 제품개발 및 생산과정에 참여하는 트렌드를 말한다. 앙리나 지단 등의 유명축구스타들이 제품개발에 참여해서 만든 축구화가 선보여 불티나게 팔리고, 타이거우즈도 골프화 제작에 참여하는 등 패션분야에도 프로마스터를 활발하게 이용하고 있다. 패션 리더의 이미지가 강한 스타의 인지도를 이용해 제품을 효과적으로 홍보하고, 그 분야 최고전문가들의 신뢰가 브랜드 충성도로 이어질 수 있다는 장점을 지닌다.

□□□

852 **프로슈머** ●●○

Prosumer

제품 개발에 소비자가 참여하는 방식

1980년 앨빈 토플러가 「제3의 물결」에서 사용한 신조어이다. 제품개발과정에 소비자를 직접·간접적으로 참여시킴으로서 소비자의 요구를 정확하게 반영할 수 있어 기업이 마케팅 수단으로 활용하고 있다. 프로슈머는 기존의 소비자와는 달리 생산 활동 일부에 직접 참여하며, 이는 각종 셀프 서비스나, DIY(Do It Yourself) 등을 통해서 나타나고 있다. 또한 이들은 인터넷의 여러 사이트에서 자신이 새로 구매한 물건의 장단점, 구매가격 등을 다른 사람들과 비교·비판함으로써 제품개발과 유통과정에 직·간접적으로 참여할 수 있다. 프로슈머의 등장을 촉진한 요소는 전체적 소득 및 여가시간 증대와 인터넷 등의 통신매체의 발달로 정보를 획득하기 용이하며, 전기·전자기술의 발달로 인하여 각종 장비가격의 하락과 전문가만이 사용할 수 있는 제품들의 보급 등을 들 수 있다. 초기의 프로슈머들은 제품평가를 통해 생산과정에 의견을 반영하거나 간접적이고 제한적인 영향력만을 행사해 왔지만, 최근 인터넷의 보급과 함께 이들은 보다 직접적이고 폭 넓은 영향력을 행사하며, 때로는 불매운동이나 사이버 시위 등의 과격한 방법으로 자신들의 의견을 반영한다. 프로슈머는 소비자의 의견을 생산자에게 반영한다는 점에서 긍정적이지만, 인터넷 매체 등을 이용해 허위사실을 유포하거나, 무조건적인 안티문화를 형성한다는 비판을 받는다.

□□□

853 **프로젝트 파이낸싱** ❁❁❁

PF : Project Financing

특정 사업의 사업성과 장래의 현금흐름에 의존하여 자금을 지원하는 금융 거래 방식

특정 프로젝트 사업의 수익성과 미래 현금창출 능력을 담보로 별도로 설립된 특수목적회사가 국제금융기관 · 일반은행 자본주로부터 사업 자금을 모집하고 사업종료 후 일정 기간에 발생하는 수익을 지분율에 따라 투자자들에게 나눠주는 금융기법이다. 토지 · 건물 등을 담보로 돈을 빌리는 기업금융과 달리, 사업의 미래 수익성이나 사업 주체의 신뢰도만을 믿고 수십억 내지 수천억 원의 대규모 자금을 금융기관간 협조융자 형태로 모을 수 있는 것이 특징이다. 이 기법은 1930년대 미국의 석유개발사업에서 출발하여 점차 도로 · 공항 · 항만 등 사회간접자본이나 플랜트 건설, 석유탐사 및 개발 등 대규모 사업의 자금조달 방법으로 주로 활용되었다.

상식더보기 우리나라 프로젝트 파이낸싱의 효시

1995년 산업은행이 주도한 신공항고속도로 건설사업에 대한 자금지원이다.

□□□

854 **프로튜어** ❁❁❁

Proteur

전문교육을 받지 않았지만 전문가 못지않게 뛰어난 콘텐츠를 제작하는 사람

'프로페셔널(Professional)'과 '아마추어(Amateur)'의 합성어이다. 자격증도 없고 전문 교육을 받지 않았지만, 한 분야에 대해서는 전문가 못지않은 분석력과 관련 지식으로 콘텐츠를 만드는 사람들이다. 이들은 직접 만든 액세서리나 옷을 다른 사람에게 팔 수 있도록 형성해주는 오픈마켓이나 새롭게 나오는 이미지 · 동영상 편집 툴들을 사용해 관련 경계들을 더욱 좁히고 있으며, 서비스업체들에게 소비자 기호에 맞춘 콘텐츠 개발에 대한 동기를 부여한다.

ㅍ

□□□

855 **프리워크아웃** ●●●

Pre - workout

연체기간이 31일 이상 89일 이하의 단기 연체가 있는 경우 신청하는 이자율 채무조정 제도

채권기관에서 채무액 기준 과반 이상의 동의를 얻어서 확정이 되면 연체이자를 감면하고, 상환기간을 최장 10년의 범위 내에서 연장할 수 있다. 원리금균등상환방식으로 상환이 진행된다. 장기간 분할상환이나 일시적인 어려움으로 조기 상환이 어려운 경우 유리한 개인채무조정제도이다. 지원 대상은 연체기간 31일 이상 89일 이하, 1개 이상의 금융회사에 채무가 있고 총 채무액 15억 원 이하(무담보채무 5억 원 이하, 담보채무 10억 원 이하), 최근 6개월 내 신규 발생 채무원금이 총 채무액의 30% 미만인 과중 채무자이다.

□□□

856 **프리코노믹스 (공짜 경제)** ●●○

Freeconomics

기업이 특정상품을 소비자에게 무료로 제공해주고 실제 수익은 다른 방법으로 얻는 방식

기본개념은 일단 인프라가 구축되고 나면 상품이나 서비스의 생산원가는 급속한 속도로 감소하게 되어(한계비용체감) 실제로 '0'에 가까워지기 때문에 무료로 서비스를 제공할 수 있다는 것이다. 또한 프리코노믹스는 소비자들에게 다양한 선택권과 혜택을 부여하고 그 이후에 발생되는 소비 역시 소비자들이 스스로 결정할 수 있게 한다는 장점을 지닌다.

+상식더보기 프리코노믹스의 예시

질레트는 면도기를 무료로 제공하고, 면도날을 구매하게 만듦으로써 수익을 얻는다. 한 백화점은 고객들에게 쇼핑하기 편한 운동화를 빌려주고, 신고 온 하이힐 등 신발은 살균 소독해 돌려주는 서비스를 무료로 제공하였다. 고객들은 운동화를 신어보고 그 운동화를 구매해 가는 경우가 많아 자연적으로 홍보가 되었다고 한다.

□□□

857 **플라자 합의** ❁❁❁

Plaza Accord

달러화 절하에 대한 합의

1985년 9월 뉴욕의 플라자 호텔에서 미국, 독일, 일본, 영국, 프랑스의 5개국 재무장관과 중앙은행총재들이 모여 일본과 독일의 엔화와 마르크화 가치를 올리고 반대로 미국의 달러화 가치를 하락시키기로 한 합의를 말한다. 1978년 2차 석유파동을 겪은 미국은 1980년대 초에 레이건 행정부가 들어서면서 개인 소득세를 대폭 삭감하고 재정지출은 유지함으로써 대규모 재정적자를 발생시켰다. 여기에 고금리 정책으로 전환, 달러가치는 높아지면서 경상수지 적자가 심각한 양상을 띠게 되자 플라자 합의를 유도하기에 이른 것이다. 이 합의로 독일 마르크화는 1주 만에 달러화에 대해 약 7%, 엔화는 8.3% 오르는 즉각적인 변화가 나타났고, 이후 2년 동안 달러 가치는 30% 이상 급락했다. 결국 이 협의는 일본의 장기불황터널의 신호탄이 되었다. 1995년 이후 일본 및 독일 등 선진국 경제가 장기불황을 겪게 되었으나 미국경제는 저물가 아래 견실한 성장세를 지속했고 이에 따라 미국 달러화는 다시 강세로 전환되었다.

□□□

858 **플래그십 마케팅** ❁❁❁

Flagship Marketing

시장에서 성공을 거둔 특정 상품을 중심으로 판촉활동을 하는 마케팅

가장 먼저, 가장 빠르게 매출실적이나 소비자 반응 등의 목표점에 도달한 상품을 마케팅의 첨병역할을 하게 하는 것을 말한다. 다국적 기업이나 대기업과의 정면대결을 피하기 위해 후발기업들이 주로 사용하는 마케팅 기법으로, 시장에서 성공을 거둔 특정 브랜드를 대표로 내세워 이 브랜드를 중심으로 마케팅 활동을 집중하는 것이다. 가장 인기 있는 특정 상품에 대한 소비자들의 긍정적인 이미지를 다른 상품으로 확대 전파함으로써 전체 매출을 극대화 한다는 것이다.

ㅍ

□□□

859 **피구 효과**

Pigou Effect

화폐의 실질적 가치의 변화하면서 저축이나 소비에 미치는 영향

물가수준의 저하나 통화량 증대로 개개인이 보유하고 있는 자산의 실질가치가 증가하면, 사람들은 저축대신에 소비를 증가시키려 하는 것을 피구효과 또는 실질잔액효과라고 한다. 모든 화폐가치의 비례적 하락에 의한 현존 금융자산의 실질가치의 증가가 소비수요의 증가를 자극하는 효과를 가리킨다.

□□□

860 **핀테크**

FinTech

금융과 IT의 결합을 통해 새롭게 등장한 산업 및 서비스 분야

금융서비스의 변화로는 모바일, SNS, 빅 데이터 등 새로운 IT기술 등을 활용하여 기존 금융기법과 차별화된 금융서비스를 제공하는 기술기반 금융서비스 혁신이 대표적이다. 혁신적 비금융기업이 보유 기술을 활용하여 지급결제와 같은 금융서비스를 이용자에게 직접 제공하는 현상이 있는데 애플페이, 알리페이, 카카오페이 등을 예로 들 수 있다.

□□□

861 **필립스 곡선**

물가상승률과 실업률 사이에 있는 역의 상관관계를 나타낸 곡선

영국의 경제학자인 윌리엄 필립스가 1860년대부터 1950년대 사이 영국 실업률과 명목 상승률 통계자료를 분석하여 실업률과 명목임금 상승률 사이에 역의 관계가 존재한다는 것을 발견하였다. 정부가 물가상승률을 감소시키면 실업률은 증가하고, 실업률을 감소시킬 경우 물가가 상승한다. 때문에 물가 안정과 완전고용이라는 두 가지 경제정책 목표는 동시에 달성될 수 없으며, 정부가 실업을 해결하기 위해서는 어느 정도의 인플레이션을 감수해야 하고, 물가를 안정시키기 위해서는 실업률 상승을 받아들여야 한다.

13. ㅍ QUIZ

다음 문제를 보고 옳고 그른 것에 따라 O,X를 고르세요.

01. 하루에서 길게는 한두 달 운영하는 상점은 팝업 스토어이다. O X

02. 팻핑거는 금융상품 주문을 잘못 입력하여 발생하는 주문 실수이다. O X

03. 달러화 절하에 대한 합의는 페이데이 론이다. O X

04. 몇 주 또는 몇 개월 동안 지속될 가격 변동에 관심을 갖는 사람은 포지션 관리이다. O X

05. 포괄임금제는 시간외 근무수당을 급여에 포함하는제도이다. O X

문장에 맞는 단어를 고르세요.

㉠ 페이퍼 컴퍼니	㉡ 퍼플 칼라	㉢ 팬플레이션	㉣ 팩토링	㉤ 폰지사기

06. 아무런 사업도 하지 않으면서 신규 투자자의 돈으로 기존 투자자에게 원금과 이자를 갚아나가는 금융 다단계 사기수법은 ______이다.

07. _____(은)는 금융기관들이 기업으로부터 매출채권을 매입하고, 이를 바탕으로 자금을 빌려주는 제도이다.

08. 사회 전반으로 인플레이션이 넘치는 현상을 ______(이)라고 한다.

09. _____(은)는 근로시간과 장소를 탄력적으로 조정하여 근무하는 노동자를 말한다.

10. 물리적 형태로는 존재하지 않고 서류 형태로만 존재하면서 회사기능을 수행하는 회사는 ______(이)다.

답 1.O 2.O 3.X(플라자 합의) 4.X(포지션 거래자) 5.O 6.㉤ 7.㉣ 8.㉢ 9.㉡ 10.㉠

CROSS WORD

Across

1. 아이디어보다 더 발전된, 비즈니스 모델 이전 단계의 개념
2. 일반 주식회사에서 발행하는 채권
3. 파산·부도 위험에 직면한 기업에 법원의 중재를 받아 채권자들과 채무 변제협정을 체결하여 파산을 피하는 제도
4. 단 한 주로 주주총회의 의결사항에 대한 거부권을 행사할 수 있는 권리를 부여한 주식

Down

5. 수익률은 매우 높은 반면 신용도가 취약해 정크본드라고 불리는 고수익·고위험 채권에 투자하는 펀드
6. 주택을 소유하고 있지만 무리한 대출과 세금 부담으로 인해 실질적 소득이 적어 경제적 곤란을 겪는 사는 사람들
7. 쉽게 간과하는 위험 요인
8. 보통주에 대하여 이익배당을 한 다음에 잔여미처분이익(殘餘未處分利益)이 있는 경우에 배당을 받는 주식

Across | 1.하이디어 2.회사채 3.화의 4.황금주

Down | 5.하이일드펀드 6.하우스푸어 7.회색코뿔소 8.후배주

PART

ㅎ

경제용어해설

*check***point**

- 하우스푸어
- 하이일드펀드
- 한계비용
- 한계기업
- 헤지거래
- 헤징
- 헥셔 – 오린 정리
- 현물출자
- 화의
- 환율조작국
- 회색 코뿔소
- 후강통
- 후배주
- 흑자도산
- 히든 챔피언

□□□

862 **하우스 푸어**

House Poor

주택을 소유하고 있지만 무리한 대출과 세금 부담으로 인해 실질적 소득이 적어 경제적 곤란을 겪는 사는 사람들

우리나라에서는 아파트 없는 중산층이었다가 부동산 가격 상승기에 무리하게 대출받아 성공했지만, 부동산 가격이 하락하면서 분양가보다 낮은 가격으로 내놓아도 팔리지 않고, 매월 막대한 이자비용을 감수하고 있는 아파트 가진 빈곤층을 말한다.

□□□

863 **하이디어**

High Idea

아이디어보다 더 발전된 비즈니스 모델 이전 단계의 개념

비즈니스 모델이라고 하기엔 부족하지만 아이디어보다 훨씬 구체적이어서 어떤 아이디어가 성공 가능성이 있는지 사업적인 관점에서 따져볼 때 필요한 개념이다.

□□□

864 **하이브리드 상품**

Hybrid Goods

혼합, 혼성, 혼혈상품

서로 다른 종과 결합하여 부가가치가 높은 새로운 상품이나, 시장을 창조하는 통합코드로 인식되고 있다. 기존의 휴대폰에 카메라를 결합해 카메라폰 등 새로운 가치를 창조한 것이 그 예이다. 또한 유통업체와 금융업체의 제휴를 통해 금융상품에 가입할 수 있는 창구가 늘어나는 것도 하이브리드상품이라 할 수 있다. 최근에는 은행지점망을 통해 금융상품을 팔던 '2세대 판매채널'에서 한 발 더 나아가 금융권이 유통업체의 네트워크를 이용하는 '3세대 판매채널' 이른바 하이브리드 채널로 변화하고 있다. 가장 활발한 변화를 보이는 곳은 보험업계로 편의점에서도 보험 상품을 판매하고 있다. 이 밖에도 하이브리드는 다양성과 다원성으로도 해석되는데, 다양성과 다원성이라는 기초 위에서 반대의견을 포함한 사회의 다양한 의견을 포용해 통합하는 접근방식이 정치적, 사회적 통합코드로 관심을 모으고 있다.

□□□

865 **하이브리드카** ●●○

Hybrid Car

기존의 가솔린, 디젤 등의 내연기관 엔진과 전기모터를 결합한 형태의 자동차

전기모터는 차량내부에 장착된 고전압 배터리로부터 전원을 공급받고, 배터리는 자동차가 움직일 때 다시 충전되는 시스템이다. 하이브리드카는 고속에서는 내연기관 엔진을, 저속에서는 전기모터를 사용해 연비를 높이고, 유해가스 배출량을 줄여 차세대 친환경 자동차로 각광받고 있다. 기존 자동차의 에너지 손실은 교통 혼잡에 따른 공회전 시간과 차량이 정지할 때 발생하는데, 하이브리드 시스템은 내연기관엔진의 단점을 보완해 차량의 속도나 주행상태 등에 따라 엔진과 모터 힘을 적절하게 제어함으로써 효율성을 높인 것이다. 그러나 기존의 엔진에 모터까지 탑재되고, 배터리도 얹어야 해 부품수가 늘어나고, 차도 무거워지는 단점이 있다. 결국은 엔진을 사용하기 때문에 기존의 차보다는 덜 하지만 오염물질이 발생한다. 따라서 진정한 의미의 친환경차라고 할 수는 없고, 연료전지차로 넘어가는 중간 단계의 차라고 할 수 있다.

□□□

866 **하이일드 펀드** ●●●

High Yield Fund

수익률은 매우 높은 반면 신용도가 취약해 정크본드라고 불리는 고수익 · 고위험 채권에 투자하는 펀드

만기까지 중도 환매가 불가능한 폐쇄형이고 증권거래소에 상장된다는 점 등 겉으로는 뮤추얼펀드와 비슷하다. 발행자의 채무불이행 위험이 정상채권에 비해 높은 채권에 투자하기 때문에, 투자종목의 선택에 따라서 수익변동률이 크다. 한국의 경우, 투신사가 보유 중인 투기등급 채권의 소화를 위해 1999년 11월부터 정부에서 허용한 이후 판매되기 시작하였다. 부분원금 보전, 비과세 혜택, 공모주 우선청약권 등 일반 투자자의 위험부담을 경감하고 기대수익률을 높이기 위한 다양한 제도적 보완책을 마련하고 있다.

ㅎ

☐☐☐

867 **하이퍼 인플레이션** ●●○

물가 상승이 통제 불가의 상태인 인플레이션

물가 상승으로 인한 거래비용을 급격하게 증가시켜 실물경제에 타격을 미치며, 정부나 중앙은행이 과도하게 통화량을 증대시킬 경우에 발생하는데, 전쟁 등 사회가 크게 혼란한 상황에서도 발생한다.

☐☐☐

868 **한계기업** ●●○

限界企業

재무구조의 부실로 성장에 어려움을 겪는 기업

재무구조가 부실하여 영업 활동으로 벌어들인 이익으로도 이자를 감당하지 못하는 등 경쟁력을 상실하거나 앞으로의 성장에 어려움을 겪는 기업을 말한다. 한계기업은 워크아웃에 들어가거나 정리를 시작하며 경우에 따라 정부 차원에서 지원을 하기도 하지만, 시장에서 퇴출시키거나 정리하는 것이 보통이다.

☐☐☐

869 **한계비용** ●●●

Marginal Cost

재화 또는 서비스를 생산하는 기업의 입장에서 재화의 생산량을 한 단위 더 증가시키려 할 때 추가로 소요되는 비용

재화 또는 서비스를 생산하려면 임대료 등 고정비용과 원재료, 임금 등의 가변비용이 소요된다. 고정비용은 생산량과 관계없이 항상 일정한 크기로 지출되는 데에 반해, 가변비용은 생산량을 늘릴수록 증가한다. 한계비용은 가변비용의 증감과 밀접한 관계에 있다.

☐☐☐

870 **한계소비성향**

MPC : Marginal Propensity to Consume

추가 소득 중 저축되지 않는 금액의 비율

새로 발생한 소득 가운데 소비되는 금액의 비율로, 저소득층일수록 높은 경향을 띤다. 소득의 증가분을 Y, 소비의 증가분을 C라고 할 때 다음과 같이 나타낼 수 있다.

+상식더보기 계산식

$$MPC = \frac{\text{소비의 증가분}}{\text{소득의 증가분}} = \frac{\Delta C}{\Delta Y} = 1 - \text{한계저축성향}$$

□□□

871 **한계저축성향**

MPS : Marginal Propensity to Save

추가 소득 중 이루어지는 저축 금액의 비율

새로 발생한 소득 가운데 저축되는 금액의 비율로, 일반적으로 소득이 많은 계층일수록 높다. 저축 증가분을 S, 소득증가분은 Y라고 할 때 다음과 같이 나타낼 수 있다.

+상식더보기 계산식

$$\text{MPS} = \frac{\text{저축의 증가분}}{\text{소득의 증가분}} = \frac{\Delta S}{\Delta Y}$$

□□□

872 **한계효용**

限界效用

재화의 소비량이 한 단위 증가할 때마다 변화하는 총효용의 증가분을 의미

재화의 소비가 증가할수록 재화의 희소성이 낮아지며 소비가 가져다주는 한계효용은 감소한다. 재화를 소비할 경우 각 재화의 한계효용이 같지 않다면, 한계효용이 낮은 재화의 소비를 그만두고 한계효용이 보다 높은 재화로 소비를 바꿈으로써 똑같은 수량의 재화에서 얻어지는 효용 전체는 더 커지게 된다.

□□□

873 **한정의견**

限定意見

감사인이 재무제표에 대하여 진술하는 의견

감사 기준에 의거하여 실시한 결과이다. 인정되는 원칙에 준거하지 않았거나 감사 의견을 형성하는 데 합리적이지 못하다고 판단되면 문제 사항이 재무제표에 영향을 미치지 않는다고 진술하는 의견이다. 감사인의 감사범위가 제약을 받거나 일반적으로 인정되는 기업회계원칙에 준거하지 않거나 재무제표가 적정하지 못한 경우, 합리적인 추정이 어려운 경우에 제시된다.

□□□

874 **할당관세** ●●○

Tariff Quota

원활한 물자수급과 국내가격의 안정 및 유사물품 간의 세율 불균형을 시정하기 위해 수입품에 물리는 관세

할당관세의 목적은 원활한 물자수급을 위해 특정상품의 수입을 촉진할 필요가 있거나 수입상품 가격이 급등 또는 이를 원재료로 한 상품의 국내가격을 안정시키기 위한 경우와 유사상품간의 세율의 차이가 클 경우 이를 시정하기 위해 할당관세를 부과하며, 수입물량도 제한할 수 있다. 할당관세는 수입할당제와 관세의 기술적인 특성을 혼합하여 이 두 가지 정책이 개별적으로 실시됨에 따라 발생되는 결함을 보완하기 위하여 마련된 정책수단으로 해당상품의 일정한 할당량까지는 기본 관세율의 40%를 감하여 관세를 부과하지만, 수입을 억제할 필요가 있을 경우에는 일정한 할당량을 초과하는 수량에 대해 기본 관세율의 140%를 관세로 부과한다.

□□□

875 **할인채** ●○○

Discount Debenture

이자가 없지만 발행가격이 상환가격보다 낮은 채권

발행가격과 상환가의 가격차액을 이자라고 볼 수 있다. 우리나라에서 발행되는 할인채로는 산업은행이 발행하는 산업금융채권과 장기신용은행이 발행하는 장기신용채권 등이 있다.

□□□

876 **핫머니** ❁❁❁

Hot Money

국제금융시장을 이동하는 단기성 자금

각국의 단기금리와 환율의 차이에 의한 투기적 이익을 목적으로 하는 것과 국내 통화불안을 피하기 위한 자본도피를 하는 두 종류가 있다. 핫머니의 특징으로는 자금 이동이 일시에 대량으로 이루어고, 자금이 유동적인 형태를 취한다는 점을 들 수 있다. 외환의 수급관계를 크게 요동시켜 국제 금융시장의 안정을 저해한다. 대표적으로는 소수의 투자자들로부터 자금을 모아 금리와 환율 예상을 조합해 파생상품에 투자하는 헤지펀드가 있다. 헤지펀드의 단기적인 자금이동은 국제금융시장을 교란시키는 주요인이 되고 있다. 실제로 아시아 국가들의 잇단 추락과 러시아의 모라토리엄 선언 이후 세계적인 공황에 대한 우려가 확산되면서 핫머니를 규제해야 한다는 여론이 일고 있다. 지난 2011년 IMF는 핫머니 규제 지침을 마련하였으나 신흥국의 반대로 무산된 바 있다.

ㅎ

□□□

877 **햇살론** ❁❁❁

Sunshine Loan

신용등급이나 소득이 낮아서 금융 이용이 어려운 서민에게 자금 대출해주는 제도

고금리 대출을 이용할 수밖에 없는 신용도가 낮은 사람들에게 생계자금을 지원해주는 대출제도이다. 최소한의 요건만 심사하여 최대 1,400만 원까지 대출이 가능하다.

□□□

878 **허니문 랠리** ●○○

Honeymoon Rally

새롭게 출범하는 정부에 대한 기대감으로 생기는 주가 상승흐름

새 정부가 출범하게 되면 정책의 불확실성이 해소되고, 국민들이 새 정부에 거는 기대가 커지면서 정부에 대해 협조적인 자세를 취함으로써 사회가 안정되는 경향이 있다. 허니문 랠리는 새 정부 출범을 전후해 국민들이 새 정부에 거는 기대감으로 인해 일시적 또는 얼마간 주가가 지속적으로 상승하는 현상을 말한다. 신혼여행의 즐거운 단꿈을 증시에 비유해 이런 명칭이 붙었다.

□□□

879 **헤지거래** ●●●

Hedge Trading

주식시장에서 가격변동으로 인한 투자손실을 대비하기 위한 주가지수 선물시장에서 주식시장과 반대되는 포지션

기관투자자가 보유한 대규모 주식포트폴리오를 주가하락이 예상될 경우에는 보유한 주식금액에 상당하는 주가지수선물을 매도해서 주가하락으로 인한 보유주식의 가치하락을 주가지수 선물거래에서 생긴 이익으로 보전할 수 있다. 헤지의 목적은 주가지수 선물거래를 이용하여 주가가 상승하든 하락하든 전체적인 손익을 없애는 데 있다.

□□□

880 **헤지펀드** ●●●

Hedge Fund

세금과 규제를 피하기 위한 펀드

'헤지(Hedge)'는 울타리, 장벽, 방지책이란 뜻이다. 울타리나 장벽, 방지책을 세우는 것은 어떤 종류의 위험이 있어서 그것을 피하기 위해서이다. 많은 헤지펀드들이 버뮤다 제도와 같은 곳에 위장 회사를 설립하고 자금을 운영하고 있으며, 투자의 불확실성을 피하기 위한 것으로 각종 파생금융상품을 통해 투자에서 발생할 수 있는 손실을 피할 수 있기 때문이다.

상식더보기 헤지펀드의 특징

첫째는 100명 미만의 소수의 파트너십을 가진 투자자들이 자금을 조성하는데, 이는 미국증권거래위원회가 100명 미만의 투자가들로 구성된 펀드에 대해서는 보고서 제출의무를 면제한다고 하는 정보공개에 대한 예외규정을 두고 있기 때문이다. 둘째는 도박성이 큰 파생금융상품을 통해 초단기 투기를 행한다는 점이다. 셋째는 사무실을 세금이 없는 나라에 차려서 투기자본으로 운영하는 것으로 조지 소로스의 퀀텀펀드가 대표적인 펀드라 할 수 있다. 최근에는 원유나 귀금속 등 실물에 투자하기도 한다. 문제는 이들은 핫머니로 알려져 있으며, 단기투자와 단기 고수익을 중심으로 움직이기 때문에 해당 국가에 외환위기를 초래할 위험성이 있다.

□□□

881 **헤징** ❁❁❁

Hedging

가격변동에 의한 리스크를 줄이거나 없애기 위해 선물시장에서 현물과 반대되는 포지션을 취하는 것

현물보유에 따른 손실이나 이익을 선물거래의 이익이나 손실로 상쇄하여 미래의 가격변화로 인한 리스크를 없애는 것이다.

ㅎ

□□□

882 **헥셔 – 오린의 정리** ❁❁❁

Heckscher – Ohlin Theorem

비교우위 원인을 각국의 생산요소 부존량의 차이로 설명하는 이론

양국이 갖는 재화의 생산 함수가 동일하지만 요소집약도가 상이하여 양국의 요소부존비율도 상이한 경우, 각국은 타국에 비하여 상대적으로 풍부히 갖고 있는 생산요소를 집약적으로 사용하는 재화의 생산에 비교우위성을 갖게 된다는 이론이다.

□□□

883 **혁신도시**

革新都市

공공기관 지방이전과 산, 학, 연, 관이 서로 협력하여 최적의 혁신여건과 수준 높은 생활환경을 갖춘 새로운 차원의 미래형 도시

공공기관 지방이전을 계기로 성장 거점지역에 조성되는 미래형 도시이다. 이전된 공공기관과 지역의 대학 · 연구소 · 산업체 · 지방자치단체가 협력하여 지역의 새로운 성장동력을 창출하는 기반이다. 혁신도시는 모두 4가지 유형으로 건설되며 각각 지역의 시도별 지역산업과 연계된 도시별 테마를 설정하여, 지역별로 특색 있는 도시로 개발한다. 21세기 혁신도시는 ▲ 지역발전을 선도하는 혁신거점도시 ▲ 지역별 테마를 가진 개성 있는 특성화 도시 ▲ 누구나 살고싶은 친환경 녹색도시 ▲ 학습과 창의적 교류가 활발한 교육 · 문화도시이다.

□□□

884 **현물출자**

現物出資

부동산, 유가증권과 같은 동산 및 특허권 · 지상권과 같은 무형자산 등에 의한 출자형태

주식회사에 있어서는 현금출자를 원칙으로 하고, 회사의 설립 또는 신주 발행 시에는 예외적으로 현물출자를 인정하고 있다. 기업의 조직변경 · 매수합병 등의 경우에 행하여진다. 물적 회사의 설립에 있어서는 이것을 변태설립 사항으로 규정하여 엄격히 규제하고 있다. 주식회사의 설립 시에는 발기인에 한하여 인정하고 있으며, 정관에 현물출자를 하는 자의 성명 · 출자자산 · 가격 · 수량과 이에 대하여 부여할 주식의 종류와 수를 기재하도록 하고 있다. 신주 발행의 경우에는 누구라도 현물출자를 할 수 있으나 이사회가 현물출자를 하는 자의 성명 · 출자자산가격 · 수량과 이에 대하여 부여할 주식의 종류와 수를 결정하여야 한다.

□□□

885 **협정관세율**

協定關稅率

특정국가 또는 국제기구와의 협상을 통해 정해진 세율

상대 국가에 또는 국제기구에 양허된 세율이라 하여 양허세율이라고도 한다. 「관세법」 제73조에 의하면, 행정부는 대외무역 증진을 위해 필요하다고 인정될 때에는 특정국가 또는 국제기구와 관세에 관한 협상을 할 수 있는 권한을 부여할 수 있다.

+상식더보기 협정관세율 종류

① WTO 회원국을 대상으로 하는 WTO 협정 일반 양허관세율
② WTO 회원국 중 방글라데시 등 14개국이 포함된 WTO 협정 개도국 간 양허관세율
③ 방콕협정 양허관세율
④ 개발도상국 간 무역특혜제도(GSTP)의 양허관세율
⑤ 특정국가와의 관세협상에 따른 국제협력관세율

□□□

886 **화의**

和議

파산 · 부도 위험에 직면한 기업에 법원의 중재를 받아 채권자들과 채무 변제협정을 체결하여 파산을 피하는 제도

법원은 화의신청이 타당하다고 판단되면 법정관리와 마찬가지로 재산보전처분결정을 내려 채무이행을 동결하여 부도를 막아준다. 법원이 법정관리인을 선정하고 기업경영까지 책임지는 법정관리와는 다르게 화의제도에서는 법원이 기업경영에 전혀 개입하지 않고 기존 경영주가 기업경영을 계속 맡는다. 화의제도는 회사정리절차보다 간략하고 비용이 저렴하며, 채무자가 법원의 감독을 덜 받고 채권자와 자주적으로 절차를 운용할 수 있는 것이 장점이다.

□□□

887 **환매조건부 채권**

RP : Repurchase Agreement

일정 기간이 지난 후 다시 매입하는 조건으로 채권을 매도하여 수요자가 단기자금을 조달하는 금융거래방식

콜 자금과 같이 단기적인 자금수요를 충족시키기 위해 생긴 것이다. 일반적으로 채권을 만기일까지 보유하면 약속된 확정이자를 계속받고 만기 시에 원금을 상환받을 수 있으나, 만기 이전에 현금화할 필요가 있을 때에는 매매에 따른 불이익이 있을 수 있다. 이러한 불이익을 방지하고, 채권의 유동성을 높이기 위한 제도가 환매조건부채권(RP)이며, 또한 RP거래는 단기금융시장과 채권유통시장을 연결하여 채권 소화에 많은 기여를 하고 있어 장기채권시장을 안정시키는 역할을 한다. 한국은행이 통화조절수단으로 시중은행에 판매하는 환매조건부채권(RP)이 있는데, RP금리는 자금사정에 따라 한국은행이 조절하고 있다. 또 은행, 증권회사 등 금융기관이 수신 상품의 하나로 일정 기간 후 재매입 조건으로 고객에게 판매하는 RP와 금융기관이 일시적인 자금 부족을 해소하고, 유가증권의 활용도를 높이기 위해 다른 금융기관과 거래하는 RP거래도 있다.

□□□

888 **환승론**

고금리 대부업체의 대출을 금리가 낮은 제도권 금융회사 상품으로 전환해 주는 금융 상품

환승론의 이자율은 연 30 ~ 39% 수준이다. 금융감독원이 지원하는 한국 이지론이 고금리 대부업체 이용자 중 일정 기간 상환 실적이 양호한 고객에게 보다 저렴한 금리의 제2금융권 대출로 옮겨 탈 수 있게 해준다.

□□□

889 **환율조작국** ●●●

Currency Manipulator

외환시장에 개입하여 정부나 중앙은행이 환율을 조작하는 국가

자국의 수출을 늘리고 가격경쟁력을 확보하기 위해 정부나 중앙은행이 인위적으로 외환시장에 개입하여 환율을 조작하는 국가를 말한다. '심층분석 대상국'이라고도 하며, 미국이 매년 경제 및 환율정책 보고서를 통해 발표한다. 환율조작국은 각국의 대미 무역수지 흑자가 200억 달러 이상, 경상수지 흑자가 GDP의 3% 이상, 환율 시장의 한 방향 개입 여부 이상 등 3개 요건에 해당하면 지정된다. 환율조작국으로 지정되면 미국기업 투자 시 금융지원 금지, 미 연방정부 조달시장 진입 금지, IMF를 통한 환율 압박 등이 가해진다.

□□□

890 **황금 낙하산** ●○○

Golden Parachute

적대적 M&A의 방어수단

인수대상 기업의 CEO가 인수로 인하여 임기 전에 사임하게 될 경우를 대비하여 거액의 퇴직금, 스톡옵션, 일정 기간 동안의 보수와 보너스 등을 받을 권리를 사전에 고용계약에 기재하여 안정성을 확보하고 동시에 기업의 인수비용을 높이는 방법이다. 1980년대에 기업다각화 전략의 일환으로 활발하게 전개된 M&A와 관련하여 미국에서 유래한 말, '비싼 낙하산'이라는 뜻이다. 경영자의 신분을 보장하고, 기업의 입장에서는 M&A 비용을 높이는 효과가 있으므로 적대적 M&A를 방어하는 전략으로 활용된다. 그러나 적대적 M&A의 위험이 없는 평상시에는 경영자를 해임하기가 어려우므로 무능한 경영진에게 과도한 혜택을 부여하는 비효율성을 초래할 수 있는 단점이 있다.

+상식더보기 주석 낙하산

영자가 아닌 일반 직원에게 일시에 많은 퇴직금을 지급하도록 규정하여 매수하는 기업의 매수 의욕을 떨어뜨리는 경우로 황금낙하산과 구별된다.

ㅎ

□□□

891 **황금주** ❁❁❁

黃金株

단 한 주로 주주총회의 의결사항에 대한 거부권을 행사할 수 있는 권리를 부여한 주식

1980년대 유럽이 공기업을 만영화하면서 외국자본으로부터 경영권을 보호하기 위한 제도이다. 공공성을 훼손할 경우에 정부가 개입할 수 있는 여지를 만들어둔 보완책이다. 그러나 다른 주주의 이익을 심하게 침해할 뿐만 아니라 정상적 자본이동도 어렵게 하여 적대적 M&A의 방어 수단으로 쓰인다.

□□□

892 **회사채** ❁❁❁

Corporate Bond

일반 주식회사에서 발행하는 채권

일반 주식회사가 자금을 조달하기 위하여 발행하는 채권으로 사채라고도 하며, 대부분 국채보다 금리가 높다. 보증사채, 무보증사채, 전환사채, 신주인수권부사채, 교환사채, 이익참가사채로 분류된다. 기업 사정에 따라 원리금 상환능력에 차이가 있으며 이를 표시하는 것이 회사채 신용등급이다. 기업이 회사채나 기업어음(CP)을 발행할 때 발행금리에 영향을 미치는 중요한 요인으로 작용한다.

□□□

893 **회색 코뿔소** ❁❁❁

Gray Rhino

쉽게 간과하는 위험 요인

예측과 대비가 어려운 사태를 의미하는 블랙 스완과는 차이가 있다. 지속적으로 경고하지만 쉽게 간과하게 되는 위험 요인을 말한다. 코뿔소는 멀리서도 눈에 띄며 움직임을 알 수 있지만 두려움 때문에 아무런 대처를 하지 못하는 것을 빗대어 표현한 용어이다. 2013년 다보스포럼에서 처음 사용된 개념으로 의사 결정자들의 미흡한 시스템과 책임성 결여 등을 원인으로 꼽았다.

□□□

894 **회전대출** ●○○

Revolving Facility

은행이 정해둔 대출 규모와 기간에 대출을 받은 사람이 자금의 필요에 따라 대출 기간 내에 단기어음을 발행하는 것

'회전신용'이라고도 한다. 회전대출은 대출을 받는 사람이 대출금을 한꺼번에 찾지 않아도 되고, 대출을 받더라도 만기 전에 상환할 수 있고 필요하면 또 대출을 받을 수 있어 편리하다. 하지만 은행 입장에서는 고객이 언제든지 어음을 발행할 수 있는 만큼 항상 대출자금을 구비해 두어야 하기 때문에 자금 운용에 제약을 받게 된다. 은행은 회전대출에 대한 보상조로 대출 한도금액과 대출금액의 차액, 즉 미 인출잔액에 대해 약정수수료를 징수한다.

□□□

895 **후강퉁** ●○○

沪港通

중국 상하이증시와 홍콩증시의 교차거래를 허용하는 제도

해외 및 홍콩 개인투자자가 홍콩을 통해 중국주식을 매매할 수 있어 증시 유동성에 긍정적인 효과를 가져다준다.

□□□

896 **후배주** ●●○

後配株

보통주에 대하여 이익배당을 한 다음에 잔여미처분이익(殘餘未處分利益)이 있는 경우에 배당을 받는 주식

'열후주'라고도 한다. 후배주(後配株)는 보통주보다 이익배당에 있어서 후순위에 있으며, 배당에 있어서 최하위에 있는 주식이므로 저율의 배당을 받거나 무배당인 때가 많다. 후배주는 보통주에 대한 배당에 영향을 미치지 않으면서 자금을 조달할 수 있는 제도이다. 후배주를 발행하는 경우는 정관에 그 내용과 수에 대한 정함이 있어야 한다.

□□□

897 **후순위채** ●●●

Subordinated Debt

채무 변제순위가 일반 채권보다 나중되는 채권

발행기관이 파산할 경우 다른 채권자들의 부채가 청산된 다음 상환 받을 수 있는 채권이다. 대신 일반 채권보다는 금리가 높아 발행기관이 파산하지 않으면 장기간 동안 고금리 혜택을 누릴 수 있다.

□□□

898 **훼손부담금** ●○○

그린벨트 훼손을 억제하고 그린벨트 주민 지원 사업 등 관리에 필요한 재원을 마련하기 위해 도입된 제도

징수된 훼손부담금은 국가에 매수·청구된 토지의 매수비용 및 주민지원사업인 마을 진입도로, 상하수도, 마을회관, 초고속정보통신망, 오수처리시설 건립 등에 쓰인다.

□□□

899 **휴먼 릴레이션스** ●○○

Human Relations

사회구성원이 이루고 있는 인간관계 중에서 감정적인 관계를 바탕으로 하는 비공식적인 관계

기업의 노무 관리 기술 중 하나이다. 감정적인 인간관계를 중시하여 종업원들의 사기를 높이는 것이 목적이다. 휴먼 릴레이션스는 종업원 간의 의사소통을 활발히 하고 노사 간의 대립 상태를 완화시키고자 할 때 활용된다.

□□□

900 **휴먼 인덱스** ●○○

Human Index

생활 주변에서 관찰할 수 있는 사람의 행태를 분석해 경기나 주가 등을 전망하는 것

다른 용어로 인간지수라고도 부른다. 예를 들어 '카드회사 영업 창구에 사람이 많으면 경기가 바닥이라는 신호이다.' 등의 분석이 휴먼 인덱스라고 볼 수 있다. 휴먼 인덱스는 현장감 있는 분석이란 점에서 투자 판단의 지표로 활용되기도 한다.

□□□

901 **휴먼 어세스먼트** ❀❀❀
Human Assessment

기업에서 채용하는 인재의 적성을 과학적으로 평가하는 방식

미국에서 보급되기 시작한 경영관리기법으로 오일쇼크 이후의 감량경영체제에서 적성에 따라 인재를 적재적소에 배치하여 조직을 활성화시키고 효율성을 제고시키기 위해 도입되었다. 휴먼어세스먼트는 관리직 상호계발훈련 프로그램인 D형(Development Program)과 승진후보자 선발 및 현직간부의 경영자 적성도 진단프로그램인 S형(Selection Program), I형(Infantry Program) 등으로 활용 되고 있다.

□□□

902 **휴면 환급** ❀❀❀
休眠還給

납세자가 주소이전이나 폐업 장기출장 등으로 환급금송금통지서를 받지 못해 세금을 돌려받지 못하는 경우

납세자가 세금을 실제보다 많이 냈거나 중가예납액보다 실제 세액이 적을 경우 정산한 이후 이를 되돌려주는 것을 국세환급금이라 한다.

□□□

903 **흑자도산** ❀❀❀
黑字倒産

기업의 재무제표에서는 흑자지만 자금의 흐름이 어려워져 도산하는 경우

기업의 도산은 경영 부진으로 적자가 과도하게 발생할 때 일어난다. 원자재 값과 근로자의 임금 상승으로 인한 수익 감소, 잘못된 경기예측으로 인한 투자 실패, 대기업의 부도 여파, 자금회수의 어려움 등이 원인이다. 하지만 흑자도산은 장부상으로는 흑자일지라도 융통할 수 있는 자금이 부족해 은행에 돌아오는 어음을 결제하지 못해서 부도를 맞는 것이다. 경기침체로 거래 기업이 도산하여 자금을 회수하지 못하거나 자금의 흐름이 나빠져 도산하는 경우이다. 몇 년 전 통화옵션 상품인 '키코(KIKO)' 사태로 인해 흑자도산한 기업들이 발생하였다. 중소기업이 흑자도산 위기에 빠진 경우 대기업의 지원을 통해 위기를 극복하고 경영을 정상화할 수 있다.

ㅎ

□□□

904 **히든 챔피언** ●●●

Hidden Champion

세계 시장점유율이 1 ~ 3위이지만 일반에 잘 알려지지 않은 세계적인 경쟁력을 갖춘 기업

숨은 강소기업을 의미한다. 독일 경영학자 헤르만 지몬이 내놓아 유명해졌다. 히든 챔피언 기업의 선정조건은 세계시장에서 1 ~ 3위를 차지하거나 대륙에서 1위를 차지, 매출액은 40억 달러 이하, 대중에게 알려져 있지 않은 기업 등 3가지다. 히든 챔피언의 목표는 세계시장에서 1등이 되고 이를 유지하는 것이다. 히든 챔피언 기업의 공통된 특성은 다음과 같다. 먼저 한 분야의 전문가로 시장을 좁게 정의하고 있으며 세계화에 공을 들인다. 또 아웃소싱을 하되 연구개발(R&D) 등 핵심역량은 직접 수행한다. 고객 친밀성이 높아 VIP 고객들과 밀접한 관계를 구축하고, 기업문화는 직원에게 일체감과 동기를 부여하는 문화이며 경영자는 기본가치를 중시하고 장기 재직하는 경우가 많다. 한편 정부는 중소기업보다는 크지만 대기업에는 미치지 못하는 중간 크기의 기업들을 중견기업으로 법제화해 이들이 글로벌 시장을 누비는 히든 챔피언으로 성장할 수 있도록 금융 및 세제 혜택을 주는 방안을 마련하고 있다.

14. ㅎ QUIZ

다음 문제를 보고 옳고 그른 것에 따라 O,X를 고르세요.

01. 감사인이 재무제표에 대하여 진술하는 의견은 한정의견이다. O X

02. 환율조작국은 정부나 중앙은행이 외환시장에 개입하여 환율을 조작하는 국가이다. O X

03. 그린벨트의 훼손을 억제하며 관리하는 재원은 훼손부담금이다. O X

04. 세금과 규제를 피하기 위한 펀드를 헤징이라고 한다. O X

05. 황금주는 단 한 주로 주주총회의 의결사항에 대한 거부권을 행사할 수 있다. O X

문장에 맞는 단어를 고르세요.

㉠ 후순위채	㉡ 회색코뿔소	㉢ 한계효용	㉣ 한계기업	㉤ 허니문 랠리

06. 새롭게 출범하는 정부에 대한 기대감으로 생기는 주가 상승 흐름을 _____(이)라고 한다.

07. _____(은)는 쉽게 간과하는 위험요인을 의미한다.

08. _____(은)는 재무구조의 부실로 성장에 어려움을 겪는 기업을 말한다.

09. 재화의 소비량이 한 단위 증가할 때 변화하는 총효용의 증가분을 _____(이)라고 한다.

10. _____(은)는 발행기관이 파산할 경우 다른 채권자들의 부채가 청산 된 다음 상환 받을 수 있다.

답 1.O 2.O 3.O 4.X(헤지펀드) 5.O 6.㉤ 7.㉡ 8.㉣ 9.㉢ 10.㉠

PART

A ~ Z,
숫자

경제용어해설

checkpoint

- AIIB
- APEC
- A&D
- BCG 매트릭스
- CF100 24/7
- IPO
- J커브 효과
- KIKO
- M커브
- MMF
- O2O 서비스
- 1월 효과
- 20의 규칙
- 6시그마
- 6차 산업

□□□

905 **ABS** ❀❀❀
Asset Backed Securities

주택저당채권, 매출채권, 유가증권, 부동산, 기타 재산권 등과 같은 유형, 무형의 유동화자산을 기초로 발행된 증권

상대적으로 유동성이 떨어지지만 재산적 가치가 있는 자산을 담보로 하여 증권을 발행 · 유통하는 방법으로 대상자산의 유동성을 높이는 것이라고 할 수 있다. 이러한 기법을 활용함으로써 금융기관과 기업은 보유자산의 유동성을 확보할 수 있으며, 자산유동화는 다양한 자금조달 수단의 제공, 조달비용의 절감, 구조조정 촉진과 재무지표의 개선 등에 활용 가능하다. 자산유동화증권은 유동화자산의 특성에 따라 MBS(주택저당증권), CBO(채권담보부증권), CDO(부채담보부증권) 등이 있고, 발행유가증권의 형태에 따라 ABCP(Asset Backed Commercial Paper), 출자증권, 수익증권 등으로 구분한다.

□□□

906 **ACFTA** ❀❀✿
ASEAN China Free Trade Agreement

중국과 아세안 10개국이 2005년 7월 20일에 체결한 자유무역협정(FTA)

세계 1위인 인구 18억 4,000만여 명과 세계 3위의 역내교역규모 1조 6,600여억 달러의 거대경제권인 중국과 아세안은 관세를 전면 철폐해서 시장을 통합하는 것을 목표로 하고 있다.

□□□

907 **ADB** ●●○

Asian Development Bank

아시아 개발 은행

아시아 지역의 경제성장 및 경제협력 증진 및 회원국에 대한 개발자금 지원을 목적으로 1966년 설립된 국제개발 은행이다. 본부는 필리핀 마닐라에 두고 있다. 주요 업무는 지역 내의 개발투자 촉진, 지역개발을 위한 정책 및 계획의 조정, 기술원조 제공, 국제기구들과의 협력 등으로 분류된다. ADB는 일반자금(OCR)과 아시아개발기금(ADF) 등 2가지 형태로 자금을 운용하며, 회원국의 경제 능력에 따라 자금지원 방법이 다르다. ADB는 회원국들을 1인당 국민소득에 따라 700달러 이하는 A그룹, 700에서 3,000달러는 B그룹, 그 이상은 C그룹으로 분류한다. A그룹은 ADF자금만을, B그룹은 OCR자금과 ADF자금을 함께 지원받는다.

□□□

908 **AIIB** ●●○

Asian Development Bank

아시아 인프라 투자은행

미국과 일본이 주도하는 세계은행과 아시아개발은행(ADB) 등에 대항하기 위해 중국의 주도로 설립된 은행이다. 아시아 · 태평양지역 개발도상국의 인프라 구축을 목표로 한다. AIIB는 2016년 1월 한국을 포함하여 중국, 러시아, 인도, 독일, 영국 등 57개의 회원국으로 공식 출범하였고, 2017년 5월 칠레, 그리스, 루마니아, 볼리비아, 키프로스, 바레인, 사모아 등 7개국의 회원가입을 승인함에 따라 회원국은 77개국으로 늘어났다.

□□□

909 **APEC** ❁❁❁

Asia Pacific Economic Cooperation

아시아 · 태평양지역 국가의 경제협력을 촉진하기 위해 1989년 11월에 창설된 지역적 국제 경제협력기구

세계경제의 지역주의와 보호주의 흐름에 효율적으로 대응하고, 다자간 무역협상에서 공동의 이익을 추구하는 것을 목적으로 한다. 교역 및 투자 데이터 교환, 무역진흥, 투자 및 기술이전, 인력자원개발, 에너지협력, 해양자원보호, 전기, 통신, 교통, 관광 협력, 수산 등의 협력 사업이 있다.

□□□

910 **ASEAN** ❁❁❁

Association of Southeast Asian Nations

1967년 8월 태국, 인도네시아, 필리핀, 말레이시아, 싱가포르 5개국이 결성한 지역협력기구

1984년 브루나이가, 그 후에 베트남, 라오스, 미얀마, 캄보디아가 가입해 모두 10개국으로 구성되어 있는 동남아시아 국가연합이다. ASEAN의 목적은 동남아시아의 지역협력의 촉진, 외국으로부터의 간섭을 배제하고, 역내국가의 평화와 안정을 수호하며, 경제 · 사회 · 기술 · 문화 등 각 분야에서의 상호원조 등이 있다. 1976년 2월에 발리섬에서 개최된 수뇌회의에서 정치적 단결과 중립화를 꾀하는 일체화선언과 우호협력조약을 결의 · 조인했다. 1977년 8월 제2차 회의에서는 경제협력문제를 중심으로 한 코뮤니케를 채택하고 1978년부터는 미국, 일본을 포함한 확대외상회의를 열고 있다. 중앙사무국은 인도네시아의 자카르타에 있다.

□□□

911 **ASEM** ❁❁❁

Asia Europe Meeting

아시아와 유럽의 주요 국가들이 정치 · 경제 · 사회 · 문화 등에서 포괄적 협력을 도모하기 위해 만든 협의체

아시아와 유럽연합(EU) 회원국의 대통령 또는 수상과 EU 집행위원장들이 2년마다 회의를 갖는다. 아시아에서 신흥경제대국이 등장하고 EU의 통합이 가속화하면서 상대적으로 연결고리가 약한 아시아와 유럽 간 상호관계를 강화할 필요성에 따라 싱가포르가 1994년 10월 ASEM 창설을 제의했다.

□□□

912 **A&D** ●●●

Acquisition & Development

직접 개발하지 않고 필요한 기술을 갖춘 기업을 인수하는 방식

시장의 빠른 변화에 따라 기술개발도 시간에 민감하게 변화하고 있다. 인터넷을 통한 해외 아웃소싱 통로가 넓어진 것도 A&D 환경을 성숙시키는 요인이다. 소프트웨어의 경우, 굳이 인력이 없더라도 인터넷을 통해 소스코드를 주고받는 일이 가능해졌으며, A&D는 기업인수를 통해서만이 아니라 국지적으로 얼마든지 이뤄질 수 있게 됐다.

□□□

913 **B2C** ●○○

Business to Consumer

기업이 소비자를 상대로 인터넷 상점을 오픈한 형태

실제 상점이 존재하지 않고 온라인으로만 존재한다. 기업과 소비자 간의 직접 거래로 인해 중간 단계가 생략되어 소비자는 할인된 가격으로 상품을 구입할 수 있다. 대표적으로 온라인 쇼핑몰 등이 있다.

□□□

914 **BCG 매트릭스** ●●●

기업경영 전략 수립을 위한 분석도구

사업의 성격을 단순화 · 유형화하여 의사 결정 방향을 알려준다. 하지만 사업의 평가요소가 상대적 시장점유율과 시장성장률 뿐이어서 지나친 단순화의 오류에 빠지기 쉽다. X축은 상대적 시장점유율을 나타내며 Y축은 시장성장률을 놓고 각각 높음, 낮음의 두 가지 기준을 정한 매트릭스로 구성된다.

+상식더보기 4가지 포지션

① **Star 사업** : 수익과 성장이 큰 성공사업으로 지속적인 투자가 필요하다.

② **Cash Cow 사업** : 기존 투자에 의해 수익이 지속적으로 실현되는 자금 원천사업으로 시장성장률은 낮지만 현재 시장점유율이 높아 계속적으로 현금을 발생시키는 사업부문이다.

③ **Question Mark 사업** : 상대적으로 낮은 시장점유율과 높은 성장률을 가진 신규 사업으로 시장점유율을 높이기 위해 많은 투자금액을 필요로 하고 경영에 따라 Star 사업이 되거나 Dog 사업으로 전락할 수 있다.

④ **Dog 사업** : 수익과 성장이 없는 사양사업으로 기존의 투자를 접고 사업을 철수해야 한다.

□□□

915 **BIS비율** ❁❁❁

국제결제은행이 정한 은행위험자산(부실채권) 대비 자기자본비율

1988년 7월 은행의 건전성과 안정성 확보를 위해 최소 자기자본비율에 대한 국제적 기준이 마련되었다. 이 기준에 따라 적용대상 은행은 위험자산에 대하여 최소 8% 이상의 자기자본을 유지하게 함으로써, 은행이 거래기업의 도산으로 부실채권이 갑자기 늘어나 경영위험에 빠져들게 될 경우 최소 8% 정도의 자기자본을 가지고 있어야 위기상황에 대처할 수 있다는 것이다. BIS비율을 높이려면 위험자산을 줄이거나 자기자본을 늘려야 하는데, 위험자산을 갑자기 줄이는 것은 불가능하므로 자기자본을 늘려 BIS비율을 맞추는 것이 보통이다. BIS비율이 낮아지면 은행의 신인도가 떨어져 고객 이탈이 우려될 뿐만 아니라 은행 간의 합병에서도 불리한 입장에 처할 가능성이 크기 때문에 은행들은 BIS비율 유지에 사활을 걸고 있다.

□□□

916 **BS** ❁❁

Before Service

상품구매에 앞서 고객들이 상품을 직접 경험할 수 있도록 하는 다양한 체험프로그램서비스

기존의 A/S보다 한 단계 업그레이드된 마케팅으로 국내의 가전 브랜드를 중심으로 운영되고 있다. 고객에게는 값비싼 가전제품을 직접 써보고 선택할 수 있는 기회를 주고, 기업은 자사의 경쟁력을 입증해 보일 수 있는 방법이 될 수 있다는 점에서 체험프로그램의 인기가 높다.

□□□

917 **C&D** ✿✿✿

Connect & Develop

외부의 기술과 아이디어를 내부의 R&D(연구개발)역량과 연결시켜 새로운 제품을 개발하는 연구개발시스템

2001년 미국 소비재회사인 P&G사가 과자상품인 프링글스를 개발하면서, 감자칩에 그림을 새기는 기술과 식용잉크를 개발하는 과제를 이탈리아의 빵집에서 착안하여 처음 도입했다. 자사의 연구개발만으로는 치열한 시장경쟁에서 살아날 수 없고, 연구개발성과를 지속적으로 확보하는 데 한계가 있기 때문에, 외부의 기술과 아이디어에 힘을 빌려 연구개발에 나서는 것이다. 이는 외부자원을 적극 활용하고, 외부에도 연구개발성과를 적극적으로 전파하는 것을 강조한다.

□□□

918 **CAFTA** ✿✿✿

China ASEAN Free Trade Agreement

중국과 동남아시아 국가연합인 아세안 사이에 체결한 자유무역협정(FTA)

아세안은 말레이시아, 인도네시아, 필리핀, 타이, 싱가포르, 브루나이, 캄보디아, 라오스, 미얀마, 베트남 등 10개국으로 2002년 11월 자유무역협정을 체결하기 위한 기본협정에 서명하였고, 2004년 11월 상품 협상에 최종적으로 합의하여 2005년 7월 1일부터 그 효력이 공식적으로 발효되었다. 또한 이 협정으로 세계 인구의 3분의 1에 해당하는 중국 – 아세안 10개국의 18억 인구가 하나의 경제권으로 연결됨으로써 북미자유무역지대(NAFTA)와 유럽연합(EU)에 이어 또 하나의 거대 경제권이 탄생했다.

□□□

919 **CCL** ❁❁❁

Creative Commons License

저작권자가 인터넷상에 올린 자신의 저작물에 권리를 위해 부착하는 것

「저작권법」 제46조에 의하면 저작재산권자는 다른 사람에게 그 저작물의 이용을 허락할 수 있고, 이용허락을 받은 자는 허락 받은 이용방법 및 조건의 범위 안에서 저작물을 이용할 수 있다. 이용허락은 당사자 간의 계약을 통하여 이루어진다. CCL은 원칙적으로 모든 이의 이용을 허용하되, 몇 가지 이용방법 및 조건을 부가하는 개방적인 이용을 허용한다.

□□□

920 **CDS 프리미엄** ❁❁❁

Credit Default Swap Premium

부도 위험을 사고파는 신용파생 식품

국제금융시장에서 금융거래 시에 채무불이행의 위험을 보완하기 위하여 이용되고 있다. 일반적으로 CDS프리미엄은 기초자산의 채무불이행 가능성이 높아질수록 이를 보완하기 위해 더 많은 비용을 지불해야 한다. 기초자산 발행주체의 신용도를 나타내는 지표로 해석할 수 있으므로 국제금융시장에서는 각국의 정부가 발행한 외화표시채권에 대한 CDS프리미엄을 해당 국가의 신용등급이 반영된 지표로 활용하고 있다.

□□□

921 **CD금리** ❁❁❁

시장에서 양도가 가능한 정기예금증서

은행은 자금 조달을 위해 CD를 발행하고 투자자는 투자를 목적으로 CD를 매입한다. 은행의 정기예금상품으로 상품의 이름 없이 금액만 표시되며, 만기에 찾아가는 것은 일반 정기예금과 같으나, 만기 전에 돈이 필요하면 유통시장을 통해 팔수도 있다.

□□□

922 **CEM** ●●○

Customer Experience Management

고객의 생각과 감정을 토대로 고객의 경험을 데이터화하여 구축한 것

기업은 모든 접점에서 고객과 관계를 맺고 각기 다른 고객 경험 요소를 서로 통합한다. 고객에게는 감동적인 경험을 갖도록 해주어 기업 가치를 높인다. 고객은 단순히 가격과 품질만을 검토하여 이성적으로 제품을 구매하는 것이 아니라, 친절한 매장 직원이나 편리한 주문시스템 같은 감성적 요인으로 구매를 하는 경향이 있다는 측면에서 등장한 고객관리 기법이다. 콜롬비아 비즈니스 스쿨의 번트 슈미트 교수의 저서 「CRM을 넘어 CEM으로」에서 처음 소개하였다.

□□□

923 **CE마크** ●●○

Conformity to European Mark

상품이 유럽연합 회원국들의 기준을 충족시키는 경우 붙이는 인증 마크

프랑스의 Conformité Européenne(유럽 공동체 인증)의 줄임말이다. 유럽 내에서 사업자가 상품을 수입하는 경우 소비자 건강이나 안전 위생 등 안전 규칙에 적합한 제품을 확인하는 인증 제도이다. 제품이 유럽연합 회원국들의 기준을 충족시키는 경우에 붙이는 인증마크로 대상 품목은에 완구류, 기계류 등이 포함된다.

□□□

924 **CF100 24/7** ●●●

Carbon Free Energy

24시간 일주일 내내 전력의 100%를 풍력, 태양력, 원자력 등의 무탄소 에너지원으로 공급받아 사용하는 것

CF100은 구글이 2018년에 새로운 지속 가능 목표로 처음 제시했으며, 2030년까지 전 사업장에서 달성하겠다고 밝혔다. 사용 전력의 100%를 재생에너지로 충당하는 RE100의 대안으로 언급되고 있는데, RE100과 가장 다른 점은 ▲ 탄소 배출이 없는 무탄소 에너지로 전력을 100% 공급한다. ▲ 재생에너지뿐만 아니라 원전, 수소, 탄소포집·활용·저장 기술 등을 포함한다. 2023년 7월 기준으로 UN 에너지가 주관하는 24/7 무탄소 에너지협약에는 구글, 마이크로소프트 등 120개 이상의 기업, 정책 당국, 투자자 등이 참여하고 있다.

A~Z 숫자

□□□

925 **CI** ❁❁❀

Corporate Identity

자기 기업에 대한 사명, 역할, 비전 등을 명확히 하여 기업 이미지나 행동을 하나로 통합하기 위해 1960년대 미국 IBM사가 처음 도입한 것

비즈니스의 효율성을 높이고, 기업이미지를 유지 · 향상시킬 수 있다. 이에 따라 사외(社外)적으로는 동일한 회사제품여부를 상대에게 식별시키고, 사내(社內)적으로는 기업의 존재의의를 인식시킨다. CI전략으로는 기업의 상호변경이나 마크제정, 로고, 슬로건, 캐치프레이즈 등 시각적 수단이 주된 것이지만, 넓은 의미에서 기업이념이나 사원의 의식변혁까지도 포함한다.

□□□

926 **CIO** ❁❀❀

Chief Information Officer

정보담당 최고경영자

정보시스템, 일반관리 부서, 기업과 외부와의 원활한 정보확보 등을 관장하며 정보기술이 기업의 경쟁우위를 달성하고 유지하는데 기여할 수 있도록 계획하고 관리하는 역할을 맡는다. CIO는 한 기능부서의 관리자가 아닌 경영자로서의 역할을 하기 때문에 기업의 IT 투자 및 활용에 매우 중요하다. 정보자원 관리와 정보의 경영적용이 기업에게 중요하게 인식되면서 CIO의 역할과 위치가 날로 강화되고 있다.

□□□

927 **CMA** ❁❁❁

Cash Management Account

증권회사가 고객의 예탁금으로 MMF, RP, 기업어음 등의 금융자산에 투자하여 얻은 수익을 고객에게 돌려주는 금융상품

은행의 보통예금처럼 입출금이 자유롭고 증권사가 책임지고 운영하므로 안정성이 높다.

□□□

928 **COSY 상품**

핵심기능만을 단순화하여 만든 상품

부가기능을 줄여 가격을 낮출 수 있는 장점이 있다. 전반적인 내수경기의 침체로 인하여 자동차와 전자기기를 중심으로 빠르게 확산되고 있으며, 불황이 계속됨에 따라 자신이 필요로 하는 기능을 갖춘 제품을 파악하여 그에 합당한 비용만을 지불하는 알뜰한 소비자가 늘어나고 있음을 반영하고 있다.

□□□

929 **CPTPP**

Comprehensive and Progressive Agreement for Trans Pacific Partnership

포괄적 · 점진적 환태평양경제동반자협정

아시아 · 태평양 지역 경제의 통합을 목적으로 만들어진 다자간 자유무역협정이다. 2005년 6월 뉴질랜드, 싱가포르, 칠레, 브루나이 등 4개국 체제로 환태평양경제동반자협정(TPP)이 출범하였으며, 2015년까지 회원국 사이의 모든 무역장벽을 철폐하는 것을 목표로 하였다. 이후 미국, 말레이시아, 베트남, 페루, 호주, 멕시코, 캐나다, 일본이 참여하여 2015년 10월 타결되었다. 2017년 1월 미국의 탈퇴로 명칭을 포괄적 · 점진적 환태평양경제동반자협정(CPTPP)으로 변경했다. 11개국이 참여하는 CPTPP가 2018년 12월 30일 발효되었다.

□□□

930 **CRB지수**

CRB가 발표하는 상품가격지수

국제적인 상품가격 조사회사 CRB사가 천연가스 · 금 · 구리 · 니켈 · 설탕 · 커피 · 옥수수 · 밀 · 오렌지주스 · 돼지고기 등 19개의 원자재 선물가격을 평균 내어 상품지수로 나타낸 지수다. 매일 동향을 파악할 수 있어서 물가의 움직임을 판단하고 국제상품 가격을 파악하는 데에 중요한 지표로 사용되고 있다. CRB지수가 상승하면 인플레이션이 예견되거나 수요증가를 의미한다고 해서 미국에서는 인플레지수로 불리기도 한다.

□□□

931 **CRM**

Customer Relationship Management

기존고객의 정보를 분석해서 고객의 특성에 맞는 마케팅을 전개하는 것으로 고객관계관리

전산시스템과 인터넷의 발달로 다양한 고객관리를 하는 새로운 마케팅 기법이다. 고객에 대한 정보자료를 정리 · 분석해 마케팅 정보로 변환하여 얻은 고객의 구매 패턴을 바탕으로 마케팅프로그램을 개발 · 실현 · 수정하는 고객 중심의 경영 기법이다. 기업이 고객의 성향과 욕구를 미리 파악해 이를 충족시켜 주고, 기업이 목표로 하는 수익이나 광고 효과 등 원하는 바를 얻어낸다.

상식더보기 CRM 예시

영화관을 예로 들자면, 회원카드를 통하여 고객이 어떤 영화를 얼마나 자주 보고 언제 보는가를 CRM을 통해 고객의 취향을 파악한다. 취향에 맞는 영화가 개봉될 때를 맞춰 할인쿠폰이나 개봉정보를 알려줄 수 있다. 이 경우 무작위로 정보를 보내는 것보다 비용과 효과면에서 유리할 것이다.

□□□

932 **CSR**

Corporate Social Responsibility

기업의 사회적 책임

신뢰성 있는 상품을 만드는 것부터 이윤의 사회환원, 환경정화활동, 각종 봉사활동, 정당한 세금납부, 재무투명성확보, 근로자권익 향상, 질서 있는 경쟁 등의 내용을 포함하는 사회적 책임을 적극적으로 수행하는 경영기법이다. 이를 실천하는 기업은 기업의 지속가능성 확보는 물론이고, 브랜드가치가 높아지는 등의 부수적 효과가 발생한다는 개념을 갖는다.

□□□

933 **DB형 퇴직연금** ❁❁❁

근로자가 퇴직할 때 받을 퇴직급여가 사전에 확정된 퇴직연금제도

사용자가 매년 부담금을 금융회사에 적립하여 책임지고 운용한다. 운용 결과와 관계없이 근로자는 사전에 정해진 수준의 퇴직급여를 수령하는 확정급여형 연금이다. DB형은 회사의 책임으로 퇴직 적립금을 은행 · 보험사 등 외부 금융회사에 맡겨 운용한다. 수익이 나도 회사가 갖고, 손실이 나더라도 회사가 책임진다. 근로자가 퇴직할 때 받는 돈에는 차이가 없다.

□□□

934 **DC형 퇴직연금** ❁❁✿

사용자가 납입할 부담금(매년 연간 임금총액의 1/12 이상)이 사전에 확정된 퇴직연금제도

기업의 부담금은 확정되어 있으나 근로자가 받는 퇴직급여는 확정되지 않고 운용수익에 따라 달라지게 된다는 점이 DB형과 다르다. DC형은 회사가 퇴직 적립금을 근로자 개인의 퇴직연금 계좌로 보내주고 근로자 자신이 금융회사 선택에서부터 편입 상품까지 직접 골라 운용한다. 근로자가 운용을 책임지기 때문에 퇴직 때 받는 돈이 차이가 날 수 있다. 각 회사는 노사 합의에 따라 DB형과 DC형을 선택할 수 있다. 회사별로 DB형이나 DC형 한쪽만 있는 경우도 있고, 근로자가 선택할 수 있도록 하는 회사도 있다.

□□□

935 **D세대** ●●○

어릴 때부터 자연스럽게 휴대폰, 인터넷 등 IT기기를 다루며 성장한 디지털 네이티브인 10대

삼성경제연구소의 「글로벌 D세대의 소비트렌드」라는 보고서에서, 국가나 지역에 따라 이질적이던 10대들이 글로벌 브랜드를 공유하는 동질적 기호 집단화되는 세대를 '글로벌 D세대'라고 명명했다. D세대들은 취향이 비슷해지고 있어 전 세계 소비시장을 좌우할 것으로 보고 있다. 이들 D세대의 소비 특징으로는 자신의 실체를 드러내지 않고 온라인 네트워크 등을 주력으로 특정 문화와 라이프스타일을 대표하는 아이콘 상품들을 추종하며, 자신의 존재를 부각하는 새로운 패션추구와 사회적 풍자, 일탈 등 반항적 코드가 담긴 콘텐츠를 선호한다. 글로벌 D세대가 선호하는 디자인, 기능, 가치관 등의 변화를 주기적으로 모니터링해 제품개발에 반영해야 하며, 특히 하나의 매력 포인트를 부각하는 감성적 방식으로 인터넷을 적극 활용하는 게 효과적이라고 분석했다.

□□□

936 **EBITDA** ●●○

Earnings Before Interest, Taxes, Depreciation and Amortization

기업이 영업 활동으로 벌어들인 현금 창출 능력을 나타내는 지표

이론적으로는 이자 비용와 법인세 공제 전 이익에서 감가상각비와 무형자산상각비를 더해 구하지만, 편의상 영업이익과 감가상각비의 합으로 계산한다. EBITDA는 이자 비용을 이익에 포함하기 때문에 자기자본과 타인자본에 대한 기업의 실질 이익 창출을 포함하며, 현금 지출이 없는 비용인 감가상각비를 비용에서 제외함으로 기업이 영업 활동을 통해 벌어들이는 현금 창출 능력을 보여주게 된다. 따라서 EBITDA는 수익성을 나타내는 지표로, 기업의 실가치를 평가하는 중요한 잣대로 쓰인다. 또한 EBITDA는 국가 간 또는 기업 간 순이익이 상이하게 계산되는 요인(세제 차이 등)을 제거한 후, 기업의 수익 창출 능력을 비교할 수 있는 지표로 널리 활용된다.

☐☐☐

937 **ELS** ❁❁❁

Equity Linked Securities

개별 주식의 가격이나 주가지수와 연계되어 수익률이 결정되는 파생상품

금융기관과 금융기관, 금융기관과 일반기업 간의 맞춤 거래를 기본으로 하는 장외파생상품이다. 거래의 결제 이행을 보증해주는 거래소가 없기 때문에 일정한 자격을 갖춘 투자매매업자만이 ELS의 발행이 가능하다. 영업용순자본비율이 300% 이상이다. 장외파생상품 전문 인력을 확보하고, 금융위원회가 정하는 '위험 관리 및 내부 통제 등에 관한 기준'을 충족하는 투자매매업자가 ELS를 발행할 수 있다. 수익률을 받게 되는 조건과 구조가 다양하기 때문에 투자자의 시장에 대한 관점과 위험 선호도에 따라 폭넓은 선택이 가능하다.

☐☐☐

938 **EMV** ❁❁✿

세계 3대 신용카드 회사의 표준규격

벨기에의 유로페이, 미국의 마스터 카드, 비자카드 등 3개사가 결제하는 IC카드의 표준규격으로 3개사의 앞 글자를 따서 EMV라고 부른다.

☐☐☐

939 **ESG** ❁❁❁

Environmental, Social and Governance

환경보호, 사회공헌, 법과 윤리를 준수하는 경영방식

친환경, 사회적 책임 경영, 지배구조를 개선하는 기업 활동을 투명하게 경영해야만 기업 발전이 지속이 가능하다는 것이다. 기업의 재무적인 성과만 판단하던 이전 방식과는 다르게 장기적 관점에서 기업 가치, 지속가능성에 영향을 주는 ESG 등의 비재무적 요소에 무게를 두고 평가한다. 기업 ESG를 활용한 투자 방식은 투자자들이 장기적인 수익을 추구할 수 있도록 하며, 기업의 행동은 사회에 이익이 되는 방향으로 향한다.

□□□

940 **ERP**

Enterprise Resources Planning

기업 내의 통합정보시스템을 구축하는 것

ERP를 처음 사용한 것은 미국 코네티컷주의 정보기술컨설팅회사인 가트너그룹으로 알려져 있으며, ERP를 제조업무시스템을 핵으로 재무회계와 판매, 그리고 물류시스템 등을 통합하는 가상기업을 지향하는 시스템이라고 정의했다. ERP는 인사, 재무, 생산 등 기업의 전 부문에 걸쳐 독립적으로 운영되던 인사정보시스템, 재무정보시스템, 생산관리시스템 등을 통합, 기업 내의 인적 · 물적인 자원의 활용도를 극대화하고자 하는 경영혁신기법이다.

□□□

941 **EU**

European Union

유럽의 정치 · 경제 통합을 실현하기 위하여 마스트리흐트 조약에 따라 사용된 유럽공동체 명칭이다

1946년 윈스턴 처칠은 유럽에 국제연합과 유사한 기구의 필요성을 언급하여 1950년 장 모네가 석탄 및 철광석 채굴을 위한 프랑스－서독 간의 공동사무소 설치에 관한 계획을 당시 프랑스의 외무부장관 로베르 쉬망이 건의함으로서 최초로 유럽공동체에 대한 중앙유럽국가 간의 토론이 이루어졌다. 1951년 프랑스, 독일, 이탈리아, 벨기에, 네덜란드, 룩셈부르크 6개국은 석탄 및 철광석채굴에 관한 조약인 유럽석탄철가공동체(ECSC)를 체결하였고, 1957년 로마조약을 체결함으로서 유럽경제공동체(EEC)의 발판이 놓였다. 유럽원자력공동체(Euratom)와 유럽경제공동체(EEC)가 1967년 통합되어 EC라는 명칭을 사용해오다 1994년 EU로 개칭을 하였다.

□□□

942 **FAANG**

미국 IT 산업을 선도하는 5개의 기업

페이스북(Facebook), 아마존(Amazon), 애플(APPLE), 넷플릭스(N etflix), 구글(Google)을 일컫는다.

□□□

943 **FOMC** ●●●

Federal Open Market Committee

미국 연방 공개시장위원회

미국의 중앙은행제도인 연방준비제도의 핵심기관인 연방준비제도이사회(FRB)의 통화 · 금리 정책을 결정하는 기구이다. 1년에 8번 정례회의를 통한 결정은 향후 미국의 경기를 예측하는데 중요한 역할을 한다. FOMC는 연방준비제도이사회의 이사 7명과 뉴욕연방준비은행 총재, 그리고 뉴욕연방준비은행 총재 외 11명의 연방준비은행 총재 중 4명이 교대로 1년씩 위원으로 선출된다. FOMC의 위원장은 연방준비제도이사회 의장이 맡으며 부위원장은 뉴욕연방준비은행 총재가 맡는다.

□□□

944 **Fragile 5** ●○○

세계 5대(브라질, 인도네시아, 인도, 터키, 남아프리카공화국) 취약통화를 나타내는 용어

가치가 하락할 가능성이 큰 브라질, 인도네시아, 인도, 터키, 남아프리카공화국의 통화를 일컫는 말이다. 세계적 투자은행 모건스탠리가 실질실효환율(REER) 수준, 경상수지 등을 비교해 고안한 것으로 5개국은 미국의 출구전략으로 금융 불안이 고조되고 있다는 공통점을 가졌다. 외환시장이 취약한 5개국으로 인도, 남아공, 터키, 브라질, 인도네시아 등이 이에 속한다. 여기에 헝가리, 칠레, 폴란드 3개국을 더해 '취약 8개국(Fragile 8)'으로 부른다.

□□□

945 **FTSE 지수** ❁❁❁

Financial Times Security Exchange

영국 유력 경제지인 파이낸셜타임스와 런던증권거래소가 공동 소유하고 있는 FTSE그룹이 작성해 발표하는 주가지수

모건스탠리 MSCI 지수와 함께 세계 2대 지수로 투자자들에게 영향력을 행사하고 있다. FTSE는 48개국의 주식을 다루고 있으며, 시장지위에 따라 선진시장, 선진신흥시장, 신흥시장, 프런티어시장 등으로 구분된다. 선진시장에 편입된 국가는 미국, 영국, 독일 등 24개 국가로 2008년 9월부터 이스라엘이 추가되었으며, 우리나라는 2008년 9월 선진신흥시장에 포함되어 약 40 ~ 50억 달러 규모의 외국인 투자자금의 국내 유입을 기대했고, FTSE 지수를 따르는 글로벌 자금 규모는 약 4조 달러로 추정했다.

□□□

946 **G20** ❁❁❁

선진 및 신흥 20개국의 재무장관 및 중앙은행총재 회의

1973년 미국의 재무장관의 발의로 미국, 프랑스, 영국, 독일, 일본의 5개국 경제장관의 회합을 계기로 급변하는 국제경제 환경에 따른 경제문제를 조정하기위해 연례회의를 가질 것을 제안하면서 그 뒤 이탈리아, 캐나다가 합류하면서 G7으로 발전, 러시아가 합류하면서 G8로 확대되었으며, 신흥 경제국들의 빠른 성장으로 세계경제에서 차지하는 비중이 커감에 따라 선진국과 신흥경제국을 포함한 새로운 경제협력기구가 만들어졌다. 기존의 G7국에 한국, 중국, 인도, 아르헨티나, 브라질, 멕시코, 러시아, 터키, 호주, 남아프리카공화국, 사우디아라비아, 인도네시아, 유럽연합의장국 등이 포함되어 G20이 되었다. 1999년 12월 첫 회의가 열린 이래 매년 정기적으로 회원국의 재무장관과 중앙은행 총재가 회담하다가 세계적 금융위기 발생을 계기로 2008년부터 정상급 회의로 격상되었다. 주요의제로는 국제금융현안이나 특정지역의 경제위기재발방지책, 선진국과 신흥 시장 간의 협력체제 구축 등이 논의되고, IMF(국제통화기금), IBRD(세계은행), ECB(유럽중앙은행)이 회의에 참석한다. 2010년 11월 11 ~ 12일 한국의 서울에서 열린 바 있다.

□□□

947 **G7** ❁❁❁

7개국(미국, 영국, 프랑스, 독일, 이탈리아, 일본, 캐나다)의 선진국

1975년 두 차례의 석유위기를 겪은 후에 세계경제는 인플레이션과 에너지 등으로 어려움을 겪고 있을 때 이러한 세계경제의 여러 가지 어려운 문제들을 협의하기 위해 지스카르 데스탱 프랑스 대통령의 제안으로 미국, 영국, 프랑스, 이탈리아, 독일, 일본 6개국 정상들이 모인데서 출발(G6)하고 이후 1976년에 캐나다가 합류하면서 G7이 되었다. 그 후 1991년에 러시아는 구소련의 이름으로 준회원처럼 참석하다가 1997년에 정회원으로 가입하여 G8이 되었다. 따라서 통상적으로 G7이라고 하면 미국, 영국, 프랑스, 독일, 이탈리아, 일본, 캐나다 등 7개 선진국을 말하며, 이들 국가들의 재무장관과 중앙은행총재(미국은 연방준비제도 이사회 의장)가 연석으로 1년에 두세 차례씩 회동하여 세계경제향방과 각국 간의 경제정책협조 조정문제를 논의하는데 이를 G7 회의라고 하며, 1년에 한 번씩 각국 대통령 및 총리가 참가하는 G7 정상회담도 개최해오고 있다.

+상식더보기 G8

G7은 미국, 영국, 프랑스, 독일, 이탈리아, 일본, 캐나다 등 7개 선진국이며, 1991년에 러시아는 구소련의 이름으로 준회원처럼 참석하다가 1997년에 정회원으로 가입하여 G8이 되었다.

A~Z 숫자

□□□

948 **G – 제로** ❁❁❁

국제사회를 주도할 리더가 없는 상태

국제사회를 주도할 리더가 없는 상태를 뜻하는 용어로 2011년 세계경제포럼에서 언급되었다. G – 제로 시대에는 국제사회를 이끌던 강력한 국가가 사라져 오판에 의한 우발적 충돌이 발생할 가능성이 높으며 글로벌 불확실성이 커질 것이라고 경고하였다.

□□□

949 **GATT** ❁❁❁

General Agreement on Tariff and Trade

관세장벽과 수출입 제한을 없애고 국제무역을 증진시키기 위하여 1947년 제네바에서 미국을 비롯한 23개국이 조인한 국제무역협정

제네바관세협정이라고도 한다. 1995년 세계무역기구(WTO)로 대체되기 전까지 전 세계 120여 개국이 가입하였으며, 한국은 1967년 4월 1일부터 정회원국이 되었다. 1980년대에 들어, GATT는 미국의 경상수지 적자 증대로 인한 경쟁력 약화와 세계 경제 불균형 심화, 일본의 경제 대국화 그리고 관세와 비관세 장벽 등에서 신보호주의 경향의 심화, 무역 분쟁 증대로 인한 기존 무역질서에 대한 신뢰 저하 등의 한계점이 지적되기 시작했다. 이러한 GATT 체제는 1995년 1월 세계무역기구(WTO)가 출범하면서 막을 내렸다.

+상식더보기 GATT 주요 내용

① 회원국 상호 간의 다각적 교섭으로 관세율을 인하하고 회원국끼리는 최혜국대우를 베풀어 관세의 차별대우를 제거한다.
② 영연방 특혜와 같은 기존 특혜관세제도는 인정한다.
③ 수출입 제한은 원칙적으로 폐지하며 수출입 절차와 대금 지불의 차별대우를 하지 않는다.
④ 수출을 늘리기 위한 여하한 보조금의 지급도 금지한다.

□□□

950 **GDR** ❁❁

Global Depositary Receipts

해외주식예탁증서

전 세계 주요 금융시장에서 동시에 발행, 유통되는 주식예탁증서(DR)로 특정지역의 영향을 받지 않아 신용도가 우수한 기업들이 주로 발행하고 있다. 주식예탁증서는 발행지역에 따라 일반적으로 전 세계 금융시장에서 동시에 발행되는 GDR과 발행 상 편의와 비용 감소를 위해 미국에서만 발행되는 ADR로 구분된다.

상식더보기 DR

외국에서의 우리나라 주식거래는 주권의 수송문제, 문화의 차이로 원활한 유통이 어렵다. 따라서 유통편의를 위해 발행주식을 예탁기관에 맡기고 예탁기관이 발행주식을 근거로 발행하는 예탁증서를 DR이라 한다.

□□□

951 **GMO** ❁❁❁

Genetically Modified Organisms

유전자 변형 농산물로 생물체의 유전자 중 필요한 유전자를 인위적으로 분리 · 결합하여 제초제 저항성, 병해충 저항성, 저장성 향상, 고영양성분함유 등의 특성을 지닌 농산물

유통량이 늘고 있는 유전자변형농산물은 수량증대, 품질향상 등 좋은 점이 있는 반면에, 소비자 · 환경단체 등을 중심으로 인체 및 환경에 대한 잠재적 위해성에 대한 논란도 계속되고 있다. 옹호론자들은 해충과 잡초에 대한 저항성 등 원하는 품종의 개량을 단시간에 이루어 내거나, GMO를 식품생산에 활용함으로써 식품 및 곡물생산의 효율성과 수확량을 대폭 높일 수 있다고 주장하고 있지만, 소비자 · 환경단체에서 식량문제는 양의 문제가 아니라 분배의 문제라고 반박하고 있다.

□□□

952 **GSP** ❁❁

Generalized System of Preferences

일반특혜관세

개발도상국의 산업화와 수출 경쟁력 강화를 통한 경제성장을 지원하기 위해 개도국에서 생산된 제품을 수입할 때 관세를 없애거나 세율을 낮춰 주는 제도이다. 1971년 유럽공동체(EC) 6개국에서 처음 도입되어 현재에는 미국과 유럽연합(EU), 일본 등 37개국이 이 제도를 운용하고 있다. 대한민국은 2000년에 GSP 수혜국가에서 벗어난 후 10년 만에 GSP를 부여하는 나라가 되었다.

A~Z 숫자

□□□

953 **HACCP** ✿✿✿

Hazard Analysis and Critical Control Point

식품의 원재료 생산에서부터 제조, 가공, 보존, 유통 및 최종소비자까지의 전 과정에서 식품안전을 위협하는 요소를 걸러내어 식품의 안전성을 확보하기 위한 과학적인 위생관리체계

'식품위해요소 중점관리기준'을 의미한다. HACCP(식품안전관리인증)는 위해분석인 HA와 중요관리점인 CCP로 구성되어 있다. 구체적인 시행방안은 단계별로 분석 · 평가한 세부위해요소(HA)를 사전에 제거해 나가기 위한 중점관리점검항목(CCP)을 설정한 후, 단계별로 종사자가 매일 또는 주기적으로 각 중점관리항목을 자체적으로 점검하여 위해요인을 제거하도록 하고 있다. 안전한 우주식량을 만들기 위해 필스버리사와 미육군 나틱연구소가 공동으로 HACCP를 실시한 것이 최초이다.

□□□

954 **IBRD** ✿✿

International Bank for Reconstruction and Development

개발도상국의 투자자금조달을 위해 설립된 국제은행으로 세계의 은행

국제부흥개발은행의 약칭으로, 각 국의 경제부흥과 개발촉진을 목적으로 설립하였다. 1944년의 브레튼우즈협정에 기초해 1946년 6월에 발족한 국제금융기관이다. IBRD에서 대출을 받으려면 차입국의 정부보증이 필요하다. 장기의 조건이 엄격한 융자인 하드 론(Hard Loan)을 행하며, 융자방식은 전체융자액의 50 ~ 55%는 협조융자방식으로 지원하고, 그 재원은 2국이나 다자간 공적차관을 비롯해 각국의 수출신용과 상업차관에서 마련된다. 우리나라는 1955년에 가입했고, 1970년 대표이사로 선임되었으며, 1985년 10월 제40차 총회가 서울에서 개최된 바 있다.

□□□

955 **H주식** ❁❁❁

홍콩 증권거래소에 상장된 중국 기업의 주식

우리나라에 소개된 차이나펀드들은 홍콩증시에서 거래되는 H주식의 투자비율이 높은 편으로, 홍콩 증권거래소에서 거래되는 43개의 우량종목으로 구성되는데, 투명성이 높고 에너지, 신소재, 산업제 등의 업종이 대부분을 차지해 외국 투자자들이 관심을 갖는 중국의 대표적인 주식이다.

□□□

956 **IFA** ❁❁❁

Internationale Funkausstellung

매년 독일 베를린에서 1주 간의 일정으로 열리는 유럽 최대 디지털 오디오 비디오(AV) 멀티미디어 전시회

지난 2005년까지 격년제였다가 2006년부터는 해마다 열리고 있다. 이 행사에는 통상적으로 전세계 40여 개국 1,000여 개 업체들이 참가해 PDP · LCD TV, 홈시어터, 셋톱박스, MP3 플레이어, 노트 PC, 모바일기기 등을 전시한다.

□□□

957 **ILO** ❁❁❁

International Labour Organization

UN의 전문기구로서 노동자의 노동조건 개선 및 지위를 향상시키기 위하여 설치한 기구

1919년 베르사유조약을 근거로 창설된 이후, 1948년 UN 총회에서 채택된 국제노동헌장에 따라 국제연합 산하 전문기구로서 운영되기 시작하였다. 한국은 1991년 12월 가입하였다. 각국의 노동입법 수준을 발전시켜 노동조건을 개선하고 사회정책과 행정 · 인력자원을 훈련시키며 기술을 지원하는 역할을 한다. 이를 위해 국제 노동통계를 수집하고, 불완전고용, 노사관계, 경제발전 등에 대한 연구를 수행하는데, 이러한 조사 · 연구결과를 이용해 「국제노동평론」과 「노동통계연감」을 발간한다. 그동안의 폭넓은 활동이 인정되어 1969년엔 노벨평화상을 받기도 했다.

□□□

958 **IMF** ✪✪✪

International Monetary Fund

국제통화기금

가맹국의 출자로 공동의 기금을 만들어 각국이 이용토록 함으로써 각국의 외화자금조달을 원활히 하고, 나아가서는 세계 각국의 경제적 번영을 가져오도록 하는 것을 목적으로 1947년 3월에 설립되었다. 본부는 미국 워싱턴에 있다. 우리나라는 1955년에 가입했다. 가맹국은 각각의 출자금에 비례하여 총회에서 의결권을 갖는다. 국제유동성을 확충하기 위해 1956년과 1965년에 출자금을 증액하였고, 1968년 4월에는 IMF협약을 개정하여 제3의 통화로 불리는 특별인출권(SDR)을 만들었다. 설립취지는 국제수지가 일시적인 불균형에 처한 나라에 신용을 제공하는 것 등 국제통화제도의 안정을 도모하자는 것이었으나, 1973년 변동환율제 이행으로 원래의 기능이 변질되어, 개발도상국 및 구 사회주의권에 대한 구제 금융을 실시하고 있다. 1998년에 열린 53차 IMF – IBRD 연차총회에서는 건전한 금융시스템 확보와 민간 부문 참여를 보장하는 등 IMF의 투명성 제고를 강조하였으나, 이러한 조치들을 비롯하여 IMF가 추진하고 있는 세계적인 사업들이 미국 중심의 일방적인 세계화를 관철시키기 위한 방편이라는 비판이 일고 있다.

□□□

959 **IOPC** ●●○

International Oil Pollution Compensation

각국의 정유사와 관련회사의 분담금으로 조성하는 국제 유류오염보상기금

기름유출사고로 피해를 입은 국가의 정부가 방제비용이나, 재산상의 손실 등을 청구하면 실사를 통해 보상금을 산정하여 지급한다. 책임한도액이 1천 300억 원을 초과할 경우 최대 3천억 원까지 보상을 해준다. 우리나라에서 삼성중공업 예인선과 허베이스피리트호가 충돌하여 벌어진 기름유출사고로 태안일대 해안 71㎞와 100여 개가 넘는 도서(島嶼) 등에 광대한 피해를 입힌 대형사고에 국제유류오염보상기금(IOPC)은 오염 피해를 5,700억 원으로 추정했다. 하지만 전문가들은 실제 환경오염피해는 향후 10년간 매년 1조 3,000억 원으로 추산하고 그 피해복구도 20년이 넘게 소요될 것으로 예측한다. 문제는 이와 같은 대형 유류오염사고의 위험성이 상존한다는 것이다.

□□□

960 **IPO** ●●●

Initial Public Offering

기업이 주식을 외부투자자에게 처음으로 공개하는 주식공개나 기업공개

주식공개를 하려면 회사경영과 관련된 사항을 투명하게 공개하고 시장상황에 따른 주식공개시기와 파트너 선택에 신중해야 한다. 주식공개방식은 증권감독원이 동종업계의 주가와 공개기업의 내재가치 등을 고려해 공모가격을 산정한다. 주식가격은 발행업체와 증권사, 투자은행 등 주간사 금융기관이 결정하며, 주식공개를 하면 기업소유의 분산이 이루어지고, 자금조달능력이 높아지며, 주식가치에 대한 공정한 평가를 받을 수 있고, 세제혜택도 있다.

□□□

961 **ISO 9000 시리즈**

국가마다 다른 공업규격을 조정·통일하고 물자 및 서비스의 국제교류를 원활히 하기 위한 국제기구

ISO 9000 시리즈(품질경영규격)는 공급자에 대한 품질경영 및 품질보증의 국제규격을 말한다. 세계 경제가 글로벌화 되고 있는 상황에서 국가와 조직(기업 등)에 따라 품질보증에 대한 개념은 서로 상이하다. 이에 따른 제품과 서비스의 자유로운 유통이 방해 받지 않도록 하기 위하여 ISO 9000 시리즈가 제정된 것이다. ISO 9000 시리즈는 9000과 9001 ~ 9004의 5가지 규격으로 구성되어 있다. 9000은 품질 경영, 품질보증규격 등에 대한 선택 사용 지침이며, 9001은 제품의 설계에서 서비스까지를 다루는 가장 종합적인 품질 보증 시스템 모델로 품질 경영시스템에 관한 국제규격을 제공한다. 9002는 생산 설치에 있어서 품질 보증 모델을, 9003은 최종 검사 및 시험에 있어서의 품질 보증 모델을 제공한다. 9004는 마케팅, 제품안전과 책임, 품질원가 등 지침을 제공한다. ISO 9000 규격은 영국의 BS 5750을 기본으로 하기 때문에 유럽과 미국의 개념과 습관의 영향을 크게 받고 있다. 따라서 계약주의, 매뉴얼작성, 검증중시, 시스템지향 등의 특징을 갖는다.

□□□

962 **ISO 26000**

ISO 26000은 국제표준화기구인 ISO가 추진하고 있는 사회적 책임(SR) 국제표준안의 이름

미래의 국제표준이 될 ISO 26000(사회적 책임)은 미국 에너지 기업 엔론의 회계부정 사건과 나이키의 아동학대 등을 계기로 국제사회에서 논의가 시작돼 2005년부터 본격적인 제정작업에 들어갔다. ISO 26000은 기업은 물론 정부와 NGO에 지배구조 개선, 인권 신장, 노동관행 개선, 환경보호와 공정거래 등을 통해 소속 사회에 도움이 되도록 노력할 것을 요구한다. 세계인권선언, 국제노동기구(ILO) 협약, 기후변화협약, 유엔 소비자보호지침 등 각종 국제 지침을 총망라한 행동지침 안내서이다. ISO 26000은 세계적인 SR라운드로 확대되고 있으며, 비관세방벽으로도 작용할 수 있을 전망이다. ISO 26000은 강제 집행사항은 아니지만, 국제사회의 판단 기준이 될 수 있기 때문에 기업이 국제표준에 어긋난 행동을 했을 경우 무역 마찰이나 불이익을 받을 수 있다.

□□□

963 **ITU 전권회의**

International Telecommunication Union Plenipotentiary Conference

국제연합(UN) 산하 전기 · 정보통신 분야 전문기구인 국제전기통신연합(ITU)의 최고 의결회의 전기통신 분야의 세계적인 기준이나 규약을 논의하는 회의

ITU 회원국의 ITU장관이 참여해 최종 의사 결정회의로 진행하며 4년마다 3주 걸려 개최된다. ITU는 범세계적인 정보통신기술의 표준화, 주파수 할당 및 관리, 국제전파규칙 제정 등을 담당하는 기구로, 1865년 설립된 국제전신연합을 기원으로 하는, 세계에서 가장 오래된 국제기구이다. 1980년부터 사용된 긴급 구조신호도 국제전신연합에서 정한 국제규약이다.

□□□

964 **J커브 효과**

J Curve

일정 기간이 지난 후 경상수지 개선으로 나타나는 현상

환율이 오르면 경상수지가 개선되고, 환율이 내리면 경상수지도 악화되는데, 실질경제에서는 환율상승이 금방 경상수지 개선으로 나타나지 않고 오히려 경상수지가 악화되는 경우가 발생한다. J커브 효과가 나타나는 이유는 두 가지로 들 수 있는데, 하나는 시간차이 때문으로 환율이 오르더라도 오르기 전 가격으로 체결된 계약이 남아 있기 때문에 시장에 즉각 반영되지 않으며, 또 하나는 소비자의 반응속도로 환율상승으로 인한 가격변화가 소비습관을 바꾸는 데는 시간이 걸리기 때문이다.

□□□

965 **KIKO**

Knock In, Knock Out

기업과 은행이 환율의 범위를 정해 놓고 그 범위 내에서 지정환율로 외화를 거래하는, 환율변동에 따른 위험을 피하기 위한 환헤지 통화파생상품

약정환율과 상 · 하단의 변동폭을 정해놓고, 환율이 상 · 하단의 변동폭 안에서 변동한다면 약정환율을 적용받고, 하한 이하로 떨어지면 계약이 무효가 되고, 상한 이상으로 올라가면 약정액의 1 ~ 2배를 약정환율에 매도하는 방식이다. 예를 들어, 수출기업이 환율의 변동폭을 상 · 하단 900 ~ 1,000원, 약정환율 1,000원으로 1백만 달러로 키코계약을 체결했을 때, 환율이 상 · 하단 범위 내인 950원이라면 달러당 50원씩 환차익을 누리게 된다. 반면, 환율이 900원 밑으로 내려가면 녹아웃되어, 계약이 종료되어 업체는 환손실을 입는다. 반면 환율이 상단보다 높은 1,050원이 되어 녹인이 되면 달러당 50원씩 손해를 본다. 결국 환율이 900 ~ 1,000원 사이에서 움직일 때만 손해를 보지 않는 구조이다. 이처럼 환율이 변동폭 내에서 변동한다면 기업에 이익이 되지만, 이익에 비하여 손실가능성이 크다. 2008년 우리나라에서 환율이 급등하였을 때 키코계약을 하여 중소기업들이 큰 손실을 보았으며, 환차손으로 인하여 흑자도산 되기도 했다.

□□□

966 **KMS**

Knowledge Management System

지식관리시스템

기업조직 내의 인적자원들이 축적되어 있는 지식들을 체계화하여 공유함으로써 기업경쟁력을 향상시키기 위한 기업정보시스템이다. 인적자원이 소유하고 있는 비정형 데이터인 지적자산을 기업 내에 축적·활용할 수 있도록 하자는 것이다. 지식은 데이터 단계를 거쳐 현실 세계에서 생성·제공된 수많은 데이터가 분석과정과 의미파악을 통해 정보로 산출되며, 정보는 일정한 규칙이나 약속 및 파일링 등을 통해 체계화되어 데이터베이스형태로 구축·활용되면서 전략적 가치분석과 인지적 처리경로를 거쳐 지식으로 생성된다. 이처럼 지식화 과정을 효율적으로 관리, 활용함으로써 부가가치창출 및 경쟁력의 확보에 기여하는 활동이 지식관리이다. 조직 내의 지식을 관리하기 위한 분산 하이퍼미디어시스템으로서, 기업의 환경이 물품을 주로 생산하던 산업사회에서 지적재산의 중요성이 커지는 지식사회로 이동함에 따라 기업경영을 지식이라는 관점에서 새롭게 조명하는 접근방식이다. KMS는 그동안 회계나 영업, 생산 등의 분야에서 활용되던 정형화된 수치정보의 분석에서, 이제는 직원 개개인의 업무수행 중 축적한 비정형정보를 활용하여 기업의 효율성을 높이자는데 근본 취지가 있다.

□□□

967 **LLC**

Limited Liability Company

유한책임회사의 약자

회사의 주주들이 채권자에 대하여 자기의 투자액의 한도 내에서 법적인 책임을 부담하는 회사이다. 파트너십에 주식회사의 장점을 보완해서 만들어진 회사형태다.

□□□

968 **LP** ❁❁❁

Limited Partner

사모펀드(PEF)에 자금을 위탁하는 투자자

투자한 금액만큼 책임을 진다고 해서 유한책임사원이라고도 부른다. 사모펀드 운용사(GP)가 투자 펀드를 조성할 때 해당 펀드에 자금을 출자하는 연기금, 공제회, 금융기관이 주요 LP다. 일반 기업들이 펀드출자자(LP)로 참여하는 경우도 늘어나고 있는데 이는 기업들이 펀드 출자자로서 피합병 기업의 정보나 인수 과정을 면밀히 들여다볼 수 있기 때문이다.

□□□

969 **M&A** ❁❁❁

Merger & Acquisition

기업의 인수와 합병

2개 이상의 회사가 계약에 의하여 청산절차를 거치지 않고 하나로 합병하는 것을 말한다. 기업합병과 경영권을 획득하는 기업인수가 결합된 개념이다. 기업의 자산과 부채를 포함한 모든 권리와 의무가 합병법인에게 이전되고 대가로 합병법인은 주주들에게 합병법인의 주식과 합병교부금을 지급한다. 기업분할은 회사가 독립된 사업부문의 자산과 부채를 포괄적으로 이전하여 1개 이상의 회사를 설립함으로써 1개 회사가 2개 이상의 회사로 나누어지는 것을 의미하는데, 자산과 부채를 포괄적으로 이전하는 회사를 분할회사, 자산과 부채를 이전받는 회사를 분할신설회사라 한다. M&A의 방법으로는 주식인수와 기업합병, 기업분할, 영업양수도 등이 있다.

□□□

970 **MAANG** ❁❁❁

미국 IT 산업을 선도하는 5개의 기업

마이크로소프트(Microsoft), 아마존(Amazon), 애플(Apple), 넷플릭스(Netflix), 구글(Google)를 일컫는다. FAANG(페이스북, 아마존, 애플, 넷플릭스, 구글)을 사용하다 개인정보 유출 등의 불미스러운 사건으로 하락세를 보이던 페이스북을 제외하고 다양한 수익 구조로 투자 매력이 높다고 평가되는 마이크로소프트가 포함되면서 MAANG이라는 용어가 생겨났다.

☐☐☐

971 **MBO** ❁❁❁

Management Buy Out

기업을 매각할 때 기업의 경영진이 기업의 전부 또는 일부 사업부를 인수해 신설 법인으로 독립하는 기업 구조조정 방법

기업의 적자가 계속되거나, 기업 경영에 한계가 드러나 이를 팔 경우, 해당 기업의 경영진이 기업의 전부 또는 일부 사업부나 계열사를 인수하는 기업 구조조정의 한 방법이다. 다른 방법보다는 해고의 비율이 적다는 이점 때문에 한국에서도 국제통화기금(IMF) 체제 이후 많은 관심을 모았다. 특히 기업 측면에서는 한계기업을 매각해 자본이 축소되고, 현금의 유입으로 인해 수익성과 기업가치가 높아진다는 장점을 가지고 있을 뿐 아니라, 기업 구조조정과 고용조정, 고용안정 및 경영능력의 극대화를 동시에 이룰 수 있어 영국의 국영기업과 미국의 기업 등에서는 일찍부터 널리 활용되고 있는 방법이다. 매수 형태는, 적자기업이 소유권과 경영권을 가지고 책임경영을 하되, 기업인수는 투자은행이나 벤처 캐피털로부터 자금을 대출받아 한다.

☐☐☐

972 **MDB** ❁❁

Multilateral Development Bank

다수의 차입국 또는 개도국과 다수의 재원공여국 또는 선진국이 가입자격에 제한없이 참여해서 경제개발자금을 지원하는 은행

세계은행(WBk)그룹, 아프리카개발은행(AfDB), 아시아개발은행(ADB), 유럽부흥개발은행(EBRD) 그룹이 대표적이다. 카리브해연안개발은행, 중미경제통합은행, 동아프리카개발은행, 서아프리카개발은행 등 소지역은행들도, 주로 차입국이기는 하나 다수의 국가가 참여하고 있다는 점에서 MDB로 보기도 한다. 유럽투자은행, 이슬람개발은행, 북유럽투자은행, 국제농업개발기금, OPEC기금 등은 가입자격이 제한적이거나 특정분야를 지원 대상으로 하고 있기 때문에 MDB가 아닌 기타 다자간 금융기구(Other MFI)로 분류한다.

□□□

973 **MERCOSUR** ●○○

Mercado Comn del Sur

메르코수르는 남아메리카 지역의 자유무역과 관세동맹을 목표로 결성된 경제공동체인 남미공동시장

1991년 3월 아순시온 협약에 의해 설립되고, 같은 해 11월부터 운영에 들어갔으며, 동일외부관세체제를 만들어 1999년부터는 회원국들 사이의 무관세지역을 설정했다. 메르코수르의 목적은 물류와 인력 그리고 자본의 자유로운 교환 및 움직임을 촉구하며, 회원과 준회원 나라들 사이의 정치 · 경제 통합을 증진시키는 것에 있다. 회원국으로 아르헨티나, 브라질, 파라과이, 우루과이, 베네수엘라가 있고, 준 회원국으로는 볼리비아, 칠레, 콜롬비아, 에콰도르, 페루로 구성되어 있다.

□□□

974 **MMDA** ●●●

Money Market Deposit Account

계좌의 입출금이 자유롭고 각종 이체와 결제가 가능하며 확정금리가 적용되는 고금리저축성예금

원래는 미국의 은행이 투자신탁회사의 단기금융상품인 MMF : Money Market Funds)에 대응하기 위해 도입되었다. 우리나라에는 1997년 제4단계 금리자유화 이후에 도입되었다. 5천만 원 한도 내에서 예금자보호를 받을 수 있으며, 실적배당상품과 같이 실세 금리를 적용하여 보통예금보다 비교적 높은 이자를 지급한다. 또한 가입대상에 제한이 없어 일시적인 목돈을 운용하는데 유리하고, 인출 및 이체도 월 6회 이내로 비교적 자유로우며, 만기 이전에 예금을 찾더라도 중도해지에 따른 수수료 부담을 덜게 되는 이점이 있다.

□□□

975 **MMF** ❁❁❁

Money Market Funds

단기금융상품에 집중투자해 단기 금리의 등락이 펀드 수익률에 신속히 반영한 초단기 공사채형 금융상품

고객의 돈을 모아 금리가 높은 CP(기업어음), CD(양도성예금증서), 콜 등 단기금융상품에 집중 투자하여 여기서 얻는 수익을 되돌려주는 실적배당상품이다. 고수익상품에 자금을 운용하기 때문에 다른 상품보다 돌아오는 수익이 높다. 미국 최대 증권사인 메릴린치가 지난 1971년 개발해 금리자유화가 본격화됐던 1980년대 선풍적인 인기를 끌었던 금융상품으로, 우리나라에서는 1996년 10월부터 투신사에서 발매하기 시작했다. CD나 CP는 투자금액에 제한이 있지만 MMF는 가입금액에 아무런 제한이 없어 소액 투자자도 손쉽게 투자할 수 있다. 또한 하루 뒤에 되찾아도 환매수수료가 붙지 않아 만기가 따로 정해져 있지 않다. 고객은 MMF에 가입한 날의 펀드 기준가와 출금한 날의 펀드 기준가 차액에 따라 이익을 보게 된다. MMF의 최대 장점은 가입 및 환매가 청구 당일에 즉시 이뤄지므로 자금 마련에 불편함이 없고 펀드내에 있는 채권에 대해 시가평가를 적용하지 않으므로 시장금리의 변동과 무관하게 안정적인 수익률을 기대할 수 있다.

□□□

976 **MOR** ❁❁❁

Market Opportunity Rate

어떤 금융기관이 대출금리를 정할 때 기준이 되는 금리

은행은 정기예금, 양도성예금(CD), 은행채 등을 통해 자금을 조달하게 되는데, 이때 평균조달원가를 감안해 내부기준금리를 결정하게 된다. 이후 영업점 수익성 등을 고려해 일정 스프레드를 붙인 고시금리를 발표하고, 이를 대출금리로 활용한다. 대형 금융기관일수록 신용도가 좋아 조달금리가 낮아지므로 MOR은 금융기관마다 다를 수 밖에 없다.

□□□

977 **MOU** ❁❁❁

Memorandum
Of Understandingm

국가 사이의 외교교섭 결과 서로 양해된 내용을 확인 · 기록하기 위해 정식계약 체결에 앞서 행하는 문서로 된 합의

기업 간의 투자에 관해 합의한 내용을 명시한 문서로, 특정 사업의 투자 관계에 있는 당사자들이 본 계약을 체결하기에 앞서, 교섭의 중간 결과를 바탕으로 서로 합의된 사항을 확인하고 기록한 문서이다. MOU(양해각서)는 사업 투자에 대한 계약 체결 이전에, 양 회사의 투자, 계약에 대한 의견을 미리 조율하고 확인하는 의미에서 상징적으로 작성하는 것이 보통이다. 양해각서에는 사업의 목적과 내용을 명시하는 한편 투자금액에 대한 수익구조를 명확히 밝혀야 한다. MOU는 법적 구속력이 없으며 공시 의무도 없다.

□□□

978 **MSCI 선진지수** ❁❁❁

Morgan Stanley
Capital International

MSCI가 작성하는 세계 주가지수

주로 선진국 주식시장에 상장되어있는 종목으로 구성되어 있다. 전 세계 기관투자자들이 운용하는 펀드의 벤치마크 지수로 활용되기 때문에 MSCI 선진지수에 편입되면 일반적으로 글로벌 자금 유입액이 크게 증가한다.

□□□

979 **MSCI 신흥국지수** ❁❁❁

Morgan Stanley
Capital International Inc.

미국의 모건스탠리캐피털인터내셔널사가 작성해 발표하는 세계주가지수로 FTSE지수와 더불어 글로벌 증시의 양대 벤치마크 지수

자본시장의 개방화, 선진화, 유동성정도에 따라 선진시장 지수, 신흥시장 지수, 프런티어시장 지수 등 세 가지로 나누고 있는데 신흥국지수는 선진국에 미치지 못하는 나라들이 포함되어 있다. 우리나라를 비롯하여 중국 등이 포함되어 있으며 규모는 선진국시장의 약 1/8 정도이다.

□□□

980 **MWC**

Mobile World Congress

전 세계 이동통신사와 휴대전화 제조사 및 장비업체의 연합기구인 GSMA가 주최하는 세계 최대 규모의 이동 · 정보통신 산업 전시회

모바일 월드 콩그레스(Mobile World Congress)의 줄임말이다. 매년 스페인에서 열리고 있으며, 1987년 첫 전시회 이후 점차 규모가 커지면서 현재는 '모바일 올림픽'이라고 불리기도 한다.

□□□

981 **MZ세대**

밀레니얼 세대와 Z세대를 통칭하는 용어

1980년대 초 ~ 2000년대 초 출생한 밀레니얼 세대와 1990년대 중반 ~ 2000년대 초반 출생한 Z세대를 통칭하는 용어이다. SNS를 기반으로 유통시장에 강력한 영향을 미치는 소비주체로 주목받고 있다. 트렌드에 민감하며 집단보다 개인의 행복을 추구하고 상품으로 자신의 신념을 표출하거나 부를 과시하는 문화를 즐긴다는 것이 특징이다.

□□□

982 **M커브**

M Curve

여성의 경제활동 참가율을 나타내는 곡선

20 ~ 30대 여성들이 육아부담으로 경제활동을 포기하고 가정에 머물러야 하는 상황을 단적으로 보여주는 곡선이다. 여성인력선진국은 U를 뒤집어 놓은 형태를 보이고 있는 반면에 우리나라는 M자 형태를 보이며 심각한 여성경력단절 현실을 나타내고 있다.

□□□

983 **NAFTA**

North American Free Trade Agreements

북미 자유 무역 협정(NAFTA)은 미국, 캐나다, 멕시코 등 북미 3개국이 체결한 자유 무역 협정

1994년에 공식적으로 발효된 이 협정의 주요 내용은 3국 사이의 각종 관세 및 비관세 장벽을 향후 15년에 걸쳐 단계적으로 철폐한다는 것이다. 이 협정에 대해서는 미국의 자본과 기술, 캐나다의 자원, 멕시코의 노동력을 결합하여 북미 지역의 경제를 발전시켰다는 긍정적인 평가도 있지만 역외국에는 무역장벽을 세워 블록 경제화를 초래했다는 부정적인 평가도 있다.

□□□

984 **NDF**

Non Deliverable Forward

선물환계약의 일종

만기에 계약원금을 교환하지 않고, 약정된 선물환율과 만기 시에 현물환율인 지정환율 간의 차액을 거래당사자 간의 지정통화로 결제하는 거래이다. 지정환율은 가격고시방법, 결제일 결정방법 등은 일반 선물환거래와 동일하나, 만기 시에 현물을 인수도하지 않고 계약환율과 지정환율 간의 차액만을 결제한다.

□□□

985 **NFT**

Non Fungible Token

블록체인 기술을 통해 디지털 콘텐츠에 별도의 인식값을 부여한 토큰

비트코인과 같은 가상자산과 달리 인터넷에서 영상·그림·음악·게임 등의 기존자산을 복제가 불가능한 창작물에 고유한 인식값을 부여하여 디지털 토큰화하는 수단이다. 블록체인 기술을 기반으로 하여 관련 정보는 블록체인에 저장되면서 위조가 불가능하다. 가상자산에 희소성과 유일성과 같은 가치를 부여하는 신종 디지털 자산이다. 슈퍼레어, 오픈씨, 니프티 게이트웨이 등 글로벌 플랫폼에서 거래되며 최근 디지털 그림이나 영상물 등의 영향력이 높아지고 있다.

□□□

986 **NPL** ●●○

Non Performing Loan

부실대출금과 부실지급보증액을 합친 것으로 금융회사의 부실채권

은행 대출의 건전성은 정상, 요주의, 고정, 회수의문, 추정손실 등 5가지로 구분된다. '고정' 이상 여신은 담보를 확보해 둔 상태로 돈을 회수할 가능성이 있는 대출금이다. 보통 3개월 이상 연체된 여신을 고정이하 여신으로 분류한다. '정상' 여신은 말 그대로 충분히 회수가 가능한 양호한 대출을 뜻한다. '요주의' 여신은 1개월 이상 3개월 미만 연체됐을 경우다. 반면 '고정' 이하 연체 중 담보가 있어 회수가 가능하면 '고정', 담보가 없어 돈을 떼일 우려가 크면 '회수의문', 사실상 회수가 불가능해 손실처리하는 여신은 '추정손실'로 분류된다.

□□□

987 **O2O 서비스** ●●●

SNS · 스마트폰의 앱과 같은 온라인 및 모바일 기술을 오프라인 사업의 마케팅 수단으로 이용하는 것

사람들에게 스마트폰으로 모바일 할인 쿠폰을 보내 해당 매장으로 오도록 유도하는 것이다. 그리고 이러한 서비스는 현재 온라인과 오프라인을 연결해 언제 어디서나 원하는 서비스와 상품을 구매할 수 있는 소비 형태라는 의미로 확장되었다. 하지만 이러한 O2O 서비스는 비정규직을 양산하고 기존에 있던 영세 자영업자들의 생계를 위협할 수 있다는 부작용도 안고 있다. 따라서 앞으로 사회적 합의를 통해 이러한 문제점을 해결하고 새로운 일자리와 시장을 만드는 것이 과제로 떠올랐다.

+상식더보기 국내외 대표적인 O2O 서비스

주차(럭스), 가사도우미(핸디), 숙소(에어비앤비), 택시(카카오 택시), 차량(우버), 짐가방 싸기(더블), 청소대행(홈조이), 세탁(와시오), 의사(힐), 음식(스프릭) 등이 있다.

A~Z 숫자

□□□

988 **ODM방식**

Original Development Manufacturing System

ODM은 주문자 요구에 따라 제조업자가 주도적으로 제품을 생산하는 방식

ODM은 개발력을 갖춘 제조업자가 판매망을 갖춘 회사에 상품과 재화를 제공하는 방식으로 서비스를 제공한다. ODM은 제조업체가 보유하고 있는 기술력을 바탕으로 제품을 개발해 유통업체(주문자)에게 공급하고, 유통업체(주문자)는 자사에 맞는 제품을 선택해 유통에 집중할 수 있다. 유통업체가 요구하는 기술을 자체개발해서 납품하기 때문에 제조업체로서는 부가가치가 높다는 장점이 있으며, 자체개발해서 생산하기 때문에 해외시장에 판매할 때, 개발한 제품에 대하여 로열티를 받을 수 있고, 부품을 구매할 때도 제조업체가 주도적으로 참여할 수 있어 원가를 낮추는 데도 도움이 되는 등 고부가가치형 생산체제로 평가받고 있다.

□□□

989 **OECD**

Organization for Economic Cooperation and Development

경제협력개발기구

1960년 12월 18개 유럽경제협력기구(OEEC) 회원국 및 미국, 캐나다 등 총 20개국이 창설 회원국으로 설립되었다. 창설된 후에는 WTO, 세계은행, IMF, G – 7/8 등과 협력하여 국제 경제의 안정과 무역의 확대에 기여하여 80년대 이후 선진국 경제의 구조개혁과 다자간 무역자유화와 90년대 이후 비선진권을 대상으로 문호를 개방함으로써 그 영향력이 더욱 확대되었고 대한민국은 1996년에 회원국이 되었다.

□□□

990 **OEM방식** ●●○

Original Equipment Manufacturing

주문자가 요구하는 제품과 상표명으로 완제품을 생산하는 것

우리나라가 해외의 국제적 브랜드를 가진 대기업 등에서 주로 사용하는 생산방식으로, 주문자위탁생산 또는 주문자상표부착생산이라 한다. 유통망을 구축하고 있는 주문업체에서 생산성을 가진 제조업체에 자사에서 요구하는 상품을 제조하도록 위탁하여 완성된 상품을 주문자의 브랜드로 판매하는 방식을 취한다. 대부분의 선진국에서는 높은 인건비로 인해 가격경쟁력을 상실하여 인건비가 비교적 저렴한 동남아시아 등지에 공장을 세우거나 현지의 제조공장에 OEM 방식을 이용하여 제품을 생산하여 제3국으로 수출한다. 생산은 다른 업체에서 했으나 브랜드는 자사의 것이므로 브랜드를 신뢰하고 제품을 판매하는 것이 가능하다. OEM 생산판매방식은 이미 경쟁기업에서 기존 고객층을 확보한 시장에서도 매출을 올리는 것이 가능하다는 것과 제품의 대량 생산이 가능하기 때문에 효율적으로 제품을 생산할 수 있다는 장점이 있다.

A~Z 숫자

□□□

991 **P2E** ●●●

Play to Earn

게임을 즐기면서 돈도 함께 버는 것을 의미

게임에 블록체인 기술이 들어가서 돈을 버는 것이다. 게임에서 획득한 게임 머니를 가상화폐 거래소에서 토큰으로 환전할 수 있는 시스템이다.

□□□

992 **P2P** ●●●

Peer to Peer

온라인으로 대출과 투자를 연결하는 서비스

온라인으로 모든 대출과정을 자동화하여 지점운영비용이나 인건비, 대출영업비용 등의 경비 지출을 최소화하고 그 수익으로 대출자에게는 낮은 금리를, 투자자에게는 높은 수익을 제공하는 금융과 기술을 융합한 핀테크 서비스이다. 일반 은행이나 카드사 대출보다 금리가 낮은 게 특징이다.

□□□

993 **P4G** ✿✿✿

Partnering for Green Growth and the Global Goals 2030

녹생성장 및 기후변화 대응과 지속가능한 발전목표를 달성하려는 글로벌 협의체

정부기관과 더불어 민간부문인 기업 · 시민사회 등이 파트너로 참여하는 21세기 융합형 조직으로서, 글로벌 목표 2030을 위한 연대이다. 개도국을 중심으로 각국이 기후변화에 대한 대응을 적절히 하면서 지속가능한 발전을 하도록 지원하며 2015년 유엔에서 채택된 지속가능 발전 목표(SDGs)중 기후변화 대응과 긴밀한 관련이 있는 식량(Food), 물(Water), 에너지(Energy), 도시(City), 순환경제(CircularEconomy)에 대한 해결책을 개발하여 개도국에 제공하는 것을 목표로한다. 제2차 P4G 서울정상회의는 2021년 5월 30일 ~ 31일간 서울에서 개최되었다.

+상식더보기 국내외 대표적인 O2O 서비스

① 유럽 : 덴마크, 네덜란드
② 아시아 : 대한민국, 인도네시아, 베트남, 방글라데시
③ 아프리카 : 남아프리카공화국, 에티오피아, 케냐
④ 미주 : 멕시코, 칠레, 콜롬비아

□□□

994 **PB / PL** ✿

Private Brand / Private Label

PB는 유통업체에서 직접 만든 자체브랜드 상품이며, PL은 특정 유통업체의 상표를 지칭하는 용어

PB에 비해 프리미엄급 또는 트렌드형 제품 등으로 제품군이 보다 다양화되어 있다. 유통업체는 상품을 직접 판매하기 때문에 판매와 관련된 정보를 많이 가지고 있고, 고객이 어떤 상품을 원하는지를 잘 알고 있다는 점을 이용해 제조업체에 생산을 의뢰해서 만든다. 즉, 유통업체가 독자적인 상품을 기획하여 생산만 제조업체인 메이커에 의뢰하는 것이다. PB는 '유통업자 주도형 상표'라고 할 수 있으며, 유통업자가 상표의 소유권과 판매책임을 모두 갖게 된다. 하위 브랜드 업체의 경우 자체브랜드의 영업력이 떨어지기 때문에 자체브랜드 생산보다는 많은 상품을 판매하는 유통업체의 생산의뢰에 응함으로써 마케팅 비용이나 유통비용이 들지 않아 싼 값으로 판매할 수 있는 특징이 있다.

□□□

995 **PF대출** ●●○

Project Financing

돈을 빌려줄 때 자금조달의 기초를 프로젝트를 추진하려는 사업주의 신용이나 물적담보에 두지 않고 프로젝트 자체의 경제성에 두는 금융기법

프로젝트의 사업성(수익성)을 평가하여 돈을 빌려주고 사업이 진행되면서 얻어지는 수익금으로 자금을 되돌려 받는다. 주로 사회 경제적 재산성을 가지고 있는 부동산개발 관련 사업에서 PF대출이 이뤄진다. 사업자 대출 중 부동산개발을 전제로 한 일체의 토지매입 자금대출, 형식상 수분양자 중도금대출이나 사실상 부동산개발 관련 기성고대출, 부동산개발 관련 시공사에 대한 대출(어음할인 포함) 중 사업부지 매입 및 해당 사업부지 개발에 소요되는 대출(운전자금 및 대환자금대출 제외)이 이에 포함된다.

□□□

996 **PMS** ●●●

Post Market Surveillance

신약품에 대한 자료를 식약청에 보고토록 하는 제도

약사법 및 식약청에서 정한 신약 등의 재심사 기준에 따라 신약 시판 후 4 ~ 6년 동안 600 ~ 3,000명의 환자에 대해 병원에 조사를 의뢰해 자료를 수집, 해당 의약품에 대한 사용경험을 의무적으로 식약청에 보고토록 하는 제도이다. 신약의 상품화 이후 불특정 다수의 환자들을 대상으로 한 광범위한 사용 경험을 통해 얻은 부작용 또는 새로운 효능 등의 자료를 체계적으로 수집 · 평가해 신약 개발과정에서 발견하지 못한 안전성과 유효성을 확인, 검토하기 위한 것이다.

□□□

997 **PPL 마케팅** ●●●

Product Placement Marketing

간접광고 마케팅

TV프로그램이나 영화 속에서 특정 기업의 브랜드 명이나 상품을 넣어 노출시키는 마케팅이다. 자연스럽게 상품의 이미지를 노출시켜 시청자로 하여금 큰 거부감 없이 소비욕구를 불러일으킬 수 있다. 최근에는 게임 콘텐츠에도 PPL 마케팅이 손을 뻗고 있다.

□□□

998 **PR** ✿✿✿

Public Relation

기업 또는 단체가 관계하는 공중의 이해와 협력을 얻기 위해 자신의 목표와 의지를 선전, 설득하는 행위

자사의 활동을 알리기 위해 각종 간행물의 발간, 정부기관에 대한 재정적 · 정보적 · 기술적 지원, 회사시설의 일반대여 등 고객을 포함한 일반대중에게 제공하는 일체의 편익과 관심이 모두 PR에 속한다. PR의 대상은 소비자, 종업원, 주주, 협력회사, 지역사회, 정부공공기관 등으로 광범위하므로 각각에 대한 PR의 내용과 범위도 다르지만 기본적으로 PR은 공중의 이익과 관련된다는 점에서 광고와 구별되며, 유료의 커뮤니케이션이 아니라는 점에서 광고를 포함하는 개념으로 쓰이고, 궁극적으로는 상호이익을 도모하기 위한 선의의 설득이라는 점에서 이기적인 목적을 가지고, 대상을 자의적으로 설득하는 선전과 구별된다. 또 PR과 퍼블리시티가 혼동되기도 하는데, 퍼블리시티는 자사와 관계된 뉴스상의 정보를 신문 잡지 및 방송에 게재 또는 방송되게 하는 일이므로 PR의 수단으로 이용한다.

□□□

999 **PTI** ✿✿✿

Payment to Income

월 소득 대비 상환액으로 최근 3년간 금융기관으로부터 주택구입자금을 빌린 가구의 월평균소득 대비 주택담보대출 상환액 비율

주택담보대출 규제수단으로 사용되는 총부채상환비율(DTI)이 주택담보대출 뿐만 아니라 모든 부채를 포함한 개념인 반면 PTI는 주택담보대출 원리금 상환액만을 말한다. 예를 들어, 주택금융실태조사결과 월평균소득 150만 원 미만인 저소득 가구가운데 PTI가 40%가 넘는 가구가 전체가구의 53.5%로 나타났다면, 즉 월 소득 150만 원 중 60만 원 이상을 주택담보대출 원리금을 상환하는데 쓰는 가구가 절반이 넘고 있다는 것이다.

□□□

1000 **R&D** ●●○

Research & Development

기초연구와 그 결과를 토대로 상품을 개발하는 활동

과학과 산업이 만나서 새로운 과학적 사실과 법칙을 발견하고, 이를 바탕으로 새로운 기술을 만들어내는 활동을 말한다. 환경의 변화는 늘 인지하고 있어야 하지만, 변화에 대응하는 방법으로 재무체질을 강화하여 어떤 환경변화에도 대처할 수 있게 하든가 또는 연구개발에 주력해서 변화를 미리 예측할 수 밖에 없으나, 연구개발의 성공률은 낮기 때문에 그 리스크는 매우 크다. 미국의 조사결과에 의하면 연구개발에 성공하는 확률은 2분의 1이며, 그 중 상품화가 가능한 확률도 2분의 1이고, 다시 상품으로서 이익을 낳게 하는 확률도 2분의 1이라고 한다. 즉 연구개발의 성공률은 8분의 1이 되기 때문에 R&D에 소극적인 기업이 많은데, 리스트럭처링을 실시하고 있는 기업에서 재무체질 강화와 병행해서 R&D를 추진하고 있는 예가 많은 것도 그 때문이다.

□□□

1001 **RE100** ●●●

Renewable Energy 100%

기업이 사용하는 전력량을 재생에너지로 전환하는 캠페인

기업이 사용하는 전력 전체를 재생에너지로만 공급하겠다는 자발적인 글로벌 캠페인으로, 2014년 비영리 단체로부터 시행됐다. RE100 회원이 되기 위해 기업은 다음과 같은 요건에 충족되어야 한다. ▲운영을 100% 재생에너지로 전환할 것 ▲CDP.net에서 제공하는 리소스를 활용하여 진척 상황 보고할 것 ▲위 약속에 대한 책임을 지고, 일반적으로 연례 보고서를 통해 정책과 다른 장애물에 대한 정보를 제공하도록 준비할 것. 2017년 말까지 20개 이상의 RE100 회원 기업이 모든 전기를 재생에너지에서 생산하였고, 2018년에는 20개 기업에 애플, 구글, 웰스파고 등 7개 기업이 추가됐다. 2023년 6월 기준으로 전 세계 407개 기업 가운데 국내 기업은 삼성전자, 현대차그룹(4개사), SK 하이닉스 등 31곳이 참여하고 있다.

□□□

1002 **ROE**

Return On Equity

기업이 자기자본을 투입하여 얼마만큼의 이익을 냈는가를 나타내는 지표

ROE 산출방식은 기업의 당기순이익을 자기자본으로 나눈 뒤 100을 곱한 수치이다. 자기자본이익률이 10%라면 100억의 자기자본을 투자해 10억 원의 이익을 냈다는 이야기가 된다. ROE가 높다는 것은 기업이 자기자본을 효과적으로 사용하여 이익을 많이 냈다는 것으로 평가되어 그 기업의 주가는 높게 형성된다. 그래서 많은 투자자들이 ROE를 투자지표의 하나로 이용하고 있다. 보통 ROE를 계산하여 회사채수익률이나 시중금리보다 높을 경우 투자가치가 있는 것으로 판단한다.

□□□

1003 **RQFII**

RMB Qualified Foreign Institutional Investors

위안화 적격 외국인 투자자의 약자로, 투자가 제한되어 있는 중국 금융시장에서 투자할 수 있는 기회를 확대해 주는 자격

중국 정부가 각 국가마다 일정 금액을 정하여 그 안에서 외국 기업이 자체적으로 조달한 위안화 자금을 가지고 중국 내의 주식, 채권, 파생상품 등에 자유롭게 투자할 수 있도록 허용하는 자격을 말한다. 이 자격을 취득하면 상하이 · 선전 증시에 상장된 주식 가운데 내국인 · 일부 외국인의 투자로 제한된 A주를 비롯해 차스닥, 채권, 머니마켓 펀드, 선물시장 등 다양한 분야에서 투자할 수 있게 된다.

□□□

1004 **S&P 500지수** ❁❁❁

STANDARD & POOR'S 500 Index

미국의 신용평가회사 S & P가 발표하는 지수

S&P가 보통주 500종목을 대상으로 발표하는 지수를 S&P 500지수라 하는데, 이는 미국에서 주가동향을 나타내는 데 가장 많이 사용되는 대표적인 지수이다. S&P에서는 세계 60여 개국을 대상으로 정치상황, 경제구조, 경제성장전망, 재정운용, 공공부채, 대외부채, 물가 부채상환능력 등 8개 부문 31개 항목에 걸쳐 투자환경을 분석해 등급을 발표한다. S&P지수와 S&P의 신용평가결과는 미국과 세계 각국의 증시에 많은 영향을 끼치고 있다. S&P에서 발표하는 지수 중 하나인 S&P GLOBAL 1200 지수는 전 세계 29개국의 주가지수로 구성된 것으로 우리나라도 여기에 포함되어 있다. 최근에 발표하기 시작한 S&P GLOBAL 100 지수는 세계 100대 기업으로 구성되어 있는데, S&P와 뉴욕증권거래소, 도쿄증권거래소, 독일 프랑크푸르트거래소가 함께 개발한 지수로, 우리나라 기업으로는 삼성전자가 포함되어 있다.

□□□

1005 **SBHI** ❁

Small Business Health Index

중소기업 건강도 지수

중소기업의 경기전망과 경제환경 전망을 측정하는 지표이다. 우리나라에서는 중소기업중앙회와 중소기업연구원이 공동으로 제조기업과 비제조기업을 망라한 중소기업을 대상으로 경기전망을 조사하여, 100을 기준으로 한 지수로 발표한다. 100 이상이면 경기 호전, 100미만이면 악화, 100이면 보합을 의미한다. 산출 방식은 경영부분 항목을 5점 척도로 조사하며 각 척도별 0 ~ 200의 점수를 부여하여 업종 · 규모별 SBHI 작성 후 업종 · 규모별 가중치를 적용하여 전체 SBHI를 산출한다.

□□□

1006 **SBU** ❁❁❁

Strategic Business Unit

전략사업단위

경쟁자 및 고객을 대상으로 제품이나 서비스를 제공하는 사업조직단위를 의미하는 사업부제의 한 형태이다. 각 사업부 간 고객 요구가 다양함에 따라 자원 중복이 생겨나는 등의 불편한 점이 드러나게 되었고 그렇게 생겨난 요구에 대응하기 위해 사업부별로 전략을 책정하고 실시해가는 조직이 SBU다. 이 SBU는 그 리더가 업무에 대한 전권을 가지고 업무를 수행하며 보통 독립채산제로 운영되는 경우가 많다.

□□□

1007 **SCM** ❁❁❁

Suppy Chain Management

시장에서 고객의 가치를 극대화하고 경쟁우위를 확보하기 위해 기업의 공급측면 활동들을 적극적으로 간소화하는 방식

효율적이고 경제적인 공급망을 개발하고 구축하기 위해 공급업자들이 기울이는 노력을 의미한다. 여기서 공급망은 생산에서 제품개발과 공급망관리가 가능하게 해주는 정보시스템에 이르기 까지 모든 것을 포함한다.

□□□

1008 **SDR** ❁❁❁

Special Drawing Rights

IMF의 공적준비자산

1968년 4월 IMF이사회의 결의에 따라 1970년부터 도입됐다. SDR 도입에 따라 IMF에 출자금을 낸 가맹국은 국제수지가 악화됐을 때 무담보로 외화를 인출할 수 있는 권리를 갖게 된다. SDR은 금이나 달러의 뒤를 잇는 제3의 통화로 간주되고 있다. SDR의 가치는 당초 금에 의해 표시돼 1달러와 같은 0.888671g의 순금과 등가(等價)로 정해졌으나 달러의 평가절하로 1973년 2월 1SDR = 1.2635달러가 됐다. 그러나 그 후 주요 선진국 통화가 변동환율제로 이행됨에 따라 1974년 7월 이후 잠정적 조치로서 그 가치기준이 표준 바스켓 방식으로 변경됐다.

□□□

1009 **SOHO** ●○○

Small Office Home Office

개인 주택의 방, 창고 및 주차장 등과 같이 기존 사무실의 개념을 벗어나는 공간 내에서 이루어지는 사업

마케팅과 관련된 용어로, 20세기 말 미국에서 급속도로 발전하는 정보통신과 사무용품 시장에서의 특정 소비자층을 지칭하는 의미로 사용된다. 국내에서는 IMF 이후인 1999년에 처음으로 소개되었고, 전문성을 가지고 적은 자본으로도 창업 가능한 소호사업이 인기를 끌게 되었다.

□□□

1010 **SPA** ●●●

Speciality retailer of Private label Apparel

한 업체가 제품을 기획하고 생산 및 판매에 이르는 전 과정을 제조회사가 맡아 하는 의류전문점

제품기획과 생산, 판매에 이르는 모든 단계를 시스템화 함으로써 물류와 고객정보를 보다 효율적으로 관리하여 적재·적기에 생산하고 중간 유통과정을 생략함으로써 제품 공급 시간과 생산원가가 절감되는 방식이다.

□□□

1011 **SPAC** ●●●

Spacial Purpose Acquisition Company

특수인수목적회사

회사를 설립하여 기업공개를 한 후 공모를 통해 다수의 투자자로부터 자금을 모집하고, 상장하여 일정 기간 내에 비상장 유량기업을 합병하는 것을 목적으로 만들어진다. 기업인수목적회사의 투자자들은 합병 후 가격이 오른 상장주식을 주식시장에 매각함으로써 투자이익을 회수하게 된다. 미국, 캐나다, 유럽에서는 보편화 되어 있는 M&A방식이지만 한국에서는 2009년 「기업인수목적회사 관련 자본시장법 시행령」의 개정이 공포되면서 합법화되었다.

□□□

1012 **SSM** ❁❁❁

Super Supermarket

대형 유통업체들이 운영하는 슈퍼마켓

일반 슈퍼마켓보다는 크고 대형마트보다는 작은 규모로 주거지 중심에 입지하여 접근성이 뛰어나고 대형마트의 유통망을 통하여 일반 슈퍼마켓과 편의점에서 갖추기 어려운 1차 신선식품을 중심으로 가공식품, 위생용품, 가사용품, 의류, 문구류 등을 취급한다.

+상식더보기 대표적인 기업형 슈퍼마켓

롯데슈퍼, 홈플러스 익스프레스 등이 있다. 이들은 대형 유통업체들이 새로운 대형마트의 부지확보와 출점이 어렵게 되자 이를 극복하기 위하여 개인업자가 운영하던 슈퍼마켓 시장에 진출하면서 생긴 중·대형 슈퍼마켓이다.

□□□

1013 **SWIFT** ❁❁❁

Society for Worldwide Interbank Financial Telecommunication

안전한 금융 거래를 위한 유럽의 금융통신망

금융 거래 관련 메시지를 안전하고 효율적으로 주고받기 위하여 유럽 지역의 은행들이 설립한 금융통신망이다. 1973년에 설립되어 금융기관 간 자금이체, 신용장 개설 및 통지, 외환거래, 추심, 신디케이트 등에 관한 메시지 송수신에 주로 이용되며, 일부 국가의 중앙은행 거액결제 시스템 통신망으로도 활용되고 있다. 우리나라는 약 115개 기관이 이용 중이다.

□□□

1014 **SWOT** ❁❁❁

Strength, Weakness, Opportunities, Threats

기업의 내부·외부환경을 분석하여 마케팅 전략을 수집하는 방식

기업을 강점(Strength), 약점(Weakness), 기회(Opportunities), 위협(Threats)의 상황·요인별로 분석하여 마케팅 전략을 세운다. 기업의 목표 달성을 위한 전략의 특징으로는 SO전략(강점을 가지고 기회를 엿보는 전략), ST전략(강점을 가지고 위협을 회피하는 전략), WO전략(약점을 보완하여 기회를 엿보는 전략), WT전략(약점을 보완하여 위협을 회피하는 전략)이 있다.

□□□

1015 **VaR**

Value at Risk

발생 가능한 최대손실금액

시장에서 일정 기간 동안 발생할 수 있는 최대손실금액을 의미한다. VaR이 높으면 위험이 발생 시 손실금액이 크다는 의미이다. 금융기관들은 손실 가능성을 예측하고 발생 가능한 위기를 관리하기 위해 VaR을 측정하는 시스템을 갖추고 있으며 측정방법으로는 분석적 방법, 역사적 시뮬레이션, 리스크요인의 확률모형 측정 등이 있다.

□□□

1016 **VWP**

Visa Waiver Program

미국정부가 지정한 국가의 국민에게 최대 90일간 비자 없이 관광 및 상용 목적에 한하여 미국을 방문할 수 있도록 허용하는 제도

관광 및 상용 목적을 위한 무비자 방문이기 때문에 유학, 취업, 공연, 취재, 투자 등의 목적을 위한 방문이나 90일 이상 체류할 경우에는 그에 맞는 비자를 발급받아야 하며, 우리나라는 2008년 11월 17일부터 VWP에 적용되었다. VWP는 반드시 전자여권을 소지해야 하고, 출국 전에 미국 국토안보부가 운영하는 전자여행허가제(ESTA) 웹사이트를 통해 입국 승인을 받아야 한다.

A~Z 숫자

□□□

1017 **WEF 국가 경쟁력평가**

스위스 제네바에 위치한 민간 국제기관인 세계경제포럼이 매년 130여 개 나라를 대상으로 행하는 국가경쟁력 평가

1979년 이후 국제경영개발원(IMD)와 공동으로 발표해 오다, 1996년부터 각각 독자적으로 발표해 오고 있다. 통상 IMD는 상반기에, WEF는 하반기에 국가경쟁력 평가 결과를 발표한다.

□□□

1018 **ZEG**

Zero Economic Growth

경제 성장이 정지되는 상태

로마클럽이 매사추세츠공과대학에 위탁한 연구 '성장의 한계'에는 세계는 식량, 환경오염, 자원고갈, 인구과밀 등 어떠한 요인을 들더라도 그것들이 제약요인이 되어 금세기 말에는 성장정지에 빠지는 제로성장 상태가 될 수 밖에 없다고 주장한다.

□□□

1019 **Z이론**

Theory of Z

미국의 윌리엄 오치 교수가 제창한 경영이론

미국에서 성공하고 있는 기업은 일본 조직의 특색을 조화시킨 Z타입을 가지고 있다는 내용이다. Z타입은 상호 신뢰와 협력을 주축으로 한 집단적 경영으로 장기계획, 노사간의 협력적 인간관계 형성이 필요하다.

□□□

1020 **0.5인 가구**

싱글족 가운데 두 곳 이상에 거처를 두거나 잦은 여행과 출장 등으로 오랫동안 집을 비우는 사람들

0.5인 가구는 1인 가구보다 집에 머무는 시간이 훨씬 더 짧다. 평소에는 직장 근처에 방을 얻어 혼자 살지만 주말에는 가족들의 거처로 찾아가 함께 시간을 보내는 경우도 여기에 속한다.

□□□

1021 **1월 효과**

January Effect

1월의 주가상승률이 상대적으로 높게 나타나는 현상

캘린더 효과의 하나로 1월의 주가상승률이 다른 달에 비해 상대적으로 높게 나타나는 현상을 말한다. 이러한 현상은 선진국보다 개발도상국에서 더욱 도드라지며 각종 정부 정책의 발표일이 1월이라는 것과 그 해의 주식시장의 긍정적인 전망 등을 요인으로 꼽았다.

☐☐☐

1022 **1인 창조기업**

개인이 사장이면서 직원인 기업

자신이 가진 지식, 경험, 기술 등을 사용하여 보다 창조적인 서비스를 제공함으로써 이윤을 창출하는 경우 1인 창조기업이라 할 수 있다. 구체적으로는 소프트웨어 개발, 홈페이지 제작 등 IT서비스 만화, 드라마, 영화제작 등 문화콘텐츠 서비스 전통식품, 공예품 분야의 제조업 등 창의적인 아이디어나 전문 지식 · 기술 등 분야의 1인 중심기업을 말한다.

☐☐☐

1023 **20 – 50 클럽**

20 – 50 Club

1인당 소득 2만 달러, 인구 5천만 명을 동시에 충족하는 나라

국제사회에서 1인당 소득 2만 달러는 선진국 문턱으로 진입하는 소득 기준이며, 인구 5천만 명은 인구 대국과 소국을 나누는 기준으로 통용된다. 우리나라는 2000년대 중반 일인당 소득이 2만 달러를 넘어섰고, 2012년에는 인구 규모도 5천만 명을 돌파하며 이 조건을 갖춘 일곱번째 나라가 됐다.

☐☐☐

1024 **20의 규칙**

Rule of 20

주가 밸류에이션을 평가하는 지표 중 하나

소비자물가지수(CPI) 연간 상승률과 주식 시장의 평균 주가수익비율(PER)의 합이 20 미만이 되면 시장이 바닥이라고 판단한다. 두 수치의 합이 20 미만이면 주식시장은 저평가된 것이지만, 20을 초과할 경우에는 증시가 고평가된 것으로, 물가상승률과 평균 PER 합이 20과 같다면 주가는 적정 가치에 있다는 것을 시사한다.

㉠ 〈 20 : 주식시장 저평가

㉡ 〉 20 : 주식시장 고평가

㉢ = 20 : 주가가 적정 가치에 있음

상식더보기 밸류에ㄴ션

애널리스트가 기업의 현재 가치를 판단하여 적정한 주가를 산정하는 일(기업의 매출과 이익, 현금 흐름, 증자, 배당, 대주주의 성향 등 다양한 지표 반영).

A~Z 숫자

□□□

1025 **3C** ●●●

Concepts, Competence, Connections

세계 정상급 기업이 되기 위한 요건

하버드대 경영대학원의 캔터 교수가 자신의 저서 「세계정상급」에서 제시한 것으로, 발상(Concepts), 능력(Com petence), 관계(Connections)의 앞 글자를 따 3C라고 부른다. 첫 번째 발상은 최신의 지식과 아이디어를 습득해야 하며 기술을 계속 향상시켜야 하고, 두 번째 능력은 가장 높은 수준에서 일할 수 있는 능력을 갖춰야 하며, 세 번째 관계는 전 세계에 걸쳐 적합한 인물들과 교류를 갖는 관계를 유지해야 한다는 것이다. 그밖에 전 세계 사람들과 허물없이 일할 수 있는 세계화 인식과 활동, 공동의 문제들을 함께 해결해 나가려는 협력의 자세도 중요하다고 지적하고 있다.

□□□

1026 **3면 등가의 원칙** ●●●

국민소득의 세 가지 측면은 이론적으로 모두 동액이라는 이론

국가경제는 경제주체들이 재화와 서비스를 생산하고, 소득으로 얻고, 소비하는 과정을 반복하는 순환을 이루는데, 이러한 순환에서 국민소득을 생산 · 지출 · 분배의 세 가지 측면에서 파악할 때 결과적으로 총액이 같아진다는 이론을 국민소득 3면 등가의 원칙이라고 한다.

□□□

1027 **4차 산업혁명** ●●○

4 Industrial Revolution

4차 산업혁명은 물리세계, 디지털세계, 그리고 생물 세계가 융합되어, 경제와 사회의 모든 영역에 영향을 미치게 하는 새로운 산업시대

1차 산업혁명의 기계화, 2차 산업혁명의 대량생산화, 3차 산업혁명의 정보화에 이은 4차 산업혁명은 물리사물인터넷(IoT), 로봇공학, 가상현실(VR) 및 인공지능(AI)과 같은 혁신적인 기술이 우리가 살고 일하는 방식을 변화시키는 현재 및 미래를 말한다. 디지털 혁명이라고 하는 3차 산업혁명이 일으킨 컴퓨터와 정보기술(IT)의 발전이 계속 이루어지고 있는 형태이지만 발전의 폭발성과 파괴성 때문에 3차 산업 혁명이 계속 된다고 하기 보다 새로운 시대로 여겨진다. 참고로 독일에서는 산업4.0이라고 명명한다.

□□□

1028 **5G** ●○○

5 Generation Mobile Communications

5세대 이동통신

최대 속도가 20Gbps에 달하는 이동통신 기술로, 4세대 이동통신인 LTE에 비해 속도가 20배가량 빠르고, 처리 용량은 100배 많다. 강점인 초저지연성과 초연결성을 통해 4차 산업혁명의 핵심 기술인 가상현실, 자율주행, 사물인터넷 기술 등을 구현할 수 있다.

□□□

1029 **6시그마** ❁❁❁

Six Sigma

품질경영 혁신기법

1987년 모토로라의 마이클해리가 통계기법을 활용해 기존의 품질관리 기법을 확장하여 6시그마라는 경영기법을 고안해 냈다. 시그마란 그리스문자로 어떤 프로세스의 결과에 대한 표준편차를 의미하는 통계단위로, 각각의 데이터들이 평균에서 얼마나 떨어져 있는지를 나타낸다. 6시그마 수준이란 100만 번의 프로세스 중 3 ~ 4번의 실수나 결함이 있는 상태를 말하며, 경영활동에 존재하는 모든 프로세스를 분석하고 규명해서 현재 시그마 수준을 알아낸 다음 혁신을 통해 6시그마수준에 도달하는 것을 목표로 한다.

+상식더보기 DMAIC 방법론

① **정의** : 6시그마 경영에는 각 과제를 실행하는데 필요한 5단계의 방법론

② **단계** : Define(문제도출), Measure(목표설정), Analyze(원인분석), Improve(개선아이디어도출), Control(개선안 실행 및 유지관리)순으로 이루어져 있다.

□□□

1030 **6차 산업** ❁❁❁

6 Industrial

1차 산업인 농수산업과 2차 산업인 제조업, 3차 산업인 서비스업이 복합된 산업

농촌 관광을 예로 들면, 농촌은 농업이라는 1차 산업과 특산물을 이용한 다양한 재화의 생산(2차 산업), 그리고 관광 프로그램 등 각종 부가 서비스를 창출(3차 산업)하여 이른바 6차 산업이라는 복합산업공간으로 변화한다.

15. A~Z, 숫자 QUIZ

다음 문제를 보고 옳고 그른 것에 따라 O,X를 고르세요.

01. 기업이 사용하는 전력량을 재생에너지로 전환하는 캠페인은 CF100 24/7이다. O X

02. 6시그마는 기존의 품질관리 기법을 확장하여 고안해 낸 경영기법이다. O X

03. 국민 소득의 세 가지 측면은 이론적으로 모두 동액이라는 이론은 3C이다. O X

04. 1월 효과는 1월의 주가상승률이 상대적으로 높게 나타나는 현상이다. O X

05. MZ세대는 밀레니얼세대와 Z세대를 통칭하는 용어이다. O X

문장에 맞는 단어를 고르세요.

㉠ M커브	㉡ M&A	㉢ KIKO	㉣ SWOT	㉤ EMV

06. 기업의 내부 · 외부환경을 분석하여 마케팅 전략을 수집하는 방식은 ____(이)다.

07. 여성의 경제활동 참가율을 나타내는 곡선은 ____(이)다.

08. 기업의 인수와 합병을 ____(이)라고 한다.

09. ____(은)는 서로 다른 통화를 일정한 환율로 교환하는 것이 목적인 파생금융상품이다.

10. ____(은)는 세계 3대 신용카드 회사의 표준규격이다.

답 1.X(RE100) 2.O 3.X(3면 등가의 법칙) 4.O 5.O 6.㉣ 7.㉠ 8.㉡ 9.㉢ 10.㉤

PART

부록

기출복원문제

checkpoint

- 2022 ~ 2023 금융 · 은행권 기출 복원 문제입니다.
- 총 40문항의 문제를 50분 안에 풀어보세요.

2023 금융·은행권 기출복원문제

1 다음 빈칸에 들어갈 말로 가장 적절한 것은?

> ________(은)는 조직의 목표를 추구하도록 구성원들의 가치관, 정서, 행동규범 등을 변화시키는 것을 말한다. 구성원들의 의식수준을 높이고 이들이 높은 수준의 욕구에 관심을 갖도록 유도하여 성과를 이끌어내는 것이다. ________(은)는 개인의 이해보다는 조직 전체 이익을 목표로 두며 조직을 바람직한 방향으로 이끈다.

① 변혁적 리더십
② 서번트 리더십
③ 카리스마적 리더십
④ 거래적 리더십

2 환율이 상승할 때 발생하는 현상으로 옳지 않은 것은?

① 외채 상환 부담이 증가한다.
② 수입 원자재 가격이 상승한다.
③ 수출 상품 가격이 상승한다.
④ 해외여행 경비가 증가한다.

3 주가가 일정 수준 이상 급락하는 경우 주가시장에서의 모든 매매 거래를 일시적으로 중단하는 제도는?

① 블랙먼데이 ② 사이드카
③ 팻핑거 ④ 서킷브레이커
⑤ 시장리스크

4 다음이 설명하는 것은?

> • 주식시장이 하락하거나 하락이 예상되는 약세장을 의미한다.
> • 환시세, 주식시장에서 주가가 하락하고 있다고 판단하거나 하락할 것을 예상하고 행동하는 투자자를 뜻한다.

① 불 마켓
② 베어 마켓
③ 베어 마켓 랠리
④ 블랙마켓
⑤ 레몬 마켓

5 치열한 경쟁 끝에 승리를 얻었지만 승리를 얻기 위해 과도한 비용과 희생으로 오히려 커다란 후유증을 겪는 상황을 뜻하는 말은?

① 시장실패
② 깨진 유리창의 법칙
③ 죄수의 딜레마
④ 트롤리 딜레마
⑤ 승자의 저주

6 1인 가구가 늘어나면서 나타나는 현상으로, 혼자 밥을 먹거나 혼자 쇼핑을 하거나 여행을 다니는 등 혼자서 소비생활을 즐기는 소비 트렌드를 뜻하는 말은?

① 일점호화소비
② 일물일가의 법칙
③ 일코노미
④ 일대일로

7 다음 ㉠과 ㉡에 들어갈 말로 가장 적절한 것은?

> ㉠(은)는 윤리적으로나 법적으로 자신이 해야 할 최선의 의무를 다하지 않는 행위를 말한다. 미국에서 보험가입자들의 부도덕한 행위를 가리키는 말로 사용되기 시작했다. ㉡(은)는 거래 당사자 중 한쪽에만 정보가 있는 상황에서, 정보가 없는 쪽은 바람직하지 못한 상대방과 거래할 가능성이 큰 것을 의미한다.

	㉠	㉡
①	도덕적 해이	정보의 비대칭
②	정보의 비대칭	도덕적 해이
③	정보의 비대칭	역 선택
④	도덕적 해이	역 선택

8 기축통화의 특징으로 바르지 않은 것은?

① 환율을 평가할 때 지표가 되는 통화이다.
② 국제무역에서 결제를 할 때 사용될 수 있는 통화이다.
③ 대외준비자산으로 보유하는 통화이다.
④ 신뢰성을 가지고 있는 통화이다.
⑤ 자유로운 교환이 제한되는 통화이다.

9 다음 크라우드 펀딩의 형태로 옳지 않은 것은?

① 후원형　② 인수형
③ 기부형　④ 대출형
⑤ 증권형

10 다음이 설명하는 것은?

> A회사는 회사 제품 가운데 가장 인기가 있고 큰 성공을 거둔 이어폰에 집중하여 판촉하고 있다. A회사에 대한 긍정적인 이미지를 다른 제품으로 확대·전파하여 전체 상품의 매출을 극대화 하려고 한다.

① 프로슈머 마케팅
② 버즈 마케팅
③ PPL 마케팅
④ 넛지 마케팅
⑤ 플래그십 마케팅

11 빅맥지수에 대한 설명으로 옳지 않은 것은?

① 각국의 통화가치 적정성을 평가하는 지표이다.
② 일물일가의 법칙과 구매력평가이론(PPP)을 기반으로 한다.
③ 각국의 최저임금을 비교할 때 빅맥지수가 이용되기도 한다.
④ 달러 기준으로 빅맥 가격이 저렴한 국가의 통화는 고평가된다.

12 근로시간과 장소를 탄력적으로 조정하여 근무하는 노동자를 일컫는 용어는?

① 퍼플 칼라　② 골드 칼라
③ 핑크 칼라　④ 블루 칼라
⑤ 화이트 칼라

13 다음 매파 설명 중 옳은 것은?

> ㉠ 진보성향
> ㉡ 인플레이션 억제
> ㉢ 양적완화 주장
> ㉣ 금리인하 주장
> ㉤ 긴축정책 주장

① ㉠㉡　② ㉢㉣
③ ㉡㉣㉤　④ ㉠㉡㉤
⑤ ㉠㉢㉣

14 다음 중 3급 가격차별 예시를 모두 고르시오.

> ㉠ 경매
> ㉡ 전기요금
> ㉢ 영화관 조조 할인
> ㉣ 버스 연령별 요금

① ㉠㉡　② ㉢㉣
③ ㉠㉡㉢　④ ㉡㉢㉣

15 다음 빈칸에 들어갈 말로 가장 적절한 것은?

> • 1998년부터 추진한 터키_____(은)는 중앙은행에 화폐 단위 변경 추진 위원회를 구성하고 7년간의 논의 끝에 터키의 화폐 단위 100만 리라를 1 신리라로 변경하는 데 성공하였다. _______이후 지금까지도 혼란 없이 사용되고 있어, 대표적인 성공 사례로 평가 받고 있다.
> • 짐바브웨는 물가 안정을 위해 2006년에 화폐 단위를 1,000 대 1로 절하하였으나, 환율과 물가가 함께 급등하는 혼란을 겪었다. 극심한 인플레이션이 계속되자, 2008년에는 100억 대 1, 2009년에는 1조 대 1의 _____(을)를 시행하였다. 그럼에도 물가가 치솟자 짐바브웨는 2015년 자국 화폐인 짐바브웨달러를 폐기하고 미국 달러를 쓰기로 결정하였고, 대표적인 실패 사례로 손꼽히고 있다.

① 디노미네이션
② 리디노미네이션
③ 부동산 버블
④ 불완전 판매

16 가격이 오르는데도 과시나 허영 등으로 수요가 줄지 않는 현상은?

① 밴드왜건 효과
② 외부 효과
③ 구축 효과
④ 베블런 효과
⑤ 기저 효과

17 적대적 M&A 방어 수단으로 올바르지 않은 것은

① 공개매수
② 황금낙하산
③ 포괄적 주식교환
④ 자사주 취득
⑤ 포이즌 필

18 다음이 설명하는 것은?

> 국제적 환경기준을 마련해, 이를 무역거래와 연계하여 국제환경기준에 미달하거나 위반하는 제품의 수출금지 및 해당 국가와의 수출입제한, 상계관세 부과, 환경부담금부과 등을 내용으로 하는 환경보호에 관한 다자간 국제환경협상

① 그린라운드
② 그린메일
③ 그린슈머
④ 그린본드

19 다음 빈칸에 들어갈 말로 가장 적절한 것은?

> 초고층 건물이 지어지는 시기에 맞추어서 경기침체가 찾아온다는 가설이다. 제2의 롯데월드가 착공을 시작한 후부터 많은 문제가 발생함을 ____에 비유하였다.

① 마천루의 저주

② 통화가치의 저주

③ 승자의 저주

④ 블루슈머의 저주

⑤ 변동성의 저주

20 다음이 설명하는 것은?

> 만 15세 이상의 생산 가능 인구 가운데 일을 할 능력이 없거나 일을 할 능력은 있는데 의사가 없는 사람, 경제 활동에 참여하지 않는 사람

① 장기 실업자 ② 경제활동인구

③ 실업자 ④ 취업자

⑤ 비경제활동인구

21 국가 또는 지자체가 사회빈곤층에게 최소한의 생활을 보장해 주기 위한 보호기준에 따라 제공하는 지원은?

① 개인연금 ② 공유지의 비극

③ 공적부조 ④ 공정성 이론

⑤ 국가신인도

22 다음이 설명하는 것은?

> 기업에 관한 중요한 정보를 기업의 이해관계자에게 공개하는 것을 말한다. 증권시장에서 주가 및 거래량에 영향을 미칠 만한 중요한 사실이 발생하면 투자자가 손실을 입지 않도록 투자자 보호를 전제로 공개하는 것이다.

① 기업공개 ② 기업공시

③ 기업어음 ④ 기업도시

23 아마존 창업자가 제시한 기업 성장 원리로 옳은 것은?

① 글로벌 경영

② BCG 매트릭스

③ 플립 러닝

④ M&A

⑤ 플라이 휠 효과

24 주식시장에서 지분을 대량으로 매각거래를 체결시켜주는 제도로 정해놓은 가격과 물량을 특정한 주체에게 일정 지분을 일괄 매각하는 방식을 의미하는 용어는?

① 유상증자 ② 오버행

③ 데이트레이딩 ④ 데드크로스

⑤ 블록세일

25 핫머니의 특징으로 옳지 않은 것은?

① 자금 이동이 일시에 대량으로 이루어진다.
② 자금이 유동적인 형태를 취한다.
③ 단기성 자금이다.
④ 국제 금융시장의 안정을 도모한다.
⑤ 국내 통화불안을 피하기 위한 자본도피로 인해 발생하기도 한다.

26 한국은행(중앙은행)의 역할로 옳지 않은 것은?

① 화폐 발권
② 기준금리 결정
③ 개인 대출
④ 경제 조사 연구 및 통계 업무

27 소비자기대지수에 대한 설명으로 옳은 것은?

① 현재와 비교하여 6개월 후 소비자들의 기대심리를 나타내는 지표이다.
② 국세청에서 매년 발표한다.
③ 지방 500가구를 대상으로 면접조사를 한다.
④ 소비지출로만 조사한다.
⑤ 한국은행에서 작성한다.

28 환경 보존에 관한 용어가 아닌 것은?

① 스탠드스틸
② 그린오션
③ 그린라운드
④ 그린메일
⑤ 녹색가격제도

29 경기호황을 누리던 국가가 자원수출로 인해 장기적으로는 경제가 침체되는 현상은?

① 부동산 버블
② 네덜란드병
③ 보복관세
④ 닥터 둠

30 무상증자의 특징으로 옳지 않은 것은?

① 새로 발행한 주식을 주주들에게 무상으로 지급하는 방식이다.
② 자본의 구성과 발행주식수만 변경하는 형식적인 증자이다.
③ 발행방식에는 주주우선공모방식, 주주배정방식, 제3자 배정방식, 일반공모방식이 있다.
④ 발행주식수가 늘어나면 그만큼 자본금이 늘어난다.
⑤ 자본금이 늘어나도 자산이 증가하지는 않는다.

31 다음 빈칸에 들어갈 말로 가장 적절한 것은?

> _____(은)는 금융회사로 하여금 내부통제와 규제 준수를 용이하게 하는 정보기술을 말한다.

① 레그테크
② 인슈어테크
③ 빅블러
④ 블록체인
⑤ 로보어드바이저

32 다음 A국의 만 15세 이상 인구(생산가능 인구)가 100만 명이고, 경제활동참가율이 80%, 실업률이 10%라고 할 경우 A국의 실업자 수는?

① 7만 명　② 8만 명
③ 9만 명　④ 6만 명
⑤ 7만 오천 명

33 다음이 설명하는 것은?

> 하나의 물건을 갖게 되면 그것에 어울리는 다른 물건들을 계속해서 사게 되는 현상

① 디드로 효과
② 채찍 효과
③ 캘린더 효과
④ 쿠퍼 효과

34 SWOT의 전략 특징으로 옳지 않은 것은?

① SO전략
② ST전략
③ SW전략
④ WO전략
⑤ WT전략

35 다음이 설명하는 것은?

> 일종의 기업집단으로 산업과 금융의 융합, 주식소유에 의한 지배(지주회사) 또는 융자, 중역파견에 의한 인적 결합 지배로 독립성이 유지되며 산업과 금융의 융합을 말하는 것으로 우리나라의 재벌이 이에 속한다.

① 트러스트　② 콘체른
③ 카르텔　④ 콤비나트
⑤ 롱테일

36 다음이 설명하는 것은?

> 소비자의 욕구 및 경쟁 환경 변화에 따라 기존제품이 가지고 있던 포지션을 분석하여 새롭게 조정하는 활동

① 6시그마
② B2C
③ 리포지셔닝
④ 시티노믹스

37 자금세탁 방지제도 중 일정 금액 이상의 현금거래를 FIU(금융정보분석기구)에 보고해야 하는 제도는?

① 의심거래보고제도(STP)
② 고액현금거래 보고제도(CTR)
③ 고객확인제도(CDD)
④ 강화된 고객확인제도(EDD)

38 미국의 5대 빅테크 기업이 아닌 것은?

① 애플
② 메타
③ 3M
④ 구글

39 다음이 설명하는 것은?

> 기관투자자들의 의결권 행사를 적극적으로 유도하기 위한 자율 지침으로, 기관투자자들이 투자 기업의 의사 결정에 적극 참여해 주주와 기업의 이익 추구, 성장, 투명한 경영 등을 이끌어 내는 것이 목적이다.

① 리디노미네이션
② 스튜어드십코드
③ 머천다이징
④ 매슬로우의 욕구 이론
⑤ 메디컬 푸어

40 은행의 예금 지급 불능 상태를 우려하여 고객들이 대규모로 예금을 인출하는 사태는?

① 뱅크런
② 뱅크론
③ 버핏세
④ 볼커룰
⑤ 본원통화

2023 금융·은행권 기출복원문제
정답 및 해설

1	①	2	③	3	④	4	②	5	⑤	6	③	7	④	8	⑤	9	②	10	⑤
11	④	12	①	13	④	14	②	15	②	16	④	17	①	18	①	19	①	20	⑤
21	③	22	②	23	⑤	24	⑤	25	④	26	③	27	①	28	④	29	②	30	③
31	①	32	②	33	①	34	③	35	②	36	③	37	②	38	③	39	②	40	①

1 |정 답| ①

|해 설|

② 서번트 리더십 : 타인을 위한 봉사에 초점을 두고 자신보다 구성원들의 이익을 우선시한다.

③ 카리스마적 리더십 : 구성원들에게 개인적인 능력과 재능을 활용하여 강한 영향력을 행사한다.

④ 거래적 리더십 : 구성원들이 조직의 목표를 달성한 경우 적절한 보상을 제공함으로써 동기 및 자발적 협조를 유발한다.

2 |정 답| ③

|해 설|

환율이 상승하면 달러 대비 원화의 가치가 하락한다. 그러므로 수출 상품 가격이 하락하고 수출이 증가한다.

| TIP | 환율 변동의 영향

환율 상승	환율 하락
• 원화 가치 하락으로 인한 수출 상품 가격 하락(수출 증가) • 수입 상품 가격 상승으로 인한 수입 감소 • 해외여행 경비 증가 • 외채 상환 부담 증가 • 수입 원자재 가격 상승으로 인한 국내 물가 상승	• 원화 가치 상승으로 인한 수출 상품 가격 상승(수출 감소) • 수입 상품 가격 하락으로 인한 수입 증가 • 해외여행 경비 감소 • 외채 상환 부담 경감 • 수입 원자재 가격 하락으로 인한 국내 물가 안정

3 | 정 답 | ④

| 해 설 |

① **블랙먼데이** : 1987년에 10월 월요일에 일어났던 미국 증시 대폭락 사건

② **사이드카** : 선물가격이 전일 종가 대비 5% 이상 급등락 상태가 1분간 지속되는 경우 프로그램 매매 호가의 효력을 5분간 정지하는 장치

③ **팻핑거** : 주문자의 주식이나 채권 등 금융상품 주문을 잘못 입력하여 발생하는 주문실수

⑤ **시장리스크** : 금융기관이 보유하고 있는 자산이 주가나 금리, 환율 등으로 변동할 시 손실이 발생할 가능성

4 | 정 답 | ②

| 해 설 |

① **불 마켓** : 주식시장의 강세나 강세가 예상되는 경우를 의미한다.

③ **베어 마켓 랠리** : 장기간 베어 마켓일 진행되는 가운데 일시적으로 단기간에 급상승이 일어나는 경우를 의미한다.

④ **블랙마켓** : 불법적인 거래가 이루어지는 시장을 말한다.

⑤ **레몬 마켓** : 정보의 비대칭성 때문에 낮은 품질의 재화나 서비스가 거래되는 시장을 말한다.

5 | 정 답 | ⑤

| 해 설 |

① **시장실패** : 시장이 효율적인 자원 분배를 제대로 하지 못하는 상태이다.

② **깨진 유리창의 법칙** : 프랑스 경제학자 프레데릭 바스티아의 에세이 「보이는 것과 보이지 않는 것」에서 기회비용을 우회적으로 다룬 법칙이다.

③ **죄수의 딜레마** : 자신의 이익만을 고려하다가 결국 자신과 상대방까지 불리한 결과를 유발하는 상황이다.

④ **트롤리 딜레마** : 다수를 위한 소수의 희생이 도덕적으로 허용되는 것인지에 관한 질문이다.

6 | 정 답 | ③

| 해 설 |

① **일점호화소비** : 특정 상품에 대해서만 호화로움을 추구하는 소비이다.

② **일물일가의 법칙** : 시장에서 같은 종류의 상품은 하나의 가격만 성립한다는 이론이다.

④ **일대일로** : 중앙아시아와 유럽을 잇는 육상 실크로드와 동남아시아와 유럽, 아프리카를 연결하는 해상 실크로드이다.

7 | 정 답 | ④

| 해 설 |

정보의 비대칭 : 거래 당사자들이 가진 정보의 양이 다른 경우이며, 정보의 비대칭은 도덕적 해이와 역 선택을 야기한다.

8 | 정 답 | ⑤

| 해 설 |

기축통화는 교환성통화로 자유사용가능성이 포함된다.

| TIP |

기축통화(Key Currency) … 1960년대 미국 트리핀 교수가 처음 주장한 용어로, 국제무역에서 결제나 금융거래를 진행할 때 기본으로 사용되는 통화이다. 전 세계에서 원활하게 유통되기 위해 풍부한 유동성과 신뢰성이 있어야하고 국제사회에서 다방면으로 인정받는 국가의 통화여야 한다. 제2차 세계대전 이전에는 영국 파운드화가 주로 기축통화로 이용되었고 이후에는 미국 달러화가 기축통화로 인정받고 있다.

9 | 정 답 | ②

| 해 설 |

크라우드 펀딩의 형태에는 대중의 후원으로 목표 금액을 달성하면 프로젝트가 성공하는 방식의 후원형과 보상이나 대가 없이 기부 목적으로 지원하는 기부형, 개인과 개인 사이에 이루어지는 P2P 금융의 대출형, 이윤 창출을 목적으로 비상장 주식이나 채권에 투자하는 증권형이 있다.

10 | 정 답 | ⑤

| 해 설 |

① **프로슈머 마케팅** : 소비자들이 공모전이나 대회 등에 참여하여 직접 아이디어를 제안하고 신제품 개발에 참여하는 마케팅이다.

② **버즈 마케팅** : 소비자 간의 입소문을 통하여 상품의 특성을 전달하는 마케팅이다.

③ **PPL 마케팅** : TV프로그램이나 영화 등 매체 속에 특정 기업이나 상품을 자연스럽게 노출시키는 마케팅이다.

④ **넛지 마케팅** : 소비자가 상품을 선택할 때 유연하게 접근하도록 소비자를 유도 하는 마케팅이다.

11 | 정 답 | ④

| 해 설 |

④ 빅맥지수가 달러(미국의 빅맥지수)보다 높은 국가는 달러보다 고평가되며, 달러보다 저렴한 국가의 통화는 저평가된다.

① 전 세계 맥도날드 매장에서 팔리는 빅맥버거 가격을 달러로 환산하여 지수화한 것으로, 각국의 통화가치 적정성을 평가하는 지표이다.

② 일물일가의 법칙(모든 개별적인 상품은 전 세계에서 고정된 가격을 가지고 있어야 한다는 법칙)과 구매력평가이론(환율이 양국 통화의 구매력에 의해 결정된다는 이론)을 기반으로 하고 있다. 그러나 직원 월급, 임대료, 세금 등 국가 규격이 서로 다른 점과 비교역재인 버거를 일물일가의 법칙으로 설명할 수 없다는 점이 한계로 지적되고 있다.

③ 국가별 물가, 환율이 서로 달라 정확한 최저임금을 비교할 수 없기 때문에 빅맥버거를 기준으로 최저임금을 비교하기도 한다. 예 : 최저임금이 2,000이고 빅맥버거 가격이 2,000원일 경우 빅맥지수는 1이 되는데, 빅맥 1개를 사기 위해 1시간을 일해야 한다.

| TIP | **전 세계 물가 기준**

스타벅스지수, 아이팟지수, 이케아지수, 신라면지수 등이 있다.

12 | 정 답 | ①

| 해 설 |

② **골드 칼라** : 명석한 두뇌와 정보로 새로운 가치를 창조하고 정보화 시대를 이끌어가는 능력을 겸비한 전문직 종사자이다.

③ **핑크 칼라** : 서비스직에 종사하는 여성 노동자이다.

④ **블루 칼라** : 생산 및 서비스직에 종사하는 노동자이다.

⑤ **화이트 칼라** : 샐러리맨이나 사무직에 종사하는 노동자이다.

13 | 정 답 | ④

| 해 설 |

매파는 물가 안정(인플레이션 억제)을 위해 긴축정책과 금리인상을 주장하는 세력이다. 긴축정책을 통해 금리를 올려 시중의 통화량을 줄이고 지출보다 저축의 비중을 높여 화폐 가치를 올리자는 주장이다. 반면 비둘기파는 경제성장을 위해 양적완화와 금리인하를 주장하는 세력이다. 금리를 인하하면 대출 및 투자와 소비가 증가하여 시장경제가 활성화시켜야 한다는 주장이다.

14 | 정 답 | ②

| 해 설 |

가격차별은 같은 상품이지만, 소비자에 따라 다른 가격을 설정하는 행위다. 1 ~ 3급으로 구분할 수 있는데 보통의 가격차별은 3급 가격차별을 의미한다.

| TIP | **1 ~ 3급 가격차별**

- **1급 가격차별** : 완전 가격차별이라고도 한다. 소비자의 최대 지불 용의를 전제로 하여 유보가격을 매기고 상품을 각 단위당 소비자에게 다른 가격으로 부과하는 것을 말한다. 예 : 경매
- **2급 가격차별** : 소비자의 구매량에 따라 가격을 다르게 부과한다. 구간가격 설정, 수량 할인, 2부 가격제, 장애물 가격차별 등이 해당한다. 사용량이 많아질수록 낮은 금액을 부과하는데, 단 대량 생산으로 생산비용이 절감하여 가격이 낮아진 경우는 제외한다. 예 : 전기요금, 수도요금
- **3급 가격차별** : 소비자의 특징에 따라 서로 다른 집단으로 분리하여 가격을 설정하는데, 대부분의 가격차별이 3급 가격차별에 속한다. 예 : 아이와 성인의 입장료, 국내외 자동차 가격

15 | 정 답 | ②

| 해 설 |

① **디노미네이션** : 이전에는 디노미네이션이라고 불렀으나 화폐 · 채권 · 주식 등의 액면금액을 의미하므로 '리디노미네이션'이 정확한 표현이다.

③ **부동산 버블** : 수요의 급증, 투기의 성행에 따라 부동산 가격이 치솟는 현상을 말한다.

④ **불완전 판매** : 금융기관이 고객에게 상품의 운용방법이나 위험도, 손실 가능성 등을 제대로 고지하지 않고 판매하는 것을 말한다.

16 | 정 답 | ④

| 해 설 |

① **밴드왜건 효과** : 유행하는 특정 상품에 동조하여 구매하는 현상이다.

② **외부 효과** : 다른 주체에게 의도하지 않은 혜택이나 손해를 입히는 현상이다.

③ **구축 효과** : 정부가 경기 부양을 위해 재정지출을 늘려도 그만큼 민간 소비가 줄어들어 경기에는 아무런 효과를 불러오지 못하는 현상이다.

⑤ **기저 효과** : 지표를 비교할 때 상대적인 수치에 따라 지표가 부풀려지거나 위축되는 현상이다.

17 | 정 답 | ①

| 해 설 |

② **황금낙하산**(Golden Parachute) : 기업 인수로 인해 CEO가 임기 이전에 사임될 경우 퇴직금을 높게 책정하거나, 스톡옵션, 잔여임기 상여금 지급 등을 전제로 기업 인수 비용을 높이는 것을 말한다.

③ **포괄적 주식교환** : 주식교환계약으로 비상장기업 주주가 상장기업에 지분을 주고 대가로 상장기업의 신주를 받는 것으로 인수 회사가 신주 인수권이나 유상증자대금전달을 곤란하게 만들어 경영권을 방어하는 수단이다.

④ **자사주 취득** : 회사에 여유자금이 있으나 대주주가 자금난으로 주식취득이 어려울 경우 활용되는 수단으로 인수회사에 자금 부담을 주면서 경영권을 방어하는 수단이다.

⑤ **포이즌 필**(Poison Pill) : 경영권 침해가 발생하면 기존 주주보다 저렴한 가격으로 지분을 매입하는 권리를 미리 부여하는 제도이다.

| TIP |

공개매수(TOB) … 특정 기업의 주식을 주식시장 외에서 공개적으로 매수하는 적대적 M&A 공격수단이다.

18 | 정 답 | ①

| 해 설 |

① **그린메일** : 경영권을 담보로 보유주식을 비싸게 파는 행위이다.

③ **그린슈머** : 환경보호에 도움이 되는 제품을 구매하는 소비자이다.

④ **그린본드** : 발행자금을 녹색산업과 관련해서만 사용하도록 제한한 채권이다.

19 | 정 답 | ①

| 해 설 |

마천루의 저주는 앤드루 로런스가 내놓은 가설로, 초고층 빌딩 건설 프로젝트는 통화정책 완화시기에 시작되지만 완공 시점에는 경기 과열이 정점에 이르고 버블이 꺼지면서 결국 경제불황을 맞는다는 가설이다.

20 | 정 답 | ⑤

| 해 설 |

경제활동인구에 취업자와 실업자가 포함되며 취업자는 수입을 목적으로 1시간 일한 사람, 실업자는 4주간 구직활동을 했음에도 일자리를 얻지 못한 사람으로 정의할 수 있다.

21 |정 답| ③

|해 설|

① **개인연금** : 노후 소득 보장제도 중 하나의 연금제도이다.

② **공유지의 비극** : 공유자원을 개인의 이익을 극대화함에 따라 자원이 남용되고 고갈되는 현상이다.

④ **공정성 이론** : 다른 사람의 노력과 자신의 노력을 비교하여 개인의 동기를 자극한다는 이론이다.

⑤ **국가신인도** : 한 국가의 신용도를 측정한 지표이다.

22 |정 답| ②

|해 설|

① **기업공개** : 기업의 원활한 자금조달과 재무구조 개선을 도모하고 국민의 기업참여를 장려하여, 건전한 발전에 기여하는 것이다.

③ **기업어음** : 기업이 자금조달을 위해 발행하는 융통어음이다.

④ **기업도시** : 민간기업 주도로 개발되는 도시이다.

23 |정 답| ⑤

|해 설|

플라이 휠 효과 … 기업의 성장을 일련의 순환 과정으로 인식하여 가격을 낮추면 고객이 모이고, 고객이 모이면 판매자가 많아지게 된다. 이로 인해 규모가 커지면 고정비용이 낮아져 비용을 절감할 수 있고, 효율성이 높아서 가격을 더욱 낮출 수 있는 선순환이 성립된다. 아마존 창업자이자 최고경영자 제프 베조스가 제시한 아마존의 성장 원리로 2000년에 위와 같은 순환구도를 냅킨에 그려 임원들에게 제시하였다고 전해진다. 아마존은 이러한 "플라이 휠 효과"를 적용하여 투자 13년 만에 흑자전환을 이룬 바 있다.

24 |정 답| ⑤

|해 설|

① **유상증자** : 신주를 발행해서 주주에게 판매하는 것으로 기업에서 자금을 확보하기 위한 수단이다.

② **오버행** : 대기물량의 양이 많은 것을 의미하는 것으로 대량으로 보유한 주식을 일괄적으로 매도하면서 발생하는 현상이다.

③ **데이트레이딩** : 매수한 주식을 당일에 매도하는 당일 매매를 의미한다.

④ **데드크로스** : 단기이동평균선이 하향세가 되는 것을 의미한다.

25 |정 답| ④

|해 설|

외환의 수급관계를 크게 요동시키기 때문에 국제 금융시장의 안정을 저해한다.

26 |정답| ③

|해설|

③ 한국은행(중앙은행)은 효율적인 통화신용 정책의 수립 및 집행을 통해 물가 안정과 금융 안정을 도모하는 것을 목적으로 「한국은행법」에 의해 설립되었다. 한국은행은 금융기관을 상대로 예금을 받고 대출을 해주지만 일반 국민이나 기업을 상대로 예금을 받거나 대출해주지 않는다.

① 독점적 발행 권한을 가지고 있다.

② 기준금리 결정과 통화신용정책을 수립하고 집행한다.

④ 기업경영분석, 생산자물가지수, 자금순환표 등 경제에 관련한 조사연구 및 통계업무를 한다.

27 |정답| ①

|해설|

② 통계청에서 매달 발표한다.

③ 도시지역 2,000가구를 대상으로 면접조사를 한다.

④ 소비지출 외에 경기상황, 생활형편, 내구재소비, 외식오락에 대하여 조사한다.

⑤ 소비자동향지수일 경우 한국은행이 분기별로 작성한다.

28 |정답| ④

|해설|

④ **그린메일** : 경영권을 담보로 보유주식을 비싸게 파는 행위이다.

① **스탠드스틸** : 친환경이 아닌 제품에 대해서 수입을 금하거나 높은 관세를 부과하는 것이다.

② **그린오션** : 친환경 정책을 바탕으로 부가가치를 창출하려는 경영 전략이다.

③ **그린라운드** : 환경 보호를 위한 국제 협상이다.

⑤ **녹색가격제도** : 신재생에너지를 이용하여 생산된 전력을 높은 가격에 구매하는 제도이다.

29 |정답| ②

|해설|

① **부동산 버블** : 수요의 급증, 투기의 성행에 따라 부동산 가격이 치솟는 현상이다.

③ **보복관세** : 교역상대국이 수출물품에 대하여 차별적인 조치를 취하는 경우, 그 국가에 보복적으로 부과하는 할증관세이다.

④ **닥터 둠** : 경제를 비관적으로 전망하는 사람들을 말한다.

30 |정답| ③

|해설|

③ 유상증자 발행방식이다.

31 |정답| ①

|해설|

② **인슈어테크** : 보험과 기술이 합쳐진 혁신적인 보험 서비스이다.

③ **빅블러** : 기술의 발달로 산업의 경계가 모호해지는 현상이다.

④ **블록체인** : 블록에 데이터를 담아 체인 형태로 연결하여 수많은 컴퓨터에 복제하여 저장하는 분산형 데이터 저장 기술이다.

⑤ **로보어드바이저** : 투자자의 성향 정보를 토대로 알고리즘을 활용해 개인의 자산 운용을 자문하고 관리해주는 자동화된 서비스이다.

32 | 정 답 | ②

| 해 설 |

경제활동참가율

$$= \frac{\text{경제활동 인구수}}{\text{15세 이상 인구수}} \times 100\text{이고,}$$

경제활동 인구수는

$0.8 \times 1,000,000 = 800,000$명이다.

실업률

$$= \frac{\text{실업자수}}{\text{경제활동인구수}} \times 100\text{이므로,}$$

실업자 수는

$800,000 \times 0.1 = 80,000$으로,

80,000명이다.

33 | 정 답 | ①

| 해 설 |

② **채찍 효과** : 수요정보가 전달될 때마다 왜곡되는 현상이다.

③ **캘린더 효과** : 일정 시기에 증시가 등락하는 현상이다.

④ **쿠퍼 효과** : 금융정책 효과의 시기가 다르게 나타나는 현상이다.

⑤ **톱니 효과** : 생산이나 소비가 일정 수준에 도달하면 이전의 수준으로 감소하지 않는 현상이다.

34 | 정 답 | ③

| 해 설 |

① **SO전략** : 강점을 가지고 기회를 엿보는 전략이다.

② **ST전략** : 강점을 가지고 위협을 회피하는 전략이다.

④ **WO전략** : 약점을 보완하여 기회를 엿보는 전략이다.

⑤ **WT전략** : 약점을 보완하여 위협을 회피하는 전략이다.

35 | 정 답 | ②

| 해 설 |

① **트러스트** : 일종의 기업협동으로 다른 기업의 주식보유를 통한 지배와 시장의 독점을 시도한다. 가맹기업의 독립성은 없고, 동일 산업부문 또는 기술적으로 관련된 수직적인 산업부문만의 자본 지배를 말한다.

③ **카르텔** : 경제적으로 일종의 기업연합이나, 법률적으로는 계약적 결합이며 법인격이 인정되지 않는다. 합리화 카르텔과 같이 시장지배나 경제제한을 목적으로 하지 않는 것도 있지만, 본래 어느 정도의 계약이나 협정의 범위 내에서의 경쟁제한을 목적으로 발생하였다.

④ **콤비나트** : 콘체른과 같은 수직적 기업집단과는 달리 일정수의 유사한 규모의 기업들이 원재료와 신기술의 이용을 목적으로 사실상의 제휴를 하기 위하여 근접한 지역에서 대등한 관계로 결성하는 수평적 기업 집단(특정 공업단지 내의 기업집단)을 말한다.

⑤ **롱테일** : 80%가 20%보다 뛰어난 가치를 창출한다는 이론으로 20%의 핵심 고객으로부터 80%의 매출이 나온다는 파레토 법칙과 반대되는 개념이다.

36 |정 답| ③

|해 설|

① **6시그마** : 1987년 마이클해리가 통계기법을 활용하여 고안한 품질경영 혁신기법

② **B2C** : 기업이 소비자를 상대로 인터넷 상점을 오픈하여 판매하는 형태

④ **시티노믹스** : 자연과 상상력을 동원해 도시의 경제와 가치를 높이는 신개념 도시 경제학

37 |정 답| ③

|해 설|

② **고액현금거래 보고제도**(CTR) : 2006년에 처음 도입되어, 1일 거래일 동안 1천만 원 이상의 현금을 입금하거나 출금할 경우 거래자의 신원, 거래일시, 금액 등을 자동 보고한다. 주관적으로 판단하여 보고하는 의심거래보고제도와는 구별된다.

① **의심거래보고제도**(STP) : 금융거래와 관련하여 수수한 재산이 불법이라고 의심되는 합당한 근거가 있거나 금융거래의 상대방이 자금세탁행위를 하고 있다고 의심되는 합당한 근거가 있는 경우 금융정보분석원장에게 보고하는 제도이다.

③ **고객확인제도**(CDD) : 금융회사 등이 고객과 거래 시 고객의 신원을 확인·검증하고, 실제 소유자, 거래의 목적, 자금의 원천을 확인하도록 하는 등 금융거래 또는 금융서비스가 자금세탁 등 불법행위에 이용되지 않도록 고객에 대해 합당한 주의를 기울이도록 하는 제도이다.

④ **강화된 고객확인제도**(EDD) : 고객·상품별 자금세탁 위험도를 분류하고 자금세탁 위험이 큰 경우에는 더욱 엄격한 고객 확인, 즉 금융거래 목적 및 거래자금의 원천 등을 확인하도록 하는 제도이다.

38 |정 답| ③

|해 설|

미국의 5대 빅테크 기업은 아마존·애플·구글·메타·마이크로소프트이다.

39 |정 답| ②

|해 설|

① **리디노미네이션** : 화폐 단위를 하향 조정하는 것을 말한다.

③ **머천다이징** : 적당한 상품을 적당하게 제공하기위한 상품화 계획이다.

④ **매슬로우의 욕구이론** : 인간의 욕구는 위계적으로 조직되어 있으며 하위 단계의 욕구 충족이 상위 단계의 욕구 발현을 위한 조건이 된다는 이론이다.

⑤ **메디컬 푸어** : 과도한 의료비로 경제적 어려움을 겪는 사람들을 말한다.

40 |정 답| ①

|해 설|

② **뱅크론** : 은행 간의 차관을 말한다.

③ **버핏세** : 워런 버핏이 주장한 부유세이다.

④ **볼커룰** : 미국 금융기관의 위험투자를 제한하기 위하여 만든 규제방안이다.

⑤ **본원통화** : 중앙은행이 공급하는 통화이다.

INDEX

ㄱ

INDEX

INDEX

INDEX

INDEX

INDEX

야호!
파이팅!